大秦帝國

第一部《黑色裂變》下

孫皓暉 著

全新增訂版

目錄

第十一章　天算六國

第十二章　收復河西

第十五章 萬古國殤

第九章 霹靂手段

一、櫟陽城陰雲四起

衛鞅從來沒有這樣生氣過。

鐵工坊的大火撲滅，剷除了焦土廢墟，不消幾日，磚石砌成的大屋代替了原先土牆木柱的破舊房子和工棚，鐵工們一片歡呼，立即又緊張忙碌起來。就鐵工坊而言，更新了破舊作坊，鐵器產量有所增加，未嘗不是好事。但是，鐵工坊事件的當晚，墨家劍客刺殺衛鞅的消息不脛而走，櫟陽城人心惴惴不安，各種流言又一次彌漫開來，波及到不明真相的郡縣山鄉。衛鞅的氣惱正在於此。

他很清楚，襲擊並趕走墨家子弟者，必定是同情變法維護自己的某種勢力。但他們卻幫了一個倒忙，使櫟陽城乃至秦國冬眠的反變法勢力甦醒過來，國人因為獲得土地而喚起的變法激情頓時被潑了一盆冷水，又忐忑不安地懷疑起來。這肯定是襲擊墨家的勢力始料不及的。

襲擊墨家者，究竟是何方勢力？

以衛鞅對天下民間力量的了解，想不清來路。能在櫟陽城將三十個墨家劍客在片刻之間乾淨利索地趕走，絕不是等閒門派。戰國學派中，能和墨家在祕密行動上一爭高下者，唯有鬼谷子一門。其餘學派雖多有深藏不露的特出劍士，畢竟是修學為主，不可能實施這種霹靂風暴般的襲擊行動。即或是名將淵藪的兵家，也因志不在此而素來不事祕密行動。那麼說，是鬼谷子一門發動了這場襲擊？有可能。因為鬼谷子一門在政學上是堅定的法家，歷來反對墨家用大而無當的「兼愛」「非攻」干預國家法治。再者，鬼谷子一門多奇能異士，高明如百里老人者當有數十人之多，雖在整體行動上與墨家無法抗衡，但在一次行動中擊敗墨家還是完全有可能的。然則，鬼谷子一門一旦出山，組織非常嚴密，不可能不給自己一個消息。難道老師違背了讓他獨自承擔入世風險的諾言，想伸手幫他？不，不可能。老師與他的約定，凝聚了漫長的思慮，那是老師對抗天下的祕密試驗，不可能改變。再說，以鬼谷子一門的為政智慧，豈能想不到這樣做的後果？豈能幫他一個倒忙？應該說，不會是鬼門所為。那麼，能有何人？難道山東六國會保護我衛鞅麼？匪夷所思。

此時景監走進書房：

「我聞，近日甘龍給太子講書了，講的是《尚書》之〈洪範〉篇。」

衛鞅頓感詫異。甘龍已是太師，儘管名位尊崇，但畢竟不是太子傅，等閒情勢下是不能給太子講書的。按照秦國慣例，太子傅之外的大臣要給太子講書，首先要由太子傅上報國君，國君許可，方得講書。如今秦孝公遠在西陲巡視，何人許可甘龍對太子講書？太子傅只有兩人，嬴虔居左領銜，公孫賈居右講書，難道是嬴虔做主請甘龍講書？這件事看起來微不足道，但是卻有著微妙深遠的糾葛。太子乃國家儲君，變法國策能否延續，太子具有至關重要的作用。而太子接受何種治國主張，則又是國策變化的根基所在。秦孝公不可能不明白其中奧妙。但是太子正在少年，同時為了安撫元老重臣以保證變法順利，秦孝公才讓公孫賈做了太子傅，為防萬一，又讓耿耿忠心的兄長嬴虔居左領銜；同時明確告誡公孫賈，三年之內，主要給太子講授技能性知識性經典，諸如農書、樂書、兵書與儒家六藝等。秦孝公曾對衛鞅暗示，合適時候，將把教導太子的重任交給衛鞅。衛鞅心裡也很明白這一點。如何不遲不早，偏偏在墨家刺客暴露而流言四起的時候，甘龍竟然給太子講書了？而且是赫赫有名的《尚書・洪範》篇！

「景監，我要去拜會公子虔，你以為如何？」

「該當如此。公子虔乃首席太子傅，也許與他有關聯。」

片刻之後，一輛粗樸的軺車駛出左庶長府，直奔上將軍嬴虔府邸而來。變法繁忙，衛鞅已經很長時間沒有與嬴虔單獨見面了。作為現任執政大臣與曾經執掌軍政大權的重臣，衛鞅與嬴虔本該經常溝通的。衛鞅心中十分明白此中利害，然則稟性所致，衛鞅對沒有公事內容的諸種拜會與溝通始終沒有興致。「極心無二慮，盡公不顧私」是當時名士們對衛鞅的評價。這種性格在尋常士子身上即或有，也難以極端化地表現出來。但在衛鞅這樣的執政大臣身上，則這種極端性格完全可能將人變成冷冰冰的公務機器。繁忙的公務淹沒了一切，滲透在衛鞅的行動與生活中。這種無私忘我的稟賦，就在無窮盡的公務中放大了，極端化了。在官場交往中，衛鞅沒有私交，唯有公務。與任何人謀面，公事一完立即送客。他處置公務的速度令所有的屬吏吃驚，滿滿兩案公文晚上抬進書房，第二天卯時便準時分發到各個官署，從來沒有延誤過哪怕半個時辰。吏員報事，沒有人超過半炷細香的時刻。衛鞅有規矩，銅壺滴過二十，吏員還不能將一件事說明白，立即讓他下去理清頭緒再來。三次超出，罰俸一石，六次超出，貶職遷官，調出左庶長府。兩年多來，衛鞅已經罰了十三人，貶了九人。沒有專精公事而心無旁騖的稟性，這種極高的處理公務的功效根本是不可能的。

要如此一個執政大臣去經常性地拜會應酬，自然是無暇為之。

與衛鞅相反，嬴虔卻是悠閒得很。自嬴虔將左庶長位置讓給衛鞅，嬴虔的公事就大大減少。官場政壇，公事多少就是權力大小。一個悠閒的官員，即或是位高名尊，假若必須做的公事很少，無疑就是權力已經減少了。秦國的左庶長爵位不高，但歷來是兼領軍政的權臣位置。嬴虔既然讓出了這個位置，原本在軍中的事務也漸漸減少。上將軍職位雖在，但在不打仗時卻沒有多少實際事務。因為日常性的軍政大事也歸左庶長，具體軍政則有車英這樣的將軍和大小軍吏。所以，這個上將軍也幾乎成了一個掛名的統帥。至於太子傅一職，對他更是有名無實，本來就可以撒手不管。再說，教他這個火爆性子去細緻調教一個少年侄子，也真是未做先煩。如此一來，正當青壯的嬴虔，竟然和老太師甘龍一樣閒暇了起來。雖則如此，嬴虔並沒有任何怨言。他知道為政在專，多一個人插手，往往事倍功半。當初自己既然對尚賢讓權有功，今日又何須無事生非？嬴虔很通達，無非總覺空落落而已。每日裡練劍讀書，便成了他最主要的兩件事。

聽得衛鞅來到，嬴虔高興地迎出門來：「呵，左庶長大駕光臨，當真稀客！」說著走到車前，伸手要扶衛鞅下車。

衛鞅一旦將拜會來往當作公務，心思便機警細緻，對每個細節都非常注意。他在軺車上一直站著，見嬴虔出門走來，便遙遙拱手，軺車尚未停穩便跳下車來，迎住了嬴虔的雙手爽朗大笑道：「太子傅，別來無恙？」使勁搖搖嬴虔的胳膊，就像軍旅中老友相見一樣坦率。

「手勁兒好大！我可是不行了。」嬴虔大笑，拍打著衛鞅肩膀，「進去說話。」便拉著衛鞅的手一路笑談著進得府來。嬴虔府邸在秦國算是很寬敞的大府邸，五開間四進帶一個小跨院，一進門廳護衛，二進一座小庭院，三進正廳，四進書房劍房。嬴虔領著衛鞅穿房過廳，邊走邊指點介紹，最後推開劍房走廊的一道圓門笑道：「此地如何？」

眼前一座幽靜的小院：幾株桑樹，一畦菜田，頂頭一座土堆的山包，山上有一座小小石亭，亭下有石桌石墩。整個院子整潔乾淨，使人身心為之一爽。衛鞅不禁讚歎道：「身居城堡，有此田園小築，此生足矣！」

嬴虔大笑：「這是小跨院改的，左右無事，花了我半年工夫。」

「你我就在石亭敘談，如何？」

嬴虔拊掌笑道：「妙！我也正有此意。家老，搬一罈好酒來。」

兩人在山頂石亭坐定，秋陽無力，涼風半透，分外清爽。家老搬來一罈好酒、兩尊食鼎並一應食具，一切周到，悄悄下了亭子。

「來，你我經年不見，先乾此一爵！」嬴虔慨然舉起大大的酒爵。

衛鞅舉爵：「近在咫尺，少來拜望，先行謝罪了。」一飲而盡。

「哪裡話來？你公務繁忙，我疏懶成習，各杖五十！乾！」嬴虔大笑飲盡。

衛鞅咂咂嘴，拍案笑道：「這乃趙酒！多年未沾，今日有此口福，再乾！」

嬴虔臉上迅速掠過一片紅潮，慨然笑道：「慚愧慚愧。這是趙國一個故交馬商送了一車。我歷來不飲趙酒，送了公孫賈幾罈，留下幾罈，偶爾飲了一回。嗨！娘的，就是不一般！早知你如此品評工夫，你我分了豈不大好？便宜豎子也！」又是一陣大笑。

「酒茶無家，原是守不住。」衛鞅笑道，「公孫賈也好酒麼？」

嬴虔搖搖頭：「哪裡。他拿我的酒給老甘龍上貢也。」

「豈有此理！老太師滴酒不沾也。」

「你只知其一，不知其二。老甘龍在外不飲酒，然在家卻用酒浸草藥飲之。」

「浸藥之酒，宜醇厚凜冽，趙酒對路。」

「正是如此。」嬴虔笑道，「那公孫賈來我這兒討去幾罈，送了老甘龍。」

「也是。公孫賈與老太師畢竟有師生之名，敬師原是該當。」

嬴虔微微冷笑：「敬師？拔一毛利天下而不為，公孫賈也。他是為了勞動老甘龍替他講書。」

「講書？請老太師教誨他兒子麼？」

「哪裡！給太子講書。公孫賈在我這裡絮叨，言他自己修習甚淺，幾篇古文揣摩不透，想請老甘龍給太子講課。你說此等小事也來聒噪，煩不？過了幾日，又來絮叨，說老甘龍已經答應，問我該講何典籍？我哪兒知道啊？就說你自己看吧。不想他竟厚著面皮向我討酒，說我不飲趙酒，不妨教他孝敬老師。你說，他如何就知道我不飲趙酒？那個笑啊，讓我發膩。我給了他幾罈酒，立馬送客！」嬉笑怒罵間，嬴虔充滿對公孫賈的輕蔑與厭惡。

衛鞅聽得分明，心中不禁一個激靈——好個陰鷙的公孫賈！事事都向首席太子傅「稟報」了，又事事都按照自己的謀劃辦了。嬴虔卻是什麼也不知道，卻又無法說自己不知道，但凡有事，又必須擔待。仔細一想，此事還只有嬴虔這個角色可以扳過來。衛鞅又大飲了一爵，慨然笑問：「公子，可知老太師給太子所講何書？」

嬴虔搖搖頭：「管他甚書？還不都一樣？酒！」

「老太師講的是《尚書》之〈洪範〉篇。」

「有何不妥麼？」

「公子，《尚書》之〈洪範〉篇，乃殷商箕子對商王講述的治國主張，王道陰陽學說之經典，師古敬天，貶斥人為。王道之說，無出其右。」

嬴虔一怔，思忖間臉色便陰沉起來，「啪」的一掌拍在石桌上：「直娘賊！」彷彿又在軍中，粗魯地罵了一聲霍然站起，「左庶長自回。我去太子府。」

甘龍正在侃侃講書，抑揚頓挫，有聲有色。

秦國的太子府，實際上是國府宮的一個偏院。院中最大的是書房，六間房子中分為二，東面是講書廳，西面是讀書寫字房。公孫賈給太子的作息時段劃分得簡單明瞭：五更至卯時練劍，早晨練字並刻簡，午飯後講書，晚間一個時辰溫習。

太子嬴駟是秦孝公與比他大幾歲的一個侍女所生。那個侍女叫采桑，生下嬴駟後一個月便突然失蹤了。她在嬴駟身旁留下了一方白布，寫著八個大字——身患內疾，遠遁山林。從此再也沒有回來。初知人事的嬴渠梁那時很是氣憤，認為采桑是個無情無義的女子。及至加冠成年，嬴渠梁才理解了那個美麗侍女的苦心——老秦風習樸野，私生子倒是照常承繼大業，然對其母卻往往有諸多非議。采桑若留在宮中，蠱惑儲君的惡名在宮廷糾葛中隨時可能成為兒子的致命陷坑。斷然離開，一了百了，豈非聽敏絕頂的奇女子？從那以後，嬴渠梁幡然悔悟，發憤立身，竟一直再沒有娶妻立后。

嬴駟由太后撫養長大，天賦過人，成熟頗早，十二三歲就像一個成年人般深沉多思。尋常時日聽公孫賈講書，他極少像一般孩童那樣問來問去，偶然問一句，卻往往令公孫賈難以作答。有次，公孫賈講許行的《農經》。嬴駟突然問：「先生言，許行楚人，南蠻鴃舌，如何通中原農事？」公孫賈面紅耳赤，沉默片刻方才答道：「此乃孟子之言也，吾何以知之？」

今日講書的是甘龍，嬴駟非常恭敬，聽講一個時辰神色肅然。小太子很景仰這個白髮蒼蒼的老太師，從小就知道他是秦國的三世老臣、學富五車的東方名士。《尚書》又是他第一次聽治國大道，確實是津津有味。

「統而言之，〈洪範〉篇乃萬世楷模。五行、五事、八政、五紀、三德、五福、六極，乃天地萬物運行之恆轍，治國理民之大綱，交友為人之準繩也。三代之治，所以垂世，皆賴箕子〈洪範〉之力也。春秋以降，王道式微，霸道崛起，此所以天下大失康寧，水深火熱之故也。惜我秦國，本東周開國諸侯，自穆公百里奚厲行王道，大出天下以來，世風日下，淳厚盡失，王道湮滅，國勢淪落；河西之地盡失，隴西之族屢叛，庶民惶惶，朝野怏怏，國將不國，殊為痛心。嗚呼！穆公安在？百里奚安在哉？」老太師甘龍講到最後，白頭顫抖，伏案痛哭失聲了。

嬴駟童稚純真，驚訝非常，連忙上前撫慰：「老太師莫要傷慟，國家大政，從長計議也。公父回來，嬴駟定然稟明老太師一片忠心，力諫老太師主政治國便是。」

「咳！」公孫賈重重地歎息一聲，淚光晶瑩，哽咽有聲，「太子也，今非昔比，斷斷不可莽撞。老太師一片苦心，太子心知足矣，何敢奢望亡羊補牢。」

「老師之言差矣！」嬴駟慷慨正色，「亡羊補牢，猶未晚也，何談奢望？爾等老臣，難道以為公父乃昏庸之輩，不納忠言麼？」

公孫賈大為惶恐，伏地叩頭不止：「太子休出輕率之言，臣等委實吃罪不起。老太師風燭殘年，臣亦久欲逃遁山林，豈敢過問朝局？」

誰知嬴駟更加氣惱，小臉兒通紅，尖聲叫道：「豈有此理？秦國難道成了危邦不可居麼？誰將國家攪成了如此模樣？骨鯁之臣都要走！誰？說呀！怕甚來……」卻突然打住，眼睛直勾勾地望著門口。

嬴虔一臉寒霜走了進來，冷冷道：「駟兒，身為太子，對大臣不敬，成何體統？」

嬴駟和所有的公室子弟一樣，素來害怕這位威猛莊重的伯父，況且他又是太子左傅，管教自己名正言順。臉上一紅，聲勢頓時萎縮，期期艾艾道：「駟兒，見、見過公伯。沒、沒說甚……」

「國事有官稱。不是公伯，我是左太子傅，來檢視學業。」嬴虔冷冰冰打斷嬴駟，將「左太子傅」幾個字咬得又重又響。

甘龍正在淚眼矇矓，一時竟有些茫然。雖然他是資深老臣，但對霹靂猛將嬴虔卻素來敬而遠之，實則是敬畏三分，況且今日又在太子府，嬴虔分明便是正主兒；自己身為太師，對太子講書本也無可厚非，但講出局外，總有些不妥。甘龍內心忐忑不安，但畢竟久經滄海，漫不經心地哽咽著：「左傅見諒，都因老夫感念穆公，有所失態。太子勸慰，原是體恤老臣，莫要責怪太子才是。」

嬴駟感激地望了甘龍一眼，覺得這個白髮蒼蒼的老太師很有氣度。

公孫賈原本難堪困窘之極，但在嬴駟甘龍的一遮一擋之後已經冷靜下來，他抹著眼淚拱手道：「公孫賈參見左傅。太子有過，公孫賈有責，願受懲治。」

嬴虔卻大咧咧一笑：「你個公孫賈，我是悶得發慌來轉轉。老太師講書，如何不告我一聲，讓我這粗憨也長點兒學問？」

「左傅笑談了，不是稟報你了麼？左傅還教我贈送老太師趙酒也。」

嬴虔一怔，哈哈大笑道：「糊塗糊塗。那好也，從今日開始，每次我也來聽，左右閒著無事，何如長點兒見識？老太師，繼續講了。」

甘龍拱手道：「已經兩個時辰了。老臣年邁，不堪支撐也。」

嬴虔又是一陣大笑：「老太師能講書兩個時辰，老當益壯，可喜可賀。我呀，最怕說話，半炷香也撐不得，非啞了喉嚨不可。」

公孫賈笑道：「老太師委實勞頓，下次講書，我當專程請左傅監講。」

嬴虔臉色一沉：「監講？你疑心老太師，會用邪說蠱惑太子？大膽！」

公孫賈想不到丟給嬴虔的燙手山芋，竟如此快捷利落地回到了自己手上，忙不迭擠出一臉笑容，連連拱手：「豈敢豈敢，有罪有罪。老太師見諒！左傅見諒！」

甘龍皺著眉頭冷笑道：「公孫賈，學著了。左傅，老夫告辭了。」佝僂著腰身，一副老態龍鍾的樣子咳嗽著出了門。嬴駟狠狠瞪了公孫賈一眼，連忙趕上去扶著甘龍出門上車。

「右傅大人，何時講書，不要忘了我，記住了？」嬴虔笑得森然。

「公孫賈但憑左傅大人定奪。」公孫賈滿臉堆笑，雙腿卻簌簌發抖。

剛剛掌燈，吏員便抬進滿當當兩案公文。衛鞅在書案前坐定，準備開始批點。正欲提筆，景監匆匆走進，將太子府的事備細說了一遍，衛鞅禁不住大笑，卻是甚話也沒說。景監知道衛鞅規矩，說完立即忙著打理公事去了。剛剛批得幾卷，衛鞅突然覺得面前有個身影，不自覺間，手中鐵筆短劍般飛出。隨即抬頭，卻見侯嬴握著鐵筆微笑著站在面前。

「是侯兄。」衛鞅吁了一口氣，「嚇我一跳。來，請坐。」

侯嬴笑道：「我看這鐵筆不錯，管中有箭頭，可謂綿裡藏針也。」

「侯兄有眼光，此乃鐵筆劍，老師贈我的，不想第一次就用錯了。」

侯嬴坐到對面：「鞅兄，我聽說城裡有過刺客，特來看看。荊南失蹤，你可要加倍小心。」衛鞅點頭，隨即深鎖眉頭道：「侯兄，你說天下哪個學派能與墨家劍士抗衡？」

侯嬴一怔，搖頭笑道：「如何？你想求援？」

「哪裡話來，一夜之間，墨家劍士竟被一個來歷不明的門派趕走了。」

「有此等事體？這批劍士真的厲害！」侯嬴驚訝。

「他們顯然是想幫我，豈不知幫了一個大大的倒忙。」

侯嬴臉色微變：「如何？幫了倒忙？願聞其詳。」

「咳，」衛鞅歎息一聲道，「也難怪。他等如何能明瞭這政道奧妙？為政治民，諸多事情是不能大白於天下的，這便是所謂國事機密了。權臣執政，永遠都會有政敵必欲除之而後快。政敵之仇殺，可防可治，不可告民。原因何在？這民情如海，有風必有浪，浪急則國家傾覆。政敵之行若大白於天下，反治疲民便會與之通連呼應，使民心不穩，國策難行。墨家乃近百年來震懾天下的正正之旗，在民在官，皆可振聾發聵。墨家對我變法之偏見，本屬誤解，必能消除。今墨家劍士在櫟陽被襲擊驅逐，加之一場大火，使朝野皆知墨家認定秦國變法乃暴政虐民，流言便會不脛而走，如此長了誰的志氣？滅了何人威風？變法正在爬坡之時，庶民方醒未醒。經此一舉，民心惶惑，無從辨識。墨家之誤解又會更深一層，豈非要大費周折？侯兄思之，這是否幫了一個倒忙？」衛鞅說得緩慢沉重，憂心忡忡。

侯嬴聽著聽著，額頭滲出晶晶汗珠，大是惶惑不安，突兀自語：「如何沒想到這一層？」又警覺醒悟，笑道，「鞅兄勿憂。敢與墨家對陣者，必非尋常之輩。我之愚見，解鈴還需繫鈴者，也許他們自己會補正。」

衛鞅感慨一歎：「雖則幫了倒忙，然則衛鞅有此無名知音，也足可自慰了。知我變法者，唯此人也！又何求補過？」

侯嬴也是一歎，眼神中流露出一種感動：「鞅兄，侯嬴告辭。」

送走侯嬴，衛鞅無心批閱公文，在庭院中踱步，仰望天中明月，心潮起伏迴盪。不知白雪可曾平安回到了魏國？墨家會不會找她的麻煩？君上在西部巡視，如何還沒有消息？車英找到君上了沒有？墨家倉促退去，下一步可能如何？和墨家的這場敵對誤會如何化解澄清？有沒有必要親自去一趟墨家總院……亂紛紛想來，一時沒有頭緒。但無論如何行動，都要等君上回來再說，櫟陽不能沒有鎮國之主，君上與衛鞅，必須有一人守在櫟陽。還是君上鎮國合適，畢竟，衛鞅對山中生活與學派門戶熟悉許多，絕不能讓君上去冒險。對，正是如此。變法已開，沒有我衛鞅，君上可以繼續推行變法。沒有了君上，我衛鞅在秦國豈能站穩腳跟？想著想著，衛鞅清晰起來，覺得應該乘窩冬季節化解墨家誤會，給來年春天推進變法掃清道路。山地縱然費時，三個月時間，長途跋涉一次也算夠了……

突然，馬蹄聲急如驟雨，在靜夜長街如驚雷滾過。仔細一聽，正向左庶長府而來。衛鞅心頭一震，大步匆匆向府門走來。

馬隊正在左庶長府門前收住，車英滾鞍下馬：「車英參見左庶長！」

衛鞅心頭一沉：「車英，君上何在？」

「稟報左庶長，君上執意孤身赴險，到神農大山找老墨子論理去了……左庶長！」

衛鞅心頭轟的一聲大跳，面色驟然蒼白，搖搖晃晃地站不穩。車英一個箭步衝上，扶住衛鞅。此時景監已經趕到，立即和車英扶著衛鞅回到寢室。當太醫被急如星火般喚來時，衛鞅已經從臥榻翻身坐起，揮手吩咐所有人退下，唯留景監車英在房中。衛鞅走下臥榻，雙腿猶自發軟，強自扶著劍架道：「車英，詳情如何？仔細說來。」

衛鞅的震驚昏厥，使景監、車英乃至左庶長府的所有吏員都深深震撼。這個在他們看來是泰山崩於前而色不變的卓越人物，聞君急難竟是如此急火攻心，可見其對君上、對秦國的耿耿忠心。戰國之世，風雷激盪，唯有肝膽相照才能殺出一條生存之路。唯其如此，人們對大忠的渴望和崇尚達到了極致。一個人可以才能平平，但只要有耿耿忠誠的德行，就會受到人們的贊許、景仰和追隨。才華橫溢而不忠不義，則為天下所不齒。忠於家國，忠於君父，忠於功業，忠於友誼，忠於愛情，忠於知音，忠於學派，忠於信念……無盡的忠誠在殘酷激烈的大爭之世磨礪出炫目的光華，數不清的忠臣烈士，留下了天地為之變色的故事。無論何時，無論何地，人們對忠誠的景仰都不會稍減，都會為之感動不已。衛鞅醒來時，屋中所有的眼睛都含著淚水。他們的淚水凝結了對衛鞅的崇敬，也凝結了對老秦國的忠誠。況且，衛鞅是山東士子，是外邦人，他對秦國的忠誠更容易激起這些老秦人的情感波瀾。

衛鞅卻什麼也沒看見，只是緊緊盯著車英。

車英臉上汗水和著淚水，擦拭一把，從頭講述了追趕國君、國君遇險、國君決意進山和自己被嚴令返回櫟陽的詳細經過。重述秦孝公「秦國不能沒有左庶長，左庶長是秦國新生的厚望」這段原話時，衛鞅的淚水奪眶而出，又一頭栽倒在榻上。

半個時辰後，衛鞅醒了過來。他終於平靜了，喝下一大碗熱氣騰騰的羊肉湯，精力也恢復了過來。思忖有頃，他對景監簡略地交代了必須在晚上完成的公務，便匆匆出門了。

時近四更，櫟陽街市已經沉寂。衛鞅來到渭風客棧門口，只見漆黑一片，往日掛燈籠處掛上了一個隱約可見的大木牌。衛鞅繞到偏門，也是大門上鎖。稍一打量，街中確實無人，衛鞅登上門前石墩，輕輕一縱，躍上牆頭。看看院中無人，聽聽又是靜悄悄一片，衛鞅手搭牆頭，無聲地落到院中。

衛鞅相信，侯嬴會在客棧留下一個可靠的聯絡信使，如今一看，竟是完全地按照他的要求撤出了櫟陽。此刻，衛鞅真希望侯嬴能有所保留，否則，他的這條應急之策就要落空，面臨危難的國君就沒有奇士後援。衛鞅此來，是想請侯嬴出山援助秦公的。他了解侯嬴，知道他是一個罕見的風塵隱俠。但他從來沒有說破這一點，一則是沒有必要，二則是作為法家名士，衛鞅對「亂法游俠」歷來不贊成也不相交。假如不是白雪，侯嬴也不是商家，衛鞅即或相識也不會有交誼。時也勢也，在這種精兵猛將無以著力的特殊時刻和特殊對手面前，需要的又恰恰是這種獨往獨來具有超凡個人行動本領的游俠人物。俠士們常說：「法以治國，俠以補世。」衛鞅對此從來視為笑談，不想自己今日竟真要請游俠「補世」了，不禁感慨中來，第一次感到天下之大，竟然真有法治威力所不能到達的死角。甚至於自己目下的行動，和游俠又有何不同？心念及此，不禁啞然失笑。

猛然，衛鞅聽到了侯嬴住的那排大屋中有輕微的鼾聲……有人！

衛鞅輕步來到門前，想了想，「啪啪啪」敲門。

「誰？」一個粗重的聲音帶有明顯的警覺，衛鞅聽見他已經到了門後。

「你家主人在麼？我是老國來的朋友。」

「安邑來的麼？等等。」門吱呀一聲開了，一個大漢搓著睡眼矇矓的臉，使勁搖搖頭，才看清眼前來人，「哎呀，你從安邑剛來？晚了，事情早完了。」

「侯大哥何在？」

「我也不知道。我光管看家。」

「看家幾個人？」

「就我和河丫，兩個。」

「河丫？可是陳河丫？」

「啊，對！不對！你如何識得河丫？」粗憨的問話顯然有些醋意。

「河丫住哪裡？我要找她說話。」

「好，跟我來。河丫，有人找！」

「哎，來了……」白雪住過的小院裡傳來一聲長長的應答，就聽見一溜碎步聲，接著拉開門，

「誰找我？噢，大哥！」河丫一下子抱住了衛鞅。

「啊，是大哥呀。稀客稀客，快進去，院裡涼。我去煮茶！」大漢一下子熱心起來，一溜小跑去了。

衛鞅拍著河丫肩膀笑道：「河丫，白姊姊呢？」

「還說，他們都走了，不帶我。本來我就要回老家去了，可聽黑柱子說，有人要殺那個甚？噢，姓衛的左庶長，變法可能不穩當，我就沒走。來，大哥，進去坐。你從哪兒來呀？我給你弄飯吃……」河丫高興得語無倫次。

衛鞅笑笑：「河丫，我不餓。我先要問你兩句話。」

「問吧問吧，問甚我都高興……」

「侯大哥去了哪裡？」

「不曉得。他今晚回來，急忙拿了幾件東西，又走了。」

「店裡有事，如何找他？」

「哎呀，他不讓我和黑柱子找他，說櫟陽不會有事，吃喝給我倆留得足足的，有事他也會知道，不要我倆操心。我倆就管狗、豬、馬和收拾房子。」

「白姊姊呢？在魏國還好麼？」

「魏國？白姊姊沒去魏國啊。」

「如何？」衛鞅一驚，「你聽誰說？」

「黑柱子呀！他送白姊姊上路的。」

衛鞅沉默了。白雪沒有回魏國，侯嬴沒有回客棧，他們去了哪裡？墨家已經離開櫟陽，侯嬴本不該再走，今晚從他那裡出門匆匆回店匆匆離開，肯定有緊急事情，短時間也不可能回來，一時間也無法找到。衛鞅想想拍拍河丫肩膀道：「河丫，天氣暖和了就回去。聽大哥話，秦國變法穩當得很，你家的土地也穩當得很。回去採桑種田過日子，過兩年找個婆家，生個胖小子不好麼？」

河丫抹著眼淚：「大哥是世上頂好的人，河丫聽大哥的。大哥，我把黑柱子帶回去，行麼？」

「行啊。侯大哥一定答應，秦國人丁少，官府也一定入籍。」

河丫高興得拍手：「黑柱子，快來呀，大哥說你能跟我走！」

大漢正在碎步跑來，手中捧著一個銅盤，憨聲笑道：「哎！侯掌事回來就走。大哥，黑柱子謝你了。河丫整天念叨你。」

衛鞅笑道：「河丫，我不喝，也不吃。我有急事，要走了。黑柱子，你倆好好過，勤耕勤織，多繳五穀，掙個爵位，我去看你倆！」

「哎，聽大哥的，一定不給大哥丟臉！」黑柱子使勁點頭。

「好。我走了。」

「哎，大哥！跑了一路，不吃不喝便走啊？」河丫急得要哭了。

衛鞅回頭招招手：「下次在你們家吃好的。」匆匆而去。

回到府中，已經五更。衛鞅輾轉難眠，站在廊下任寒風吹拂。白雪沒有回魏國，侯嬴沒有在客棧，他們去了哪裡？莫非趁機遊歷天下去了？不會。若遊歷山水，侯嬴何須行色匆匆？昨晚見我時為何不說？若有荊南在，還可以派去頂替侯嬴，而今荊南失蹤，這樣的人物何處可找？想來想去，衛鞅束手無策，生平第一次遇到了無法解決的難題。

二、神農大山的墨家城堡

雖是深秋，神農大山依然是莽莽蒼蒼無邊無際的綠色。

懸崖絕壁上有一條蜿蜒的棧道，棧道上有兩個身影在緩緩行進。這是剛剛踏進這片神祕大山的秦孝公嬴渠梁和墨家弟子玄奇。孝公走得小心翼翼，玄奇在後邊不斷叮囑。邊走邊看，孝公對山中奇絕的風光大為感慨。亙古以來，這廣袤的森林人跡罕至，大山中古木參天，不知來源的溪流飛瀑時時如空谷雷鳴，灑下漫天雨絲。放眼看去，奇峰嵯峨，一線藍天在絕壁夾峙的大峽谷中時隱時現，深深的谷底鑲嵌著明鏡一般的湖泊。山風掠過，林海濤聲彌漫了整個天地之間，一切聲音都消融在這山神的吼嘯之中。風息山空，鳥叫獸鳴近在咫尺，卻看不見一隻飛禽一個走獸。一種博大無邊的虛空，一種無可形容的清幽，一種亙古潔身的純淨，一種吞噬一切的包容，都使這片大山充滿了迷迷濛濛而又驚心動魄的肅穆。

「如此大山，是對墨家的最好註釋，天人合一。」秦孝公終於找到了感覺所在。

玄奇卻在四面張望，低聲道：「再向前，你就不能說話了，我來應對。」

秦孝公點點頭，退到玄奇身後道：「偏是墨家有這些講究，身居天塹，也如此用心。」

玄奇笑道：「我的國君，天下欲生滅墨家者，可是大有人在也。」

「就是楚國、魏國。莫非還有？」

「你不算一個麼？」

孝公大笑，玄奇噓了一聲道：「看前邊，第一道關，黑卡。」

一座突兀的山岩凌空伸出，猶如山體長出了巨大的胳膊一般，高高懸罩在棧道前方，幾乎與對面山體的絕壁相連成空中石橋。山岩成奇特的青黑色，凌空伸出的部分光禿禿寸草不生，裸露的岩石在幽暗的峽谷森森然隱隱有光，顯得怪異非常。秦孝公驚訝端詳間，一支響箭呼嘯著從岩石胳膊的根部斜斜地飛向天空，在一線藍天中勁直而上，後面拖著一股青煙，煞是好看。

「好功夫！」秦孝公不禁輕聲讚歎。

玄奇擺擺手低聲道：「跟我走，別說話。」踏著棧道輕鬆前行，如履平地一般。孝公走這樣的棧道遠不如玄奇熟練，踩得腳下木板嘎吱嘎吱直響。兩人彎過一道凸出的山體，進入一片凹陷山體時，再看那青黑色的凌空巨石，竟赫赫然懸在頭頂。玄奇腳下輕輕一跺，示意孝公停步。

「何為一？」凌空巨石中傳來深厚緩慢的話音。

玄奇右臂劃一個大圓，悠然答道：「一為圓。一中同長也。」

「何為二？」

玄奇雙手大交叉平伸：「兩物相異，為二。」

「兩物相異，何能一道？」

玄奇雙臂併攏前伸：「相異不相左，是為一道。」

凌空巨石中伸出一面飄帶般的長長小白旗，左右擺動：「黑卡，過——」

玄奇又輕輕一跺腳，孝公便移動腳步。剛剛穿過凌空飛架的巨石，孝公聽見身後又是一聲尖嘯，一支響箭拖著一股黃煙飛上天空，卻不知又是何種信號？孝公回頭想看看巨石中的暗哨位置，卻發現凌空巨石上橫刻著四個大字——非攻樂土！奇怪，這字如何刻在裡面？仔細一想，恍然大悟，外面進山之人只能看到山水自然，只有出山的墨家弟子和經過認可驗證的友人，才能在荒絕恐怖中看到人的標記，給冷清孤獨的旅途留下一抹溫暖。思忖間已經轉過一道山彎，一道瀑布匹練般從對面絕壁穿空直下，飛珠濺玉，隱隱轟鳴，分外壯美。

孝公伸手指指瀑布，又指指嘴巴，比比畫畫做驚歎狀，如啞語一般。

玄奇大笑道：「可以說話了！還真聽話也。」

秦孝公凝視瀑布：「多美啊。墨家苦行，卻盡享山水之精華，大樂了。」

玄奇扶住他肩膀笑道：「好麼？不做國君了，做隱士如何？」

孝公拍拍她的手：「好，等秦國強大了，只要我還活著，一定找座大山。」

「別騙我了。秦國強大了，你又想統一天下，能想到我？」

孝公大笑：「那真是欲壑難填了。」又感慨一歎，「不過小妹，也許真有那麼一天。我倒不想做盡天下大事，我只想秦國在我手裡強大起來。」

「我的國君，我知道。」玄奇親暱地將頭伏在孝公胸前，「那時如果我也活著，我一定會去找你，將你偷走。宮中會大吃一驚：呀，沒有國君了！」玄奇繪聲繪色，兩人快樂地大笑起來。

說話間，兩人在棧道繼續前行。山體岩石不知從何處開始竟然全部變成了白色，奇絕險峻，棧道在峭壁間宛如細線。正行間但見一柱白岩沖天而立，依稀一口刺天長劍。這支「長劍」在山腰憑空生出，在高空鳥瞰棧道，顯然是控制棧道的絕佳制高點。白岩劍尖，一物似石，帶著哨音勁射而上。又有一物似流星趕月後發先至，直擊前面一物。兩物相擊，一聲大響，山鳴谷應間，一團紅煙淡淡散開，宛如開在藍天上的一朵花兒。

秦孝公似乎忘記了身處險境，看得驚歎不已，玄奇跺腳，他才靜了下來。

「二人入園，欲竊桃李乎？」聲音彷彿從雲端飛來，縹緲而清晰。

玄奇向天遙遙拱手：「二人同來，去天之惡。」

「天，何所惡？」

玄奇短劍前伸：「天惡不義，天正不義。」

「順天之意何為？」

玄奇雙手做環抱狀：「兼愛非攻。」

玄奇話音剛落，遙見白岩頂尖伸出一面黑色小旗向山中一盪：「白卡，過——」腳步匆匆，二人走得三里之遙，又見白岩褪成了灰色山石，棧道也走到了盡頭。接下來是一條羊腸小道伸向前面的山腰。孝公長長地吁了一口氣：「前面還有黃卡紅卡麼？」玄奇咯咯笑道：「沒有了。翻過這個山頭，你就能看見總院了。」孝公揶揄笑道：「老墨子真是古怪，拿墨家經書做暗語，打定主意不和外人交往？」玄奇笑道：「站著說話不腰疼。這也是逼出來的。墨家樹敵甚多，且都是以國為敵。各國斥候收買游俠，費盡心機要打進墨家，防備不嚴，墨家焉能長期生存？這暗語非但全是墨家經典，而且三日一換。不精通《墨子》，寸步難行，棧道上到處都有截殺機關。等閒一支大軍，也攻不進來。」

孝公喟然一歎：「老墨子威加諸侯，可謂天下學霸矣！」

玄奇笑道：「也許這就是強者本色。人強則硬，國強則霸，學強則橫。老孟子罵遍天下，還不是自恃顯學？你將來也一樣，秦國強了，你不霸道？」

孝公笑了：「霸道？但願來得及。」

「你，不怕麼？」玄奇明亮的眼睛盯著秦孝公。

「怕甚？」孝公驚訝。

「翻過山就到總院了。墨家素來講究誅暴不問心，此去實在吉凶難料……」

孝公坦然笑道：「小妹，你比我更危險。帶我進山，你已經是墨家叛逆，我更擔心你有不測之禍。」

「大哥！」玄奇脫口而出，猛然抱住孝公，「我不怕。能和你生死與共，此生足矣！」

孝公攬著玄奇顫抖的肩膀，眼前浮現出那個多雪三月五玄莊門外的誓言，輕聲念道：「不移，不易，不離，不棄。」

「天地合，乃敢與君絕。」玄奇一臉滿足的笑容。

峽谷中漸漸幽暗。兩人快步走出羊腸小道時，眼前豁然開朗，四面奇峰夾著一片綠森森的谷地，夕陽正掛在西邊山尖，山峰林海一片金黃。正北面最大山峰的半山腰處，遙遙可見一片金碧輝煌的屋頂巍然矗立，滿山綠樹中露出斷斷續續的灰色石牆。一座箭樓佇立在灰牆南段，雖然比不上城池箭樓的規模，但建在這荒絕險峻的大山之中，卻顯得分外雄奇。

突然，一聲淒厲的長嚎響徹山谷，似哭非哭，充滿絕望與憤怒。二人同時一驚，疾步衝上高處山頭，舉目四顧，不禁失色——只見箭樓外的一片空地上，一個黑衣大漢被粗壯的鐵索拴在一塊大石柱上，手中握一柄鐵耒在挖地。石柱旁邊，一隻穿著紅褂子的大黑猴子拿著一支長長的藤條，不斷抽打黑衣壯漢。黑大漢不顧抽打，只是拄著鐵耒遙望山外，不斷地淒厲長嚎。

「堂堂墨家，如何這般慘無人道？」秦孝公面色陰沉。

玄奇驚訝道：「難道有了叛逆不成？莫急，等他們回去了再走。」

城堡前一陣人聲喧鬧，一群黑衣白衣的墨家弟子肩扛手提著鐵耒、鐵鏟、大鋸，從東邊山道上走下。另一群少年男女則挎著竹籃，拿著藥鋤，從西邊山道上走下。將近城堡箭樓，東邊弟子中有人高喊：「誰唱支歌兒消消乏？」

「禽滑釐大師兄，你唱！」西邊的少年弟子們雀躍歡呼起來。

只聽人群中一人高聲笑道：「還是鄧陵子唱了。」

「不！兩個師兄都要唱。」少年弟子們笑著叫著。

「唱吧，平日裡難得聽到兩位歌聲，教小弟妹們高興高興。」東邊有個渾厚的聲音為少年子弟幫腔，引來一片歡呼。

只聽一聲咳嗽，渾厚悠長的歌聲響徹山谷：

立德立言須立身
生逢亂世要正心
刀兵四起說利害
人欲橫流莫沉淪

一片和聲在山谷中迴盪：「人欲橫流莫沉淪，莫沉淪……」
又有蒼涼激越的歌聲接唱道：

生民苦兮——
人世憂患何太急
饑者不得食兮
寒者不得衣
亂者不得治兮
勞者不得息
征夫無家園兮
妻兒失暖席
鰥寡無所依兮
道邊人悲啼

念我生民苦兮
義士舞干戚

悲愴激越的童聲唱和著：「念我生民苦兮，義士舞干戚……」悠悠歌聲，飄向深邃無垠的大山林海，與隱隱林濤融成一體，彷彿天地都在嗚咽悲戚。

「這是墨家的〈憂患歌〉？」秦孝公淚光瑩然。

玄奇默默點頭，發出一聲沉重的歎息：「這〈憂患歌〉，平日裡是不許唱的。」

突然，淒厲的長嚎又一次劃破山谷，在〈憂患歌〉悲涼的餘音中顯得怪誕恐怖。黑衣壯漢向墨家弟子手舞足蹈比比畫畫，全然無人理會。雖則如此，弟子們卻也頓時沒有了歡歌笑語，默默地走進了箭樓下的門洞。紅褂猴子也蹦蹦跳跳地解開鐵索，用藤條趕著黑衣大漢走進了城堡。

玄奇看看孝公，眼中閃出一片關切，低聲道：「走。」

秦孝公微笑：「這裡是你的家，不用怕，走。」

太陽已經落山了，大峽谷中一片昏黑。秦孝公看清了城堡外的那片空地是新開墾的一片鬆土，想到那個黑衣大漢已經被鐵索和猴子押了許久，不禁輕輕地一聲歎息。

箭樓下，兩名持劍弟子攔住玄奇：「請出示門牌。」

玄奇從懷中摸出一方黑色石牌遞過，持劍弟子一看，拱手道：「師妹受罰出山，回山須得鉅子手令。」

玄奇道：「我有意外大事，須得與這位先生立即見到鉅子。請即刻通稟老師。」

「請稍候。」持劍弟子匆匆而去。

片刻之後，大門內傳來一陣急促的腳步聲，禽滑釐和鄧陵子帶著幾名持劍弟子匆匆趕來。禽滑釐打量著玄奇二人，淡淡笑道：「玄奇師妹，回山報捷麼？」

「稟報大師兄，玄奇有緊急大事，此處不宜細講。」

鄧陵子冷冷問道：「這位何人？豈能擅入墨家總院？」

秦孝公坦然拱手笑道：「我乃秦國國君嬴渠梁，特來拜會墨家鉅子。」

話音剛落，禽滑釐、鄧陵子驟然變色。門洞眾弟子更是怒目相向，立即快步仗劍圍住了秦孝公，齊喝一聲：「狂妄暴君，格殺勿論！」

玄奇擋在孝公身前，厲聲道：「大膽！沒有鉅子裁決，誰敢擅殺一國之君？」

秦孝公推開玄奇，微微笑道：「墨家除暴，都是如此不問青紅皂白麼？」

禽滑釐已經恢復鎮靜，威嚴命令道：「收劍回隊。鄧師弟，先將玄奇關押起來。」

「且慢。」秦孝公正色道，「秦國是非，有我承擔。你等若像對待黑大漢那樣，將她當苦役奴隸，我絕不饒恕你等。」

「如何？你要阻擋墨家執法？」鄧陵子冷笑。

秦孝公果斷堅定道：「玄奇乃秦國大功臣之後，不僅僅是墨家弟子。爾等敢虐待玄奇，我將親率秦國勇士，剿滅墨家！」

鄧陵子本來已經感到在秦國丟盡了臉面，此刻惱羞成怒，大喝一聲：「嬴渠梁！爾休得猖狂！剿滅墨家？我鄧陵子先試試你的本領！」順手掠過身邊一個弟子的闊身短劍，大袖一拱，「請，公平決鬥。」

禽滑釐斷喝：「鄧陵子退下！」

秦孝公大笑道：「禽滑兄莫要阻攔，嬴渠梁正想領教墨家劍術。」其實在來路上孝公已經反覆思忖了有可能在墨家遇到的各種危險和應對之策。他很清楚，墨家這種以天道正義自居且橫行天下的學派團體，已經在百年之間形成了一種蔑視天下的霸氣，必要時在無傷大局的關節上，必須教他們明白天外有天，墨家不是萬能的，也不是所向無敵的至尊正義。劍術一道，本來也是嬴渠梁的長項，他從十二歲隨軍征戰，十六歲獲得秦國的黑鷹劍士甲冑，於萬馬軍中衝鋒搏殺過不知幾多次。雖說步戰劍術與騎士格鬥不盡相同，且鄧陵子又是墨家四大弟子中劍術最高的一個，一把奇異的吳鉤彎劍曾經震懾了天下多少邪惡？但秦孝公依然充滿了戰勝的自信。再說，玄奇的安危，實際上也繫於秦國的實力和正邪，正邪之分要見到老墨子方能定奪，實力則是目前必須讓對方知道的。因為誰都知道，一個居於戰國之列的大國，再窮再弱，以傾國壯士對付一個學派還是綽綽有餘的。情勢的關鍵，就是這個國家的國君有沒有決戰決勝的氣質和發動這種剿滅的勇武。既然如此，豈能不慷慨應戰？

眼見鄧陵子短劍在握，秦孝公笑道：「鄧陵子，請換你的吳鉤。」

鄧陵子冷笑：「那要看你的本領，配不配用吳鉤？」

秦孝公皺皺眉頭，原本黧黑的臉更黑了幾分，冷冷道：「那就看看。」向前三步，長劍鏘然出鞘，「請。」

「長劍先請。」鄧陵子此話，本意在嘲笑秦孝公的尊貴身分，同時也有意無意地提醒在場同門，我在兵器上是讓他一籌的。戰國初中期，普遍使用的乃是闊身短劍，長劍只是國君、統帥和極少數著名劍士才有的。後來隨著精鐵冶煉工藝的提高和鐵產量的增加，到了戰國末期，三尺長劍才漸漸普遍起來。

不想秦孝公聞得此話，微微一笑，回身道：「玄奇小妹，請借我短劍一用。」

玄奇本來就急出了一頭細汗，此刻更是擔心：「短劍……」想想又將後面的話硬生生憋了回去。玄奇是久有閱歷的墨家才女，豈能不知決鬥不能分心的道理？她默默捧出了秦孝公贈給他的一尺劍。她知道，那肯定是他用順了手的兵器。

秦孝公短劍在手，竟是比鄧陵子的短劍還短了幾寸。他左手一順，短劍從犀牛皮精製的劍鞘中滑出，暮色中發出一道閃亮，無疑是一把神兵利器。

鄧陵子後悔自己多嘴，竟然變成了真正的平等決鬥。此刻要再說什麼未免顯得囉唆，便不再說話，短劍直刺，一道寒光直逼孝公當胸而來。秦孝公眼力極是敏銳，一個滑步側身，人已到了鄧陵子左側，短劍一撩，鄧陵子正在疾步轉身的時候，短劍已到他左邊肋下！鄧陵子本來漫不經心，驟然間一身冷汗，大喝一聲，闊身短劍閃電般壓下，又順勢一個弧形橫掃。這是吳鉤劍的連綿攻擊動作，守攻相連，凌厲異常。殊不料秦孝公在短劍上撩時步伐已經急速地向左旋轉，鄧陵子的闊身短劍回防下擊時，他的一尺劍已經收回，輕靈地滑到了鄧陵子左側，非但避開了正面的弧形劍光，且短劍又迅疾地刺向鄧陵子左腰！當此攻勢，鄧陵子已經清楚必須擺脫這種被動旋轉。他一個蹭身右跳，避開左刺，闊身短劍在離地尺許高處劃開一個半圓，身前一丈之內將沒有秦孝公的落腳之處。這是墨家的步戰絕技——低攻斬足！然則秦孝公久在馬上征戰，對步卒低攻的反擊訓練有素，反應極為靈敏。鄧陵子縱躍蹭身時他已經凌空躍起，短劍劃出，鄧陵子後背的布衣頓時一分為二！

全場墨家子弟都「咦」地驚歎了一聲。

鄧陵子回身，擲劍在地：「好！配得上我的吳鉤！」顯然想換了兵器再戰。

禽滑釐正色道：「鄧師弟，成何體統？墨家是纏鬥之輩麼？」

秦孝公拱手笑道：「久聞鄧陵子吳鉤天下無二，贏渠梁僥倖一勝，尚請見諒。」說罷，將短劍捧給玄奇，「小妹，多謝你了。」玄奇默默接過短劍，一種舒心的微笑洋溢在臉龐。

鄧陵子臉色忽白忽紅，直恨自己輕敵大意，使墨家在這個暴君面前有失顏面，眼見秦孝公談笑自若，越想越氣，一跺腳揚長而去。

禽滑釐彷彿沒有看見，平靜如常道：「將玄奇押下去，待稟明鉅子再做處置。秦公請隨我來。」

大袖一揮，逕自向城堡深處走去。

厚重的石門隆隆關閉，墨家城堡淹沒在神農大山的無邊黑暗中。

小竹樓裡，老墨子正在對著一本《鬼谷子》出神，那是一本已經磨得很破舊的羊皮大書，邊角發毛，書頁暗黃，唯有上面的字跡依舊清晰。風燈搖曳，一顆碩大的禿頭忽明忽暗，枯瘦偉岸的身軀一動不動。這是老墨子的習慣。每每遇到意外困惑，他都要竟日枯坐，讓思緒在冥冥之中隨意遨遊。

鄧陵子從櫟陽撤回，立即向老師稟明了遭受突然襲擊的經過。事隔三天，苦獲也在陳倉古道失利。老墨子大為驚奇，天下何門敢於襲擊墨家？嬴渠梁在即將就擒之際，何以就偏偏有救援趕到？不對。老墨子憑著他老辣的洞察，捕捉到一絲不尋常的氣息——此間一定有極為高明的對手在策劃部署。否則，墨家在櫟陽一出手，何以就有了襲擊事件？而且手段極為高明，既不和墨家正面交手，又堂而皇之地使墨家暴露無遺不得不退，同時又警覺到墨家的另一著棋，立即派精騎追趕保護嬴渠梁，竟使嬴渠梁脫險。在突發事變面前能有如此連環動作，絕非尋常之人所能辨到。在將近百年的周旋中，老墨子對列國諸侯和七大戰國的應變才能瞭若指掌。這些王公將相中自然不乏傑出之輩，然而對這種和大軍征戰迥然有異的奇襲暗殺，他們大都束手無策或遲鈍之極。墨家對暴政暴君和公然的不義戰爭，其所以能保持強大的威懾力，原因正在於這種狂飆閃電式的突襲，使即或是強大的國家也防不勝防。老墨子蔑視天下，蔑視王公將相，是有理由的，不僅僅因為他高舉著正義天道的旗幟，而且因為他從來沒有失算過，更沒有失敗過。難道上天在秦國給他安插了一個真正的對手？需要他親自出山？心念及此，老墨子豪氣頓生。多年來沉寂深山，並沒有泯滅他為天下而生、為天下而死的高遠情懷。假如強敵崛起，他會毫不猶豫地挺身而出，率領弟子剷除暴政。墨子自成為天下顯學，從來沒有因為懼怕犧牲與毀滅學派而向暴政酷吏屈服。

三十年前，當楚國逞公輸班雲梯之威，大舉興兵妄圖吞滅宋國的危急時刻，墨子非但親率三名弟子急如星火地趕到楚國郢都，與公輸班較量以說服楚王罷兵；而且做好了最壞的準備，派出了全部三百名弟子趕往宋國幫助防禦。那一次如果楚國硬是出兵，整個墨家勢力肯定會和宋國一起毀滅。老墨子對這一點很是透徹，既然挑起了天下重擔，既然立起了正義的旗幟，就不能姑息生命而畏首畏尾。「赴火蹈刃，死不旋踵」——這是每一個人成為墨家子弟時的誓言，也是老墨子畢生推崇的烈士精神。一身赴難，捨我其誰？在強大的暴政對手面前，老墨子從來都是氣壯山河的。

雖則如此，老墨子從來不魯莽行事。沒有將對手揣摩透徹以前，他絕不會輕易出擊，況且這第一次還兩路失利，豈能不引起他極大的注意？竟日思慮，他排除了鬼谷子親自出山的可能。他了解鬼谷子，那個老頭兒從來不屑於與世人爭一日之短長，雄心勃勃地要埋頭教出一批扭轉乾坤的弟子。那些弟子在出山以前，鬼谷子對他們百般珍惜，唯恐他們在成為棟梁之前有所閃失，豈能讓這些彌足珍貴的未來大才涉險赴難？而弟子一旦出山，鬼谷子老頭兒就永遠撒手，絕不過問學生的勝敗榮辱。所以，沒有任何一條理由要鬼谷子去阻擊一場暗殺。「鬼谷子出山」，簡直等於癡人說夢！那麼，襲擊之人自稱「我門」，會是哪一門？以老墨子的滄桑閱歷，一時困惑莫名，莫非天下又冒出來一個祕密學派，以壓倒墨家為成名階梯？

老墨子不禁啞然失笑，果真如此，此人豈非忒小瞧墨家？

「老師，禽滑釐師兄有要事求見。」隨侍弟子站在竹樓外。

「進來。」老墨子依舊在風燈前沉思。

禽滑釐匆匆走進，恭敬地躬身拱手道：「稟報鉅子，玄奇回山，秦國暴君嬴渠梁一起來到。」

「噢？」老墨子身形未動，卻已經回過頭來面對著禽滑釐，他顯然有些驚訝，兩道雪白的長眉猛然一抖，「嬴渠梁，自己來了？一個人？」

「是。一個人。對，還有玄奇。」

老墨子沉默有頃：「如何安置了？」

「鄧陵子並赴櫟陽弟子要誅殺嬴渠梁，弟子以為不妥，將他安置在客嶺暫住，十名虎門弟子看護。如何處置，請鉅子示下。」

「鄧陵子和嬴渠梁沒有比劍？」

「比了。鄧陵子輕敵致敗。」

「輕敵？你也如此看？」老墨子長長的白眉一挑，目光銳利地看著禽滑釐。

「不。此乃鄧陵子之言，弟子尚難以定論。」

「玄奇如何？」

「師妹擅自逃罰，弟子下令將她關在省身洞思過，而後請鉅子處置。」

老墨子咳嗽一聲：「立即將玄奇帶來見我。一個時辰後，你們四個也來。」

「弟子遵命。」禽滑釐作禮，迅速去了。

老墨子看著禽滑釐的背影，輕輕歎息一聲。禽滑釐是他的第一個弟子，數十年來追隨墨子，為墨家立下了無數功勞，早已成為名震天下的大師，也成為墨家自然形成的第二代鉅子。然則，老墨子對禽滑釐總有些隱隱不安。已經是五十多歲的人了，但是對墨子永遠是必恭必敬唯命是從，從來沒有爭辯。老墨子很清楚，禽滑釐的性格本色堅毅嚴厲，獨自辦事極有主見，且果斷獨裁。唯其如此，老墨子總感到禽滑釐在許多事情上未必贊同自己的決斷，但卻總是毫不猶豫地服從執行。老墨子一生苦鬥，天性灑脫，希望也喜歡弟子們紀律嚴明，希望也喜歡弟子們無所顧忌地表現出本色，在有不同看法時和老師爭辯，經常說：「不爭不辯，大道不顯。」他喜歡玄奇，就是喜歡這個女弟子的純真活潑和敢於求真的勇氣。她很少叫墨子「鉅子」，幾乎從來都只叫「老師」，墨子竟然例外地從來不糾正她。還有苦獲那犟牛一般的固執爭辯，鄧陵子的偏執激烈，相里勤的寬厚失察，老墨子也從來不以為忤。而這些，禽滑釐從來沒有，他在老墨子面前永遠是那麼謙恭服從，沒有絲毫的爭辯。老墨子感到禽滑釐和幾個骨幹弟子之間，總有些許隱隱約約的擰勁兒，禽滑釐卻從來不正面涉及，只是在諸如衣食住行、健身比武等細節上有意無意地說：「師弟師妹們年輕，讓他們盡興也。」果真是年齡差異麼？老墨子有時也真是吃不準。人心如海，博大汪洋，他老墨子就能看透一切麼？可身後墨家的光大，靠的就是他們啊。

每每想到這裡，老墨子就有一絲隱隱的不安……

「老師……」玄奇站在竹樓門口哽咽。

「進來。」老墨子淡淡笑道，「隻身擒回嬴渠梁，大功，何有眼淚？」

「老師，他是自己要來，弟子帶路而已。」

「知道。」老墨子淡淡一笑，「玄奇啊，你以為嬴渠梁如何？」

玄奇輕輕地走進來，垂手肅立：「老師，嬴渠梁，至少不是暴君……」

老墨子爽朗大笑：「玄奇啊，一說嬴渠梁，你就咬住這一句話。口才哪裡去了？來，坐下，仔細說說，嬴渠梁如何來的？」

玄奇止住了淚水後，平靜下來，對老師備細敘述了陳倉谷的巧遇和來神農山的經過。老墨子聽完，久久沉默，直到玄奇離開，他也沒有說話。

中夜時分，禽滑釐等來到，老墨子和四大弟子祕密商議了整整一個時辰。

三、墨家論政臺一波三折

初冬的太陽照到這座深山城堡時，已經是辰時了，在平原上就已經是半早晨了。由於墨家城堡建在四面高峰的山腰地段，非但隱蔽，而且避風，但有陽光便是一片春意。此時正是萬里無雲，冬日陽光灑滿山谷，整個城堡也明亮起來。

但墨家總院卻彌漫著一片肅殺森嚴之氣。平日裡墨家子弟演武的小校場，全然變了模樣。校場最深處搭了一座高高的石臺，前垂粗糙的白布帳幔。石臺前橫立五塊高大的木牌，大書「墨家論政臺」五個大字。石臺下，正面一張長案，肅然端坐著大袖高冠的禽滑釐。再前六尺，並列三張長案，旁立木牌上大書「主辯席」，坐著相里勤、鄧陵子和苦獲三人。側置一案，木牌大書「論敵席」，案前坐著面無表情的秦孝公。遙遙相對的一座簡易木柵欄中，站著似平靜又似木然的玄奇。這是墨家對失職子弟的最輕懲罰。再前方丈許之遙，是墨家黑白衣弟子四百六十八人組成的方陣，全體抱劍跪坐，腰身筆挺，神色冰冷。方陣兩側，各有一個少年方隊五六十人，也是抱劍跪坐，目光炯炯地盯著側座的暴君。校場東側豎著四塊大字木牌，寫著「敬天明鬼」。西側豎著同樣四塊大字木牌，是「暴政必殺」。校場方陣的外圍，兩面黑白大旗獵獵作響。

這就是震懾天下的墨家論政臺。

戰國之世，論戰之風乃時代潮流。舉凡名士名家，其信念主張非經論戰錘鍊而不能立於世間，更不能得以流傳。一種行為一種理念，要為天下所接受，非經反覆論戰，否則不能確立。完全可以說，那是一個演說大爆炸的時代。墨子本人如同無數名士一樣，是從論戰中搏殺而出，魚躍而起的。作為天下一面正義的旗幟，墨家自然不能在大事上對天下沒有一個坦蕩的回答。墨家縱橫天下的數十年中，舉凡誅殺苛虐的暴君，無不築起論政臺歷數其劣跡罪惡，且許其反覆爭辯，直到對方理屈詞窮而心悅誠服地引頸就戮。縱有理屈詞窮而仍不認罪者，墨家也允許其尋找雄辯之士代為論戰，以使其死而無怨。這是墨家的自信，也是天下所公認的坦蕩精神。如今秦國國君隻身上門，這番論戰便顯得尤其特殊。

一陣木梆聲敲起，急促而響亮，猶如馬蹄擊於石板。隨即一聲大鑼轟鳴，悠長地盪滿山谷。禽滑釐座中威嚴宣布：「秦國暴君嬴渠梁，來我墨家欲中國政，持論與我墨家所判相左。今日對天論政，明是非，定生殺。嬴渠梁，爾可任意爭辯，墨家自有公心。」

鄧陵子霍然站起，滿臉激憤，正欲開口，突然，一聲淒厲的長嚎從城堡深處傳出，山鳴谷應。秦孝公面色一沉，向鄧陵子一擺手：「且慢。請問，墨家素來以兼愛非攻教天下，為何對人如奴隸？嬴渠梁願聞正義之辭。」

鄧陵子冷笑：「你可知他是何人？為何受墨家鎖鏈之刑麼？」

「士可殺不可辱。無論何人，墨家都是自貶尊嚴。」

方陣齊聲怒喝：「大膽妄言！當受懲治！」

秦孝公微微一笑：「如此便是墨家論政臺了？只聽恭維之辭也。」

鄧陵子憤然道：「嬴渠梁，他就是酷吏衛鞅的貼身衛士、墨家之叛逆荊南！其人少年被人割去舌頭，知武不知書，是為墨家門外弟子，下山之後，不行正道，卻做酷吏鷹犬。墨家誅殺衛鞅，他非但不助力，反給衛鞅告警，又來總院為衛鞅說情。按墨家律條，叛逆當斬！我師鉅子念他苦寒出身，罰做苦役，有何不當？嬴渠梁休得借題作文，休得為叛逆張目，為自己遮掩！」

秦孝公豁然醒悟，離座起身，朗聲道：「鄧陵子差矣！既是衛鞅衛士，便是秦國之事。嬴渠梁坎坷來此，正是為秦國澄清是非。若我秦國果真是暴政虐民，嬴渠梁願引頸就戮，絕不偷生於天下，豈能連累荊壯士受此非人折磨？敢請墨家以兼愛為懷，開赦荊南壯士。秦國之事，嬴渠梁以國君之身，一人承當。」

全場安靜得鴉雀無聲。墨家子弟原本個個熱血男兒，聽得秦孝公一席極明理的肺腑之言，內心已是暗暗欣賞。禽滑釐大袖一揮：「放了荊南，請其入座。」

片刻之間，荊南被帶到方陣之前，蓬頭垢面，長髮披散，直如野人一般。秦孝公神色肅然地一拱到底：「荊南壯士忠心為國，請受嬴渠梁一拜。」

荊南愣怔半日，嘴唇顫抖，突然撲地拜倒，大嚎一聲，淚如雨下。秦孝公含淚俯身，扶起荊南坐到安置好的草席之上。滿場墨家子弟，面上都顯出難堪之色。

鄧陵子已是滿面通紅，厲聲道：「嬴渠梁，秦國若非暴政，何故勾結游俠襲擊墨家？放火殺人，蠱惑民眾，嫁禍墨家，居心何其險惡？爾做何說？」

全場轟然：「居心險惡，爾做何說！」

秦孝公對此事本不知情，心中一怔，高聲道：「鄧陵子此言，當有確鑿證據。秦國作為尚武之戰國，即或貧弱，也還有鐵甲騎士數萬，要襲擊墨家，何須勾結游俠？此點尚請三思。」

「強詞奪理！」方陣中前三排劍士刷地站起，他們都是隨鄧陵子赴櫟陽的「鐵工」，對火攻襲擊恨得咬牙切齒，如今見暴君否認，自是氣憤難當。

鄧陵子冷冷笑道：「嬴渠梁啊嬴渠梁，墨家所為，伸張正義，坦蕩光明，永遠不會有那種無中生有的陰謀勾當！然爾秦國，暴君權臣隱身於後，疲民游俠鼓譟於前，混淆視聽，攪亂局勢，嫁禍墨家，以求一逞！直至今日，尚以數萬鐵騎反證脅迫，用心何其險惡？此事不大白於天下，談何政道是非？」

「陰謀不明，不能論政！」三十名子弟憤然齊聲。

秦孝公萬萬沒想到一場大事就要卡在這樣一個關節點上，墨家將火攻襲擊事件看成玷污墨家的卑鄙手段，齷齪陰謀，必欲大白而後快。而他對此事確實不甚了了，方才所講理由雖非脅迫，倒也確實是「反證」。而此時的墨家，需要的恰恰是正面真相，卻教他如何說出？然這種內心的急迫並沒有使秦孝公慌亂，他坦然高聲道：「嬴渠梁離開櫟陽在一月半之前，火攻襲擊之事，豈能知道真相？此事容當後查，真相大白之日再論不遲，何須急切定論？」

「狡辯！」鄧陵子戟指斥責，「此等大事，國君焉有不知之理？離開櫟陽，恰是逃避惡名，自來墨家，又是刻意迷惑。此等大偽大奸，豈能在我墨家得逞？」

「不許迴避。講！」方陣全體怒喝，聲若雷鳴。

秦孝公默然。一個死扣無解，誤會越陷越深。墨家向來固執強橫，除非真相大白，否則任何解釋都會被看作搪塞，而導致誤會更深。秦孝公心中一陣悲涼，他想，此刻唯一能做的事，就是防止這種誤會演變為仇恨而不可收拾。沉默有頃，他在眾目睽睽之下緩緩站起……

突然，空中一聲長呼：「火攻之人在此！」

聲音蒼老悠遠，在幽靜空曠的山谷中鐘聲一般盪開。在雙方聚精會神之際，這悠悠的呼喚實在驚人。不待命令，墨家方陣的人刷地全體站起。鄧陵子三人霍然離座，長劍已各自在手。

「何方人士，擅闖墨家？」禽滑釐的聲音渾厚威嚴。

一陣笑聲：「墨家老友，休得驚恐。」

聲音來自箭樓。眾人一看，箭樓屋脊上站著四個人，一個身穿翻毛白羊皮大氅的老人遙遙拱手道：「禽滑子別來無恙乎？」

禽滑釐命令：「打開城門，放他們進來。」隨即也遙遙拱手，「百里子，非常時刻，恕不遠迎。」木柵欄中的玄奇見秦孝公身陷困境，正在心亂如麻，突然醒悟，大叫一聲：「爺爺！」一時泣不成聲。秦孝公心中一陣驚喜，卻依舊面無表情地肅然跪坐。

箭樓城門打開片刻，不速之客來到小校場中。眾人目光齊齊聚在來人身上，驚訝得鴉雀無聲。除了那個清瘦矍鑠的老人和一個鬚髮灰白的中年人，另外兩人竟匪夷所思！一個一身布衣頭束白巾的俊秀青年，另一個則是眼珠子骨碌碌轉的頑皮少年。如此老少一幫，能襲擊墨家劍士？

老人拱手道：「吾等不速之客，只為明事而來，請禽滑子繼續。」

禽滑釐大袖一揮：「方陣就座。百里子，請入座。」

方陣落座，小校場頓時回復肅然秩序。百里子坐在秦孝公外側六尺處，其餘三人肅然站立。

禽滑釐拱手道：「百里子，玄奇在此，你……」

百里老人打斷道：「公事不論私情。禽滑子儘管行事。」老人連玄奇看也不看。

禽滑釐一招手，鄧陵子霍然起身，直指四人：「爾等聲言襲擊了墨家。請問列位乃何方高人？如何與暴君勾結，陷我墨家於不義？從實供認！」

百里老人眉頭微皺，安如泰山般坐著，彷彿沒有聽見鄧陵子尖銳的聲音。倒是鬚髮灰白的中年人站起，拱手環視場中道：「在下侯嬴，乃魏國白氏門下總管。這位是白圭大人的女公子白雪，這位小哥是公子女僕梅姑。櫟陽火攻，襲擊墨家，乃我白門所為，與他人無關。」

聽後，全場無不驚訝。魏國白門，坐商兼政，非但商家勢力遍及列國，就是在各國官場也多有故舊，影響力極大，通曉天下的墨家子弟誰人不知？然則眾人驚訝處尚不在此，而在這白門勢力與墨家學派風馬牛不相及，卻為何與墨家為敵？一時間，全場驚愕默然。

來者正是百里老人與白雪、侯嬴、梅姑四人。那日晚上，侯嬴從左庶長府匆匆離去，對白雪轉述了衛鞅的一席話，白雪深為震撼，大悔自己慮事不周見事不透。三人在山洞祕密計議，白雪決議彌補過失，三人反覆商討，謀劃出了一個周密方略。天亮後，三匹快馬直奔安邑，經打探得知百里老人在齊國，又快馬馳騁，三日趕到臨淄。在稷下學宮找到百里老人後，一說秦公與衛鞅面臨的危機，老人感慨萬端，立即與白雪三人上馬起程，趕赴神農大山。一路上，百里老人詳細講述了墨家的諸種規矩與應對辦法，又對白雪、侯嬴的應對方略提出了許多補正。幾經錘鍊，進山時四人已經是胸有成竹了。

場中靜默之際，老練穩健的禽滑釐冷冷開口：「請問白門公子，白氏經商，墨家治學，井河無犯，白氏何以對墨家有如此仇恨？」

白雪拱手一禮，微笑道：「利害衝突，豈能井河無犯？秦國與魏國相鄰，秦國商市乃我白門商家之最佳區域。從魏文侯至今，我白門在秦國經商已有三代，然均無起色。其中根本，是秦國貧窮，庶民購物之力太弱，以致白門無以伸展。及至秦國變法，隸農除籍，井田廢除，土地私有，民得買賣，加之激賞軍功，懲治疲惰，舉國一片生機勃勃。秦國無論官署庶民，財貨需求大長，手頭買力驟增。當此之時，乃我商家牟利之千古良機也。奈何墨家不知世情，不明潮流，竟視變法為暴政，視變法衛鞅為權臣酷吏，必欲殺之而後快。試想，衛鞅一死，秦國舊制復辟，商市必得萎縮，財貨必得大跌，我白門辛苦等候百年之良機又將失去。當此之際，禽子若我，又當如何？」

一番話娓娓道來，大出墨家預料。墨家明於治學，精於工理，通於兵戎，勇於救世，唯獨對商家蔑視有加，對商市不屑一顧，對商情一無所知。舉凡行止，墨家皆以大道為準繩，何曾想到過商人這一塊？如今竟有一個大名赫赫的商政世家橫空飛來，大談商機牟利之道，而且以此為利害衝突之根本，如何不教正氣凜然的墨家一頭霧水？公然否認這種利害麼？大為不妥。戰國之世，大商家已經是縱橫天下的實力派人物，整個商人的地位已經不像春秋時期那樣卑賤。天下著名學派即或心存蔑視，也已經不再刻薄地咒罵商人。墨家作為震懾天下邪惡的顯學名門，豈能在公開論戰的場合，否認一個舉世皆知的大商家的利益所在？禽滑釐縱橫天下，十餘年前已經是公認的諸子人物，豈能不明白其中的微妙與尷尬？所以一時間竟不能立即接話。

鄧陵子身為被襲擊的當事人，心念只在細節之間，見禽滑釐愣怔，厲聲喝道：「休得逞商人機巧！一個商人，何來數十名一流劍士包圍墨家？從實供認，你是何門鷹犬？受何人指派？」

白雪冷笑：「敢問足下，墨家乃一個學派，何來數百名劍士？方今戰國之世，舉凡豪族名家，門客劍士數百上千者不知幾多，鄧陵子身為墨家四大支柱，難道一葉障目如此閉塞？據實而論，我白門多有生意，商旅迢迢，山高水遠，豈能沒有一流劍士數百名？」

「既有劍士，何不堂堂正正較量？何故縱火鐵坊，嫁禍墨家？」

「我白門不想與墨家殺人為仇，只想將墨家趕出櫟陽，故而不得已為之。至於縱火鐵坊，給秦國帶來損失，白門自當謝罪賠償，與爾墨家卻無干係。」白雪氣定神閒，說得鄧陵子面紅氣喘，無言以對。

禽滑鳌心知不能在這件事上再糾纏下去，岔開話題問：「請問百里子，何時與商家結緣？到此何幹？」

百里老人笑答：「禽滑子何出此言？老夫半生雲遊，深受你師兼愛牽累，逢人皆是友也。沒有老夫，他等如何進得這神農大山？另有一則，我師聞得墨家受阻，特捎書與我轉交你師，共析疑義。」說著從懷中摸出一個竹筒遞過。

禽滑鳌見是鬼谷子物件，連忙拱手作禮接過：「如此謝過百里子，禽滑鳌當親自交於老師。」隨即肅然正容道，「諸位既來，都是我墨家貴客，請參與墨家論政。方才插題，揭過不論，繼續正題之爭。」

主辯席一人站起，敦厚威猛，冷冷發問：「嬴渠梁，苦獲問你，何謂暴政？」這個苦獲，即是陳倉道活擒秦孝公未遂的主將，又是在櫟陽祕密查詢秦國暴政的主持者，語氣顯得信心十足。

秦孝公言：「政之為暴，殘苛庶民，濫施刑殺，橫征暴斂也。」

「好！渭水決刑，一次殺人七百餘，渭水為之血紅三日，可算濫施刑殺？」

秦孝公慨然道：「亂世求治，不動刑殺，雖聖賢不能做到。事之癥結，在於殺了何種人？如何殺之？秦人起於西陲，悍勇不知法度，私鬥成習，游俠成風，疲民橫行鄉里，良民躬耕不寧。輒逢夏灌，舉族械鬥，死傷遍野，渠路皆毀，大損耕作。當此之時，不殺械鬥之主謀、凶犯及游俠疲民，何能平息民憤安定秦國？墨家但知決刑七百餘，可知裹入仇殺械鬥者何止千萬？其二，渭水決刑，乃依法刑殺。法令頒布於前，疲民犯法於後，明知故犯，挑釁國法，豈能不按律決刑？墨家作為一個學派，尚有私刑加於弟子，秦國乃一國家，何能沒有法令刑殺？向聞墨家行事周嚴，可否舉出不當殺之人？」

聽嬴渠粱竟對墨家門規稱之為「私刑」，墨家弟子均怒目相向。苦獲更是嘴角抽搐，但他畢竟大有定力，明知玄奇在押、荊南苦役都在目前，若糾纏此話題，只怕這位暴君求之不得，於是憤然反詰：「如何沒有？名士趙亢，殺之何罪？」

「說！趙亢何罪？」方陣一聲怒吼。白雪侯嬴大皺眉頭，百里老人淡淡一笑。

「趙亢乃秦國本土名士，我本寄予厚望，委以秦國第一縣令。誰想他懦弱瀆職，逃避治民職責，致使郿縣大亂，波及國中。不殺趙亢，吏治何在？莫非名士做官，便可逃刑？抑或墨家也和儒家一樣，認為刑不上大夫，禮不下庶人麼？」

「嬴渠粱何其狡辯！趙亢反對者，乃衛鞅之害民田制！秦國自行變法，肆意毀田，逼民拆遷，致使萬民流離失所，無家可歸，可是實情？」

秦孝公揶揄笑道：「害民田制？衛鞅新法，廢除井田，開阡陌封疆，乃千古大變，雖李悝吳起不能及也。墨家卻將開阡陌封疆說成肆意毀田，將取締散居說成逼民拆遷，將遷居新村說成流離失所，將萬民擁戴的新田制竟然說成害民田制，何其荒誕不經也！足下既曾入秦，何以只在櫟陽蜻蜓掠水，而不到秦國山野，傾聽農夫如何說法？」

未容苦獲再開口，相里勤站起來高聲接過話頭：「嬴渠粱，衛鞅新法，要焚毀民間《詩》、

《書》典籍，當作何說？」相里勤穩健細膩，他感到在大政主題上已經很難駁倒嬴渠梁，和禽滑釐低聲商議，突然改變策略。

秦孝公微微一驚，墨家如何知曉第二批法令？他不及多想便道：「此乃尚未頒行之法令，不當屬墨家論政之列。」

相里勤冷笑：「正因其尚未頒行，墨家才須防患於未然。墨家論政，非但論既成事實，且要論為政走勢。未頒法令，正是衛鞅暴政之要害，如何不論？莫非要等到衛鞅焚燒《詩》、《書》，毀滅典籍，坑殺文明既成事實之日，墨家再來管麼？」

禽滑釐接道：「治國原非一道，姑且不論。然無論何道，皆應敬重累世文明。今衛鞅變法，竟要毀滅文明，此乃曠古未聞之舉，雖桀紂亦不敢為也。雖不殺人，為害更烈，實乃愚昧天下之狼子野心也。」他第一次正面開口，嚴厲冷靜，立論堅實，墨家子弟為之一振，全場逼視秦孝公，看他如何作答。

秦孝公已經敏銳地感覺到墨家策略的轉變與即將面臨的挑戰。收繳焚燒民間藏書的法令，衛鞅早已和他議定，要到秦國大勢穩定時再頒發推行，此前要郡縣文吏與民間讀書士子事先滲透溝通，方可不生動盪。今日墨家卻要在這裡將這道法令當作曠古暴行公然爭辯，這等於將一道需要醞釀疏導而後方能頒行的法令硬生生大白於天下！秦孝公對墨家這種強橫霸道感到憤慨，冷冷一笑道：「墨家以文明衛道士自居，全然不通為政之道，嬴渠梁夫復何言！」

相里勤冷笑道：「嬴渠梁未免狂妄過甚！爾為國君，若能誅滅衛鞅，廢除焚書法令，尚可救藥。否則，墨家將呼籲天下，共討秦國！」

此言一出，全場氣氛驟然緊張。白雪熱血上湧，就要挺身理論。百里老人輕輕扯了一下她的衣袖，白雪方才醒悟忍住。

「足下要我殺掉衛鞅？」秦孝公哈哈大笑。

「此乃拯救文明、洗刷秦公之唯一途徑。」

秦孝公笑容收斂，慨然一歎：「列位，嬴渠梁進山，本為崇敬墨家論政求真之精神而來。不意嬴渠梁今日看到者，竟是徒有其表、以勢壓人的天下學霸……」

「暴君大膽！」全場怒喝，雷鳴一般打斷了秦孝公。

禽滑釐面色一沉：「何謂徒有其表？何謂以勢壓人？」

秦孝公心知決戰時刻來臨，豪氣頓生，決意一吐為快：「昨日在城堡之外，嬴渠梁有幸聆聽了墨家的〈憂患歌〉，令人為之下淚。多少年來，我秦國庶民正是寒者不得衣，饑者不得食，亂者不得治，勞者不得息，鰥寡無所依，道邊人悲啼。唯其如此，秦國才需要變法改制，富民強國。如今秦國厲行變法，舉國振作，農人力耕，百工勤奮，商市通達，貧寒稍減，變法已經初見成效。如此大功，捨衛鞅其誰？衛鞅一介書生，身懷救國救民之壯志，走遍秦國山野，晝夜操勞不息，極心無二慮，盡公不顧私，方有今日秦國之氣象。此等才具，此等胸襟，此等大善，此等大義，相比於墨家口頭高喊兼愛、胸中實無一策之迂闊，何異於天差地別？墨家自命救世，卻只著力於斡旋上層，揚湯止沸；實則隱居深山，遠離庶民，於國於民，何曾有溫飽之助？反之，卻對衛鞅這等真正救世之才橫加指責，肆意歪曲，必欲殺之而後快。如此偏執，如此狹隘，如此名實相違，豈非徒有其表也！」

如此激烈尖刻的直面抨擊，墨家子弟當真是聞所未聞。一時人人變色，個個激憤。鄧陵子早已怒火中燒，厲聲高喝：「墨家劍陣！誅殺暴君！」一個縱躍，彎月吳鉤已經閃亮出鞘，逼到秦孝公面前。墨家方陣也平地拔起，將小校場圍成一個方框。

鄧陵子一動，白雪已經輕疾起身，擋在秦孝公身前。侯嬴荊南梅姑三人也已經長劍在手，護住秦孝公。木柵欄裡的玄奇一聲哭喊，飛身衝出，卻被相里勤率數十名墨家弟子團團圍住。玄奇憤激難當，頓時昏死。

秦孝公鎮靜坦然，拱手微笑：「白公子，嬴渠梁謝過爾等。此乃秦國之事，爾等魏國商家無須介入。」說著走出四人圈子，將長劍向地上一擲，正色對禽滑釐道：「嬴渠梁縱可一戰，亦覺索然無味。今為秦國變法，雖死何憾。」

「拿下嬴渠梁！就地正法！」鄧陵子一聲厲喝，墨家方陣四面聚攏。

百里老人臉色驟變，長聲呼喊：「老墨子，你當真死了麼——」

突然，高臺上的白布帳幔之中爆發出一陣長聲大笑。笑聲中，一位老人從臺上輕躍而下，禿頭白眉，布衣赤腳，寬大的粗布白袍隨風舞動，不是老墨子卻是何人？他大袖背後，徑直來到秦孝公面前，一陣端詳，一陣大笑。秦孝公從容鎮靜，任老墨子端詳大笑。

「好，秦公嬴渠梁無愧王者氣度，人間似乎要有新天地了。」老墨子又爽朗大笑。

百里老人生氣道：「老墨子，你甚個名堂？這是論政臺麼？豈有此理！」

老墨子晃晃發亮的禿頭，又一陣開心地大笑：「百里子，試玉要烈火，精鐵要千錘，你鬼門豈曉得箇中奧祕？哈哈哈……」顯然愉快之極。

「嬴渠梁見過墨子前輩。」秦孝公深深一躬。

老墨子略略拱手：「呵，老墨翟縱橫天下數十年，今日遇公，實堪欣慰。禽滑釐，撤掉論政臺，設論學宴席，與秦公並諸位貴客洗塵。」

墨家弟子本來已經對秦孝公心生敬意，奈何不知真情又兼法紀森嚴，自然是令行禁止。聽得老師話語，已經明白其中奧祕，早已不再緊張，如今見老師下令設論學宴席，頓時歡聲四起，不待禽滑釐吩咐，雀躍散去準備。

玄奇醒來，高興得淚水在笑臉上湧流，來到老墨子面前撲地拜倒：「老師，你老人家真好……」

老墨子大笑著扶起玄奇，寬厚慈愛地拂去她身上的塵土道：「玄奇啊，是你據理力爭，寧可受罰而無怨無悔，才逼老師親臨論政臺試探真偽也。老師相信你，然而也得有個章法，是麼？」

「老師……」玄奇淚水又湧了出來。

冬日苦短，論學宴席在校場擺好，已經是月上半山了。

墨家辦事，素來莊重簡潔。這論學宴席是接待天下名士的最高禮節。東側大牌換成了「修學修身」，西側大牌換成了「躬行致用」。院中全數草席，墨家子弟席地而坐，圍成一個一個的小圈子，每個圈中一盞風燈，兩個陶盆。無數個風燈圈子圍在四周，中間是一張兩丈見方的大草席，圍坐著老墨子百里老人秦孝公白雪侯嬴梅姑並墨家四大弟子和玄奇。墨家節用，最反對暴殄天物，所以這最高禮節的宴席上也沒有酒，只有各種奇異的葉子泡成的紅茶綠茶。一席只有一盆肉，而且是帶著骨頭蒸煮的山豬肉。宴席結束後，所有的骨頭都要收回大廚，重新蒸煮為骨頭菜湯，供值勤勞作弟子做晚湯用。雖是粗茶淡飯，庭院山風，但那種親如一家的情誼與甘苦共嘗的精神，卻使墨家宴席的氣氛遠遠超出任何山珍海饈的豪門大宴。

禽滑釐手捧陶碗站起，環視四周：「諸位貴客高朋、同門學人，秦公以『不速之客』闖入我墨家總院，通過了墨家的論政大戰，實堪可賀！鉅子明令教誨：自今日開始，墨家與秦國誤解澄清，言歸於好，墨家子弟要勤訪秦國變法，以富學問。來，為秦公高風亮節，為衛鞅變法初勝，為諸位高朋遠來，共乾粗茶一碗！」

「乾！」全場哄然，大碗叮噹，笑聲一片。

老墨子喟然一歎：「百里子啊，若非秦公此來，只怕老夫要親自出山，大動干戈了。秦公進山，乃墨家警鐘也。終究老了，我沒想到，天下竟出了秦公衛鞅君臣英才，為政論理竟如此透徹精闢，老夫深感已成西山半月矣。」

百里老人大笑一陣：「大哉！老墨子也。該隱則隱，何其明睿！」

秦孝公謙恭拱手道：「墨子前輩乃當世聖賢，我輩少時便仰慕如泰山北斗。今前輩雖老，然墨家精神則恆久年輕，墨家情操將永世垂範。人生若此，前輩何憾之有？」

老墨子大笑：「然也然也，朝聞道，夕死可矣。何憾之有也！」

「老師，這可是孔夫子的話也。」玄奇笑道。

老墨子詭祕地一笑：「孔夫子諸多話，可是不得不聽也。」晃動禿頭的滑稽神色，引得眾人一陣大笑。

百里老人道：「老墨子玄機深遠，能以秦國變法為大道之聞，巍巍乎高哉！」

老墨子微笑：「秦公，你可知衛鞅老師何人？」

秦孝公搖搖頭：「沒有問過，也沒有想過。」

「百里子呢？曉得麼？也不曉得？」老墨子微笑搖頭。

白雪忍不住問：「墨子前輩，莫非知道衛鞅師門？」

「你問老夫？我呀，也不曉得！」老墨子縱聲大笑，充滿獨享天下祕密的快樂，笑罷很是鄭重地問，「秦公信不信鬼神？」

秦孝公沉默有頃：「信得三分吧。墨子前輩有敬天明鬼之說，是真的相信？抑或為了告誡惡人惡政？」

墨子悠然道：「老夫與儒家相悖，一生崇信天道鬼神，而且常常感到鬼神就在我等周圍。」說得周間人不禁肅然顧盼。老墨子慨然長歎，「天道悠遠，人世蒼茫。幽冥萬物，人卻識得幾多？若天無心志，人無靈魂，何來世間善惡報應？人間萬事，非但個人善惡恩怨有鬼神明察，大如國家興亡，法令代謝，亦有天道感應鬼神明察。行善政者國家興旺，行惡政者國家滅亡。此所謂殷鑒不遠，在夏後之世也。」

秦孝公肅然拱手：「請教墨子前輩，對法家有何評判？」

老墨子雪白的長眉一挑：「老夫對法家相知至深，其弊在求治太速。速者易苛，易入富國窮民之途也。天將興秦，唯願戒之。世道滄桑，當從容求治也。」

時已月上東山，場中風燈熄滅，更顯月光皎潔。秦孝公默默沉思。老墨子對禽滑釐笑道：「何不對秦公一舞〈鬼歌〉？」

「〈鬼歌〉？」秦孝公與百里老人等盡皆驚訝。

「此乃老夫新作，我當親自為諸位一歌。」

「啪啪啪」，禽滑釐連拍三掌，中間弟子散開，頓時空出一片大場。鄧陵子奏起古琴，苦獲吹起嗚咽的陶塤。八名少年女弟子扮成山鬼模樣，從場外飄進場中，白布長衫，黑髮披散，對月起舞，幽怨陰柔。老墨子站了起來，白衣大袖，禿頂閃亮，在一聲女鬼長哭中引吭而歌，渾厚蒼啞的歌聲迴盪在城堡峽谷：

鬼兮鬼兮生者魂魄兮
飄忽形之外兮幽冥歎無極
懲惡不能言兮空有悲啼
揚善須待時兮日月太急
鬼目如電察天地兮人有暗室虧心
明鬼明鬼兮天地萬物良知兮

月夜之下一片和聲：「明鬼明鬼兮天地萬物良知兮……」

四、陰謀與孤獨的老人

三月陽春，秦國大大地熱鬧了起來。

白雪侯嬴已經在二月回到櫟陽，同來的還有「墨家四賢」之一的相里勤。他們帶回了秦孝公的書信，相里勤還在櫟陽南市向秦人宣布了墨家與秦國誤會澄清，重新修好的文告。消息傳開，城鄉一片欣然。老秦人們便早早開始謀劃自家的日子了。啟耕大典之前，秦國城鄉已經忙碌起來。驚蟄一過，鄉野農家紛紛走出家門來到自己的地頭，整田春耕悄悄地開始了。待到太子代行啟耕大典後，縣吏們下鄉督耕，田疇裡早已耕牛遍野，春歌互答，熱鬧非凡。城裡的工匠商人也不顧冰雪剛剛消融的泥濘，趕著牛車將農具鹽布諸種雜貨送到一個一個的新村叫賣。這在昔日，商人們想做也做不到。農家都分散住在溝渠阻擋的井田中，肩扛人挑，一天也走不了幾家，如何做得買賣？而今農家遷出井田，聚居成里，牛車趕到村頭吆喝一陣，留在家中的女人便紛紛出來或買或換，往往是一個時辰便做了往昔一個月的買賣。商人工匠高興，農家高興，皆大歡喜，對新法令交口稱讚。

不再是奴隸的昔日隸農最是興奮，在他們聚居的新村落，除了忙忙碌碌的春耕，還增添了一個新內容，便是紛紛將家中青壯送到縣府從軍。樸實憨厚的新自由民覺得自己成了「國人」，理當有「國人」的尊嚴與榮譽。那時，國人自由民的最大榮譽，是家中有一個征戰沙場的騎士。往昔的奴隸從軍，只能做步卒，不能做騎士，更沒有升為將領的可能。奴隸士兵的最好結局，是老卒還鄉。如今，不再是奴隸的農人舉村行動，由里正率領，將青壯男子一隊一隊地送到縣令面前。秦國歷來多戰事，誰都知道，官府永遠需要騎士。一個春天，入軍風潮彌漫開來，幾乎每個縣府門前每天都有青年在晚上被火把簇擁而來。

各縣將消息飛馬報到櫟陽，衛鞅心中一動，當即與景監車英商議，準備提前實現新軍訓練計畫。方略議定，衛鞅下令：車英為新軍主將，精心遴選一萬名青壯年從軍，同時將原先的五萬騎兵精簡為兩萬，新老騎士混編，練成三萬真正能夠和六國抗衡的精銳鐵騎；原先的五萬步兵，精簡為兩萬；裁減的病員老弱一律還鄉務農，騎兵的老馬和輜重兵的老牛，一律分配給有青壯年入伍的里充作耕畜。

進入四月初，衛鞅已將新軍訓練事宜安排妥當，就要專程拜會嬴虔，想商議一個對貴族封地法令的變更方法。不想尚未成行，嬴虔已經上門來訪。

「左庶長，你可是門庭若市了。我等了三天才瞅準了今日。」一落座，嬴虔便感慨連連。

「左傅不知，我正欲前往拜會，不期自來，鞅實堪欣慰。」

「要找我？真話——有事麼？」嬴虔半信半疑地大笑著。

衛鞅一笑：「我有難題，請左傅助一臂之力，豈敢有假？」

「好！說，國事私事，嬴虔全幫。」

「自是國事了。」衛鞅打開一卷竹簡道，「這是廢除貴族封地的法令。我想對此法令略做修正，將取締一切封地，改為取締除太子之外的世襲封地；同時，對以後的立功之士允許封地；然則，封地無治權，封地賦稅也只保留三成。如此一來，國君激賞臣下立功便有了名目，公室貴族亦可稍安。左傅以為如何？」

「好！」嬴虔拍案大笑，「改得好！左庶長不愧思慮深遠。櫟陽這些鳥貴族，無非就是咬住取締太子封地，做自己的文章。如此一改，叫他們啞子吃黃連，妙！無功無封，有功大封，給國君留下封賞餘地，實則治權在國，賦稅權也大部在國。好！嬴虔早想說，就怕那些鳥貴族藉我鼓譟。左庶長自改，釜底抽薪！」

衛鞅搖搖頭：「左傅啊，法令貴在穩定。要修正，須得一個名頭。我豈能自改？」
「啊，你怕壞了自家信譽？好，你說，如何改，我來出頭。」嬴虔大笑。
「敢請左傅上書國君，由君上直接下書修正。如此，則通達無阻。」
嬴虔揶揄地微笑：「左庶長平白將一個功勞讓給我，何苦來哉？」
衛鞅大笑：「我領政，要的是言出必行之信。失信於民，無異山崩也。」
「好！各有所得。此話撂過，我也有一事。」
「國事私事？」衛鞅笑著如法回敬。
「今日嬴虔有何國事？私事。喜事。」嬴虔頗為神祕地一笑。
衛鞅一怔：「何事之私，勞動左傅？」
嬴虔不禁開心大笑：「實言相告，太后相中你這個女婿了。熒玉公主也很是敬佩你。太后派我來向你提親，你孤身在秦，豈非天緣？」
衛鞅大為驚訝，忙擺手道：「左傅差矣。我雖孤身，實已定親，不敢欺瞞太后。」
嬴虔笑道：「你呀，莫要搪塞於我。你父母皆亡，列國漂泊，誰個做主為你定親？縱然識得幾個安邑女子，也是名士風流，何能當真？」
「不。左傅，衛鞅真情實言，絕非搪塞之辭。」
嬴虔沉吟有頃道：「好了，這件事現下不說，容你思慮幾日。左庶長，熒玉可是秦國公主，你可要三思而行嘍……好，嬴虔告辭。」
衛鞅愣怔半日，竟不知嬴虔是如何走的。
當晚，衛鞅來到渭風客棧看望白雪與侯嬴。侯嬴高興地整治了一案秦菜，三人痛飲，說到墨家之行的種種驚險，說到老墨子的深邃神祕，說到秦公的大智大勇，皆感慨不已。最後說到櫟陽，說到客棧，說到小河丫已經帶著憨實的黑柱子走了，三人又是感慨唏噓，旁邊的梅姑也直抹眼淚。衛鞅幾次想說嬴虔今日來訪提親之事，終覺得這應當由自己拒絕了事，沒必要大家擔心議論，始終沒有說起。將近四更，三人才結束了小宴，白雪扶著已有醉意的衛鞅回到了幽靜的小院子……

嬴虔倒是快捷利索，第二天便派府中家老送來上書國君的擬稿，請衛鞅過目並斧正。衛鞅稍做了兩處修改，便教家老帶回。第三天，衛鞅派出特急信使將嬴虔的上書連同自己的長信，追送給繼續在隴西巡視的秦孝公。十日以後，特急信使帶回秦孝公的國書。衛鞅立即將國書頒行郡縣朝野，並以左庶長府名義，一起頒行了對封地法令的修正律條。一時間，櫟陽上層貴族彷彿被打了一悶棍，驚訝得無聲無息。

只有少年太子嬴駟很是高興。現下，他又可以擁有一方封地了。

嬴駟對封地的嚮往，是從和白氏老族長來往開始的。基於少年心性，老族長每次到來都讓嬴駟覺得新鮮親切，一則是那些鄉村禮物，或一張獸皮，或幾筐桑葚，或一隻白狐，或一隻黑貓，都教嬴駟愛不釋手。二則是老族長每次都能講一大堆鄉間趣事，使嬴駟知道了許多原本不知道的東西。老族長上次來本已說好，今年秋收後請他去封地狩獵。整日悶在櫟陽讀書，嬴駟實在憋氣。公父像他這般年齡的時候已經上戰場了，可偏偏這幾年又沒打仗，他想上陣殺敵也沒機會。所以，秋天狩獵就成了他心中期待已久的一個夢。誰能料到，恰恰在這時候衛鞅變法，取締了封地，白氏老族長也被殺了。他真是想不通，對衛鞅一肚子憤懣，覺得這個左庶長當真冷酷無情，管得忒寬！非但將公室封地一概取締，而且連誰給自己講書都要管。右傅公孫賈請老太師甘龍講了幾次書，衛鞅就攛掇伯父公子虔來干涉，弄得右傅和老太師老大沒趣，真真的豈有此理！他本來想將衛鞅召到太子府，狠狠斥責一頓。但不知為何，他對這個不苟言笑永遠都穿著一身白衣、老太師說起他總是搖頭的左庶長，總有一種莫名其妙的畏懼。論脾性，伯父嬴虔那才是火爆雷神，人見人怕，然嬴駟對伯父卻一點兒都不怕。這個衛鞅從來沒有對誰大發雷霆過一次，和嬴駟甚至見面的次數都很少，嬴駟卻對他有一種說不清的疏遠和畏懼。正好公父又不在櫟陽，嬴駟只得在宮中憋氣，也不敢亂說亂動，生怕這個誰都敢殺的衛鞅抓住他一個甚把柄，把他也給殺了……正在這忐忑不安的日子，忽然又恢復了太子封地，嬴駟簡直高興得要跳起來。

左傅嬴虔來宣讀左庶長令：太子封地恢復，賦稅三成，無治權；鑒於郿縣較遠，太子可在驪山以西選擇半個縣作為封地。

「不。我就要原來的郿縣白氏做封地。」嬴駟毫不猶豫。

「郿縣白氏的土地只有三個鄉，可是少多了。」

「我不要那麼多，又不是真的靠封地吃喝。」嬴駟說得很平淡。

嬴虔沉吟：「駟兒，郿縣乃秦國老地老族，太師甘龍與右傅公孫賈的封地，也都在郿縣，情勢交錯，你還是選驪山好。」

「那又如何？左庶長只說是郿縣太遠，又沒說別的，嬴駟不怕遠。」

「好。畢竟不是大事，我替左庶長做主，就是郿縣白氏了。」

「謝過公伯。」嬴駟高興地笑了。

衛鞅接到嬴虔回報，本欲強制更正，思慮沉吟，終於批了一個「可」字。命令頒行，郿縣令立即將恢復為太子封地的里正們召到縣府宣令，明確了治權和賦稅分繳的辦法。這些「里」都是孟西白三族，自然都是高興非常。一時間，他們又有了比尋常農戶，尤其比隸農除籍的新自由民「貴氣」的特殊地位。

修正封地的法令使甘龍意外又震驚。

他想不到，氣勢凌厲一往無前的衛鞅，竟然還有如此柔韌的回望本領。秦國的情勢，不變法就是死路一條，變法是誰也不能反對的。甘龍作為治國老臣，何嘗不知其中利害。但由衛鞅這樣的人來變法，甘龍卻懷有深深的敵意。理由只有一個，衛鞅在秦國執政變法，將秦國原有的元老重臣都逼到了尷尬死角——非但權力無形流失，全部成為東之高閣的藏品，而且因提出糾正某些嚴酷法令，使世族大臣盡皆陷於守舊貴族的不光彩境地。戰國之世，求變圖存乃天下潮流，守舊復古遭天下唾棄。否則，以儒家孔子孟子那樣的大家名士，何以竟能惶惶若喪家之犬？秦國世族本不守舊，但出了衛鞅這個人，秦國世族竟顯得迂腐不堪。秦國權力本來穩定均衡，出了衛鞅這個人，竟出現了動盪傾覆。衛鞅就像生硬插進秦國的一個巨大楔子，將廟堂框架擠得嘎吱嘎吱幾乎要爆裂開來，而被擠得最癟的，是他甘龍。嬴虔雖然失掉了左庶長，但畢竟還是公族太子傅、上將軍，又是國君長兄，畢竟還有幾分軍權。公孫賈和杜摯雖然失掉了實權，然畢竟進入了廟堂大臣之列。唯有自己這個三世元老上大夫主政大臣，竟只落得了個太師名號，真令人齒冷。太師，這是個早已被天下遺忘了的上古名號，所謂「協理陰陽，貫通天人，安撫四邦」，在山東六國早已嗤之以鼻，無人理睬了。而今，他卻偏偏就成了這樣的老太師，甘龍如何不感到窩囊？

雖則窩囊，外表上甘龍可是從容鎮靜，該做的照做，該說的照說，沒有一絲難堪尷尬。譬如給太子講書，他就毫不避嫌。他內心非常清楚，和衛鞅的較量是漫長的，至少在秦國沒有強大以前，在秦公對衛鞅沒有喪失信任以前，衛鞅很難被扳倒。然則他堅信一點，衛鞅這樣的能事權臣，遲早會出紕漏。每有紕漏而攻之，日積月累，衛鞅的根基將會被一點一滴地蠶食。這是甘龍悟出來的「蠶攻」謀略：在悠悠歲月中埋下吞噬衛鞅的土壤，就像鯀的「息壤」一樣無限增長，將衛鞅的變法洪水濾乾成自己的堤壩。

傳說鯀是大禹的父親，受天帝之命到人間治水。天帝賜給了鯀一包神奇的土，名叫息壤，叮囑鯀在萬不得已時才能使用。來到人間，鯀看到洪水滔滔彌天，無以立足，便立即撒出一把息壤。誰想這息壤神奇無比，水高它也高，不斷增高，終成大山一般將洪水圈了起來。鯀驚喜萬分，覺得這是治水的最好辦法，便不斷地撒出息壤，將洪水堵在了數不清的山壩圈子裡。可是，隨著洪水增高，躲避在山嶺山洞裡的人，也被淹死了無數。水是堵住了，人卻被困在所有的山上掙扎著。撒著撒著，息壤突然沒有了……天帝震怒了，殺死了鯀，才有了後來的大禹治水。

甘龍要使自己的「蠶攻」謀略變成神奇的「息壤」，與水競高，永不停息。

這是一個宏大的目標，需要甘龍有悠長的生命，需要甘龍有敏銳的尋找縫隙的老辣眼光。這兩點，甘龍都不愁。他出身貴族，謹嚴立身，素無惡習，更無暗疾，又從來沒有鞍馬勞頓，主持國政也是輕鬆瀟脫。年過六十，耳不聾，眼不花，齒不落，髮不脫，童顏鶴髮身輕體健，自信在三十年內決然死不了。至於洞察錯失抓住時機，那更是甘龍的深厚工夫。目下，他就思謀著這個微妙的機會。

太子封地在郿縣，甘龍與公孫賈的封地也在郿縣，而且是渠畔相連的土地。如此格局，一定有文章可做。老甘龍想的是，究竟一個人做這篇文章，還是拉上公孫賈一起做？思忖良久，甘龍決意一個人做。公孫賈心機深，也肯定樂於合力整治衛鞅，要拉他共謀，那是容易極了。然則，多一個人就多一分風險，衛鞅絕非易與之輩，一旦讓他覺察，那必然是玉石俱焚。大謀須得獨斷，獨斷才能出其不意，行之於世才有「天不容」的神祕口碑，也才能鼓動秦國世族以「天命」、「天道」要脅國君，迫使衛鞅倒臺。

但更重要的是，甘龍有一種內心確立的使命：在秦國撒播「倒鞅」種子者，必須是他，絕不能是別人。只有這樣，在衛鞅倒臺的那一日，他才會有真正的勝利感。

晚上，甘龍喚來了自己的長子甘成，在書房擺起了一卷孔子的《春秋》，又擺上了一卷李悝的《法經》，便娓娓開講。三更時分，甘龍終於拋開竹簡，講到了秦國，講到了目下，講到了郿縣。父子二人越談越深，直到櫟陽城樓的刁斗聲止，黎明的長號嗚嗚吹響。

五、陰謀陽治　霹靂手段

轉眼之間，五月來臨。

關中平川今年的麥子長勢特別好，家家農田都是金黃一片，麥浪連成了茫茫金波。先收大麥，後收小麥，五月下旬進入了顆粒入倉的最要緊時刻。恰逢連日晴朗，每個新村都陷在打麥入倉的忙碌中。村頭共用的打麥場輪換不過來，農人們在自家門前的小場院攤開麥子，用最老式的連枷打麥了。一根長長的木棍，頂端固定一個裝有小轉軸的木板，一下一下用力揮舞，金燦燦的麥粒便從麥穗中蹦了出來。家家門前連枷揮舞，滿村響徹「啪嗵啪嗵」的打麥聲，老秦國腹地充滿了豐收的喜慶。

這時候，櫟陽城內有封地的幾家世族也忙碌起來，清掃糧倉，準備接納封地繳來的新麥。本來已經取締了封地，貴族們的私家糧倉根本就沒有準備。一個月前突然宣布恢復了封地，雖然田畝大大縮小，賦稅率大大降低，治權也沒有了，但失而復得，世族們還是格外興奮，緊張得如同迎接大典一般。太子府也一樣，嬴駟興奮得前後忙亂，親自監督騰出了三座最大的泥倉，要接受封地的新麥子。過去封地繳糧，嬴駟一來年幼，二來習以為常，根本不去過問。今年不一樣，嬴駟第一次眼見封地失而復得，而且與自己的努力有關，其興奮喜悅如同自己立功獲得的一般，停止了講書習武，整日忙碌在整理府庫之中。十天之後，倉庫整理就緒，嬴駟滿懷激動地等待著新麥入倉。他已經謀劃好，先奉送給太后三車，然後賣掉一些陳糧，給自己的衛隊添置精鐵馬具和上好弓箭，秋天好到封地去痛痛快快地狩獵一番。

五月二十三，一隊牛車嘎嘎吱吱地到了太子府庫門前。

太子府家老一身整肅，手持六尺餘長的竹節驗桿來到車隊前：「可是封地糧賦？」

當先牛車上跳下一名中年漢子，謙卑躬身道：「郿縣白里，里正白亮，前來繳納糧賦，請大人驗收。」公事說官話，漢子將民人口中的白村說成了官稱的白里。

家老冷笑道：「就是這些麼？還有甚物事孝敬太子？」

「回大人，小可新任里正，不知糧賦之外還有何納賦之物？請大人明示。」

家老面色陰沉，知道這是棵生蘿蔔，氣哼哼道：「休得聒噪，打開驗糧！」

里正白亮回頭：「打開口袋，檢驗糧賦。」

二十幾輛牛車停在狹窄的小巷子裡，每輛車上跳下兩三個光膀子農夫站在車旁，準備驗收後扛糧進庫，為首一車已經打開一袋搬到地上。

「大人請驗收。」白亮指著解開繩子的口袋。

家老黑著臉走過來，左手撥開袋口，右手的空心竹節驗桿噌地插下，直入口袋糧食三兩尺深，猛地抽出桿來，頓時帶起一陣塵土。家老臉色更黑，將驗桿傾倒，手掌中頓時嘩啦啦攤滿了沙石碎礫。

「好啊，白里正，這種東西也叫糧賦？」家老笑得陰氣森森。

里正白亮驚恐地回身大喊：「誰？誰搗的鬼？快！全都打開！」

農夫們慌了手腳，紛紛跳上車打開口袋，頓時傻子一般面色煞白——每個口袋裡全都是沙礫土石混著幾成麥子，髒得不堪入目。

家老大喝一聲：「看住他！」轉身飛步向太子府奔去。

片刻之間，嬴駟匆匆趕來。他怒色滿面，「刷」地一劍將一個口袋從上到下通體劃開，一陣塵土揚起，沙礫土石流淌撲濺，嬴駟的黑色繡金斗篷頓時一片髒污。里正白亮驚恐得欲哭無淚，欲喊無聲，只是木木地盯著太子。嬴駟面色煞白口鼻抽搐，走到白亮面前，突然出劍。白亮一聲叫，洞穿的身體鮮血四濺。

「里正！」農夫們一擁圍上，驚慌哭喊成一片。

白亮掙扎喘息，「報，族長……有人，害，我……」驟然死去了。

贏駟團團亂轉著，看了一車又一車「新麥」，氣得渾身顫抖，尖聲叫喊：「將他綁在馬上，去郿縣！」

太子府騎隊早已被家老招在府庫門外，聽得太子一聲令下，幾名騎士立即趕散農夫，撈起白亮屍體捆綁在馬後。贏駟上馬，長劍一揮，馬隊疾風驟雨般捲出街巷。

這時，太子傅公孫賈飛馬趕到，遙遙高喊：「太子，不能，快回來！」眼看馬隊絕塵而去，急忙勒馬喊道，「家老，將牛車趕進府庫，人犯押起，不准任何人動！我去追趕太子！」連連打馬而去。

正當午後，白里村頭的打麥場一片熱鬧忙碌。

白氏一族的農耕術在老秦人中素負盛名，收穫大忙季節歷來是井井有條忙而不亂。老族長白龍被殺後，年近七十的白丁老人做了族長。他為人寬厚持重，深得族人擁戴。老白丁率白氏舉族盟誓，白氏一族永遠不做亂法之民，要憑勤耕勞苦掙回白氏一族的榮譽。他舉薦精於農事的白亮做了里正，決意和原來是白氏隸農的幾個里一爭高下。

今年夏收是新法田制的第一個麥收，官府將對繳稅糧最多的農戶授予爵位，對收成最好的村莊氏族賜銅額（註：銅額，即後世之銅匾，懸掛於門額的銅製橫牌。古稱「額」，後世稱「匾額」或「匾」），族長里正皆授爵位。白氏一族上下發憤，從去年秋天下種開始精耕細作，冬天又冒著嚴寒，破例在窩冬時節澆灌了兩次麥田。五月一到，眼看白氏田野的麥子齊整整金波翻滾，舉族大是欣慰，刑場帶給族人的屈辱也被好年成的喜悅所淹沒。眼下進入打麥時節，老白丁更是勤謹有加，每天都拉著一片席子坐在村頭場邊的大樹下看著打麥。公用麥場是各家輪流，舉村幫忙，也就是全村人手一起上陣，幫著一家一家打場。雖然舉族融洽，也難免會有些許口角糾紛，老白丁坐在這裡，就是要即時化解，不耽擱打場工夫。但是，老白丁最要緊的使命卻是觀天。農家一年辛苦，全在收打季節。這時偏偏陰晴無定，時有「白雨」（註：白雨：秦地古方言，即突然而來的暴雨）突然襲來，一場麥子便要泡進水裡。老白丁對夏日風雨的徵候特別敏銳，往往是萬里無雲的好天氣，他卻扯開蒼老嘶啞的嗓子大吼一聲：「收場了！」趕眾人急如風火將攤開的麥子垛起，白雨恰恰便刷刷而來，茫茫一片。

老白丁往大樹下一坐，族人們心裡踏實。

現下午後，正是白雨多發時刻。老白丁仰頭望著北方天空，只見一片灰白雲疾疾飄來，眉頭不禁微微皺起。猛然，一陣涼風吹過，老白丁嗅到了風中一絲特有的氣息，驟然起身，揮手大喊：「收場了！快！」

當場主人立即大喊一聲：「收場！」場中男女急忙扔下連枷，男人緊張地操起木杈歸攏場中麥草，女人利落地用掃帚木推清掃已經打出來的麥粒。堪堪將麥草垛好，麥粒苫蓋嚴實，北方的那片灰白雲已經變成了厚厚的烏雲壓將過來，一陣雷聲，一道閃電，眼見銅錢大的雨點裹在風中啪啪打來，人們喊著笑著往大樹下跑去。

突然，一個少年銳聲喊道：「快看！馬隊……」

話音落點，馬隊在隆隆雷聲中捲進麥場，為首騎士高喝：「誰是族長？出來！」

老白丁拄著桑木杖走到場中：「老夫白丁。敢問可是官府？到白村何事？」

嬴駟尖聲喝道：「將那個里正押下來，你問他！」

渾身血染的白亮被從馬上扔下，白村男女嘩地圍了上來：「白亮啊！」一個女人一聲慘叫，衝出人群：「誰！誰殺死了白亮？」

嬴駟沒有料到白亮竟然死了，微微一怔，迅即怒喝：「白村以沙石充賦，欺騙封主，罪有應得！馬上將場中糧食全數運到太子府！否則殺無赦！」

此時雷電轟鳴，白雨瓢潑般澆下。老白丁嘶聲大喊：「冤枉啊！白氏一族，百年封地，幾時壞過糧賦？冤枉啊……」

嬴駟被大雨一激，本就狼狽，又見老白丁大喊大叫，不禁惡氣頓生，大喊：「砍開糧囤！看看真假！」衛隊立即躍馬揮劍，將苫蓋得嚴嚴實實的麥囤紛紛砍開，金黃的麥子頓時湧出，瞬息間便被大雨沖走。

白氏族人本是尚武大族，血氣方剛，此刻心頭出血，齊齊怒喝一聲，操起棍棒木杈連枷等一擁而上，哭著喊著向太子人馬瘋狂地撲來。

嬴駟氣急敗壞，大喊：「殺！殺光！」馬隊騎士短劍閃亮，幾個衝突，白氏族人的屍體便擺滿了雨水泥濘的麥場。老族長白丁不及阻擋，眼見頃刻間血流成河，撲倒在滾滾泥水中大喊：「造孽啊！上天……」便一頭栽倒。

這時公孫賈飛馬趕到，一見場中情景，嚇得渾身篩糠一般道：「太子，如何，如何闖下這般大禍……」

嬴駟尖聲叫喊：「我自擔承！與你何干？回馬！」韁繩一抖，坐下馬衝向官道，衛隊緊緊隨後，向櫟陽飛馳而去了。公孫賈本想為太子善後，此刻卻是魂飛魄散，打馬自顧去了。

「轟——轟——轟——」白村撞響了村頭巨大的銅鐘。這是白氏一族舉族血戰的信號。居住在周圍村莊的白氏族人冒著大雨，呼嘯而來。

白雨驟然停止了。午後斜陽照在血流成河麥草狼藉的大場上，分外淒慘恐怖。數千白氏男女聚在村頭，哭聲震天。老白丁跳上場邊石墩，一身泥水鮮血，白髮披散，憤怒得像一頭老獅子：「白氏子孫們聽了，舉族披麻帶孝，到櫟陽交農！官府不還白氏一個公道，白氏反出秦國！」

「交農！報仇！反出秦國！」滿場仇恨的呼嘯吶喊聲震原野。

就在白氏舉族出動的時候，孟族與西乞族也聞訊聚來。孟西白三族從來血肉相連，同仇敵愾，今日白氏驟遭大難，孟西二族豈能袖手旁觀？兩個時辰之內，素有征戰傳統的孟西白三族聚集了兩萬多男女老幼，人人披麻帶孝，手持各種農具，抬起三十多具屍體，點起粗大的火把，浩浩蕩蕩哭聲動地，黑壓壓向官道湧來。

此刻，官道上三騎快馬正向東邊的櫟陽疾馳。這是從新軍營地急急趕回的車英。時當暮黑，他見如此聲勢的火把長龍和震天動地的哭喊，心知異常，忙勒馬官道，派一個騎士去打探情況。片刻之後，騎士回報，車英大驚，低聲命令：「快！兼程櫟陽！」打馬一鞭，風馳電掣般向東馳去。

櫟陽城內，左庶長府一片緊張繁忙。

按照衛鞅的大綱，景監領著全部屬吏夜以繼日地準備二次變法的新法令。衛鞅則在緊張籌劃新軍訓練的裝備及糧草輜重的供應，還要加緊批示各地送來的緊急公文。最重要的是，衛鞅同時在仔細謀劃秦國新都城的地址。櫟陽太靠近函谷關與魏國的華山軍營，且城堡過於狹小，無法滿足蓬蓬勃勃發展的商市與百工作坊，城外也無險可守，遷都是必然的。這是一件大事，衛鞅已經派出了三批堪輿之才對關中腹地仔細踏勘，反覆琢磨報回來的山水大圖，準備夏忙後親自去確定地址。

天氣悶熱，衛鞅埋頭書房，直到太陽西斜，還沒有顧上吃擺在偏案上的晌午飯。荊南幾次推門進來，終於都是輕輕地拉上門走了出去，在廊下連連歎息，希望有人來打斷一下，藉機好教左庶長吃飯。

突然，一陣急驟的馬蹄聲傳來，一個人跌跌撞撞滿身泥水跑進來：「左庶長，左庶長，大事不……不好！」

荊南急忙搶步上前，將來人扶起，卻是太子傅公孫賈。衛鞅已經聞聲而起來到廊下：「太子傅，何事如此狼狽？」

「左庶長，太，太，太子……闖下大禍了！」公孫賈一下子癱在了地上。

「荊南，給太子傅一碗水，靜靜神，慢慢說。」衛鞅異常鎮靜。

公孫賈大喝幾口，喘息一陣，將經過大略一說。衛鞅心頭一沉：「太子現在何處？」

「不，不知道。反正，不會在太子府……」公孫賈猶自喘息。

衛鞅心念一閃：「荊南，到公子虔府中有請太子，快！」

「不用請，我給你帶來了。」嬴虔拉著太子走進門來，一臉怒氣。

衛鞅神色肅然：「敢問太子，白村殺人毀糧，可是實情？」

嬴駟已經清醒，一身泥污，面色煞白，囁嚅道：「白村沙石充賦……」

「糧賦有假，亦當由官府依法處置。太子豈有私刑國人之權？殺人多少？」

嬴駟低聲道：「不，不清楚。二三十上下……」

衛鞅心頭大震，勃然變色：「可惡！孟西白三族乃老秦根基，剛正尚武，今無端慘遭屠戮，豈能甘休？國人動盪，大局亂矣！」

嬴虔不以為然，揶揄笑道：「左庶長何其慌張？你的渭水決刑，不還殺了孟西白三族幾百口麼？怕他何來？再說也都是秦國子民，若敢亂來，嬴虔在此。」

衛鞅憤然道：「左傅何其大謬也！私刑殺人，豈能與依法刑殺相提並論？秦國若連老秦人也肆意屠戮，無異於自毀根基，談何變法強國！」

衛鞅的嚴厲辭色令嬴虔非常不快，微微冷笑了一聲，看著衛鞅不說話了。

忽聞門外馬蹄聲疾，緊接著一聲高喊：「左庶長——」隨著喊聲，一個人踉踉蹌蹌跑進來。眾人看時，卻是郿縣新任縣令由之。他帶著哭聲撲地拜倒：「左庶長，大、大事不好。孟西白三族，兩三萬人，來，來櫟陽，交農！白氏揚言，國府不給公道，他們，就、就反出秦國呀！」

由之的稟報不啻一聲驚雷，不獨衛鞅內心震驚，太子、嬴虔和公孫賈也臉色大變。

「交農」是當時農人對官府最強烈的抗議示威，就是將所有的農具都堆積到官署中，官府不答應所請，永遠不再耕耘。春秋戰國之世，哪個國家若有一次「交農」發生，那就是這個國家的最大恥辱，天下會視這個國家喪失了天心民心，便可以大起盟軍，任意討伐。這比一兩次戰爭的失敗更能動搖國家根本。百年來的變法歷史上，天下還沒有發生過這樣的「交農」，今日秦國的老秦人卻要「交農」，如何能不引起極大震動？何況，還不僅僅是「交農」，還要「反出秦國」！這對於素來穩定的秦國腹地老秦人來說，簡直是天崩地裂般的亂象。

頃刻之間，衛鞅意識到了事態的嚴重，意識到秦國變法到了生死存亡的關頭。以孟西白三族老秦人的執拗，不真正公平地處置濫殺事件，根本不可能平息他們的怒火，秦國就必然要出現大動盪，山東六國再一出兵，秦國如何不滅亡？那時，一切都將付諸東流。然則，這件事大大棘手處，在於是太子犯法。且不說太子只有十三四歲，尚未加冠成年。更重要的是太子是國家儲君，能殺掉太子平息民憤麼？而且，國君目下不在櫟陽，臣下如何能擅自處置太子？然則，如何舉措才能使怒潮平息？

嬴虔見衛鞅沉吟思忖，拔劍憤然道：「左庶長不要怕。嬴虔只要兩千鐵騎守在櫟陽西門，看誰敢反出秦國！」他想衛鞅雖則奇才，然畢竟書生，面對如此洶洶陣勢，必須由他這個身經百戰的公室大臣來支撐局面。如果調兵權力還在自己手中，又何須和衛鞅商議，他早已領兵在半道攔截了。

猛然，衛鞅微微一笑：「左傅少安毋躁，請與太子、右傅先行到國事廳休憩片刻，容我調兵妥當後再分頭行事。」

「如此也好。走。」嬴虔和六神無主的太子、驚恐不安的公孫賈去了國事廳。

衛鞅面色一沉，向荊南做了個包圍手勢，荊南「咳」的一聲，疾步而去。衛鞅轉身對匆匆趕來的景監命令：「景監領書，立即下令櫟陽令王軾，調集兩千鐵騎一百輛兵車，在西門外待命。」景監匆匆去了。

又是馬蹄聲疾，車英飛步進門：「左庶長，郿縣民眾洶洶而來，大約還有三十里。披麻帶孝，抬屍交農，情勢緊急！」

衛鞅眼睛一亮道：「車英，你來得正好。其餘事體回頭再說，目下立即趕到櫟陽府，憑兵符與王軾一起率領鐵騎兵車，在櫟陽西門列成陣勢等候，不許與民眾衝突。」

「遵命！」車英飛身上馬，馳向櫟陽官署。

國事廳內，嬴虔看到院中有一隊公室禁軍甲士，心中一怔，似乎不經意地走到後窗向外端詳，見樹影裡影影綽綽全是禁軍甲士，心下不禁怒氣頓生，冷笑道：「看來，衛鞅將我等拘禁起來了。」

公孫賈一直處在驚恐不安之中。他有一種不祥的預感，覺得這場突如其來的災禍大是神祕難測。太子如何像瘋子一樣不可理喻？素負盛名的農耕望族白氏一族，如何竟能明目張膽地用沙石充糧？太不可思議了。事情一出，他就認定衛鞅要拿他做替罪羊，因為他是太子傅，如何能逃脫干係？想到這裡，不禁臉色大變：「左傅，這、這如何是好？衛鞅可是六親不認也。」

太子也盯著伯父，嘴唇顫抖著：「公伯，公父，如何不回來？」

嬴虔低聲喝道：「慌甚！公父不在櫟陽，才有你的小命。公父若在，你就是劍下之鬼。知道麼？衛鞅不會動你的。」

「那……那，動誰？」太子上牙打著下牙。

「還能有誰？」嬴虔冷笑，「公孫賈，準備丟官吧。」

公孫賈搖頭哭喪著臉：「不，不會……」

「難道，你還指望升官不成？」嬴虔的眼神充滿厭惡。

「不不不，左、左傅，我是說，衛鞅肯定要殺我等！」公孫賈幾乎要哭出來。

嬴虔哈哈大笑：「鳥！殺就殺，你他娘的，怕死鬼！」

一陣急促的腳步聲，衛鞅匆匆走進。嬴虔大笑戛然而止，冷冷道：「左庶長大人，我等已經是你的階下囚了。你一個人進來，不怕我殺了你麼？」長劍鏘然出鞘，閃電般刺到衛鞅咽喉。

衛鞅看著頂住咽喉的劍尖，微微笑道：「公子虔，我等一起為秦國殉葬。」

嬴虔收劍道：「你說，如何處置？」

衛鞅拱手肅然道：「兩位太子傅，太子濫殺，激起民變，秦國面臨治亂安危生死存亡之關頭。衛鞅總領國事，決然依法平息民變。法令如山，兩位罪責難逃。衛鞅得罪了。來人，將嬴虔、公孫賈押赴西門！」

院中禁軍甲士昂昂進入。嬴虔憤然長歎，擲劍於地：「鳥！來吧。」

景監疾步走來，輕聲道：「太子請隨我來。」將太子領了出去。

夜色蒼茫。官道上哭聲動地，火把遍野，向櫟陽城西門呼嘯捲來。

西門外的空地上，一百輛兵車圍出一個巨大的馬蹄形場地，向西一面的官道敞開著。兵車上的甲士持矛背弓高舉火把，兵車外圍是兩千鐵甲騎士，一手火把，一手長矛，惶惶不安地等待著。

火把海洋洶湧而來。當先一排巨大的火把下是幾百名白髮蒼蒼的老人，身前長龍般的白布上，寫著八個大字「民不畏死交農請命」！老人身後，是難以計數的少年和女人，他們拉著長長的紼紼，頓足長哭，哀聲遍野。少年女人身後，是分別用木板抬著三十多具屍體的青壯年，每具屍體上都覆蓋著一方黑布，旁邊是一束用紅繩捆紮的麥穗和一抔裝在陶盆中的黃土。屍體之後，是三位紅衣巫師。他們手中的木劍指向蒼茫夜空，長聲嘶喊著代代相傳的招魂古調：「壯士歸來啊——戀我禾穀！魂魄何去啊——臥我黃土！」這是老秦人安葬戰死沙場的勇士時招魂專用的詞調，今日孟西白三族巫師用在了無辜死者的身上，竟分外淒厲壯烈。巫師之後，是浩浩蕩蕩扛著各式農具的男女老幼，他們不斷憤怒地高喊：「官府濫殺，天理何存！」「交農請命，討回公道！」「秦不容民，反出秦國！」

西門外兩千將士從來沒有見過如此壯烈淒慘的浩大場面，一時間人人悚然動容，鴉雀無聲，只有各種旗幟在風中啪啪抖動。畢竟，士兵們面對的不是戰場敵人，而是手無寸鐵的秦國父老。這在老秦國的歷史上還是第一次。孟西白三族的從軍子弟極多，而且大都是精銳騎士與千夫長上下的中低階將領，兩千騎士中就有一兩百孟西白子弟，他們已經激動慌亂得難以自制，竟有幾名騎士猛然倒撞在馬下。鐵騎甲士的陣形頓時騷動起來。

車英大吼一聲：「老秦子弟，忠於國法！亂軍者，殺無赦！」

鐵甲騎士終於穩定了下來。萬千民眾湧到城門外也停了下來，沒有一個人叫喊，無邊的火把映著無數憤怒的面孔，和對面官軍沉默地對峙著。

車英高聲報號：「左庶長到！」

一輛牛拉輜車從城門洞咣噹咣噹地駛出，直到連環兵車的中央空隙才停下來。

輜車上挺身站立的衛鞅在火把海洋裡顯得肅穆莊嚴。他頭戴六寸白玉冠，身披秦孝公親賜的黑絲繡金斗篷，懷抱著那把粗獷古樸的秦穆公金鞘鎮秦劍。就是在渭水第一次大刑殺時，衛鞅也沒有抬出這些標誌特殊權力的信物。今天，他卻破例地全部使用了象徵特殊權力的所有標誌，包括那輛六尺車蓋的牛拉輜車。面對憤怒洶湧的老秦部族和真正上層的公族罪犯，他要借用這些崇高的威權象徵，來增加他處置事件的威懾力和洶洶民眾對他的信服。當衛鞅在高高傘蓋下看見彌漫四野的萬千火把和憤怒沉默的茫茫人海時，不禁油然想起老子的曠世警語：「民不畏死，奈何以死懼之！」面對這一觸即發的連綿火山，兩千鐵騎、百輛兵車和身後這座櫟陽城堡顯得何其渺小。當此之時，非霹靂手段，無以力挽狂瀾。衛鞅啊衛鞅，今日考校你的時刻到了……

軺車剛剛停穩，最前面的老人撲地跪倒，大片白髮蒼蒼的頭顱在火把下顫抖著。渾身血跡泥水披麻帶孝的老白丁，將一方白布血書舉過頭頂，悲愴高喊：「左庶長大人，為民做主啊！」身後人海舉起手中各式農具和火把齊聲嘶喊：「左庶長，為民做主啊！」一聲浪呼嘯著滾過原野，就像夏夜的轟轟悶雷。

突然，一個女人哭喊一聲，將一把掃帚扔到兵車前：「男人們，交農啊——」「交農啊——」一聲無邊的怒吼，人們將帶來的所有農具拋進兵車空場，拋在一切可能的空地上。片刻之間，櫟陽城門前和人海空隙中，堆起了無數座農具小山。

衛鞅斷然命令一聲，馭手將軺車趕過農具小山，來到老人面前。車英頓時緊張，手中令旗一搖，率領一個百人騎隊跟了上來。衛鞅回身厲聲喝道：「執法尉退下！」車英稍一沉吟，擺動令旗教騎隊歸位，自己駕著一輛兵車來到衛鞅身邊。

衛鞅下車，深深一躬，接過老白丁頭頂的血書：「老族長，衛鞅不公，天理難容！請父老兄弟姊妹們靜下來吧。」

老白丁回身高喊：「莫要喊叫，聽左庶長處置。」

衛鞅回身跳上軺車，向面前人海深深一躬：「父老兄弟姊妹們，白氏一族乃秦國功臣大族。百年來，無數白氏子弟為秦國效命疆場，馬革裹屍者不知幾多。秦國農耕，白氏領先，乃公室府庫之糧貨根本。初行新田制，白氏舉族勤耕，收成為秦國之首。當此之際，太子私刑濫殺白氏三十餘人，致使孟西白三族交農請命。秦國朝野，都在看國府如何處置太子犯法事件，對麼？」

「對！」全場雷鳴般回答。

「衛鞅身為左庶長，要告知秦國朝野臣民：秦國變法不會改變！新法要義：國無二律，刑無二治，公族犯法，與庶民同罪！我手中這口穆公鎮秦劍，就是推行新法的天命神器。衛鞅今日持穆公金劍，對違法人犯明正典刑！」衛鞅說完，向後一揮手，「領書宣讀書令。」

景監走上車英的兵車，展開手中竹簡高聲宣讀：「秦國左庶長衛鞅令：太子犯法，與民同罪。依據新法，尚未加冠之少年犯法，不加肉刑。太子乃十餘歲少子，免去肉刑。然太子所為，觸法太甚，違背天道，處罰如下：其一，太子須親為白村死者送葬；其二，白村送葬用度與死者遺屬之撫恤，全數由太子府庫承擔；其三，奪太子封地，年俸減半；其四，太子頒行〈罪己書〉，將其違法作為昭告朝野，明其痛改之心。此令。左庶長衛鞅。」

人群相互觀望，似有緩和，卻仍然憤憤不平。老白丁伏地哭喊：「太子身為儲君，如此濫施刁蠻，國體何在啊？」

衛鞅厲聲道：「將太子傅嬴虔、公孫賈，押上來！」

兩隊士卒將兩輛囚車推到衛鞅軺車旁。囚車中嬴虔臉色鐵青，冷笑不止。公孫賈卻癱吊在木籠中，尿水在衣褲上不斷滴瀝。

衛鞅指著木籠高聲道：「父老兄弟姊妹們，他是太子左傅嬴虔，他是太子右傅公孫賈。太子無教，太子傅難辭其咎！」

景監立即高聲宣令：「太子左傅嬴虔，處劓刑，另奏國君罷官削爵！太子右傅公孫賈，處黥刑，流隴西山地！」

老人們唏噓站起，紛紛點頭：「公道難逃啊！」外圍的人群騷動起來，高喊：「割鼻子！刺字！」「活該！」「報應！」「此等人做太子傅？殺了才好！」

車英一揮令旗：「行刑！」

兩輛高大的囚車木籠打開，一名紅衣行刑手手持一柄雪亮的短刀，身後跟著一名手端盛水銅盆的武士，大步來到嬴虔囚車前。嬴虔憤然長歎一聲，咬牙閉目。在如同白晝般的火把照耀下，萬千人眾驟然無聲，喘息可聞。雪亮的短刀冰涼地搭上了嬴虔英挺筆直的鼻梁——只聽一聲雄獅般的怒吼，嬴虔滿面鮮血，噴濺數尺之外！

與此同時，公孫賈囚車前的行刑手，從碩大的木炭火盆中抽出一根燒紅的長條烙鐵，驟然貼上公孫賈細嫩的面頰，尖銳淒厲的吼叫中一股人肉的焦臭隨風四散……萬千人眾無不悚然動容，女人少年驚恐地蒙上了眼睛。

刑吏高喊：「刑法完畢，驗明正身。」

衛鞅向民眾拱手高聲道：「依法行刑，還要依法賞賜！」

景監高聲宣讀第三卷竹簡：「白氏族人勤耕守法，國府特賜銅額一方，以為國人楷模。白里死者，皆以戰死記功，各賜爵一級，由長子、長女承襲。族長白丁，為民請命，亦賜爵一級。白里糧賦，免去三年。」

四名衛士抬著一塊「勤耕守法」的銅字大額從軺車後走出。衛鞅走到老白丁面前：「老族長，白村安葬死者之日，衛鞅當親自前來弔喪。」

老白丁熱淚縱橫，撲地長拜：「左庶長啊，你是國人的再生父母呀……」霍然站起，高聲嘶喊，「收農！」人們也哄然大喊：「收農了！」紛紛擁擠著從農具堆中抽回一件，也不管是否自己的了。頃刻之間，十幾座農具小山又回到了農人們的肩上。滿場哭聲，滿場沸騰，「新法萬歲！」「國府萬歲！」「左庶長萬歲！」的喊聲迴盪在櫟陽城外的廣闊原野上。

人潮退去，櫟陽城漸漸平息下來。衛鞅回到府中，已經是四更天了。

景監、車英和王軾都沒有回家，一齊跟到左庶長府。衛鞅吩咐廚下搞來幾大盆涼苦菜、大籠蒸餅以及熱騰騰的羊肉湯，四個人吃得滿頭大汗，才發現真正是餓極了。

吃喝完畢，王軾拭著額頭汗水問：「左庶長，下著如何走法？」

衛鞅道：「下著？自然是繼續二次變法了。」

「不是。左庶長，我說的，是背後的那隻黑手，如何揪法？」王軾憤憤道，「這是明擺著的怪事！太子目睹沙石充糧，鐵的事實。白村沒有作弊，也是鐵的事實。這新麥納賦，究竟在何處出了鬼？豈非大有蹊蹺？背後無人，豈能如此怪異？」

景監接道：「對。且此人絕非等閒，幾乎要將新法整個掀翻！」

「更陰毒的是，給左庶長樹了死敵。太子、公子虔、公孫賈，牽扯著多少勢力？不將這個藏匿極深的黑手明正典刑，國無寧日！」車英一臉黑霜。

衛鞅沉吟有頃，似乎不想延續這個話題，想想又道：「你等說得都對，看得也準。白里與太子府中間，肯定有一段引線還埋在地下。然則，目下硬扯這根線，還不到時機。最大的危險，是誘發混亂動盪，而使變法擱淺。此所謂鼠伏於器，投而忌之也。要推動變法，唯有後發制人。只要變法無可阻擋，大局便可底定。諸位須得牢記，當此之際，陰謀，須得陽治。誰人違法，決然處置。但卻無須大動干戈，試圖一網打盡。」

衛鞅意味深長地一笑：「水下的怪物，不會永遠不露出水面的。」

三人會意地點頭，相視微笑。

第十章 蒹葭蒼蒼

一、鼎沸中游離的浮冰

七月流火，秦孝公終於回到了櫟陽。

大半年之中，孝公在隴西郡與北地郡走遍了每個縣，還跑了許多零散的農耕區和遊牧區。這兩個地區雖然土地遼闊，但卻很是荒涼偏遠。在秦部族還沒有成為諸侯國的時候，隴西和北地是他們的故鄉。那裡的許多河谷與草原都曾經是他們的生存本土，是被包圍在戎狄部族海洋中的無數個孤島。成為占據周人本土的大諸侯國之後，秦人舉族遷入成為戰爭廢墟的關中，無數個孤島般的故鄉便被戎狄部族席捲吞沒了。直到秦穆公時期，秦國為了安定後方，全力西進，使三十多個戎狄部落國臣服於秦國旗下，這兩個地區才成為秦國真正的領土。穆公之後百餘年雖說時有叛亂，土地不斷縮小，民眾不斷減少，但最主要的河谷草原卻依然在秦國治下。秦獻公時期，為了這塊後方根基不再被繼續肢解，便將這塊遼闊的地區劃作了兩個郡，隴西郡和北地郡，專設官府，常駐軍旅，取代了原先依靠部族頭領治理的傳統方略。

秦孝公之所以堅持巡視這兩個邊陲地區，一是他從未到過這兩個郡，很需要有實際的踏勘了解。最重要的是，這兩個郡雖然荒涼遼闊，但卻是秦國西部北部的屏障。隴西之外，是流動無常的匈奴、西羌、諸胡與月氏部族等，他們的草原騎兵隨時都有可能閃電般進攻隴西。北地郡在目下更重要，北面的陰山草原有匈奴部族，東北面的雲中山地是虎視眈眈的趙國。東面是秦國的河西地區，原本有漫長險峻的太行山與黃河天險，卻被魏國在三十年前逐步蠶食，河西盡失，將北地郡壓縮到洛水流域以西。如此一來，魏國、趙國、中山國就都成了覬覦北地郡的凶惡對手。

秦孝公最想知道的，是這兩個鞭長莫及的地區變法成效如何？能不能在變法之後成為堅固的西北屏障？半年巡視下來，尚算滿意。衛鞅的每道法令都及時地送到了郡署，由戎狄部族頭領擔任的郡守也還算忠實地執行了變法法令，廢除了隸農制和牧奴制，河谷耕地和草原牧場也都分給了農人牧民。兩郡的府庫都充實了許多，願意從軍的青壯年也大大增加。秦孝公當即頒布了兩道書令：第一道，兩個郡守各晉升爵位兩級，從原來的第七級公大夫爵，晉升到第九級五大夫爵。這在地方臣僚中可算是最高爵位了，因為衛鞅的左庶長爵位也才第十級。兩個郡守自然是感奮異常。第二道：兩郡庶民的賦稅減去三成；兩郡府庫所徵收的財貨十年內用作軍務官俸，免繳國府賦稅。如此一來，兩郡的財政壓力大大減輕，郡守吏員庶民無不稱頌歡呼。兩個郡守向國君慷慨激昂地立誓，決意建立兩郡騎兵，對各種侵擾堅決回擊，絕不使敵國再壓縮秦國土地。

隴西北地的夏天是宜人的，除了正午前後兩三個時辰炎熱外，早晚的山風河風涼爽乾燥，沒有一點兒悶熱難當的感覺。雖則如此，秦孝公整日在山川奔馳，少有歇息，幾個月下來，也成了一個地道的西部漢子，黝黑發亮，精悍結實。一路東行，過了陳倉山頓覺一陣濕熱，身上立時汗津津的。秦孝公本想到玄奇的河谷莊園再去看看，卻知道在他離開墨家總院的同時，玄奇也已經到齊國去了。孝公站在山頭上望了一陣，歎息一聲，回頭走了。走了一段，秦孝公卻又回馬向河谷縱深馳去。

到得小莊園外，孝公吩咐兩名衛士留在小河邊，獨自一人推開籬笆走了進去。院子裡兩株桑樹綠葉正濃，樹下卻沒有養蠶的竹籮。小場院中堆著一個麥草垛，籬笆外的麥子顯然已經收割打過。小屋的木門沒有上鎖，門上寫著兩行大字：入山採藥狩獵迷路之人，可進屋食宿。孝公感慨地歎息一聲，推開屋門，屋內幾樣簡單陳設都用布苫著，除了一層灰塵，還是那樣整潔冷清，顯然還沒有人光顧過這個小小莊園。孝公四顧，拿下古琴上苫蓋的那塊白布翻了過來，掏出懷中一錠乾墨，在布上用力寫下兩行大字，又將白布翻過來原樣苫蓋妥當，方才走出小屋。他本想在這裡獨自住宿一夜，聽聽那山風松濤，看看那明亮孤獨的月亮，替她理一理莊園桑樹，重溫一次那永遠烙在心頭的美麗的河谷之夜。

但是，他必須匆匆離開這裡。事情太多了。在隴西他已經大體知道了櫟陽發生的動盪。風險關頭，他相信衛鞅的品格與能力。但風險之後的善後，應該由他這個國君來出面，不能再糾纏衛鞅。正因為這一點，秦孝公才要冒著酷暑趕回關中。

趕到櫟陽，已經是晚湯時分。秦孝公梳洗完畢，對黑伯叮囑幾句，隻身出門了。

匆匆來到嬴虔府前，秦孝公驚訝得愣怔了半天。大門已經用磚石封堵，黑漆漆沒有一絲燈光，沒有一個人影，往日裡生機勃勃的上將軍府變得一片死寂。秦孝公端詳徘徊，終於來到小小的偏門。奇怪的是，小偏門也關著，一個衛士也沒有，一盞燈籠也沒有。想了想，孝公舉手敲門。

偏門內一陣腳步，一個蒼老嘶啞的聲音：「公子不見客，請回。」

「嬴渠梁到此，家老開門。」

吱呀一聲，小門打開，家老涕淚縱橫地跪倒在地：「君上！公子大冤哪……」

秦孝公扶起家老，沒有說話，自顧向裡走去。整個庭院也是黑漆漆一片，沒有一個房間有燈光。家老輕步搶前，將秦孝公領到後院小山下，向山頂的石亭上一指，低聲哽咽道：「公子整日整夜地在那裡……」

秦孝公揮揮手，示意家老離去，獨自踏著石階走上石亭。

碩大粗樸的石亭下，一個披散長髮的高大黑影背身站立。聽見身後熟悉的腳步聲，他身體微微一陣顫抖，卻依然沒有回頭。秦孝公也沒有說話，只是默默地站在高大黑影的身後，深深一聲歎息。高大黑影一動不動地站著，沒有回身，也沒有說話，連一聲歎息也沒有發出。

兩個人默默地站著，足足有半個時辰，誰也沒有說話。

「就刑護法，大哥有功。」秦孝公終於打破了沉默。

高大的黑影依舊石像般的沉默。

「公父遺囑，大哥記得否？」

回答的還是沉默。

「大哥歷來支持變法，歷來支持衛鞅。」

依舊是死死的沉默。

「放棄變法，殺掉衛鞅，我嬴氏一族重回西陲？」

高大黑影身體一抖，聲音喑啞道：「何須逼我？嬴虔不反變法。」

「然則仇恨衛鞅。」

高大黑影嘶聲歎息，不回頭，不說話。

「大哥，諸多人等你出面合力。」

「無須多言，我不會與任何人交往。」黑影的聲音一陣顫抖，「嬴虔已經死了。」突然回頭，臉上垂著一幅厚厚的黑紗，在矇矓夜色中透出幾分恐怖。

秦孝公深深一躬：「大哥，保重。我會教熒玉經常來看你……」

「還有一句話。莫將熒玉嫁給衛鞅！」

秦孝公驚訝：「熒玉嫁給衛鞅？從何說起？」

嬴虔已經轉過身軀，不再說話了。

秦孝公回到國府，心中很不是滋味兒。此時黑伯來報，說太子不敢來書房晉見，在太后寢宮等著。秦孝公一怔，陰沉著臉來到後庭院太后住處。

太子嬴駟一個多月來神思恍惚，驟然消瘦。聞得公父回來，更是驚恐。黑伯宣他在孝公書房等候時，他忐忑不安地跑到國府後院，默默地流著眼淚跪在太后面前。太后長歎一聲：「好吧，你就在這兒等吧，但願你小子還，還有一條活命……」說完，太后唏噓著喚來熒玉，在女兒耳邊小聲叮囑了一陣。嬴駟嚇得六神無主，一直跪在太后的正廳動也不動。

來到後庭院，秦孝公吩咐黑伯守在寢宮門口不許任何人進來，便匆匆走了進去。進得正廳，太后不在，只有嬴駟跪在廳中，熒玉站在旁邊一副認真監督的樣子。秦孝公胸中怒火驟然躥起，大喝一聲：「逆子！」上前掄圓胳膊就是兩個巴掌，打得嬴駟嘴角頓時出血，面頰腫起，又一腳將嬴駟踹翻，撈起一個陶瓶就要往嬴駟頭上砸去。

「二哥……」熒玉哭喊著撲上來，雙手死死抓住孝公胳膊，陶瓶哐啷一聲掉在地上摔碎。孝公猛然推開熒玉，向劍架奔來，卻不見了劍架上的長劍，一怒之下，又抱起一個石墩就要來砸嬴駟。熒玉情急，緊緊抱住孝公尖聲哭喊：「駟兒快跑！快啊！」

嬴駟咬著牙，不哭，不喊，不躲，不跑，反倒清醒了一般，默默地爬起跪在地上看著狂怒的公父。一瞬間，秦孝公一腳踢開熒玉，順手撈過一個青銅燭臺向嬴駟撲來。

「渠梁！可也！」太后面如寒霜地擋在嬴駟身前。

「母后……」秦孝公嘶喊一聲，手中青銅燭臺咣啷砸在青磚地上，雙手搗臉，淚如泉湧，渾身顫抖。

白髮蒼蒼的太后默默地雙手扶住兒子：「渠梁……」一時泣不成聲。

「母后，渠梁有負列祖，不孝……」孝公大袖裹住臉，使勁一抹如泉淚水，扶母親坐在石墩上。熒玉已經掙扎起來，收拾地上的凌亂東西，還不忘背過身向哥哥做個鬼臉。

「渠梁，駟兒有大錯，罰他教他可也，不能傷殘其身。」太后拭淚唏噓。

秦孝公已經平靜下來，冷冷道：「嬴駟，過來。」

嬴駟默默地膝行而前，紅腫的臉上沒有眼淚，也沒有驚慌。

「嬴駟，你身為國家儲君，私刑濫殺老秦望族三十餘人，幾使秦國傾覆，新法夭亡。戰國天下，可曾有你如此太子？如果不是衛鞅，而是我這個國君在櫟陽，不殺你這個逆子，何以面對天下？何以面對為秦國流過無數鮮血的老秦人？」秦孝公粗重地喘息著，強壓胸中怒火，冷冷道：「自今日起，廢去你太子爵位。給你一卷通國文書，你要以遊學士子身分，在秦國山野遊歷謀生。看看秦國千里河山的變法，想想你的作為！你，好自為之了。」秦孝公沉重傷感，嘶啞地歎息一聲。

熒玉驚訝：「大哥，駟兒還只有十三四歲……我，陪他去。」

嬴駟卻重重地叩了一個頭：「不，姑姑，嬴駟一個人。」說罷站起，向太后、父親與姑姑深深一躬，頭也不回地走了。

「駟兒……」太后喊著站起來，眼見嬴駟去了，搖頭拭淚，「又是個犟種……」

「母后，教他去。我像他那麼大，已經打了兩年仗了。」

「都像你？」太后長長吁了一口氣，「總算過去了，那陣子我也提心吊膽，和熒玉通宵合不上眼。說起來，還是衛鞅，泰山石敢當，不愧國家棟梁。你小妹還發了個誓……」

「娘！」熒玉滿臉通紅，「人家那是求上天庇佑秦國。」

「噢？庇佑秦國？」秦孝公恍然大悟，不禁揶揄地笑看妹妹。

「熒玉，你去給二哥收拾飯來，他一定沒吃。我和你二哥說說話。」

「哎。」熒玉笑著跑了出去。

太后低聲笑道：「熒玉立誓，衛鞅若平息動盪，她就嫁給衛鞅。」

秦孝公驚訝地一怔，立即恍然，不禁高興得爽朗大笑，胸中的鬱悶煩惱一時舒緩了許多。

二、青青子衿　悠悠我心

衛鞅有許多大事急於請秦孝公最後定奪，但卻沒有立即晉見。他突然產生了一個微妙的想法，應當給國君些許時間，讓其餘聲音先行上達，讓國君先聽到對他的仇恨和怨憤，他自己應當先看兩天。衛鞅為這個突如其來的想法感到驚訝，覺得自己似乎有了一些不該有的東西。仔細回味，又覺得有理。國君幾乎一年不在櫟陽，自己單獨扛過了變法初期的巨大壓力，而且在平息最危險的動盪中懲罰了太子，刑治了兩位太子傅。如果算上前面已經對他有怨恨的「孟西白」三將和老太師甘龍及太廟令杜摯等，變法開始時的所有貴族元老已經都變成了他的敵對勢力。最重要的，是失去了根基雄厚資望極深的嬴虔這個盟友力量。以嬴虔品行，他可能不會反對變法。然則以嬴虔的個性和難以克服的貴族痼疾，他也不會漠視個人仇恨。在嬴虔看來，他這個太子傅本來就是虛職，刑治公孫賈一人已經足以服眾，將他牽連進去一同治罪，完全是衛鞅取悅民眾的手段。衛鞅也曾反覆問自己，那天不處置嬴虔能不能平息動盪局面？以衛鞅的能力，再加上嬴虔的支持，應該說能。然則，不處置嬴虔，能不能撫平孟西白三族老秦人徹底冰冷的心？能不能避免由此引發的諸多隱患？顯然不能。處置嬴虔這個朝野赫赫重臣，有利於一舉穩定國中大局，有利於消除隱患，有利於向國人宣示無可阻擋的變法決心，且必然換來一段長期的穩定安寧。如此說來，嬴虔從直接事件的意義上本來是可以開脫的，是衛鞅基於大局需要，將他做了犧牲。

這種權衡局勢而犧牲重臣的做法並非新鮮，然則，從來都是國君的權力。一個儘管握有實權但爵位畢竟只是左庶長的他，竟斷然將國君長兄、一位一等爵位的公族重臣處了劓刑，割了鼻子，這在戰國變法權臣的歷史上絕無僅有。這樣做，國君當做何想？當國君身處異地遠離權力中樞的時日，同意他臨機處置，這是稍微明智的君主都可以做到的。然則國君回到了國都，回到了權力情境，還能否對他這種大有越權嫌疑的行為保持清醒判斷？衛鞅第一次感到了一絲迷茫。

「君心無常，伴君如虎。」這句古老的典訓頑固地鑽進了衛鞅的心頭。

雖有一絲迷茫，但衛鞅依舊沉浸在準備第二次變法的繁重國務中。他有一個頑強的信念，只要他不在二次變法之前倒下，他的人生就可以滿足。所以無論心中有何波瀾，他都沒有一刻停止公務。前一個月，他已經通令各郡縣準備第二次變法，並將第二批法令的大要告知各郡縣官署。目下，景監已經督促府中吏員辛勞月餘，將他反覆披閱增刪的第二批法令全部繕寫刻簡完畢，單等國君定奪後頒行全國。

「左庶長，國君已經回到櫟陽，當即刻將第二批法令送呈國君了。」景監指著長案上滿滿當當的竹簡，提醒衛鞅。

「莫急。」衛鞅笑道，「教君上歇息兩日。」

「左庶長，你當先見君上，要使君上盡早知曉左庶長想法。」

衛鞅微笑：「先入為主？夜長夢多？」

景監苦笑：「哪裡話來，早見君上早開始也。否則，我先去見君上。」

「不用。我自己來了。」一陣大笑，秦孝公信步進門。

衛鞅霍然站起：「君上……臣，衛鞅參見。臣正欲入宮晉見，不意君上親臨。」

「景監參見君上。」

秦孝公笑道：「你們事比我多，當然該我來。啊，士別三日，當刮目相看了。景監也成大忙人了，再不泡棋案了？」

「君上宵衣旰食，左庶長晝夜操勞，景監何敢荒疏？」

衛鞅感慨一歎：「君上辛苦，黑瘦多也。」

「黑瘦？是結實！」孝公笑著挽起袖口，露出黑黝黝的胳膊，「看，比你等瓷實多了！」說著放下大袖，坐在景監搬來的石墩上，感慨道：「此次西行，看到了隴西北地兩郡有了起色，我委實高興。這兩座屏障安穩，乃我秦國萬幸也。左庶長，這正是變法的威力啊。」

「君上，二次變法完成，秦國將有更大的變化！」景監興奮插話。

「準備好了？」

衛鞅道：「君上，這是第二批法令。單等君上定奪頒行。」

「左庶長先大要言之，若無不妥，即行頒發。」

衛鞅指著案上的竹簡：「第一次變法，為秦國畫出了一個總框架，解決的是田制、激賞軍功等當務之急。第二次變法，是要理順秦國之民生國計、權力範式、民風民俗等錯綜複雜的關聯，猶如人體之根本調理。二次變法的大要目標有五：其一，秦國地廣人稀，土地荒蕪甚多。而比鄰的魏趙韓三國，則多有無地可耕之民。秦國要鼓勵三晉窮苦民眾來秦國定居，開拓致富。此乃激賞移民之法令。」

「好！有十萬戶遷入，秦國就成了第一流大國！」秦孝公拊掌大笑。

「其二，秦國無統一治理全國的官署體制，封地自治、部族自治與國府直轄之郡縣同時並存，導致民治混亂，國力分散。本次變法，要建立國府統一治理國家每一寸土地的權力範式。具體而言，就是建立郡縣制，將國家權力分為國、郡、縣、鄉、亭、里六級。取締一切部族自治與封地自治。如此秦國上下統屬，如臂使指，國力當大有增強。」

「好！此乃天下一大創舉也。李悝、吳起、申不害，誰也沒想到！」

「其三，秦國民俗蠻荒，大損秦人身體。舉家男女同居一室，三代四代不分家；西北部民眾冬天寒食，多有惡疾；櫟陽國人粗樸髒亂，城內穢物如山，導致國人腹瀉多發，六國商賈亦大是為難。凡此等等，非但弊端叢生，難以管制，且大不利於吸引山東流民定居。本次變法，要強制民戶除夫婦之外，男女一律分室而居；男子年滿十七歲便可成婚，獨自立戶，不得與父母同戶。還須強制取締寒食陋習，髒亂痼疾。如此清理，一來移風易俗，使民眾文明彰行。二來使戶口增加，稅源擴充。」

秦孝公沉吟道：「這件事較為麻煩瑣細……然則，還是要做。秦國應當效法魏齊魯民俗，使秦國甩脫西蠻稱號，文明起來。」

景監笑了：「左庶長要不受河丫擾亂，安得對秦人陋習感同身受？」

秦孝公與衛鞅同聲大笑起來。

「說吧，其四？」孝公急迫問。

「統一度量衡，杜絕商人欺詐與官吏傷農，並為吸引六國工商大量進入秦國做準備。官府鑄造法定的斗、尺、秤，公開懸於各縣府，供工商民眾校準。丈量土地以六尺為步，百步一畝，步過六尺者罰。如此可使農工商百業，公平競爭，百業興旺。」

「好！其五？」

「建立新軍制，統屬國君統率調遣。戎狄的部族軍兵和少數世族的私兵，一律取締遣散。舊式戰車全部淘汰，新建一支神速快捷的輜重車隊。秦國軍旅之主力，則是以鐵甲騎兵和野戰步卒為主的新軍。有三萬真正精良的鐵騎，兩萬勇猛善戰的步兵甲士，則秦國足以縱橫天下！」

秦孝公不禁大笑：「景監，拿酒來！」

景監高喊：「上酒——」

老僕人大盤捧來三爵一尊。秦孝公上前，親自掌尊，斟酒入爵，雙手捧起第一爵遞到衛鞅手中。景監迅速將第二爵捧給孝公，自己端起一爵。

秦孝公慷慨舉爵：「來，為秦國第二次變法，乾！」

「叮噹」一聲，三爵相碰，三人一飲而盡。

「君上。」衛鞅深深一躬，「臣請罪。」

「請罪？左庶長何罪之有？」秦孝公驚訝。

「臣擅自治罪於太子及太子傅，請君上處罰。」

「處罰？」秦孝公喟然歎息，「左庶長不必惶恐不安，這次動盪由嬴駟逆子引起，若非你臨危不亂，執法如山，豈能如此迅速地安定老秦人之心？捫心自問，你是救了嬴駟逆子的一條命。若我在櫟陽，面對洶洶國人，豈能不殺太子以謝天下？我已經削去太子封號，命嬴駟以士子之身到山野磨練。他沒有了母親，我是想留他一條活命，也沒有再嚴厲追究。左庶長，你不怪嬴渠梁枉法徇情吧？」

「君上……太子畢竟年幼啊！若有閃失，何以為繼？」衛鞅哽咽拜倒，「臣請君上收回成命。臣以為，臣之處罰合乎法度。」

「左庶長，快快請起。」秦孝公扶起衛鞅，「生死由命，國運在天。只要我等順應民心潮流，變法圖強，秦國豈能因沒有了一個嬴駟而後繼無人？公子虔的事，你也無須在心。嬴渠梁不能做變法後盾，豈非枉為國君？」

衛鞅感動沉默，熱淚縱橫。

「左庶長，你忙。我還要去辦一件好事。」說完，頗為神祕地笑笑走了。

渭風客棧可是大大熱鬧了起來，不闊都不行了。

不管白雪和侯嬴如何淡漠於這家客棧的經營，客棧都無可阻擋地興盛起來了。儘管山東六國的上層對秦國變法依然嗤之以鼻，但雄心勃勃的富商大賈和著名工匠可是見微知著，早早嗅到了從函谷關西邊飄出的誘人的商市氣息。牛車馬隊從函谷關、大散關、武關和太行山的離石要塞絡繹不絕地來到櫟陽。最多的是魏國商人和楚國商人，當然也包括了隴西之外和陰山漠北迢迢而來的匈奴馬商。這些衣飾華貴揮金如土生怕不能顯示實力的富商大賈，在還沒有吃準秦國商情之前，都不可能建立自己的固定根基，自然要住在最氣派的客棧裡奔波生意。渭風客棧是名滿天下的魏國白氏的老店，又是櫟陽最豪華的客棧，整潔清幽，酒菜自成一格，自然成了富商大賈趨之若鶩的名店。誰能將商根扎在渭風客棧，誰便能在同行面前將胸脯拍得啪啪響，藉酒高高一嗓子：「走！到渭風客棧，在下作東！」那種實力氣運的張揚，實在令擠不進渭風客棧而在二三流小店落腳的商賈牙根發癢。

本來，白雪從墨家總院回來後與侯嬴商議，準備將渭風客棧改建為自己在秦國的莊院。她想，和衛鞅婚期已經不遠，婚後住這裡，將這裡真正變成自己的家。她不想住在衛鞅的府邸後院，做一個既招搖又不自由的貴夫人。住在這裡，出入自由，也能給衛鞅一個完完全全的家庭境遇，使他身心愉悅。除此而外，白雪還有更深遠的隱憂，就是要為衛鞅留一個堅實的出路。她有一種預感，像衛鞅這種凌厲無匹的本色性格，隨時都有可能的不測風險。渭風客棧經營數十年，隨時出走的機關祕道與對外界的祕密聯絡方式都極為可靠。住在這裡，她心中要踏實許多。可就在這時候，侯嬴告訴她已經來不及了，六國商人早已將客棧房子全數訂完了。

白雪斷然決定，哪怕加倍賠償，也要關閉渭風客棧。侯嬴當然是立即照辦，可沒有一家願意接受賠償。侯嬴無法，就十倍地提高價格，想使那些商賈知難而退。誰知商人們看準了秦國大市，都想在櫟陽立足，價格猛提，竟然引來商家一片讚歎：「白氏老店，值！提得像安邑洞香春一樣才好，才是上流居所！」侯嬴哭笑不得，決意借助官府力量「查封」客棧。誰知櫟陽令王軾早已接到外國商賈聯名上書，請求官府阻止白氏關閉。商賈們振振有詞說：「櫟陽沒有白氏老店，大商家何以立足？白氏關閉，商賈逃秦！」王軾連忙上報左庶長府。衛鞅只以為白雪淡漠商事，怕婚後招來世人閒話，卻如何懂得白雪如此細密的心思？他自然從秦國需要著眼，下令：「渭風客棧乃東方商賈入秦鼻祖，若有難處，官府鼎力協助，不得在此急需之際停業關閉。」待侯嬴來求，衛鞅反倒講了一通祁黃羊內舉不避親、外舉不避仇的故事，教侯嬴告訴白雪，不要擔心世人說白氏老店借助秦國左庶長之力牟利。侯嬴又是哭笑不得，將經過向白雪細說一遍，白雪不禁揶揄笑歎：「世間多少人想發財不得，偏我白雪逃都逃不脫。世事弄人，竟至於此矣！」

於是，渭風客棧只有無可奈何地紅火下去了。白雪便將自己住的小院子重新整修了一番，和客棧分開了事。

渭風客棧雖則熱鬧非凡，侯嬴卻是很輕鬆。客棧執事人等都是從安邑洞香春帶來的老人，經營如此一個小店，根本不用他親自料理。但凡逢十的日子，侯嬴只需清點帳房抬來的大箱金銀與各國錢幣，然後趕車出城將錢貨藏在櫟水南岸的祕密山洞了事。今日侯嬴正在後院理事房點箱，一個僕人匆匆來報，說左庶長府一個書吏求見。侯嬴想一定是衛鞅有事，頭也沒抬便說：「快請進來。」

片刻間僕人領進一人，此人身後還跟了一個白髮老人，老人不進屋，直直地站在門口。

侯嬴抬頭一看，驚訝得說不出話來。

「渭風客棧財運發達，為先生賀喜了。」來人眼神示意侯嬴不要說破。

侯嬴連忙吩咐抬走幾個木箱，關上門，撲地便拜：「不知秦公駕到，萬望恕罪。」

秦孝公連忙扶起侯嬴：「神農山得先生與白公子相助，未嘗得謝，嬴渠梁慚愧也。今日唐突，先生莫將我做國君待。我今有事，相煩先生也。」

「草民侯嬴，但憑差遣。」侯嬴又是深深一躬。

秦孝公笑道：「先生如此，教我如何說話？」

侯嬴拱手笑道：「如此，敢請君上隨我到書房敘話。」說著推開房內一道小門，將秦孝公領到自己的書房入座，親自為秦孝公斟好茶，坐在對面靜待下文。

「今日拜訪，欲請先生周旋一事。嬴渠梁先行謝過。」

「但請君上明示。」

秦孝公沉吟道：「這是一件私事，並非國家政務。先生無論做成與否，都與嬴渠梁排憂解難了。」略微頓了一下，接著慨然笑道：「太后相中了衛鞅，要將小妹熒玉嫁給左庶長。小妹亦很鍾情於衛鞅，發誓非衛鞅莫嫁。此事，先前已經由公子虔向左庶長提過，其時衛鞅沒有贊同，婉言回絕了。我本當與左庶長面敘，又恐他有難言之隱。公子虔服刑，一時無合適之人提及此事。方才想到了先生，男女親事，友人出面，總比官身去說要好。」

侯嬴心中大為驚訝。但他作為旁人，卻不能推託這種依照民俗人人都必須熱心擔當的喜媒角色，閃念間拱手笑道：「君上重託，侯嬴榮幸之至。只是在下素來沒有與左庶長言及此事，尚不知他有無定親或意中之人。」

秦孝公釋然一笑：「先生姑且做一媒妁之言，聽天由命也。小妹與我骨肉至親，我期望她有美好和諧的姻緣……左庶長與我生死相扶，我也不想他有違心之舉。先生當解我一片苦心也。」

「君上肺腑之言，侯嬴心感至深。」

秦孝公沒有久留，大約半個時辰就告辭而去，且執意堅持不讓侯嬴相送。孝公一走，侯嬴可是大大為難，不知是先給衛鞅說好，還是先給白雪說好，想來想去，還是走向了白雪的小院子。

仲秋之夜，月明風清，白雪正在院中撫琴，優雅的琴聲使庭院中漫出一片幽靜祥和。見侯嬴到來，白雪琴聲停止，高興地請侯嬴坐在對面石墩上說話。侯嬴深知白雪不是等閒小兒女，略一沉吟，便將秦公來訪所託之事說了一遍。白雪靜靜地聽完，陷入深深的沉默之中。

「侯兄，對鞅兄可曾說過？」白雪終於輕聲開口。

「尚未說過。」

「那就對鞅兄明說了。我也該好好想想……是的，得想想……」

侯嬴默默地走了。背後又響起異樣琴聲，讓人感到沉重窒塞。突然，「嗡」的一聲大響，夾雜著一聲激越尖銳的短促樂音，琴聲戛然而止，庭院陷入空谷一般深深的寂靜……

侯嬴心頭不禁猛然一顫，他知道，那是琴弦斷了。

衛鞅離開櫟陽，到鄉野郡縣巡視去了。

第二批法令頒行後一個月，秦國熱氣騰騰地進入了第二次變法。衛鞅乘著一輛兩馬軺車，帶著一百名鐵甲騎士，馬不停蹄地巡視督導著每一個縣每一個郡。推行新軍制並訓練新軍、建立郡縣制這兩件大事，主要靠各級官署，假以時日，不難做到。他要督導的是移民入秦、改變民俗、統一度量衡三則當務之急。這三件大事的彈性都很大，做得好與壞，與各級官署吏員的能力和執法寬嚴有極大關係。他出巡之前，已經從櫟陽派出了大批吏員以商人身分東出函谷關，去祕密動員三晉窮苦民眾移居秦國。他巡視各縣的第一急務，是嚴厲督導縣府預定好移民定居的土地，並親自到預定的移民區踏勘。若是縣府將移民區定在了荒涼貧瘠的山區，便立即責令換到河邊土地。返身路過再踏勘，若沒有換到臨水地區，便斷然罷免縣令；做得出色的，立即晉爵獎賞。這種雷厲風行賞罰嚴明的作派，使秦國上下官署緊張得晝夜忙碌，不敢有絲毫懈怠。庶民們驚歎不已，覺得官府變法竟然是說到就到，快捷得令人目不暇接。既往的官老爺變得像兩個輪子的馬車，日夜風轉，一有官司當即了斷，誰家有功立即獎賞，誰家犯法立即查辦，幾乎等不到第二天，民眾辦事便當極了。

各郡縣的六國商人驚歎：「秦人瘋了！山東六國三年辦不完的事，秦國一個月就妥了。」

雖然如此，衛鞅覺得最費精力的還是強制分居這件事。秦人數百年來與戎狄之民雜居共處，共同的風俗都是大家庭生活，家越大越好，人越多越好，三代不分家者比比皆是。要使他們分解為夫婦自立的小家庭，難處多矣。有的分開立戶沒有房子住，有的男子到了分戶年齡卻因沒有妻子而無法自立生活，有的老人重病需要兒子照顧，有的家全是女兒，找不到男子入贅也無法自立，等等，不一而足。許多時間，衛鞅都耗在與縣令縣吏商討如何變通這些具體細節上，一個一個解決，再頒行全國作為法例允許他縣效仿。

幾個月下來，總算將其中難題一一化解，一歸總，秦國竟然增加了十萬民戶。待衛鞅東歸時，移居關中的三晉庶民也已經有將近六萬戶，可謂始料不及的大收穫。

同行的景監一直詫異，總覺得衛鞅這次急如星火的巡視督導有些許不對勁。當衛鞅站在軺車傘蓋下凝望渭水河灘的山東移民區時，那種含淚不捨的情景使景監產生了一種深深的不安。他敏銳地感到，衛鞅一定有心事。

道邊歇息時，衛鞅慨然一歎：「景監啊，再過幾年，一定要提醒君上遷都。櫟陽不適合做國都也。」

景監終於忍不住了：「左庶長何出此言？莫非，幾年後你不在秦國了？」

「有了第二次變法開端，我也放心了。」衛鞅似乎沒有聽見，又是感慨歎息。

「鞅兄何難？可否先告一二？」

衛鞅搖搖頭笑道：「景監兄，回櫟陽後我到你家，看看令狐姑娘，你該和她成親了。」

景監笑道：「日出西山了，左庶長也想起了兒女之事？好，我等你。」

三、蒹葭蒼蒼　白露為霜

回到櫟陽，景監督促所有吏員，按照衛鞅吩咐，三日之內將所有的公文清理完畢並分類歸案。衛鞅則埋頭書房，就著燎爐火盆，整整忙碌了一夜半日。次日晌午，衛鞅匆匆忙忙地吃了幾口飯，又寫了一信，派荊南送去渭風客棧，自己倒頭睡了兩個時辰。

傍晚時分，衛鞅醒來，略事梳洗信步向景監府走來。屈指數年，櫟陽街市已經發生了很大變化，店鋪林立，夜市已經很熱鬧了。想起初入秦國時櫟陽的冷清窮困，衛鞅不禁感慨中來，在樹蔭裡遙望燈火闌珊的夜市，兩行熱淚不禁悄悄地流到臉頰。景監住的那條熟悉的小巷也今非昔比了，街中鋪成了整齊的青石路面，兩邊也蓋滿了青磚瓦房，道中車馬轔轔，民居燈火明亮，一片小康安樂的氣氛無處不在。

「大哥，在這兒！」一個綠衫少女在街邊向衛鞅高興地招手。

「啊，小令狐！我都認不出了。這是你家？很氣派嘛。」

「門房和院子大了些，也叫氣派麼？大哥，快進來！」

衛鞅走進門廳，繞過影壁，見院中整潔乾淨，燈火明亮，簡直讓人想像不出這個小院子幾年前家徒四壁的冷清困窘。景監聞聲迎出，也是一身夾袍風采奕奕，拱手笑道：「鞅兄啊，我說教你好好找找，也看看櫟陽民居的變化。令狐偏說不能讓你著急，要出去等你。來，上房就座。」

「若非小令狐接我，還真難找到也。不想幾年之間，櫟陽竟是殷實小康之境了。」衛鞅走進屋中，四顧感慨，「不錯嘛，像個家了。」

「大哥啊，沒有變法，哪有今日？」小令狐端著銅盤輕盈走進，在燈下白皙豐滿，滿面紅光，任誰也想不到她就是幾年前那個黝黑細瘦的小女孩子。

「小令狐，長成大姑娘了。」衛鞅笑歎。

「還說呢，整個秦國都變了，小妹能不爭氣？」小令狐噘起了嘴巴。

衛鞅不禁大笑：「啊，小令狐是為變法爭氣，才美起來的？好！再過幾年更美！」

「那是自然，老百姓都知道。」

「噢？老百姓也知道小令狐日後更美？」

「哪兒啊？大哥沒聽近日的櫟陽童謠？」

衛鞅搖搖頭：「說說，童謠如何？」

小令狐斟好茶，肅然站立，輕聲念誦道：「山塬兩川，十年三變。五年河西，六年崤函。泱泱大都，歲在十三。」念完紅著臉笑了，「我也不懂說的甚，反正秦國要變，還要變。」

景監笑道：「我也是剛聽說的，揣摩不來後幾句何意。」

衛鞅沉默思忖有頃，笑道：「我不大通占卜讖語這些陰陽之學，大約是小令狐說的，秦國還要變。哎，景監兄，今晚我來，是要飲喜酒的也。」

「喜酒？」景監一怔，臉色泛紅，「還是，日後再提此事吧。」

小令狐聞言，已經跑到廚下忙去了。衛鞅慨然歎道：「景兄啊，小令狐的心志我最了解。她從來都沒有認你是義父，而將你做兄長看待。十幾年了，她對你的一片深情沒有絲毫改變。你要將此等尷尬維持到何年何月？君上不知詳情，其他人也不好拆解這件事。只有我對你和令狐姑娘知之甚深，我倆又是患難至交，我來為你們辦這件事最合適。景兄，不要再拖了。」

景監不無難堪地笑道：「道理如此，總覺得問心有愧一般。」

「景兄啊，不要迂腐了。都像儒家那樣對待女人與情事，不知要淹沒世間多少美好。你在孤身一人的艱難時刻，高風大義，撫養了一個朋友的遺孤。這個遺孤在風雨坎坷的歲月裡，對你深情無改，能僅僅說她是知恩圖報麼？若景兄堅持拒絕這歲月磨練的純真情義，曠達之士該說你沽名釣譽了。衛鞅以為，景兄與令狐姑娘成親，深情相守，忠貞白頭，就是景兄義舉的最好歸宿，也是對朋友亡靈的最好告慰。景兄以為然否？」

虛掩的門外，有小令狐的哽咽哭聲。

景監慨然拱手：「好吧，但憑鞅兄做主。」

突然響起了敲門聲。聽見小令狐不情願地慢慢去開門，衛鞅笑了。

「請問，你是令狐妹妹麼？」院中傳來白雪的聲音。

「你，你是何人？」

「我是衛鞅的義妹，你們的朋友。」

衛鞅和景監已經來到院中，衛鞅笑道：「景兄，她是我的未婚妻，白雪姑娘。雪妹，這是景監兄。」景監與白雪相互見禮，各自想起安邑往事，不禁大笑一陣。景監高興異常道：「咳，想不到你們倆到了一起，上天有眼啊！令狐，快快見過嫂夫人！」小令狐擦擦眼淚高興得忙不迭走來：「令狐見過嫂夫人，願大哥嫂嫂百年好合。」白雪笑道：「令狐姑娘純情嬌美，景監兄果真豔福也。」一片笑聲中，白雪向外面招招手，「抬進來。」但見梅姑推開大門，街中停著一輛牛車，兩名僕人已經將車上的三個大木箱抬到門口。梅姑指點著小心翼翼地將大箱搬進院中，吩咐兩個僕人趕著牛車走了。

「這是做甚？」景監驚訝。

「做甚？」衛鞅模仿著景監的秦音笑道，「今晚就給你倆完婚。」

景監更加驚訝：「鞅兄，莫非你，你想……走？」

衛鞅哈哈大笑：「哪裡話來？我欠你太多，難道辦不得一件好事麼？」

小令狐扯扯景監衣袖，低聲嬌嗔道：「大哥一片好心，還不領情！」

景監無可奈何地笑笑：「好好好，但憑兄嫂做主了。」

白雪笑著吩咐：「梅姑，將荊南也喚進來，一起收拾。景兄你倆說話，順便教鞅兄將你收拾一番。我來打扮新娘。」

梅姑將守在門外的荊南叫了進來，打開木箱，快捷利落地布置起來。雖然也是年輕姑娘，梅姑卻是從小經受過嚴格訓練的女管家之才，又在安邑白氏府中操持過許多大場面，對這種臨時應急的喜慶自然極有章法。她指點著荊南，不消半個時辰，景監庭院變了一個模樣，張燈結綵，洞房花燭，洋溢出一片濃濃的喜慶氣氛。然後又將一個大箱抬到廚下，一個人有條不紊地忙碌起來。

月上中天，衛鞅在正廳廊下高聲宣道：「子時開元，婚典伊始——」

梅姑操琴，荊南吹起一只陶塤，舒緩祥和的雅樂彌漫在紅燈高照的庭院。一身雪白長裙的白雪攙扶著一身大紅吉服的新娘從廊下緩步而來。頭戴玉冠，斜披大紅喜帶的景監在正廳門口拱手相迎，拉起新娘的手，走向院中設置好犧牲的香案前。

「大拜上天——明月證婚——」

一對相濡以沫十幾年的「義父孤女」，深深叩頭，禱告上蒼賦予他們新的生命。小令狐一叩之下，伏地大哭……白雪看著這對從禮儀羈絆中掙脫的情人，兩行淚水不禁盈眶湧出。

拜完天地，景監與令狐堅持省去了洞房之禮。小令狐抹著笑意盈盈的淚水，脫去長裙，利落地與梅姑一起擺置小宴，要大家一起痛飲。白雪也破例地大爵飲酒，天亮時分，四個人都醉了。梅姑看著白雪臉上兩行細細的淚痕，不禁抱住了醉昏過去的白雪。

衛鞅醒來時，已經是第二天傍晚了。

府中吏員難得見衛鞅大睡一次，奔相走告，沒有一個人來打擾。景監午後來過一次，吩咐所有的公務都推到明日，讓左庶長歇個透。吏員們第一次沒有了夜間公務，高興地早早回了家，左庶長府難得地清靜起來。一覺醒來，衛鞅渾身充滿了輕鬆後的疲倦。月亮爬上城頭時，他喝了一鼎濃濃的胡羊羹，便在幽靜的庭院中漫步。看著熟悉的院落，他油然想起這座院子還是招賢館時的破舊和熱鬧，想起初入秦國時的種種風波。光陰荏苒，世事難料，自己就要離開這主宰了幾年的左庶長府了，一絲輕鬆，一片惆悵。既然已經決定和心愛的人一起隱居，卻為何心中如此的煩亂？這已經是幾個月來的深思熟慮了，難道你衛鞅也是那種拿得起放不下的人麼？連在秦國唯一一個朋友的情誼債都還了，還有何事迷茫惆悵？衛鞅嘲笑著自己，頓時清醒起來，幾日之內還有許多事要對各方交代，如何有此優哉游哉的時光？你衛鞅以後有的是閒暇歲月，這幾天還是先忙也。

大步走向書房，卻聽見一聲輕輕的歎息。白雪？衛鞅輕步走進，果然是白雪熟悉的背影。她還是昨夜那身雪白的長裙，長長的黑髮用白絲帶在腦後隨意地束起，顯得淡素高雅。她跪坐案前，撫摩著書案上歸置整齊的象徵權力的銅鏽斑駁的鎮秦劍、晶瑩圓潤的白玉圭、銅匣鎖就的左庶長大印、摺疊整齊的繡金斗篷。最後，她的手停留在一卷已經封好的〈辭官書〉上。衛鞅看見她的身體微微顫抖著。

「你，想好了？」白雪沒有回頭。

「是也，想好了。」衛鞅平靜地回答。

「為何不與我事先商議？」

「當為則為，莫非你不贊同麼？」衛鞅努力輕鬆地笑著。

「鞅，我是來向你道別的。我不贊同你這樣做。」白雪異乎尋常地平靜。

「不贊同？為，為何？」衛鞅感到意外的驚訝。

「鞅，你太輕率，沒有權衡，缺乏深思。」

「豈有此理！」衛鞅驟然發作，「維護至真的情愛也需要權衡？厲行心中的誓言也需要深思？相愛十年，積累一朝，也算輕率？小妹，情愛不是商事，不需要斤斤計較精打細算，它需要激情，需要忠誠，需要敢於拋開一切身外之物的勇氣！十年前守陵時，我第一次看見你顯出女兒本色，就知道我生命中不能沒有你。如今，我已經在秦國展示了我的為政信念，完成了我的治國志向，變法已經走上了正軌。我還有什麼不能捨棄？我還需要權衡何來？深思何來？三個月前，我的心意就已經決然，我就開始為告退做謀劃了，難道徘徊延誤直至陷入尷尬，才叫深思熟慮麼……不要胡思亂想了，你那是關心則亂。準備吧，我們將再也不會分開了！」衛鞅慷慨激昂，語氣凌厲，擲地有聲的宣言中有一種難以名狀的火氣。

白雪靜靜地聽著，始終看著火氣十足的衛鞅，明亮的眼睛中溢滿愛意與寬容，彷彿一個母親看著暴躁地發洩委屈的兒子。她從案前站起，輕輕地將衛鞅扶著坐到長案前，又給他斟了一盞濃釅的苦茶，跪坐在衛鞅對面：「鞅，我們的至真情愛，我從來沒有絲毫動搖過。然則，我們面臨的不是會不會失去愛，而是愛該當有一個何等樣的歸宿？鞅，我們面臨的是婚嫁的挑戰，而不是情愛的危機。情愛需要激情與勇氣，婚姻則需要權衡與深思。」

「婚嫁是情愛的歸宿。只有大婚，情愛才是完滿的。」

「鞅，婚嫁是情愛的歸宿，然卻不是唯一的歸宿。當情愛不能與婚嫁並立之時，情愛反而會更加純真美豔，驚世駭俗。」

衛鞅又一次深深地驚訝：「你？你想，將情愛與婚嫁分開？匪夷所思！」

白雪嫣然一笑：「鞅，你不是尋常士子，你所遇到的婚嫁，也不是一場尋常的婚嫁。而你，卻選擇了尋常士子處理尋常婚嫁的路徑。這就是沒有權衡，沒有深思。」

「小妹，只要走得通，簡單尋常有何不好？」

「不。你是在逃避自己，最終毀滅自己。」

衛鞅哈哈大笑：「小妹啊，你這是何苦來哉！危言聳聽了……」

「鞅，不要逃避靈魂的本色。假若我們真的退隱山林，我就會失去你的靈魂，而只擁有你的生命與肉身。那樣的事，白雪可不想做。」一絲不苟的話語中沒有一點兒笑意。

「癡人說夢！」衛鞅揶揄地冷冷一笑。

突然，白雪也對著衛鞅輕輕一笑，低頭默默不語。過得片刻，白雪抬起頭來平靜地看著衛鞅：「莫要躁氣，你我之間，無須辯白，也無須迴避。你一定要耐下性子，聽聽我的心裡話。可好？」

衛鞅點點頭。

「鞅，我比你更懂得你的心。我用生命與靈魂在撫摸它，用我的癡愛之心在感知它，熟悉它的一溝一壑一平一凹。鞅，你是天生的鐵腕執政家。你的意志，你的靈魂，你的稟性，你的智慧，都是為政為治而生的。你的血液中奔流著有為權臣的無盡激情，你的內心深處湧動著強烈的權力欲望，你可以為了自己的治國信念去做犧牲，而無怨無悔。你的超人品性，註定了你更適合於創造烈烈偉業，而不是隱居田園，去譜寫生生死死如歌如泣的情愛奇蹟。你不是陶朱公范蠡，你缺乏散淡超脫。你規整、嚴厲，追求生命的每一刻都有實際價值。所有這些，都是蕪雜散漫的田園情愛所無法給予你的。沒有了權力，沒有了運用權力創造國家秩序的機會，你的生命價值就會失去最燦爛的光彩，你的靈魂就會不由自主地沉淪。當我們隱居田園，泛舟湖海，開始了那平淡漫長的二人之旅時，你會慢慢地感到空虛無聊，寂寞難耐。並非你不愛我了，而是你最堅實的生命根基已經化成了流沙。你可能變成一個狂夫，變成一個放蕩任性的游俠，去尋找新的生命刺激。你也可能變成一個酒徒，變成一個行吟詩人，將自己獻給朝陽、落日、山海、林濤。一個生機勃勃的政壇巨星，必然要在平凡瑣細的銷磨中隕落。那時候，你只有一具或狂放或墮落的生命之軀，你的靈魂，將無可挽回地漂泊失落。而我，也只有更加痛苦。我所深愛的那個人已經不復存在，我寄託在他身上的人生情懷，也永遠地化成了泡影。那時候，我們的田園生活，我們的詩情畫意，還會有麼？」

衛鞅陷入了深深的沉默，白雪的深徹，又一次擊中了他靈魂深處的根基。細細想來，自己在做出抉擇後的惆悵煩亂，不正是這種朦朧隱約的取捨衝突麼？他雖然不止一次地感受到白雪的才智與清醒，但還是為她在如此重大的抉擇面前，竟然有如此深遠的思慮和人生智慧感到震驚。人生有知音若此，夫復何憾？

衛鞅慨然一歎：「小妹，我們成婚，我也不走，如何？」

「鞅，你知道吳起為何要離開魏國麼？」

「魏武侯嫉賢妒能，奪吳起兵權，吳起憤然離魏。此事天下皆知。」

白雪輕輕搖頭：「魏武侯並非昏庸之君，吳起更是大才槃槃。這裡有一個鮮為人知的祕密。」

「祕密？我在魏國數年，如何不知？」

白雪微笑著：「鞅，胸有大志者眼光往往粗疏。若你等之人，看此等之事，往往拘泥正道得失，忽略權力場中情感人生的糾纏對大政的左右。有時即或知道了，也不屑一顧，不做深思。多少大才就是這樣被莫名其妙地逐出了中樞，多少庸才也是這樣莫名其妙地常居高位。前者如吳起，後者如公子卬。」

「噫，吳起究竟是如何離開魏國的？」

白雪淡淡緩緩地講了一個宮廷陰謀的故事——

魏文侯死後，太子魏擊即位，也就是魏武侯。此時吳起是魏國上將軍，其赫赫戰功與傑出的治國才能，使他在魏國乃至天下諸侯中享有極高威望。在魏文侯時期，吳起率領魏軍與天下諸侯大戰七十六次，全勝六十四次，戰和十二次。魏國的疆土在吳起的鐵騎下伸展了一倍還多，魏國成為最強大的戰國。諸侯戰國懼怕他，魏國朝野崇敬他。由於變法大師李悝隱居，吳起成了魏國舉足輕重的權臣柱石。魏武侯時當盛年，想依靠吳起繼續變法，創造更為輝煌的霸業，又怕吳起這樣的元勳功臣萬一生變，就要把自己的小妹妹嫁給吳起為妻，以圖和吳起結成鞏固的君臣聯盟。

吳起早年在魯國時，有朝臣懷疑吳起的妻子不是魯國人，攛掇國君不用吳起為將。吳妻得訊，憤然自殺。自此，吳起身背「殺妻求將」的惡名離開魯國，一直沒有正妻。正因為如此，魏國一些佞臣不斷吹風，說吳起這樣連家小也不想有的人，如何能在魏國長久？遲早要逃走。此時魏武侯要將公主嫁與吳起，正是君臣結盟的大好時機。大婚告成，吳起就會成為丞相兼上將軍，出將入相，充分施展其超凡才華。

誰知就在此時，一個小小的陰謀改變了這一切。

那時候，魏國的丞相是公叔侖，他的妻子是魏武侯的大妹妹。公叔侖生怕吳起根基穩固後自己丟掉丞相權力，和妻子祕密商議了一個匪夷所思的圈套。

有一天，吳起被鄭重邀請來到公叔府「商討軍國急務」。奇怪的是，大公主竟然以主人身分迎接他，陪伴他。公叔丞相則謹小慎微地坐在下手，不斷地瞄著公主的臉色，對吳起說話反倒是有一搭沒一搭的。酒宴開始，公主以主人身分開鼎敬酒。公叔侖一時緊張，將酒嗆進了喉嚨，滿臉通紅連連咳嗽。公主鄙夷怒視，一掌打到公叔臉上。公叔驚愕不已，顯得大是難堪，但卻沒有一聲辯駁，竟是默默忍受了。吳起深鎖眉頭，內心大大地不以為然。

公主移座吳起身旁，熱烈地訴說自己對吳起的敬佩，又命令公叔給吳起斟酒。公叔慌亂斟酒，卻不防跌倒，將跪坐的公主壓翻在地。公主大怒，厲聲叱罵：「公叔老小子，別說你是丞相，還不是我魏家的臣奴一個！跪那兒，自己打十個嘴巴！」公叔竟然陪著笑臉，端端正正跪好，真的打起了自己的臉。

吳起驚訝了，也憤怒了，霍然起身告辭。公主陪笑挽留：「上將軍莫要見笑，我已經沒有火氣了。若是我小妹，還不知如何折騰這老小子也。請將軍留步，小妹即刻就到了。」吳起正色道：「請公主自重。大臣，不是臣奴。」大袖一拂，昂然而去。

幾天後，魏武侯向吳起正式提起將公主嫁給吳起。吳起婉言謝絕了，說自己在魯國已經再娶了妻子。魏武侯自然不信，反覆說服，吳起始終沉默。魏武侯終於歎息一聲，教吳起走了。

衛鞅久久沉默，故事的結局他自然明白，不禁長長地歎息一聲。

白雪道：「這件事很小，進不了史家的春秋之筆，但它卻釀成了一代雄才的悲愴結局。公叔夫婦的齷齪陰謀，使吳起誤以為小公主也是悍婦，拒絕了與國君的婚姻結盟。魏武侯又因此誤以為吳起有了逃魏之心，奪了吳起的統帥大權。吳起，又誤以為國君嫉妒功臣，要加害自己，逃到楚國去了。六年後吳起慘死楚國，終究沒有完成變法大業。」

「秦公是秦公，絕不是魏武侯。」衛鞅有一種莫名氣惱。

白雪搖頭道：「鞅，人莫不在變化。秦國的世族元老，與你原本就是冰炭不能同器，太子勢力與公子虔軍中勢力，已經成了你的敵人。若再拒絕公主婚事，太后與公主又將成為你的敵人。秦國朝野，變法新人之力量，尚遠遠不足以支撐如此多的壓力與衝擊。若沒有秦公對你的撐持，朝野敵對勢力隨時可能將你等淹沒。在秦國，你和秦公的結盟，就是變法成功的根本。」

「我與秦公，生死相扶。這是誓言。」

「鞅，你真的相信君臣盟誓？切莫忘記，時也勢也。在秦國這樣的諸侯戰國，與公主成親，遠遠勝過千萬條盟誓。這種婚嫁，意味著一個人進入了亙古不變的血親勢力範圍。它將使你的變法權力生出神聖的光環，震懾敵人，使他們對你、對變法，都要退避三舍。否則，你將進退維谷，權力受制，功業流產。」

「那我們到中原去，齊國或趙國。來得及，我至少還有三十年時光。」

「普天之下，不會有秦公這般雄才大略的君主了。」

衛鞅沉默。白雪說出的，是他內心最為深刻的感受，如何能否認？一想到要離開秦國，離開秦孝公，他的心就隱隱作痛。對各國變法做過深入勘研的衛鞅，確信天下將不會再有秦公與他這樣的君臣遇合。

良久，他歎息一聲：「小妹，教我想想，也許還有兩全之法。」

白雪搖頭：「鞅，不要猶豫，你必須與公主成親。我已經讓侯嬴兄回秦公，說你已經答應了。」

「為何？」衛鞅霍然站起，氣得團團亂轉，「你怎麼可以……可以，如此胡鬧！」

「鞅，你不是我白雪一個人的，你屬於天下財富，屬於秦國庶民。你愛我，願意隨我而去，白雪足矣。白雪從愛你的第一天起，便立下誓言，願意犧牲一切，成就你的偉業，包括捨棄做你的妻子……我，只是沒有想到，它來得這麼快，這麼突然……」驟然，熱淚奪眶而出，白雪再也說不下去了。

衛鞅緊緊抱住白雪：「雪妹，衛鞅今生來世，永遠都是你的……」

矇矓的月光下，兩人走出左庶長府，回到了白雪寧靜的小庭院。

第二天晚上，當衛鞅如約來到時，小庭院已經沒有了燈光，寢室門上懸掛著一幅白布大字：「我去也，君自保重。」衛鞅一下子癱在院中，卻又立即躍起，出門馳馬飛出櫟陽！他不解白雪為何突然離去？原本答應他的，至少在櫟陽再住一個月，看看事情有無新的變化。為何突然就走了，竟然還不告而別。此刻衛鞅只有一個念頭，追上白雪，至少送她一程。

白雪是午後悄悄走的。她和梅姑又恢復了男裝士子的扮相，一輛篷車轔轔而去。她心裡很清楚，只要她在櫟陽一天，衛鞅就不會安心。雖然她相信衛鞅的定力，但情之所至，難保不會出現他因心緒激切而生出事端，最終陷於尷尬困境。只有她斷然離開，使他痛定思痛，慢慢恢復，才是唯一的方法。她走得很急，而且出城不遠就棄車換馬，從崤山小道向大河而來。

當深秋的太陽湧出大河地平線時，兩騎快馬來到大河西岸。白雪立馬山頭，遙望對岸葦草茫茫的茅津渡，不禁潸然淚下。正待下馬登船，卻聽身後馬蹄聲疾，梅姑驚喜叫喊：「侯大哥來了！侯大哥，在這兒——」

侯嬴飛身下馬：「白姑娘，你，就這樣離開秦國了？」

白雪凝視著侯嬴，下馬深深一躬：「侯兄，待衛鞅成婚後，相機告訴他，我，已經有他的孩子了……幾年之後，我才能見他。望他保重自己，善待公主……侯兄，後會有期了。」說完，頭也不回地向岸邊小船走去。

當那隻小船悠悠離開河岸時，飛馳一夜的衛鞅終於趕到了河邊。

寬闊的河面在秋陽下滾滾滔滔，小船悠悠北去，一條火紅的長裙在小船上緩緩揮舞，那是她向他做最後的告別。漸漸地，小船紅裙與波濤霞光終於消融在一起。

衛鞅頹然坐在高高的山頭，一任淚水將自己淹沒。

四、風兮雅兮　我心何堪

櫟陽後宮沉浸在一片喜慶中，公主熒玉的婚禮正在忙碌地準備著。

秦孝公聽到侯嬴回報的消息後，長吁一聲，頓感欣慰輕鬆。自己一直沒有大婚，母后總是不高興。若熒玉的婚事再沒有著落，母后該憂思成疾了。而今熒玉的婚嫁結局竟是難得的理想，母后贊同，熒玉自己更是一心嚮往，他自然也大是贊同。

秦孝公想得更多。秦國變法正在最要害的半坡上爬，衛鞅已經隱隱成為朝臣中的一個孤島，連秦孝公自己也感到了世族元老的疏遠冷漠。自從嬴虔遭受劓刑，公孫賈被黥刑放逐，太子被貶黜庶民離開櫟陽，秦國的朝局頓時嚴峻起來。嬴虔的封閉門戶，宣告了秦國世族大臣全部退出了變法勢力。原先的故舊權臣幾乎全都在變法中受到了打擊或損害，國人庶民中的老秦舊部族也在變法中經受了很大的利益損害，顯赫地位降低、世襲特權被剝奪、附屬隸農脫籍成為自由民、私家武裝被取締，成了與庶民家族同等的尋常部族。當此之時，如果變法本身出現混亂、意外或哪怕是某些方面的失敗，都會引起這些勢力的合流反對，秦國必然出現混亂動盪乃至政變，秦孝公和衛鞅也會一起葬身在復辟勢力的憤怒復仇中。那時，變法在秦國將像風一樣吹過。

要避免這樣的結局，就要確保變法順利進展，確保衛鞅和他的變法班底穩如泰山。要做到這一點，秦孝公與衛鞅的君臣合力是根本。嬴虔沒出事的時候，秦孝公—衛鞅—嬴虔，是支撐變法的三足鼎立，等閒勢力難以撼動。而今，一足折損，唯餘兩足支撐。若兩足之間稍生嫌隙，大局就有傾覆的可能。當今天下，向世人宣示結盟的最有力手段就是君臣聯姻。受到劓刑後的嬴虔之所以反對，恰恰說明了這件事正是局勢的癥結。秦孝公之所以親自去找侯嬴斡旋，也是因為他清醒意識到，秦國局勢的要害在於君主與變法大臣的堅實結盟。他深知衛鞅長於國政而短於人事，衛鞅關注的是民情國力，對權力場本身的利害衝突，遠不如對國事衝突的敏銳與智慧。要衛鞅自覺體察到這一點，幾乎是不可能的。然則，衛鞅畢竟是天賦過人的大才，名士的自尊心又極為強烈，若由秦孝公親自對衛鞅說明，必然會給衛鞅一種難以回絕的壓力。採取傳統的媒妁之言，給衛鞅以迴旋的餘地，這是孝公反覆思慮的最佳辦法。

所幸的是，衛鞅最終贊同了，而衛鞅第一次是回絕了嬴虔的。這說明，衛鞅也洞悉了朝局的微妙危機，決意以最傳統但也是最徹底的方式，顯示君臣同盟的力量。然則，既有一次回絕，就意味著衛鞅必然有難言的苦衷。秦孝公和太后、熒玉細緻商議，一則大張旗鼓地準備婚典，使這個消息傳遍朝野；二則不催促衛鞅，給他一段充裕的善後時間。

在衛鞅和公主即將大婚的消息迅速傳開時，秦孝公最充分地利用了這個時機，一舉升任衛鞅為大良造，兼行丞相與上將軍職權，將嬴虔遺留的部分軍權和分散在孟西白三族將領的軍權全部轉移到衛鞅手中。

大良造是秦國傳統爵位的第十六級（註：秦國爵位分為二十級，一級最低，二十級最高。大良造之上還有駟車庶長、大庶長、關內侯、徹侯），是最高爵位中囊括軍政實權的實際爵位，其上的四級爵位基本上是虛銜。戰國後期軍政分權，大良造爵位也成為榮譽虛銜，以至最終消失。衛鞅升任大良造的消息傳開，震驚秦國朝野，世族大臣瞠目結舌卻無話可說。根據秦國傳統，與公室聯姻的大臣自然便是公室貴族成員，也自然是高爵重臣，即或功勳平平，也能晉升高爵，何況衛鞅兩次變法的赫赫功勞，誰能提出反駁？然則，貴族們還是對衛鞅的一舉躍升六級（左庶長乃第十級爵位）、總攬軍國大政感到震驚。對這樣一個驟然集公室貴族身分和軍國權力於一身的衛鞅，誰還能輕易撼動他？

秦孝公此舉，幾乎是將整個國家權力交給了衛鞅，一舉廓清了彌漫朝野的等待衛鞅失勢的復辟陰霾。庶民們奔相走告，不再擔心變法再變回去。陰沉沉的世族們則大大洩氣，開始慢慢地向衛鞅的變法勢力靠攏了。

當這兩個消息震盪秦國朝野時，蝸居書房的甘龍一動不動，就像一條陰鷙的老狐。

孤獨無形的密謀，一舉將嬴虔和太子從變法勢力中分離出來，而且給衛鞅樹立了一個異常頑強的敵人。這是甘龍的陰謀傑作。可是，他還沒有暗自高興幾日，局勢就發生了更大的變化，秦公與衛鞅聯姻，衛鞅升任大良造並總攬軍政大權。從內心講，甘龍對衛鞅這種只知做事而不知做人的才士並不感到畏懼，這樣的人倒臺很容易。但是，甘龍對秦公的權術謀略卻感到莫名其妙地畏懼，這個與衛鞅同樣年輕的國君，直是天生的權謀奇才。他那不露痕跡的權力運作，每次都擊到了朝局的要害，似乎誰也沒覺得針對自己，卻結結實實地震懾著每一個或明或暗的對手。他沒有尋常國君惜權如命的弱點，敢於將最大權力交給他所信任的重臣，他不關注細緻具體的政務，只在關鍵時刻扭轉危局。嬴渠梁天生就是一個罕見的明君，衛鞅天生就是一個罕見的強臣，如今這兩人緊緊攜手結為一體，甘龍難道註定要無聲無息地老死不成？

「父親，杜摯前來探病。我說父親身體不適，他堅持求見。」兒子甘成輕聲稟報。

「教他進來。否則，那頭犟驢會坐三天三夜。」

杜摯黑著臉走了進來，深深一躬：「老太師，杜摯欲辭官還雍城老家，敢請賜教。」

甘龍絲毫沒有驚訝，歎息一聲：「可惜也，秦國從此沒有杜摯這個人了。」

「隱居故鄉，強如在櫟陽窩囊下去。」

「蠢也，蠢也，一葉障目。」

「老太師，此話怎講？」

甘龍蒼老嘶啞的聲音一字一板：「秦國正在連根折騰，舉國無淨土，豈有隱居之地？庶人之身還鄉，即刻編入連坐連保，躬耕參戰，躲無可躲，藏無可藏。新法不二出，拒絕農戰者皆為疲民，一個里正就能將你置於死地。你杜摯身為貴胄，縱然忍得與賤民為伍，能保定自己不犯法或不受別人連坐？屆時，卻來何人救你？」

杜摯一頭冷汗：「如此，逃往山東如何？」

「逃？老秦人出逃，株連九族，你能舉族逃走麼？」

杜摯沉默有頃，憤憤道：「難道讓衛鞅悶死不成？」

甘龍一陣沉默，最後長長地吁了一口氣，倚身書案招手：「你過來。」

待得杜摯靠近，甘龍悠悠道：「秦國大勢，已難扭轉，贏鞅一體，其志難奪。我等唯有靜觀其變了。也許，上天會給我等一個機會。記住了，只要不違法，此人就不會動我等。他是強法明理，唯法是從的那種人。颶風過崗，伏草唯存。慎之慎之也。」

「老太師是說，利用此人弱點，長期蟄居偃伏？」

老甘龍閉著眼睛點點頭。

「這，有把握麼？」

老甘龍冷冷一笑，輕蔑地拉長聲調：「回去好生想想，那個越王勾踐是如何做的？但有命在，焉有不變之世事？」

煥然一新的大良造府矗立起來，一片喜慶氣象。

門前小街被闢成了一方車馬場，拴馬的石柱均繫著紅布，停車場則是罕見的清一色大青磚鋪成。門前右側豎立著一方高大的藍田玉，四個大字赫然在目——權兼將相。左側同樣的玉刻大書——功蓋管吳。正中牌坊是四個青銅大字——大良造府。牌坊與後面的大門都結上了碩大的紅色布花。進得大門，迎面的白玉影壁上凸顯著黑玉雕成的法獸獬豸，影壁背面，一個黑玉鑲嵌的斗大的「灋」（註：灋，「灋」為「法」的古體字，音義皆與「法」同）字。庭院內的政事廳刷得煥然一新，門額大字換成了「大良造政堂」。原先作為衛鞅起居的小跨院，已經擴大成一個幾乎與正院同樣大小的園林庭院，小池山石青松石亭，顯得幽靜寬敞。北面正房門額大書「書劍立身」，兩側廊柱的頂端各有一個銅字「祥」、「瑞」，柱身用繡著金色鳳凰的紅綾包裹。自從周文王時期有「鳳鳴岐山」的故事流傳，秦人便像周人一樣，將鳳凰作為吉祥的神鳥，作為對女子幸福的最高祝願。正廳東側的起居室，現下是華貴喜慶的洞房，門額鑲嵌著「風雅頌」三個銅字。衛鞅的書房還是在正廳西側，除了門面刷新，唯獨這裡沒有任何變化。

對大良造府的修葺改造，是秦孝公委派黑伯監造的。他給黑伯說了八個字：「彰顯權力，浸漬祥瑞」。他知道，衛鞅從來不重視表面文章，更不會去將自己的府邸弄得冠冕堂皇。但這是需要，國人民眾認這些，世族元老也認這些，他就是要使衛鞅的大良造府邸聲威赫赫，震懾那些潛藏的野心與陰謀。除了庭院稍有擴大外，這座府邸沒有任何名貴奢侈的排場，它的赫赫威勢主要在於昭彰權力與尊貴的那些石刻大字。然則，恰恰這些東西是尋常大臣所無法擅自銘刻的，那是國君賦予大臣的權力象徵和地位框定。有了諸如「權兼將相，功蓋管吳」這樣的銘刻定論，國人能不肅然起敬？朝臣同僚能不刮目相看？

除此之外，秦孝公更大的動作，是賜給大良造衛鞅六尺車蓋的青銅軺車一輛、鐵甲騎士二百作為出巡護衛儀仗，連同原來的穆公鎮秦劍，這一切都強烈地向朝野昭告：衛鞅的權力是不可動搖的，秦國的變法是不會動搖的。當然，秦孝公沒有料到，這些聲威赫赫的權力象徵，在他死後，卻變成了世族大臣與儒家士子攻擊衛鞅的口實。

盛大的婚典，終於在冬天到來之前舉行了。

那一天，櫟陽城幾乎是萬人空巷，湧上街頭目睹秦國罕見的公室權臣之間的大婚。世族大臣更是由於國君親臨而人人親赴。當公主熒玉的結紅軺車和隨行送親的國君大臣的車隊轔轔駛上街頭時，櫟陽國人為美麗高貴的公主激動了，「公主萬歲」的聲浪淹沒了一切歡聲笑語。當白衣玉冠的衛鞅站在青銅軺車上迎出府門，與紅裙拖曳的公主遙遙相對時，淳樸的國人被眼前天神般的名士美人的婚姻感動了，不知誰人帶頭，滿街人群都手舞足蹈地高喊著：「公主大良造！秦國洪福照！」國人們將這場美麗高貴的婚姻看成了國運興隆的吉兆，喜極而泣，如醉如癡。

大良造府邸門前的兩方樂隊奏起了宏大祥和的雅樂，伴著深沉明淨的和聲歌唱：

風兮雅兮　國人將樂
春雨頌兮　秋穀送子
鳳長鳴兮　美若琴瑟
天心順兮　人道祥和

長街之上，國人相和，祝福的歌聲響徹了整個櫟陽。當一輪秋月悠悠飄到櫟陽箭樓頂上時，儘管城中夜市還彌漫著國人聚相慶賀的喧鬧，大良造府已經一片幽靜了。

熒玉在洞房中獨自徘徊。她很興奮，白天的婚典盛況和國人的虔誠祝願還在心中流淌。她也很惶恐，為自己即將面對渴慕已久的英雄名士不知所措。慢慢扯下覆蓋銅鏡的紅綾，她端詳著銅鏡中紅撲撲的臉龐，對自己做個鬼臉呢喃自語：「他來了，我該如何？」突然，身後響起清晰的腳步，她不由自主地捣住了自己的臉不敢回身。

「公主，請先行歇息。衛鞅還要到書房辦理幾件緊急公文。」

熒玉慢慢回過頭來，看著平靜如常的衛鞅，恬靜地一笑：「孔夫子也，如此多禮？去吧，我等你了。」

衛鞅再沒有說話，轉身走了。

熒玉在銅鏡中看見了自己的淚水在眼眶中打轉兒，不禁生氣地噘起小嘴：「不是想好的麼？沒出息。」莞爾一笑，抹抹眼淚，信步走到庭院中漫步。她端詳著庭院中的池塘、假山、松樹、石亭，想像著自己將如何在這裡做女主人，如何與自己的夫君在這裡吟誦美麗的詩章。想著想著，醉心地笑了。她輕手輕腳地走到書房門前，從門縫兒向裡張望，看見衛鞅眉頭深鎖地坐在長大的書案前，手邊批完的竹簡已經摞起了一尺多高。她驚訝地發現，他在燈下的面龐，看起來竟然不像在陽光下的軺車上面對萬千庶民時那樣光彩明亮；寬闊的前額已經有了粗深的皺紋，緊鎖深思的眉頭和明亮的雙眸，也延伸出細細的魚尾紋，英挺的鼻梁帶有些微的鷹鉤，顯出凜然難犯的一種嚴厲；不厚然而卻很寬闊的嘴唇緊閉著，嘴角伸出兩條深深的腮線，似乎隱藏了太多的人世滄桑，那平靜淡漠而又專注的神情，給人難以窺視的深沉和隱祕……

熒玉驀然想起，當年在大哥書房見到衛鞅時，那是一副多麼英俊而明亮的青春面容！光陰荏苒，嘔心瀝血，竟至於青春亮色倏忽消逝了！猛然之間，熒玉不禁心頭一陣熱流。默默離開了書房，一個人久久凝望著那輪西斜的秋月。片刻後，她又飄然來到書房門前，輕輕地叩門。

「呵，請進。」衛鞅顯然知道僕人是不會敲門的，聲音平淡禮貌。

「飲點兒熱酒好麼？夜涼了。」熒玉托著一個銅盤，上面放著一個棉布包裹的陶罐，臉上洋溢著純真甜蜜的笑意。

「啊，好。」衛鞅似乎沒有料到，手頭的大筆還點在竹簡上。

熒玉撩起長裙，跪坐在長案的橫頭，從陶罐中斟出一碗熱氣騰騰的黃米稠酒，雙手捧到衛鞅面前：「來，二哥一次能喝半罈也。」待衛鞅接過，她又利落地將燎爐撥旺，加了幾片木炭，又靜靜地端詳著衛鞅，臉上泛起一片紅潮，「我，該如何稱你？夫君？鞅？還是……」還沒說完，已經羞怯地低下了頭，只有雪白的脖頸對著衛鞅。

「你說呢？」衛鞅沒有想到會有如此一問，不禁笑了。

「那——我能叫你名字麼？」

衛鞅喉頭猛然一哽，想起了白雪的神情，閃念間又感到熒玉的無辜：「叫吧，隨你了。」

「還是，先，叫你夫君好。」

「也可。」衛鞅笑笑，「好，再來一碗。你先去歇息。我要將這些批完。新都城即刻開工，要急用。」

「知道。不會擾你的。」熒玉一笑，卻沒有離開，「新都城在哪兒？能帶我去看看麼？」

「好吧。開春後新都啟工，正好要去。」

「真好。」熒玉笑著起身，「那我先去了。」離開了書房，將門輕輕掩上。

天色微明，當庭院中傳來僕人灑掃庭除的聲音時，衛鞅才疲憊地離開書案，匆匆來到已經是花燭洞房的寢室。粗大的紅燭依舊在風罩中搖曳，已經凝成了大塊的淚結，偶爾彈起爆響的燭花。熒玉和衣倚在臥榻欄杆上睡著了，臉上是燦爛的笑容，眼角卻有一絲細細的淚珠。

衛鞅怔怔地站立良久，不禁輕輕地歎息一聲，拿過自己寬大的夾層斗篷，輕輕披在她身上。

五、灑滿陽光的新都工地

二月仲春，一隊人馬出了櫟陽，向西而來。

大地已經解凍，楊柳桑榆也已經冒出了鮮嫩的綠芽。官道上人車馬川流不息，絕大部分都是向西去的。絡繹不絕的牛車拉著糧食、草料、工具，後邊尾隨著身背各色包袱和各種工具的農夫。他們看見身後騎士簇擁的官人，紛紛駐足，興奮議論：「喲，公主！知道麼？」「那個，穿白衣的是大良造！」「大婚典見過，記得呢！」「國君！那個是國君！」一時間，官道上騷動起來，「公主萬歲」的喊聲響徹原野。

熒玉紅著臉笑道：「我看還是下道，人太多，不好走。」

衛鞅道：「君上，下道也好，官道民夫勞作，太慢。」

「好，我等從河岸走。」秦孝公說完，馬韁一提，衝上了官道旁的草地。一隊人馬拐上了渭水北岸的鹽鹼草灘。

正是冰雪融化春水浩蕩的季節，渭水河道寬闊異常，泛藍的波濤中隱隱可見晶瑩潔白的浮冰。往年，渭水的開運時節是三月中浮冰完全消失的時候。眼下正是二月未完，河面上已經有了木排和貨船。那些張著巨大白帆的貨船，顯然都是山東六國的商船。它們滿帆勁划，悠悠西上，將黑帆木排一隻又一隻地拋在後面。黑帆大木排幾乎無一例外的是秦人的貨排，木排上堆滿小山一樣的白色石料，一隊隊縴夫在河邊喊著粗獷的號子逆流而上。

「君上，石料是從藍田採集，從灞水進入渭水西上的。」衛鞅指著河中木排，向秦孝公解說。

「春日開工，會不會妨礙春耕？」秦孝公問。

「不會。新都工地是三丁抽一，日工一錢，庶民都很踴躍，還要自帶糧草。」

秦孝公大笑：「那不成大禹治水了？不行，糧草還是國府出。」

衛鞅笑道：「我變通了一下，自帶糧草者如數抵去賦稅，如此可免來回運輸周折，老百姓也很高興。各縣吏員只管督導做工，糧草一點兒沒費心。」

「好啊，秦人還是富了，春荒時節尚有餘糧，談何容易！」

熒玉笑問：「大良造啊，離新都還有多遠？」

雖然是官稱，熒玉卻說得親暱玩笑一般。衛鞅不禁笑道：「若放馬馳騁，一個時辰可到。緩行踏勘，兩個多時辰吧。」

「河裡只見石料，木材從哪兒來？」熒玉又問。

「木材比石料好解決。隴西、陳倉、大散嶺，都在渭水兩岸，順流放排，快捷便當。如若不夠，還有南山林海。」

「大良造，」秦孝公似乎想起了什麼，「我們的工師行麼？城防、宮殿、街市，要擺布好談何容易？秦國沒有建過大都城啊。」

衛鞅笑了：「君上，如今我們的工師卻是不愁了。其一，六國援助，尤其魏國最熱心。」

「哎，日出西山不成？魏國援助秦國？」熒玉驚訝得合不攏嘴。

孝公大笑：「真傻！那是黃鼠狼拜雞，想摸清我們新都的底細，能要麼？」

「其二，六國大商人爭相包攬，還有找景監重金賄賂於我者。」

「噢？他們沒有所圖？」熒玉似乎也明白了許多。

「自然有。新都給他一條街。」

秦孝公輕蔑笑道：「商之為奸，竟至於此也。」

「其三，墨家派相里勤下山，願率一百名弟子做大工師，幫我建造秦都。」

秦孝公恍然大悟：「啊，墨子大師，好！原來大良造的寶壓在此處！」

熒玉頑皮地一笑：「一說墨家，大哥準高興。」秦孝公和衛鞅不禁同聲大笑。

談笑間遙遙可見一道高塬橫在右手，西來的渭水河道拐了一個大彎，好像驟然被折斷一般。

衛鞅手中馬鞭遙指高塬道：「君上，當地庶民將這座山塬叫北阪（註：阪，戰國秦人將山塬高坡稱為「阪」，咸陽北阪後來成為著名的六國宮殿區。此稱謂至今在日本保留，「大阪」即建在山塬高坡上的都市。古典遊記如《水經注》等，常有「峻阪迂迴」之說，皆出於秦時語彙）。躍上北阪，可鳥瞰新都地貌。」

秦孝公笑道：「自當一看。」

衛鞅一揮手，馬隊馳上了高塬。眾人立馬遙望，頓感胸襟開闊。

高塬之上，仍然是平坦的土地伸向遙遠的北方。渭水平原從北阪開始，形成第一道土塬，而後逐次向北方推進，一道塬高過一道塬，直到變成莽莽蒼蒼的高山密林，變成北地郡和上郡的山地高原。第一道躍起的北阪，在渭水北岸形成了一個向南面張開的巨大弧形，渭水自西而來，在北阪腳下驟然折向東北，沿著北阪東流六十餘里，又沿著北阪塬原折向東南，再驟然東折，一湧而入大河。雄峻的北阪好像一個巨人張開了雙臂，將渭水攬進了懷抱。北阪塬根至渭水河道，是寬約三四十里的廣闊谷地。秦國的新都就要建在這片東西六十餘里、南北三四十里的谷地的中央地帶。

秦孝公一看就明白，這片夾在北阪與渭水之間的廣闊谷地，實在是關中平原的一塊腹心險地。縱有強敵可以攻破東面的函谷關、武關或西面的大散關，進入關中腹心，這塊依山面水縱深寬闊的谷地，也完全可以展開兵力憑險據守，至少可以從容不迫地向北阪撤退，進入北邊的山塬地帶再行周旋。而在目下，魏國還占據著函谷關天險和華山要塞，關中東面已無險可守的情勢下，這塊北阪谷地顯得尤其重要。相比於櫟陽的孤城一片四面平川，北阪之地簡直就是四面要塞的金城湯池。

衛鞅笑道：「陰陽家說，北阪乃興秦聖地也。」

「噢？何以見得？」秦孝公大有興致。

「君上請看，這巍巍北阪，乃天賜王座。這滔滔渭水，乃龍行於前。被山帶河，南面而坐，正成王天下之大氣象也。五德說以為，秦為水德，水性陰平，正應以法治國而大出於天下。渭水逶迤於王城，正應彰顯水德之兆。佳水於前，北阪於後，正是聚合王氣之形勝要地。」

秦孝公微笑：「大良造也精通陰陽五行說？真信麼？」

衛鞅低聲笑道：「民心即天心。庶民信之，君上難道不信麼？」

秦孝公恍然大笑：「好！與民同心。秦國當興，如何不信？」

熒玉興奮地問：「新都有名字麼？」

「還沒有。正要請君上定名。」衛鞅肅然拱手。

秦孝公笑道：「大良造定吧，其中許多講究，我是不明白也。」

衛鞅馬鞭對著河谷遙遙一圈：「君上，你看這塊平川坐北面南，處處向陽，一片大明大亮，就叫它咸陽如何？」

熒玉先拍掌笑道：「咸陽，咸陽，都是太陽！好，二哥，這名字好！」

「還有甚講究麼？」秦孝公笑問。

「水德陰平，須得大陽之象補之，方可陰陽中和，氣象久遠。」

秦孝公點頭大笑：「好！讓我秦國盡灑陽光，一片輝煌——就叫咸陽了！」

馬隊騎士頓時歡呼起來：「咸陽！咸陽！大秦皇皇！」

從北阪進入工地的下坡路上，遙遙可見數十里方圓的平原上到處都是勞作的人群。北阪塬根處，各縣民夫正在各自的居住區域挖土窯，熙熙攘攘，喧鬧不斷。北阪黃土厚實疏鬆，窯洞很容易挖，且又直立不倒。入住其中，非但冬暖夏涼，而且可以節省大量的帳篷，又不占施工場地，對於建築都城這樣的長期工程，真是天賜便利。平原上川流不息的人群，則主要是劃分工區，堆放石料、木料和磚瓦。渭水岸邊的河谷之中，是數十座燒製磚瓦石灰的火窯，濃煙滾滾，連綿十餘里如狼煙烽火，分外壯觀。熒玉看得大是驚訝興奮，笑問：「呀，千軍萬馬，戰場一般，誰來統率？」

衛鞅笑答：「櫟陽令王軾總領，墨家相里勤總工，領書景監總監。」

「五年能完工麼？」秦孝公問。

「謀劃六年，若無意外，不會延期。」

「魏國大梁的王宮建了幾年？」

「五年，還得三五年吧。」

秦孝公不禁大笑：「果真和魏國同時遷都，魏罃得氣歪了嘴也。」

正當午時，在工地中心——未來的咸陽大殿地基處，由櫟陽令王軾主持，秦孝公祭拜天地，親自挖開了第一塊草地，將雍城宗廟的一抔黃土埋進了咸陽宮的基石下，禱告列祖列宗保佑秦國強盛。如同春耕大典一樣，奠基大禮一完成，四野歡呼，整個工地轟轟然破土動工。

秦都咸陽的建造，就在這個風和日麗的春天開始了。

秦孝公衛鞅一行卻沒有在這片令人留戀的土地上停留，奠基大禮一畢，就馬不停蹄地趕往陳倉。他們更加關注的是陳倉峽谷裡的新軍訓練。

六、大峽谷裡的神祕新軍

車英受命訓練新軍已經整整一年了。

經過裁汰整編，秦國的新軍只保留三萬鐵甲騎兵和兩萬重甲步卒。就其總數而言，只有秦國原來兵力的一小半。按照周禮，秦國在周平王初封諸侯時就是「千乘之國」的大諸侯，也就是說，其擁有的戰車數量以千為單位計算，最多不許超過五千輛兵車。車戰的全盛時期，恰逢春秋爭霸的烽煙時代，秦穆公稱霸時，秦國最多曾擁有兵車五千餘輛，總兵力將近二十萬，曾經威震中原。

在殷商和西周時期，兵車的配置為：車上甲士三人，車左、車右各一名主戰甲士，御者一人駕馭戰車，皆由貴族出身的壯士擔任；車下步卒十人，稱為「一什」，由平民與奴隸出身的軍兵組成。那時候，車戰甲士是軍中騎士的最高等級，訓練極為嚴格，非但要精通長戈大矛的搏擊，而且要對短兵與射箭有很高技藝。除此而外，騎術、駕馭技能，經受劇烈顛簸而能挺立作戰的體能技能，三人配合的默契等，無一不是車戰成敗的關鍵。

到了春秋時期，由於長期戰爭，兵車甲士大是短缺。同時，兵源也有了很大變化，兵車配置就形成了車上甲士減少，而車下步卒增多的普遍局面。秦國兵車與當時的山東諸侯在配置上大體相當，車上甲士減少為兩人，一人主戰，一人駕車；車下步卒擴大為二十到七十二人不等，編為五人一「伍」、五伍一「兩」的戰鬥小單元；車下步卒由車上甲士指揮，車上甲士稱為「兩司馬」。

按照如此規模配置，秦國在車戰全盛時期的兵力大體是十餘二十萬人。這種車戰機動性很差，非常容易分出勝負。兩軍各下戰書之後，約定在相對平坦的山塬擺開大規模的方陣，一個衝鋒，廝殺幾個時辰，便勝負分明。所以春秋爭霸的大戰，從來沒有過相互對峙的長期戰爭。天下聞名的晉楚城濮大戰，主戰場也才糾纏了一天時間。一戰之後，失敗的一方要重新打造數千上萬輛兵車，並重新訓練數以萬計的車戰甲士，當真是談何容易。這是春秋時期「一戰稱霸」的根本原因。

一輛經得起高速馳騁、劇烈衝撞、崎嶇泥濘、酷寒暴暑而不癱瘓的戰車，需要上好的桑木做車體，硬度極高的木材做車輪，彈性硬度均為上乘的木材做戰車大軸；要用韌厚的獸皮或牛皮包裹車輪，要用上好的銅鐵皮包裹車轅車廂，要用矛頭一般粗壯的銅柱鐵柱做軸頭；要購買、訓練至少兩匹能夠配合奔馳的良馬，更不說大型戰車還要四馬駕拉；要打造不同於尋常鞍轡的特殊馬具，要打造戰車專用的長戈和遠程硬弓，要訓練高超的馭手和車上甲士……凡此種種，使戰車成為很難製造的古典重兵器。在春秋農耕時代，大約十戶農人積兩年的財力，方才能製造、供給一輛合格的戰陣兵車。

到了春秋晚期與戰國初期，戰爭更加頻繁，戰車的打造根本跟不上戰爭的消耗與需要。於是，大戰頻仍的中原諸侯率先變成了兵車與步兵分離、步兵可獨立作戰的「車步混同」兵制。晉平公時的大將魏舒對「車步混同」起到了開山作用。他率軍疾行在狹窄山道時，恰遇戎狄騎兵的突然攻擊，車戰無法展開，便「毀車以為行」，將車上甲士和車下步卒緊急混編，每輛戰車的二十五人組成一個步兵小方隊，方隊相連組成小方陣，據山步戰，擊退了戎狄襲擊。從此便有了聞名天下的「魏氏步陣」。後來，魏國的名將吳起又將車上甲士訓練為騎士，與步卒配合作戰，便有了專門的騎兵。大耗財力人力，頗似威猛而戰力脆弱的笨重兵車，便逐漸退出了中原大國的戰爭舞臺。

秦國與中原諸侯，本來就有很大的「國情」差異。在進入中原成為諸侯之前，秦人部族在戎狄遊牧部族間經年廝殺，本來就沒有戰車，只有清一色的馬上騎士。正因為老秦人舉族騎兵，當年才能馳驅千里，奔襲進犯鎬京的戎狄匈奴騎兵，一舉挽救了瀕臨滅亡的周王室。那時候，中原諸侯的戰車面對狂飆颶風般的西域騎兵，跑又跑不過，打又沒法打，如同一堆任人衝擊宰割的板肉，沒有一個諸侯國敢來勤王。

然則，秦人兵制卻發生了一個「文明」的倒退。成為中原大諸侯之後，秦人決意成為王化之邦，拋棄了被中原人譏諷為「野戰」的騎兵，開始按照《周禮》的規制「整肅」軍制，取締遣散騎兵，耐心細緻地打造兵車，變成了中規中矩的「千乘之國」。到了戰國初期，中原戰車已經基本淘汰，可秦國還保留著大部分殘破兵車。既無力裁汰更新，又面臨魏國名將吳起準備滅秦的強大壓力。秦國迫不得已大舉徵兵，一時兵力膨脹到將近三十萬，幾乎是男丁皆兵。然而這老戰車、青銅騎兵和未經嚴格訓練的新步兵相互混雜的三十萬大軍，被吳起率領五萬精兵一舉擊潰。若非裝備雖差但卻騎術精良的五萬老秦騎兵，秦國真要遭受滅頂之災了。秦獻公痛定思痛，將虛冗之兵全部歸田，又回復到了十餘萬兵力的老規模。

秦孝公少年征戰，自然熟知秦國軍力軍制的弊端。但是要徹底改變舊軍制，訓練出一支精銳新軍，對於一個窮困諸侯國來說，無異於一個誘人的黃粱美夢。如今，厲行變法，夢想成真，秦國開始訓練自己的新軍了，豈能不成為秦國朝野關注的大事？

過了郿縣，渭水河道漸漸變窄變深，兩岸青山已經遙遙對望。放馬奔馳半個時辰，便過了老虢國。老虢國的背後有一片三五十里的山地，那是當年西周孝王封給秦人的第一片土地，不列入諸侯，只稱為「附庸」，讓秦部族居住在這裡為王室養馬。悠悠歲月，五六百年過去，這裡的老虢國早已成了秦國本土，那片古老的「附庸」山地，也已成了尋常的鄉野。在這片鄉野西邊，是嵯峨險峻的陳倉河谷，那裡有一片小小的莊園，永遠烙在他的心頭……極目望去，秦孝公不禁感慨萬端。

「君上，陳倉峽谷就在前面了。」衛鞅馬鞭一指，高聲提醒。

秦孝公恍然抬頭，但見數里之外兩座高山聳立，一條小河如銀線般隱隱穿出兩山中間。山色蒼黃泛綠，春風浩蕩呼嘯，一片荒僻無人的景象，不禁問道：「山後便是營地麼？」

「正是。」

「好地方！有山有水有草，走！」

馬隊急風暴雨般向大峽谷捲去。

車英覺得自己的擔子太重了，頗有受命於危難之際的沉重壓力。

在車英看來，按照秦國執掌兵權的傳統，統率新軍的應該是嬴虔。可嬴虔自從受到劓刑後封堵府門，不與任何人來往，更不參與國事，連國君的幾次探訪都被他拒之門外，還能為國效力麼？當大良造奏請國君任命他為新軍統領時，車英深深地感動了。

四百多年前，子車氏一族本是戎狄部族中與秦人結好通婚的大駱族，後來歸入秦嬴部族，到秦穆公時已經成為功勳卓著的老秦部族。可是，由於子車氏三位著名的將領奄息、仲行、鍼虎被秦穆公「強令」殉葬，子車氏部族被深深刺傷，脫離秦國遠遁西域。歷經一百餘年，車英所在的仲行一部又輾轉回到了秦國故土。這時候，子車氏功勳貴族的地位已經不復存在了。他們隱名埋姓，開始了與秦國無數庶民一樣的農耕軍旅生涯。不期上天有眼，讓車英在櫟陽國府前巧遇國君，子車氏又魚躍而起，在西陲狄道大血戰後全族遷回關中，恢復了老秦部族的榮譽與活力。車英雖然是子車氏一族的後起之秀，但誠實地說，軍功尚少，當初做嬴虔的前軍主將和後來做衛鞅的護法尉，除了他的軍旅才華、忠誠品行與奇計功勞，自然還有著朝野君臣對子車氏的懷念與歉疚在起作用。如果說，那是一種多少帶有回報色彩的晉升，那麼讓他統率新軍訓練，則是實實在在的重任寄託。秦國再也不是靠世襲功勞過日子的時候了，沒有才能，沒有自己的功勞，就沒有任何家族的榮耀與個人的光芒。在這種大爭之世，車英能夠擁有如此重要的功業機遇，如何能不激動感奮？

車英完全擺脫了老舊車戰的路子，憑著他的兵家天賦與軍旅磨練，開始了一絲不苟的新軍立制與嚴酷的實戰訓練。

第一件事，車英在景監協助下，三個月內就完成了遴選將士、裁汰舊軍的繁重任務。衛鞅向他們交代的方略是「裁舊編新，雙管齊下」，以求最快地完成新舊交替，防止戰事突然爆發。車英帶著十名軍吏，馬不停蹄地跑遍了秦國所有的軍營，一個個地挑選出兩萬餘名官兵，又妥善接受了所有可用的軍器輜重。其餘的七萬餘名秦國老軍，則全部交給景監去安置。如此安排，在極短的三個月內，使一支新軍胚胎初步形成，完成了從舊軍的蛻變。這是山東六國根本無法想像的。

第二件事，從各縣青壯中一舉招募了兩萬多新兵。因為軍功激勵，應徵者踴躍而來，大大超出所需數額。面對從軍人潮，車英報衛鞅批准，定了兩條軍法：一、只招家有三丁以上者入伍，獨生子、二子者縱然本領過人，也不招收。二、以魏國「武卒」的標準嚴格考選。

當時天下最著名的步兵，就是吳起時代訓練出來的「魏武卒」。標準是：身穿三層鎧甲，頭戴鐵盔，腰佩闊身短劍，身背二十石強弩並帶箭五十支，肩扛長矛一支，背三天乾糧，日行一百里後尚能保持戰力。單以甲冑與隨身攜帶物事的重量論，大約也有五六十斤，更兼甲冑兵器皆是累贅長大之物，在全身掛滿的情況下要健步如飛地日行百里，還要隨時有剩餘體力迎戰，談何容易。對於未經訓練的壯丁，這是根本不可能辦到的。車英的變通辦法是：只考校體力與意志，凡能按以上要求披掛，日行一百里者就合格，不要求保持戰力。如此一來，縱然秦國乃久負盛名的尚武之邦，也堪堪只選了兩萬名合格者。

第三件事，更新裝備。戰國時代的新軍，主要標誌是精鐵的應用程度。鐵騎、鐵甲、鐵兵器，都要上好的精鐵打造，才能對銅兵器保持絕對優勢。當時天下鐵山主要在韓國，所以韓國雖小，卻有「勁韓」之名。秦國鐵材匱乏，按照原來的十餘萬兵力計，秦國尚不可能建立一支「鐵軍」。然則兵力精簡為五萬，加上變法以來從山東各國流入秦國的鐵材，卻也可以勉力應付。衛鞅下令，除了農具，所有能夠搜集到的鐵器鐵材一律上繳官署，全數交給車英的工器輜重營。一時間，秦國民間三戶用一把菜刀，富裕人家僅有的牛車上的鐵輪轂和宗廟的鐵香爐，以及舊軍遺留的少量鐵兵器，都一起進了陳倉峽谷的兵器坊。車英派一名得力副將，專司監造兵器、甲胄、馬具。一年之間，峽谷中煙火徹夜不熄，皮囊鼓風恍若沉雷，叮噹錘鍛幾乎淹沒了刁斗之聲。

諸事就緒後，車英才開始了真正的組軍訓練。

開端一把火，車英首先在軍中遴選了一批年輕將領。依秦國軍制爵位，伍長什長通常是最低級的「公士」爵位，「兩長」（五伍一兩，二十五人）通常為第二級「造士」爵位，百夫長一般是第三級「簪裊」爵位，這些都不能算軍中將領。稱「將」者，最低為千夫長，爵位通常是第四級「不更」，或是第五級「大夫」。

車戰淘汰後，騎兵和步兵中的千人隊乃戰場廝殺的基本單元。千夫長就是軍中最基層最中堅的將領層，他們通常都必須是四十歲以下的壯年或傑出青年。在千夫長這個將領階層，幾乎沒有「老將」之說。戰國軍制，千夫長可以有大書姓氏的將旗號令，而千夫長以下的百夫長則不能有標名戰旗。一國軍隊戰力的強弱，很大程度上取決於千夫長層的戰術素質與膽略氣質。因為即或是小型戰場，千夫長也是衝鋒陷陣的最直接指揮者。後來的《尉繚子兵法》云「千人被刃，擒敵殺將。萬人被刃，縱橫天下」，說的也正是千人隊作為基本單元的直接戰鬥作用。

車英起自行伍，也做過戰車兵中等同於千夫長的「百車將」，自然深知千夫長的重要，所以他的遴選重點是千夫長人選。三萬騎兵需要三十名千夫長，兩萬步兵需要二十名千夫長，全部新軍便是五十名千夫長。按照數字，秦軍中原來的千夫長有一百多名。但由於戰事頻仍，來不及及時吐納裁汰，所以大部分千夫長都已經成了四十歲以上的「老將」，許多還是沒有爵位且永遠不能再晉升的奴隸出身的「老將」。開始從舊軍遴選官兵時，車英反覆篩選，只留下了二十多個身經百戰的青年千夫長，還差一半有餘要從新軍中選拔。

車英的辦法是，打破身分，唯才是舉。秦國新法雖然已經消除了軍中的身分天塹，軍兵之間不再有貴族甲士和永遠只能做行伍老卒的「隸兵」之分。但來自貴族、平民、新自由民三種家族的將士之間的偏見隔閡，畢竟不是短時期能消除的。車英要做的打破身分，就是打破這種偏見，尤其要消除貴族平民官兵對新自由民子弟的蔑視。要做到這一點，僅僅靠說辭不行，最扎實的辦法就是比試本領，唯才是舉。

千夫長的職位不需要精通兵書戰策，甚至不識字也無妨，所需要的最重要素質，是出色地組織指揮小型實戰的本領和出類拔萃的個人廝殺功夫。車英命軍吏在隱祕地帶用泥土做了一個十畝地大的「河西山川」，再用山石封閉。之後便將在個人拚殺中過關的二百名壯士，帶到縮小了的「河西山川」前，逐一地教每個人單獨走進「河西山川」，在全軍十六名大將面前完成兩項軍考——辨認山川方向，立即說出最有利的攻防地形。這一考校，一次便淘汰了一百五十多人，只留下了四十餘人。一個二十多歲、精幹瘦削的年輕人引起了車英的注意，他不但一口氣說清了方向和攻防地形，而且全部說準了地名。地名本來不要求說出的，因為新軍中絕大部分將士還沒到過河西地帶。

「你，報上名字。」

「稟報將軍，我叫山甲！」青年昂首挺胸，高聲回答。

「何方人氏？」

「商於大山！」

「你如此年輕，到過河西？」

「稟報將軍，我五歲跟隨爺爺採藥謀生，到過秦國每一座山，每一條水流。」

「何時從軍？」

「左庶長變法開始那年，我十五歲！」

車英驚訝，變法開始以來可是嚴禁招收少年入伍的呀。這時，一個軍吏走到車英面前附耳低語了幾句，車英不禁大笑：「啊，你是櫟陽南市那個徙木少年？」

「稟報將軍，正是！」

「你，為何叫了如此一個名字？」車英頗感興趣地微笑。

「稟報將軍，我爺爺是藥農，給我取名穿山甲，從軍時說不雅，改的！」

「穿山甲？那你一定有山中本領了？」

「稟報將軍，我在山林中永不迷路，三天不吃，爬山可追野兔，攀高能抓野鳥！」

「力氣呢？」

山甲臉微微一紅，高聲道：「稟報將軍，只能活擒野狼，虎豹可能不行。」

「劍術廝殺？」

「稟報將軍，軍中比武只得了第六，不好。」

車英高興地大笑起來：「噢，幾萬人得了第六，還不好啊？」

在確定千夫長時，二十餘歲的山甲成為新軍中最年輕的千夫長。山甲是居無定所、無田無產的「藥隸」子弟，又那樣年輕，按照軍中傳統，做個百夫長已算非常破格了。車英大膽起用山甲為步卒千夫長，一舉打破了對新自由民兵士的歧視偏見。新兵們奔相走告，群情振奮，人人都看到了立功受爵的希望。

千夫長選拔結束，車英在中軍大帳舉行了第一次聚將會議。全軍千夫長以上六十餘名將領濟濟一堂，分外整肅。

車英肅然道：「諸位將軍，新軍訓練即將開始，我要正告諸位的第一件大事，就是職爵暫分。秦國新法，無立戰功者不得授爵。新軍將領中，有二十六位千夫長乃白身之將，沒有任何爵位。還有新近晉升的騎步三軍主將共八人沒有加爵，仍是原來的低爵。本將軍自受命統率新軍以來，也是原來的第八級『公乘』爵，沒有加爵。為維護新法，本將軍決意在新軍實行職爵暫時分離，沒有戰事，沒有斬首立功之前，不向國府報功。無爵低爵之將領，一律待到斬首立功之時以功定爵！諸位以為如何？」

帳中將領異口同聲：「斬首受爵，我等心服！」

「好！」車英霍然站起，「距明年開春，我軍只有八個月時間。八個月裡，新軍要訓練成一支所向無敵的精銳之師！新軍面對的第一個強敵，就是魏國的河西守軍。秦國新軍的每一名官兵，都要成為能夠戰勝名震天下的魏武卒的銳士。不收復河西之地，是秦國的恥辱，是新軍的恥辱！諸位將軍務必激勵將士，精誠互助，奮發練兵，枕戈待旦，雪我國恥！」

全帳激昂齊吼：「奮發練兵！枕戈待旦！雪我國恥！」

倏忽之間，大峽谷中已經是冰雪消融流水淙淙滿山泛綠春意盎然了。經過酷暑嚴冬一天也沒有中止的嚴酷訓練，這支新軍已經成了名副其實的鐵軍。騎兵是清一色的鐵甲長劍，非但馬具馬蹄，連馬頭上也披掛上了鐵皮面具。步兵則分成了三個兵群：五千強弩手，清一色的二十石以上的強弓硬弩；五千長矛手，清一色的鐵桿長矛，外加一支精鐵短劍；一萬主戰步兵，人手一口重達八斤的厚背寬刃大刀，一張硬木包裹鐵皮的三尺盾牌。兵士鎧甲也全部換過，騎士為雙層鐵甲，紅纓頭盔。步兵為三層鐵甲，鐵槍無纓頭盔。全軍分為左中右三軍，騎步混編，能夠各自為戰。左軍騎兵八千，步兵五千；右軍騎兵八千，步兵五千；中軍騎兵一萬四千，步兵一萬。另有一萬名由戰車兵改制的輜重兵，專門護送糧草物資。

今天是新軍大演的日子，五萬將士將在這隱祕廣闊的大峽谷演練一場驚心動魄的攻防戰。全副戎裝的車英剛剛走上中央將臺，一騎飛馬臺前：「報！國君、大良造、公主駕到！被山甲將軍擋在營門之外！」

車英霍然起立：「三軍主將隨我出迎！」

峽谷寨口，正是步兵千夫長山甲總哨。當秦孝公一行馳馬來到時，山甲當道高呼：「來者何人？軍營重地，不得馳馬！」

前行護衛騎將高喝：「國君駕到！打開寨門！」

「軍營大演，不得擅入！容末將通報主將定奪！」

護衛騎將怒喝：「豈有此理？打開寨門，迎國君入營！」

山甲氣昂昂道：「三軍法度，唯將令是從。末將不知有國君！」

護衛騎士盡皆變色，怒目相向。秦孝公卻是笑了：「少安毋躁，整肅待命。」便與衛鞅、熒玉下馬，在營門三丈之外等待。

片刻之間，峽谷寨門內煙塵大起，車英率領三軍主將和三輛接駕兵車隆隆馳來。車英在營門飛身下馬，深深一躬：「臣車英參見君上！恕臣甲冑在身，不能全禮。」秦孝公大步上前扶住車英，端詳感慨：「車英啊，一年不見，黑瘦若此，鬍鬚也留起來了！」車英高聲道：「臣謝過君上！參見大良造！參見公主！」衛鞅笑道：「車英啊，士別三日，刮目相看也。君上要看者，可不是門面呵。」車英肅然拱手：「敢請君上與大良造、公主登車入營！」

秦孝公三人分別登上兵車，車英此間匆匆向左軍主將叮嚀幾句便飛身上馬，率領眾將夾護在三輛兵車兩旁隆隆駛入軍營。來到空蕩蕩的中軍幕府，秦孝公頗為驚訝，車英趔趔稟報：「稟報君上，今日大演，軍吏全部出動。君上請稍事歇息，軍務容臣大演結束再行稟報！」秦孝公對衛鞅笑道：「如此好事，我等待在帳裡做甚？」衛鞅道：「車英將軍，先請君上視察大演。」

「遵命！請君上、大良造換馬！」

「哎哎，車英將軍，我也要看。」熒玉急得脹紅了臉。

車英看看秦孝公，秦孝公卻望著遠處微笑，衛鞅點點頭：「教公主去。」

軍吏牽來三匹戰馬，秦孝公手搭馬鞍，輕捷熟練地翻身上馬。衛鞅看看熒玉沒有動，似乎拿不定主意該不該扶她一把。熒玉卻向衛鞅嫣然一笑，左手一摟紅色長裙，右手一搭馬鞍，一團火焰般飛到了馬背上。衛鞅一點頭，馬隊便向大峽谷深處的校場飛去。

新軍校場非常特殊，就面積而言，它幾乎就是整個寬闊深邃的大峽谷，遠遠超出任何一個都城或尋常軍營的操演場地。就地形而言，它有河流，有溝坎，有山包，甚至還有爛泥塘，遠遠不像尋常校場那樣平坦。峽谷中的小河將校場中分為二，將臺坐落在東面高高的山坡上。五萬新軍已經在廣闊的峽谷裡集結成方陣等待。秦孝公和衛鞅、熒玉並車英等將領登上將臺後，頓時被眼前威武雄壯的軍容所激動。

遙遙鳥瞰，全部大軍列成左中右三個大陣，每大陣均有步騎兩個方陣。六個方陣有序分列，騎士與戰馬全數戴著黑色的甲冑面具，步兵的盾牌短刀和強弩長矛彷彿一道冰冷的鐵壁森森閃光。旌旗飄搖，劍光閃爍，五萬大軍靜如山岳，清一色的黑森森面孔，沒有任何雜亂聲息。久經戰陣的秦孝公與頗通兵法的衛鞅一看就明白，僅僅憑紋絲不動地屹立於山風之中這一點，就決然不是尋常軍旅能做到的。

車英高聲宣布：「三軍將士們，國君、大良造、公主視察新軍來了！全軍將士卸下面甲，致禮歡呼！」

峽谷中響起整齊清脆的鏗鏘振音，騎士步卒全部揭開鐵皮面甲，驟然現出大片明亮的面孔，隨之而起的是排山倒海般的歡呼：「國君萬歲！」「大良造萬歲！」「公主萬歲！」

秦孝公與衛鞅肅穆地向場中山呼海嘯般的方陣招手。熒玉興奮激動起來，揮動紅色長袖，頻頻向將士們致意。衛鞅低聲對車英道：「先大演，完畢後請君上訓示。」車英點頭，待歡呼聲平息，高聲發令：「三軍主將歸制，大演開始！」

將臺上的將軍們轟然齊應：「遵命！」轉身上馬，飛馳下山，各自歸入左中右三軍大旗下。車英向秦孝公拱手高聲道：「君上，臣要歸制大演，恕臣不能奉陪。」孝公一點頭，車英上馬間卻又回頭，「大良造，請注意中軍步兵黑白戰旗。」便飛馬而去。

最高山頭的三名司旗軍吏，各執一面大旗肅然站立，眼見車英回歸中軍主將的大纛旗下，中間司旗軍吏立時高高舉起黑色紅帶的大旗猛然甩下，山頭的三十面牛皮大鼓以行進節奏「咚——咚——咚——」整齊響起。聞鼓而進，鳴金而退，這是冷兵器軍隊的基本法度。但聽大鼓雷鳴，左右兩軍主將的大旗一擺，兩個方陣立即向南北方向疾馳，騎兵走河東，步兵走河西，盞茶之間消失在大峽谷中。留在原地的中軍旗幟翻動，交叉飛馳，片刻之間散開陣形，布成了一個兩翼騎兵中央步兵的大陣。

高臺上，秦孝公問：「大良造以為，將如何演練？」

「大約是左右兩軍夾攻中軍吧。」衛鞅微笑。

「新軍真了不得也。」熒玉興奮插話。

衛鞅淡淡一笑：「別急，得看完再說。」

孝公慨然一歎：「是也，戰場最能識別真假，誰也騙不了誰。」

山頭上大旗飛揚，三十面大鼓震天動地地轟鳴起來，這是正式進攻的第一通戰鼓。初聞鼓聲，便見南北兩面的峽谷中塵土大起，旗幟翻飛，兩軍騎兵以排山倒海的氣勢向峽谷中央衝鋒而來。排成方陣的步兵在山根突然出現，從側翼迂迴進攻。南北兩軍的步兵騎兵各攻兩個方向，中軍即是四面受攻，且左右兩軍的總兵力近三萬之眾，而中軍只有兩萬，顯然處於劣勢。此時但見中軍大旗招展，兩翼騎兵狂風暴雨般壓向距離較遠的兩軍步兵方陣，中軍自己的步兵方陣則急速變換，瞬間變成了一個大大的圓陣，外圍是三千名強弩弓箭手，內陣是縱深六層的甲士。

中軍的步兵陣形在將臺山下的曠野，臺上看得分外清楚。左右兩軍的騎兵是一萬六千，中軍的步兵是一萬八千。按照戰國步騎作戰的傳統，騎兵可衝擊、戰勝三倍於自己的步兵，若兵力相差無幾，鐵甲騎兵戰勝無疑。秦孝公本是騎兵將領，不禁為中軍步兵大為擔心，對衛鞅急切道：「能支撐半個時辰足矣！」衛鞅激動拊掌：「車英這個難題選得好。君上快看！」

但見中軍外圍的強弩疾箭如雨，四面原野上的鐵甲騎士紛紛「中箭落馬」。但不容強弩手裝上第二輪長箭，鐵甲戰馬已四面呼嘯著捲入步兵陣地。頃刻之間，但見強弩弓箭手立即變成了右刀左盾、以「伍」為戰的攻防單元。縱深步兵則一刀一矛兩人一組，與騎兵展開了激烈搏殺。車英作為中軍主將，並沒有率領騎兵衝鋒，而是坐鎮步兵陣地的中央，親自指揮步戰。左右兩軍騎兵的目標是突破中央，力擒中軍主將結束戰事。戰國軍法通例：「三軍大戰，若大將死，從吏五百人以上不能死敵者，斬！大將左右近卒在陣中者，皆斬！其餘士卒有軍功者，奪一級。無軍功者，戍三年……」（註：見《尉繚子・兵令下二十四》）也就是說，主將戰死或被俘，全軍重罰受辱：凡領兵五百名以上的軍官全部斬首，主將周圍的護衛軍兵全部斬首，即或部分將士立功，也要受降一級的懲罰。可見大將危難就是全軍危難，大將死傷或被俘，自然也是最大的戰敗。唯其如此，車英作為中軍主將坐鎮步兵對抗騎兵的最危險的中央陣地，對中軍步兵可謂最嚴酷的考驗。

「車英有膽略，大大激勵士氣。」秦孝公讚歎。

「親陣探索步騎之戰，頗有見識。」衛鞅點頭。

「快看。步兵不行了！」熒玉銳聲叫喊。

此時只見步兵大陣已經被騎兵撕開了五六道缺口，幾次猛衝中軍主將的土臺方陣。車英的將臺四周是一個千人隊布成的圓陣，千夫長的將旗是黑旗白帶，中間大書一個「山」字。面對洶湧的鐵甲騎士，那面「山」字大旗像黑色的閃電，在各個缺口來回翻飛。一個瘦削的黑色身影不斷地憤怒吼叫：「長矛刺人！短刀砍馬！」「缺口兩改五！快！」在他的奔跑指揮補救下，一個個缺口重新合攏。

但就在這時，一隊騎兵突破外圍縱深，捲起巨大的塵暴席捲而來，眼看就要一舉突破中央將臺。當此之時，只見「山」字大旗在塵暴煙霧中驟然迎風一抖，一聲狼嗥般的長吼響徹山谷。隨著狼嗥之聲，將臺千人隊像暴風一般，捲集到騎隊正面約半里寬的溝壑地帶。一陣閃亮，每個步卒手中都驟然出現一支怪異的木槌！步卒們丟掉盾牌，右手木棰，左手大刀，吼叫著撲向馬隊之中，將馬隊三三兩兩地分割圍困，殺在一起。仔細看去，這木槌長約三尺，細身大頭，專門砸向戴著鐵甲面具的馬頭。步卒們欺身馬前，左刀隔擋騎士長劍的同時，右手木槌便對準正好發力的馬頭猛然一擊。馬頭面甲對於尋常刀劍，確實有良好的防禦功效。但對這猛力砸來的大頭木槌，卻極是忌憚。但聞「嘭嗵」之聲，一旦砸中馬頭鐵甲，戰馬無不嘶鳴倒退。縱有神駿戰馬堪堪躲過，另一面的大頭木槌又縱躍跟進，立即從另一方向猛烈打來。這種奇異的兵器，奇異的打法，令騎兵防不勝防，反覆躲閃，馬上騎士的砍殺戰力自然大大減弱。前仆後繼的大頭木槌與鐵甲騎士反覆糾纏兩個時辰，左右兩軍的騎兵始終不能擊潰兵力相當的步兵大陣。

秦孝公三人看得激動不已，卻聽得山頭大鑼轟鳴，大演收兵。

車英一身泥汗飛馬將臺，片刻間三軍集結。清點戰場的軍吏飛馬來報：「稟報將軍：左右兩軍與中軍傷亡相當！中軍陣地未被攻破，左右兩軍未被擊潰，勝負難定！」

「請君上、大良造評點訓示！」車英汗透鐵甲，依然赳赳雄風。

「將士勞累，待後再評點不遲，大良造以為如何？」

衛鞅拱手道：「評點可後，請君上訓示三軍，激勵士氣。」

秦孝公搖頭微笑：「大良造乃國家上將軍，理當訓示將士。我到幕府再說。」

車英轉身面對峽谷大軍：「請大良造，訓示三軍——」

衛鞅不再推辭，高冠帶劍走上土臺，一領白色披風隨風抖動：「新軍將士們，秦國變法十餘年了，你們是變法誕生的新軍銳士。經年訓練，將士同心，你們創出了異乎尋常的新戰法，必將成為縱橫天下、雪我國恥的精銳之師！中原戰國亡秦之心不死，秦國在夾縫中贏得的時日無多，一場大戰迫在眉睫。新軍將士，你們建功立業的機會，就要到了！」

全場高呼：「雪我國恥！建功立業！」

車英深深一躬：「君上、大良造，車英請求公主撫慰三軍將士。」

秦孝公爽朗大笑：「大良造，你說？軍中盡皆男子漢。」

衛鞅向熒玉微笑點頭：「夫人，紅顏一語，可抵千軍也。」

熒玉臉上泛起激動的紅潮，向衛鞅投去熱烈的一瞥，緩緩走上高臺，紅色的斗篷一團火焰般在燃燒。車英令旗揮下：「公主撫慰三軍。」大軍屏息，峽谷中一片寂靜，唯聞戰旗獵獵之聲。

面對這遍野翻捲的獵獵戰旗，面對這黑色山岳般的萬千騎士，熒玉心頭怦怦大跳了。她驀然想起跟隨景監出使山東六國時看到對秦國的種種蔑視，不禁熱淚盈眶：「新軍將士們，你們都是秦國的勇士，都是秦國父老的好男兒。秦國民眾的土地、房屋、牛羊，你們的妻子兒女，你們從變法中得到的自由之身和寶貴土地，都要靠你們手中的刀矛劍盾去保護。你們是秦國真正的長城，是護法的鐵軍！你們要保住這個國家，保住你們的家園……你們的父母與妻子兒女掛懷你們，期盼你們殺敵立功，光耀門庭。你們的汗水、淚水、鮮血，將伴隨你們的榮譽和爵位，永遠銘刻在你們家族的石坊之上！家人不能來看望你們，我要為你們唱一首秦地民謠，當作你們父母妻兒對你們立功報國的期盼之心。」

悠悠歌聲如絲飄盪，那是每一個秦人都熟悉的美麗情歌，五萬官兵的淚水頓時溢滿了眼眶。

蒹葭蒼蒼　白露為霜
所謂伊人　在水一方
溯洄從之　道阻且長
溯游從之　宛在水中央
……

歌聲落定，峽谷中刀劍齊舉，驟然爆發出雷鳴般的吼聲：「保衛家園！光耀門庭！」「為國效命！捨生忘死！」「公主萬歲！」

衛鞅被熒玉深深感動了，不禁深情地看了她一眼：「夫人……」

驟然之間，熒玉肩膀一抖，大袖遮住了臉龐。

是夜，秦孝公與衛鞅在中軍大帳聽車英詳細稟報了一年來的新軍訓練。孝公起自軍旅，對新軍戰法和兵器改制逐一詳加詢問，感慨不已。但他最感興趣的還是兩件兵器：一是對騎兵的闊身短劍改為窄身長劍，二就是那怪異威猛的大頭硬木槌。

秦孝公本來是騎兵將領，又是秦軍中的鐵鷹劍士，自然熟知天下騎兵的用劍都是闊身短劍——劍身四寸寬二尺長，加上劍格護手，也就是二尺五六寸長短。如今秦軍騎士的用劍變窄，寬為不到三寸，長度卻加長了八寸，連劍格在內三尺有餘。「我來試試。」孝公拿過一把騎士長劍掂了掂，比自己的闊身長劍輕了許多。「好使麼？」他笑了笑，似乎不太踏實。

「君上，帳外有木樁，可以試手。」車英看出孝公心思，立即提議。

「好，試試手。」孝公提著長劍走到中軍大帳外，車英指著幾根三四尺高的木樁道：「君上，這是試劍樁，請君上一試。」孝公見那木樁高度與騎兵對步卒的高度相類，不禁讚歎車英的訓練細緻，猜測這試劍樁肯定是為檢驗工師交來的劍器而立的。他站穩馬步，長劍斜舉過頭，猛然向木樁揮下，只聽「喀嚓」一聲大響，劍身陷入木樁半尺有餘，卻沒有劈開木樁。「噫」的一聲驚詫，秦孝公不禁疑惑沉默。他的佩劍也是長劍，只是寬了一寸，是闊身長劍。難道窄了一寸多，力道與鋒利程度就如此大減？依他的劍術造詣，若使用自己的闊身長劍，一劍劈開這三尺木樁當不是難事。依照目下這劍的效果，騎士砍殺會有威力麼？

「君上，這窄身長劍是我琢磨出來的，輕便趁手，只是須得訓練劈殺手法。臣是教一千騎兵先行訓練，確有威力，才配置全軍的。君上且看，當是這樣——」車英拔劍做了一個大斜劈的動作，一劍揮下，另一根三尺木樁已經「喀嚓」一聲迎刃開為兩半。「噢！」秦孝公不禁驚訝地笑了。車英也是少年成名的鐵鷹劍士，論劍術自與孝公相當，然則一劍輕揮，竟能將三尺木樁從中間一劈到底，可見這窄身長劍確實威力不小。輕而鋒銳，對於騎兵自然是大大的好事，同等體力之下，可揮舞劈殺的次數可能大大增加，這在戰場上的作用就可想而知了。

經過三個騎兵千夫長的演練，秦孝公已經看出了劈殺訣竅。他再次揮劍，凌空一劍將粗大的三尺木樁劈開挑起，猶自覺得力道未盡，不禁哈哈大笑：「好，改得好！也給我配一把。」場邊的將領不禁高聲喝采起來。孝公意猶未盡，興致勃勃道：「大良造，試試，好用得很！」

衛鞅本是名門名士，對劍術自然也是頗有造詣，然卻是獨身搏擊的路數，講究靈動點刺，與馬戰劍術的注重劈殺有許多不同。他上前拿起一支窄身長劍，試試覺得頗為順手，一劍劈下，卻只是將三尺木樁堪堪劈開了一半，劍身夾在木樁中已不能動彈了，不禁搖頭笑道：「看來呀，不能斬首立功了。」惹得眾人大笑起來。

進得大帳，秦孝公振奮有加，又興致勃勃地問到大頭木槌的奧祕。

車英略有尷尬地笑了：「君上，這大頭木槌，我也不知山甲何時鬧的。他在山野與野獸多有搏鬥，曾說過他將硬木削成的大頭木槌隨身隱藏，威力極大。沒承想他的千人隊竟然人人一把，我也驚訝，不知他何時趕造。今日看來，卻是威力不凡。方才，他還在帳外為私用兵器請罪。大良造，我請你注意的就是他，二十餘歲，你應當認識他。」

「我？認識這個千夫長？」衛鞅驚訝。

「想想，櫟陽南市，徙木立信。」

「啊——莫非他是那個徙木少年？」

「對呀！沒錯！現下是新軍最年輕的千夫長。」

衛鞅感慨中來：「難得呀難得，異數也。一個藥隸少年成了軍中將領，那時候誰敢想哪！」

孝公笑道：「大良造，你這變法可不知讓多少人新生，感慨不完也。」

突然，峽谷中馬蹄聲疾，車英習慣地霍然轉身，正待發令，聽得馬蹄聲已到帳外，衛士高聲稟報：「大良造府領書景監到！」三人不禁一驚。

景監匆匆走進一躬：「君上、大良造，斥候星夜急報，山東有變！」

「噢？快講。」秦孝公和衛鞅已經同時站起。

「一是楚國聯絡中原，圖謀攻秦。二是三晉齟齬，魏國正在祕密準備吞滅趙國韓國。三是齊燕結盟，企圖迫我秦國割地！」

秦孝公和衛鞅相互對視，半日沉默，突然，兩人同聲大笑起來。

第十一章 ◎ 天算六國

一、神祕天象逼出了楚宣王的妙策

楚宣王芈良夫煩悶極了，一日數次問侍臣：「江乙大夫回來沒有啦？」

中大夫江乙到魏國齊國去了。他是楚宣王的密使，已經派出去三個月了還沒有回音，楚宣王如何不著急？六國逢澤會盟後，莊嚴的誓言與盟約都莫名其妙地瓦解了，非但合兵攻秦做了泥牛入海，連瓜分小國都無法兌現。按照芈良夫原先的盤算，滅秦之心除了齊國，哪國都比楚國猴急。所以他回到郢都後穩如泰山，既不整訓兵馬，也不積極聯絡，只是派出了三名得力幹員潛入武關探聽秦國動靜，準備坐收漁利。

芈良夫素來自負，覺得自己是歷代楚王中最英明的一個，遠遠勝過先祖。他們打打殺殺地折騰了幾百年，楚國還是楚國，中原還是中原，楚國連淮水都不能越過。只有他運籌帷幄，兵不血刃，就以天下第二強國的身分參與了六國會盟，而且將毫不費力地拿到幾百里土地，將楚國一舉推進到大河南北。這種功業誰堪比擬？楚莊王一鳴驚人，用十幾萬具屍體換回來的也不過是三幾年霸主、數百里土地而已。祖父楚悼王殫精竭慮，任用吳起變法，犧牲朝局穩定換來強兵富國，也不過是個中原不敢來犯的格局，又能如何？芈良夫經常為先祖們的蠢笨感到滑稽可笑，覺得他們實在是錯失了諸多好機會，不夠大國王者的風範。芈良夫應對天下的策略是：不做老大，只做老二；不圖虛名，唯求實利。誰做戰國老大，誰就是眾矢之的，誰就得付出十倍百倍的精力國力，去面對所有想算計你蠶食你削弱你吃掉你的天下諸侯，實在是坐在燎爐一般。如此傻事，楚國能做麼？坐定老二，則可左右逢源。老大有的好處，老二必定不能少，老大有的風險，老二卻大體沒有，甚至在必要的時候可以借天下眾力挾制老大，得到比老大更多的好處。

天下紛爭，鹿走無主。那些庸常的君王僅僅注目於肥鹿而無法顧及左右，他們如何能像芈良夫，看得如此深徹？

芈良夫很是為自己自豪了一陣子。他對大臣們說，他的大策是從老子那兒來的：「老子，老子你等知道麼？我大楚國的聖人啦！你等都給我好好讀《老子》，每人一百遍。讀完了，才有議論國事的資格。知道啦？」從那兒以後，吟誦《老子》的悠揚聲音彌漫了宮廷內外，君臣議事，老子的典籍也頻繁出現，「不尚賢，為無為」，「夫唯不爭，故天下莫能與之爭」，「戰戰兢兢，如履薄冰」，「治大國若烹小鮮」，等等，成了終日嗡嗡哼哼的朝堂樂章。

有一天，芈良夫和三名宮女狎玩，被一個老臣撞上，給他大誦了一段佶屈聱牙的東西來勸諫：「歸根曰靜，是謂復命。復命曰常，知常曰明。不知常，妄作凶。知常容，容乃公。公乃全，全乃天，天乃道，道乃久。沒身不殆。」芈良夫聽得雲遮霧罩：「你？你念的什麼東西？啁啾鳥語啦！」老臣憤然亢聲：「我王，這是《老子》教誨，何能是啁啾鳥語？莫要污了聖人啊！」芈良夫大為狼狽，從來沒認真讀過一遍《老子》的他，如何知道這是老子？不由惱羞成怒，大喝一聲：「你讀的不是地方啦！女人面前，讀《老子》聖典，玷污聖人啦！」

從此，宮廷中吟誦《老子》的哼哼嗡嗡，戛然而止了。楚宣王肥大的身軀旁永遠蜷伏著兩個豔麗的侍女，誰敢玷污聖人？

倏忽十年，楚宣王越來越覺得窩囊。坐收漁利沒得成，想吞幾個蝦米小國，卻受到魏國齊國的威脅，只好不情願地縮回了手腳。「天下老二」做得沒人理睬，連自己都覺得大是乏味。做國王二十多年了，《老子》大策遲遲不得伸展。全部心志，原本都傾注在六國會盟所能撈到的實利和名位上，如今竟成了竹籃打水，顏面何存啦？雖然他還是那麼豁達，心事卻越來越重，本來就肥碩的身子，也就更加肥碩，如同楚國水田裡的老水牛，整日呼哧呼哧地大喘息，分不清是熱的還是累的。

幾個月前的一日，芈良夫苦思無計，壓在打扇的侍女身上睡著了。朦朧之中，忽然心動，頓覺靈光一閃，一個奇妙的主意浮上心頭。仔細琢磨，大是得意，越發覺得這是天意，是振興「天下老二」威風的一道奇策。不禁拍著侍女的細軟腰身哈哈大笑，吩咐內侍立即將中大夫江乙宣來，密商了整整一天。第二天，江乙就轔轔北上了。

江乙的祕密使命，是尋找兩個天下聞名的星象家甘德和石申。

甘德、石申是兩個神祕的靈慧隱士，卻與巫師占卜、陰陽五行、堪輿之術等神祕流派絲毫無染。他們是「究天人之際」的淵深學派，是上天隱藏在塵世的眼睛，也是人世體察天機的異能之士。在春秋戰國，以「天」為直接對象的學派有兩個，一個叫「占候家」，一個叫「星象家」。占候，是以天地氣象的變化預測人間禍福，雲氣、風勢、日色、虹掛、霧象、電光、雷聲、海潮、月暈、塵土、陰霾等等，都是占候家觀測玄機的對象。星象家也叫占星家，是以天上星辰的變化，預測人事國運的學問家。自夏商周三代開始，國王通常有兩個固定的官身預測家，一個是占卜的巫師，另一個就是占星的星象家。其餘諸如陰陽家、堪輿家等，則都是一事一招，極少有朝臣資格。兩者相比，卜卦較為流行易懂，尤其在周文王演繹八卦和孔夫子撰寫爻辭之後，等閒士子也對卜卦有所了解，占卜的結果對國人的心理威懾和影響力也就日漸減弱了。相反，星象家卻始終保持著他們曲高和寡的神祕，等閒學問家是無法窺其奧祕的，國人庶民更是難知萬一。

這種狀態一直保持了三千餘年。後來的魏晉時期，有個最著名的天才星象家叫管輅，他只活了四十八歲，官至少府丞。他少年時師從著名易家郭恩，先修《周易》，後修星象。觀天之時，管輅常通夜不眠，往往有驚人的論斷，連老師也不能理解。一年之後，老師郭恩反倒常常求教於管輅，慨然歎息：「聞君至論，忘我篤疾！竟何至此？」管輅灑脫笑答：「此非修習之功，乃吾之天分也。」四十歲時，其弟管辰請求隨管輅學習星象之學。管輅正色答：「此道，非至精不能見其數，非至妙不能窺其道。皆由無才，不由無書也。孝經詩論，足為三公。無用知之也！」

正因為如此深奧，如此難以為常人所掌握，星象家的預測對天下始終保持著高遠的威懾。它可以化成童謠，化成讖語，化成各種神祕預言，甚或化成席捲天下的風暴。整個古典時代，沒有人敢於對星象預言的權威提出挑戰。

這正是楚宣王要尋覓甘德、石申兩個星象家的奧祕所在。他要知道天下的興亡大勢，要根據天機來決定自己的大策，不能再等待了。芈良夫想封這兩個高人為「天大夫」，永遠留在他身邊，隨時告訴他上天的奧祕，好讓他順天行事，大振國威。

從遠古起，歷代都有星象家輔佐王室。夏有昆吾，商有巫咸，周有史佚、萇弘。春秋四百年，星象家更多了一些。著名的有鄭國的裨灶，魯國的梓慎，晉國的史趙、史墨，唐國的子昧等。進入戰國，聲名赫赫者有齊國的甘德（人稱甘公），魏國的石申，趙國的尹皋等。然最為天下折服的還是甘德、石申兩位高人。芈良夫認為，戰國如三晉魏趙韓者，如田氏齊國者，如西陲秦國者，皆莽勇蠻荒之輩，根本不配了解天機玄奧，活活糟踐了出生於他們國家的星象家。唯有楚國燕國這樣的資深老諸侯，才能知天命而畏之，順天行事。芈良夫覺得，信天更有一樣好處，當國君犯了國事過失而庶民難以原諒時，只要國君表示真誠悔悟，上天仍然會還給你一個吉祥福音。這是最妙的所在。順天行事，自己永遠都是英明的，犯了錯失，上天也會幫你挽回的。芈良夫耳熟能詳的故事發生在宋國。

宋景公時，有一年熒惑守心（註：熒惑守心：熒惑，火星別名，因其隱現不定而令人迷惑，故名。心，星宿名，又稱大火，二十八宿東宮蒼龍七宿之一。熒惑守心，即熒惑居於心宿。古星象家認為乃大凶之兆），宋景公大驚。司星大夫子韋提議：「可移禍於丞相。」宋景公搖頭：「丞相乃肱股之臣，不行。」子韋又道：「可移禍於民。」宋景公更搖頭：「君當愛民，何堪移禍？」子韋三提：「如此可移於年成，歲減即災消。」宋景公急道：「年成減則民饑困，何有如此國君？」子韋肅然道：「天高聽卑。國君有如此人道者三，熒惑當移動也。」宋景公半信半疑。誰知三個時辰後，熒惑果然離開心宿三度，出了宋國的「天界」！

上天如此與君為善，豈有不信之理？

正在楚宣王芈良夫心神不寧的時候，飛騎來報：江乙大夫已經到了郢都北門，兩位高人同車來到。芈良夫高興得差點兒跳起來，立即吩咐備車，親自迎出北門，將兩位高士恭恭敬敬地送到早已準備好的隱祕大宅，並派了兩百名武士嚴密保護。

從第二天開始，芈良夫破例離開了侍女，獨自住進太廟，齋戒沐浴三日，以示對上天的敬畏。三天出來，口中寡淡，腹中空虛，大嚼了一頓麋鹿肥魚，方才氣喘噓噓地下令趕往荊山觀星臺。趕到荊山腳下，已經是夕陽殘照了。雖是夏天，山風卻頗有涼意。荊山蔥蘢，雲霧繚繞，抬頭看去，高高的孤峰彷彿就在天上一般。

六名壯士輪流，用粗大結實的長竿竹椅，抬著肥碩的楚宣王走上了山梯小道。甘德、石申兩位高士均是清瘦矍鑠，白髮童顏，無論如何也不坐竹竿椅。中大夫江乙，自然得陪著兩位高士步行登山。他雖然也生得精瘦，曬得黝黑，似乎顯得身輕體健。但不消一半，精瘦黝黑的江乙便氣喘流汗腰瘦腿軟了。他原本沒有爬過如此漫長的山路，此刻方才知道這登山竟大非易事。本想坐進竹竿椅，無奈自己只是一個中大夫，不敢在高人仙客步行時，自己與國君有一樣的享受。只好走走歇歇，大大地落在了後面。看那兩位老人，卻是逍遙自在，步履依舊從容。江乙身後的數十名內侍，抱著擔著抬著各種禦寒之物和祭祀用品，更是汗流浹背，氣喘如牛，拉成了一個長達一二里的散亂隊伍。走走歇歇，大約一個半時辰，長長的隊伍終於磨到了孤峰觀星臺的垛口。

這座觀星臺坐落在荊山主峰的頂端，形狀就像切下來的一塊城牆，四四方方，周圍有與城牆一樣高的女牆，垛口上插滿五色旗幟。觀星臺的北面是三間石頭房子，足以抵擋任何山風暴雨。中央才是實際上的觀星臺，一座三丈六尺高的青石高臺，暮色蒼茫中就像插入蒼穹的長劍。高臺四周，是按照星辰分野的位置築好的十二張石板香案。那時候，星象家將每個諸侯國都與天上的星宿位置做了對應測定，何星之下何位置為何國，都有一個公認的分野。《周禮》所謂的「以星土辨九州之地，所封封域皆有分量，以觀妖祥」，正是這種分野星占的具體說明。按照後來星象家的典籍，夏王朝時最初的星象分野只對應天下九州和江河湖泊，分別是：

角、亢、氐三星——兗州
房、心二星——豫州
尾、箕二星——幽州
牽牛、婺女——揚州
虛、危二星——青州
營室、東壁——并州
奎、婁、胃三星——徐州
昴、畢二星——冀州
東井、輿鬼二星——雍州
北斗——天下江河湖海

進入春秋戰國，這種分野就顯得粗疏不明，星象家又做了重新的細緻分野，主要有用二十八宿對應分野，用十二次（註：十二次，即日月及主要星辰運行所經歷的十二個處所，按此劃分地下對應的十二個方位，用十二支表示）對應分野兩種方法，後一種主要針對大國分野，具體是：

熒惑——其下分野為楚、吳、越、宋
太白——其下分野為秦國、鄭國
辰星——其下分野為燕國、趙國
房星——其下分野為魏國、韓國
玄枵——其下分野為齊國、魯國
填星——其下分野為洛陽周王室

按照這種分野劃分，觀星臺南面的楚國方位，也就是熒惑之下的那張石案，便做了祭天的主案。主案上有準備好的犧牲，三隻洗刮得白亮還繫著粗大紅綾的牛羊豬頭，昂昂立在大銅盤中，香氣縷縷彌漫了小小城池。中央的實際觀星臺已經用黃幔圍起，只有頂端傳來的旗幟抖動之聲，使人想到了它的神祕使命。

「二位高士辛苦了。」楚宣王喘息著走過來。

甘德、石申肅然一拱，略高一些的甘德道：「楚王，我二人要到星室調息元神，待到夜中子時觀星，若有徵兆，再與楚王計議。」

楚宣王虔誠拱手：「本王亦當誠心敬天，在東室沐浴淨身，子時再行求教。」

時當六月初三的無月之夜，碧空如洗，星河燦爛。中夜時分谷風習習，涼得有些寒意。芈良夫雖然肥碩，卻經不住夏日山寒，裹了一件夾袍走出東室在觀星臺上徘徊。仰望滿天星斗，只覺得亂紛紛閃爍不定，一點兒奧妙也琢磨不出。這時只聽肅立在高臺下的司禮大臣高宣：「子時已到，有請高士……」

星室的厚簾掀起，甘德石申二人白髮披散，身穿繡有星宿分野的黑色長袍走出，在南面祭壇前跪拜禱告：「昊天在上，有甘德、石申二位弟子祈求天帝，懇望昭示天機，以告誡國君自勵奮發，拯救蒼生於水火。」一拜罷起身，肅然登上觀星臺。楚宣王連忙跪在二人跪過的祭案前，再度禱告一番：「上天哪上天，芈良夫耗費資財誠心敬天，總該比宋景公那幾句空話好吧，你該當有個吉兆啦。」

觀星臺頂上，甘德、石申各自向深邃的蒼穹肅穆一拜，閉目定神，霍然開眼，向廣袤無垠的星河緩緩掃過。燦爛的夜空出奇的靜謐，晶瑩閃爍，嘲諷著人間的簡單和愚昧。大約一個時辰後，二人同時輕輕地「啊」了一聲，身子急速地從面南轉向面西。他們靈異的耳朵，已經聽見了遙遠的河漢深處隱隱的「天音」，憑著與生俱來的天賦異稟，他們已經預感到今夜將有驚人的曠世奇觀。

片刻之間，西部夜空一道強光橫過天際，一顆巨大的彗星拖著長長的尾巴，由北向南橫亙西部天空！它那強烈的光芒，橫掃河漢的巨大氣勢，竟使星群河漢暗然失色。強光照耀之際，隱隱雷聲久久不散。

甘德、石申被深深震撼了，佇立在觀星臺上，久久沉默著。

寅時末刻，兩位大師終於走下了觀星臺。司禮大臣和江乙大夫恭恭敬敬地將兩位大師迎進國王專用的東室。楚宣王摒退左右侍從，將兩位高士請到尊位坐定，誠惶誠恐地深深一躬：「敢問先生，上天如何垂象？」

石申道：「今夜天象，非同尋常，天下將有山河巨變。」

楚宣王眼睛驟然放光，一臉驚喜：「先生但講無妨啦。」

甘德道：「楚王敬天，不敢隱瞞。丑時有半，西部天際有彗星驟顯，長可徑天，蒼色閃爍，其後隱隱有風雷之聲，橫亙天際一個時辰有餘。山人觀星數十年，其間隱寓的滄桑巨變，實在難以盡述也。」

楚宣王對甘德石申可以說是高山仰止了，對他們的稟性也頗有耳聞——淡泊矜持，直言不諱，對災難星變從來泰然處之。因何兩人對今夜天象竟如此悚然動容？心頭不禁大是忐忑，卻又有些激動：「先生所言彗星，莫非就是帚星？此乃大災之星，芈良夫略知一二，但不知何國將有大災大難？楚國可否代上天滅之，以伸天地正道？」

石申的目光不經意地掃過芈良夫的肥臉，嘴角抽搐了一下，卻又低眉斂目道：「楚王但知其一，不知其二。尋常人以為，彗星為妖星之首，預示人間大災大惡。然則天行有常，常中寓變，遠非常人所能窺視。這彗星，在非常時期以非常色式出現，則有極為奧祕深遠之意蘊，並非尋常的災變。大惡大凶之時，彗星大顯，乃除舊布新之兆。巫咸有言，彗星大出，主滅不義。當年周武王伐紂，彗星大顯，正應此兆也。晏子有言，天現彗星，以除人間污穢也。彗星出於太平盛世者，昭示災難。然彗星若大出於惡世，則大災難中有新生，新政將大出於天下，人世將有滄海桑田之變也。」

芈良夫心中大動，吳起在楚國變法不正是新政麼？不禁連連點頭：「先生所言極是，煩請詳加拆解。」

甘德一直在沉思，此時悠然一歎：「今夜，徑天彗星大顯於西方太白之下，當主西方有明君強臣當國，新政已成根基。天下從此將有巨大無比的兵暴動盪，而後掃滅四海災難，人間歸於一統盛世。」

楚宣王愕然，「太白之下」，那不就是秦國麼？匪夷所思！要說哪個國家他都相信，偏這秦國要成大器，他是無論如何不能相信。秦國，一個天下鄙視的西陲蠻夷，芈良夫連正眼看它一眼都不屑，竟能應上天正道而大出？一時間，他惶惑起來，懷疑兩位星象家老眼昏花看錯了星星：「敢問，先生，有否看、看錯？真是，太白之下啦？」

甘德石申驚訝地睜開眼睛，相互對視有頃，竟不約而同地大笑起來。

楚宣王已經煩躁不安地站了起來：「我大楚國，尚被中原視為蠻夷。那秦國，分明比楚國還差老遠啦！這上天倒玄妙得緊，本王，如何信得啦？」

「上天授權，唯德是親。」甘德淡漠微笑。

石申眉頭微微皺起道：「楚王尚有不知，熒惑暗淡不明，躁急促疾，長懸列宿之上。分野之國，當惕厲自省也。」

「如何？」楚宣王又是一驚，「熒惑暗淡啦？列宿之上？那不快要熒惑守心了？上天也上天，芈良夫敬你有加，你為何忒般無情啦！」

石申道：「熒惑暗淡久矣，非今夜之象。若非楚王敬天，本不當講。」

「天機悠遠，不可盡察。或我等未能盡窺堂奧，也未可知。言盡於此，願王自圖之。」甘德說著已經站起，一拱手，「我等告辭。」石申大笑起來：「然也然也，或未能盡窺堂奧也。告辭。」

楚宣王心亂如麻，揮手道：「江乙大夫，代本王送兩位先生。賞賜千金。」待兩人走出石門，芈良夫山一般的身軀再也支撐不了煩躁勞累和失望，呼呼大喘著癱軟在冰涼的石板地上。

荊山觀星臺下來，楚宣王就像霜打了的秋菜一般，蔫得一句話也懶得說。江乙回來稟報說，甘德石申兩位高人已經走了，楚宣王才驚訝地推開了打扇的侍女：「如何走啦？不是說好的做天大夫啦？」江乙苦笑道：「兩位高人不屑做官，臣實在挽留不住。大王，得另謀良策才是。」「上天都給謀過啦，我能謀過天麼？」楚宣王愁眉苦臉地揮揮手，「江乙啊，你說這上天也是沒譜，如何秦國也能大出，本王如何信他啦？」江乙看著楚宣王，卻沉默著不說話。

「說呀，你信不信啦？」

「大王，容臣下直言。」黑瘦短小的江乙在肥白碩大的楚宣王面前沒有委頓，一雙精光四射的眼睛在黝黑的瘦臉上分外活躍，一拱手道，「臣以為，天象之說，素來是信則有之，不信則無。若天象對我有利，我可用之以振民心。若天象對我不利，我則可置之度外。儒家孔丘就從來不涉怪力亂神，只是盡人事而已。若大王這般篤信，豈非大大辜負了芈氏祖宗？」

楚宣王瞇著眼睛，打量了江乙好大一會兒沒說話。他本來也實在不想相信這兩個糟老頭兒透露的天機，但卻總覺得老大沮喪。江乙這番話倒真對他的胃口，但又覺得缺點兒物事，想想問道：「如你所言，先祖有非天舉動啦？」

「正是。」江乙顯得深思熟慮，「先祖莊王，問鼎中原，向天命發難，反成一代霸業。往前說，武王伐紂，老姜尚踏碎太廟裡的占卜龜甲；天做雷電風雨，老姜尚卻對武王大喝，『弔民伐罪，何須問此等腐朽之物？』武王從之，大舉發兵，一舉滅商。往近說，鄭莊公射天，反成春秋第一霸主。臣日前在齊國時聽說，稷下學宮有後起名士在論戰中大反天道天命之說，已經轟動齊國了。我王何須為區區彗星滅了志氣？當謀良策，盡人事，以振興楚國。」

「反得好啦！」楚宣王一陣大笑，大為振作，「就是啦，要說變法，也是我大楚早啦。那時候，秦國還在睡大覺啦！」

「我王所言甚是。先祖悼王用吳起變法，威震中原，無敢犯楚。我王當重振雄風！」

「好啦！」楚宣王推開兩名打扇侍女，肥大的身軀搖晃著站了起來，彷彿在江乙的頭頂俯視一般，「江乙，本王冊封你為上卿啦。即刻回府準備，辦理官印文書。晚上進宮，本王要委你重大國務，振興大楚啦！」

江乙振奮了，深深一躬道：「臣縱肝腦塗地，亦當報效楚國！」

按照傳統，楚國的上卿是令尹（丞相）的輔政助理大臣，職爵顯赫。楚國目下沒有令尹，由執圭景授代理主政。江乙若為上卿，自然必是主政大臣之一。多年來，江乙多在中原出使，熟悉中原戰國的變法勢頭，一直想上書楚王在楚國進行第二次變法，真正地振興楚國。可惜，江乙一直淹沒在為楚王一個又一個奇妙謀劃奔波的忙碌中，竟無暇認真地與楚王商討一次國事。這次藉楚王對天象惶惑之際，江乙坦率進言，尚未涉及第二次變法的大計，楚王便晉升他為上卿，豈非大大的好兆頭？一旦赴任上卿，江乙決意立即推行第二次變法的主張，使楚國強大，自己也成為變法名臣。一路上江乙都很激奮，想著晚上如何對楚王陳述自己思慮日久的變法大計，心潮起伏不能自已。猛然想到楚王讓自己辦好官印文書的事，方才急匆匆趕到主政大臣景授府中，宣了王命，領了大印並辦理了一應儀仗護衛等事宜，便急匆匆回府。楚國有四大世族，屈、景、昭、項。這景授是景氏家族的族領兼楚國主政大臣，與江乙一般乾瘦，卻是鬚髮霜雪的一個老人。見江乙精神勃發疾步匆匆的樣子，景授大是好笑，悠然揶揄道：「上卿啊，走穩了，楚國山多崎嶇，小心閃了腰啦。」江乙記得自己好像笑了笑，回答得也還得體：「不勞執圭掛心，是山是水，江乙都曉得。」誰想那景授竟搖頭大笑道：「當真啦？那吳起當年也這樣說，後來如何？」

江乙的心，不禁猛然沉了一下。

三十多年前，吳起逃出魏國。楚悼王正在苦苦尋覓大才，立即將吳起接到楚國，拜為令尹，總攬軍政大權，謀劃實行變法。在楚悼王的全力支持下，吳起開始雷厲風行地在楚國推行變法，實行了四道新法令：第一，世襲祖先爵祿封地已經三世者，一律收回封地，罷黜爵位。僅這一道法令的推行，便使楚國直屬國府的耕地增加了數百萬畝，納稅農戶增加了十萬。這道法令沒有涉及屈、景、昭、項四大世族的嫡系家族，更沒有涉及王室部族，所以進展得尚算順利。

第二，裁汰冗官。楚國世族盤根錯節，貴族子弟人皆有爵，官府吏員人浮於事者十有六七。這些「大人」們無所事事，每日除了狩獵、豪飲、聚賭、獵豔，便是聚在一起挑剔國中是非，但有能員實幹者，便從這些「大人」口中生出無數匪夷所思的流言蜚語。過不了多少日子，這個能員也就准定偃旗息鼓，否則便連爵祿也沒有了。吳起當政，對這些冗官狠狠裁減，幾乎將貴族子弟的絕大部分趕回了他們的莊園，使他們成為「白身貴族」。僅這一項結餘的費用，就使全部留任官員的俸祿綽綽有餘。更重要的是在很大程度上清除了官場無事生非的惡習，楚國朝野頓時整肅起來。

第三，明法審令，整頓民治。當時楚國的治理極為混亂，國府直轄的縣很少，大部分國土都是貴族的世襲封地，許多庶民隸農都依附在貴族的封地，成為私家農戶。還有很大一部分山地盆地，屬於更為蠻荒的山地部族「自領」。楚國的法令政令，對封地與「自領」地幾乎沒有任何效力。楚國實際上是一個「諸侯」同盟邦國，看起來很大，實際上所能積聚的力量卻很小。面對如此亂象，吳起的重大行動是：對保留的貴族嫡系的封地，實行治權賦稅分離的法令，民治權與少部分賦稅歸於官府，大部分賦稅歸貴族領主。此所謂明法，官府治民，貴族受稅。對於自領自治的山地部族，則與其分權。全部軍權與賦稅的一半歸王室官府，治權與賦稅一半歸部族，部族治權的法令必須經過王室官府的勘審准許方得通行。此所謂審令。另外一個重要法令是，限定貴族必須將荒無人煙的土地開墾出來，而且必須吸引移民進去耕耘。此所謂「令貴人實空虛之地」。上述法令一經強力推行，楚國王室權力大增，賦稅大增，直轄民戶大增。楚國在那六年多的時間裡，確實是生機勃勃。

第四，整頓軍制，訓練新軍。當時，楚國的軍制與秦國的軍制相差無幾，都停留在春秋時期的老兵車傳統上，戰力極弱，對經常騷擾楚國的嶺南百越部族都無能為力。吳起本是戰無不勝的卓越統帥，對整軍經武大是行家裡手。他將收回封地的賦稅與裁減冗員的結餘，全部用於新軍經費，大量招募「戰鬥之士」，一年內便訓練出了一支八萬人的精銳新軍。

第三年，新軍練成，國力大增，吳起開始了對外作戰。像在魏國一樣，吳起採取了「先內後外」的謀略。第一步，吳起親率精悍的輕裝步兵三萬，開進嶺南與百越部族展開了山地戰，一年內大小十戰，全部大勝，平定了百越部族，消除了長期危害楚國的心腹大患。第二步，吳起親率步騎混編的精銳四萬，對蒼梧大山（今湖南廣西一帶）尚未臣服的苗蠻部族發動進攻，半年之內，全部收服苗蠻部族。第三步，吳起統率全部精銳八萬新軍，北渡淮水，一戰吞併了蔡國，再戰吞併了陳國，使楚國勢力驟然擴張到淮水以北，直與韓國魏國遙遙相望。在此之前，楚國的領土勢力一直在淮水以南漲漲縮縮，富庶文明的淮水以北一直是傳統的中原勢力範圍。吳起一舉消滅陳蔡兩國，使楚國觸角驟然伸進中原腹心，最感威脅的就是三晉魏趙韓三國。於是，三晉聯兵，與吳起大軍在淮北展開激戰，兩場大戰，吳起全面擊潰三晉聯軍，楚國大勝。從此，楚國才在淮北站穩了腳跟。

可是，就在這樣的節骨眼上，做了二十一年國君的楚悼王死了。

江乙記得很清楚，當時吳起正在淮北安撫地方民治，尚未回到郢都。他對郢都貴族勢力的密謀一無所知。及至吳起接到噩耗，匆匆隻身趕回郢都奔喪，陰謀已經天羅地網般罩住了吳起。那時候江乙還只是個被奪爵祿的少年士子，只能在王宮外祭奠。當他看到急匆匆趕來的一支又一支貴族家兵時，他驚恐地睜大了眼睛，竟忽發奇想，悄悄擠進了貴族的祭奠行列……進得大殿，他發現沉沉帷幕後面竟站滿了一排一排的弓箭手，身穿麻衣重孝的貴族大臣也都暗藏著彎彎的吳鉤短劍。楚悼王的屍體擺在大殿中央的長大木臺上，祭奠完畢就要入殮歸棺了。按照楚國喪葬禮儀，太子羋臧已經在父王逝世當日解國守靈，不再預聞國事。此刻，太子是麻衣重孝，跪在遺體臺前哀哀哭號，兩位年輕的王室子弟站在太子身後護持，眼睛卻不斷地瞟來瞟去。

喪葬哀樂嗚嗚咽咽地奏了起來，王室嫡系宗親的元老大臣先行一一祭奠完畢，又都整齊地跪在太子身後丈餘處守靈了。按照爵位次序，下來就是令尹大將軍吳起祭奠，再下來就是屈、景、昭、項四大世族的元老大臣祭奠。就在吳起沉重緩慢地走向楚悼王遺體時，江乙聽到了貴族群中一聲蒼老尖銳的哭號突然響起：「大王何去兮！」隨著尖銳哭號，太子身後的兩位貴族衛士猛然扶起太子，回身鑽進了帷幕之後。就在這剎那之間，帷幕刷啦啦拉開，弓箭手的長箭急雨般向吳起飛來。

吳起正在悲痛之中，眼睛只向前看著楚悼王遺體，怎能料到如此巨變？突聞異動回過身來，已經是連中三箭。那時候，江乙清楚地看見吳起高聲呼喊著：「楚王——變法休矣！」踉踉蹌蹌地衝到楚悼王遺體前，緊緊抱著楚悼王的遺體放聲大哭……對吳起恐懼已極的貴族此刻已經完全瘋狂，一片聲高喊：「射殺吳起！射殺吳起！」貴族家兵本來就不是戰場廝殺的軍隊，箭術平平，又在慌亂之中，一陣狂亂猛射，竟將吳起與楚悼王的遺體射成了刺蝟一般，長箭糾葛，根本無法分開。

大亂之後，楚悼王的葬禮遲遲無法進行。太醫們愁眉苦臉地折騰了三天，竟還是無法分開楚悼王與吳起的屍體，若要分開，便得零刀碎割。太子芈臧痛徹心脾，覺得這是楚國的奇恥大辱。憤怒之下，芈臧下令追封吳起為安國君，將父王與吳起合葬了事。三月之後，太子即位稱王，這便是楚肅王。一即位楚肅王便祕密籌劃，將吳起訓練的八萬精銳新軍調回郢都，一舉捕獲參與叛亂的七十三家貴族大臣的家族兩千餘口，以「毀滅王屍，叛逆作亂」的罪名，將兩千餘口貴族一次全部斬首。

那是楚國歷史上最大規模的一次屠殺，江乙記得自己從刑場回來，嘔吐得三天都沒能吃飯。他對吳起佩服景仰極了。一個人能在那麼緊急的時候想出那麼高妙的主意，竟在死後使仇敵全數覆沒，這種智慧當真是難以企及。是啊，吳起畢竟是身經百戰的大將，生具應對倉促巨變的天賦。倉促之間便立即清楚，自己手無寸鐵，縱逃出箭雨，也逃不出殿外伏兵追殺，當是必死無疑，能做的也只有將陰謀家捲進來，使他們與自己同歸於盡，自己也得以復仇。

吳起的復仇願望實現了，楚國的變法夭折了。從那以後，誰也沒覺得有什麼疾風暴雨，楚國就漸漸地不知不覺地回到老路上去了。江乙始終沒有想明白，楚國究竟是如何退回去的？性格陰沉的楚肅王，鬱鬱寡歡地做了十一年國王，又死了，連兒子都沒有。貴族們力保他的小弟弟芈良夫做了國王，便是目下的這個楚王。這位楚王倒是心思聰敏，即位快二十年了，肥碩的頭腦裡奇思妙想不斷，可就是國勢一無進展，也實在令人摸不著頭腦。就說三個月前，突然要江乙不惜重金，尋覓甘德石申兩位星象高士。好容易找來了，說好的要冊封人家為「天大夫」輔政，可一觀星象不合胃口，竟然又不理睬兩位高士了。江乙好生斡旋，才保住了楚國的體面。

今日，楚王又突現振作，冊封自己為上卿輔政，而且要自己晚上進宮議事。江乙總覺得楚王要做的這件大事，該當是讓自己主政變法。可是，以往的曲曲折折反反覆覆又使他心裡很不踏實，很怕楚王又想出一個什麼「奇計妙策」，教他去做徒勞的奔波馳驅。

忐忑不安地忙到暮色降臨，江乙匆匆安排了幾件事，匆匆地進宮了。

楚宣王正在皺著眉頭瞇著眼睛，挺著肥大的身軀躺臥在特製的一張落地大木榻上，看幾個舞女在扭著混混沌沌不知名的舞曲。聽得江乙參見的報號，竟霍然坐起，將兩個打扇侍女嚇得尖叫一聲丟了大扇。楚宣王生氣地呵斥道：「蠢啦！下去！」兩個侍女一叩頭連忙碎步疾行去了。楚宣王破例地向江乙招手，呵呵笑著拍拍木榻道：「上卿，過來，這裡坐啦。」江乙走過去坐在了楚宣王旁邊。縱是這木榻長大，江乙離楚宣王還有兩三尺距離，也立即感到了一股熱烘烘的汗味兒彌漫撲來，若非心中興奮緊張，還真難以忍受。

「哎呀上卿，再過來啦，這是大計密談。哎，是啦是啦，聽我說……」楚宣王的聲音突然低了。聽著聽著，江乙的心越來越涼，一句話也說不出來，只覺得胸口一陣憋悶，軟軟地倒在了楚宣王肥大的腳上……

三日之後，一隊甲士簇擁著一輛青銅軺車駛出郢都，六尺車蓋下的玉冠使者卻正是江乙。這次特使他實在不想做，卻又不能不做。

楚宣王芈良夫又有了一個天賜奇策。

二、魏惠王君臣雄心陡長

江乙到達安邑的時候，簡直不認識這個以風雅錦繡聞名於天下的著名都會了。

長街之上，除了兵器店鋪照常興隆外，絕大部分商號酒肆都關了門。街巷之中，風掃落葉，行人稀少，蕭瑟清冷中彌漫出一片狂熱躁動。不斷有一隊一隊的鐵甲步卒開過各條大街，高喊著「振興大魏！報效國家！」的號子，和著整齊威武的步伐，滿城轟鳴。城中行人無論男女，都是大步匆匆，好像都在辦緊急大事一般，和安邑人平日裡的閒逸風雅大相迴異。但最令江乙驚訝的是，安邑的外國商鋪幾乎全部封門停業，幾條外商雲集的大街幾乎通街冷落，沒有一家開業者。江乙本來想先住在楚人商社裡，徐徐計議大事。因楚人商社坐落在天街中段，與洞香春隔街相望，打探各種消息極是方便。誰能想到，這條集中了天下財富權勢與四海消息的林蔭石板街，此刻竟比任何一條街巷都冷清，外國人的商社全部關閉，連神祕顯赫的洞香春都關上了那永遠敞開的大鐵門。

無奈，江乙只好打出國使旗號，住進了國府驛館，匆匆梳洗一番，乘著軺車捧著國書來到魏王宮。來到宮門，只見甲士重重，分外肅殺。江乙正要下車，卻聽巡視將官一聲大喝：「使者回車！我王休朝三日！」江乙站在軺車傘蓋下遙遙拱手道：「我乃楚王特使江乙，有緊急大事晉見魏王，請將軍務必稟報。」巡將不耐，一揮手，便有小隊甲士跑步圍上，將軺車嘩啷啷推轉方向，向馬臀上猛抽一鞭，軺車便驚跳竄出。嚇得馭手連連叫喊，好容易穩住車馬，卻聽身後傳來一陣哄然大笑：「楚使？鳥屎！回去……」江乙感到困惑恐懼，這魏國如何變得如此乖僻，連大國特使都肆意哄趕？思想之下，他決定先到丞相公子卬府中說話。誰想又吃了一個閉門羹，家老說丞相有軍國要務，三日不回府。江乙連忙按規矩給家老送上一份厚禮，家老不理不睬，轉身就關上了大門。江乙可真是糊塗了，如何驟然之間這魏國官府上下都變得不認識了？連貪財的丞相家老也廉潔起來了？莫非這天下巨變要應在魏國不成？江乙不死心，一口氣又跑到太子魏申和上將軍龐涓兩處府邸，竟都無一例外地得到「三日不回」的答覆，有資格接待國使的大員一個也沒有見著，邪氣也。

江乙驀然警覺，魏國要出大事了，天下要大亂了！

魏王宮內。綠樹掩映的小殿周圍環布著遊動的甲士，殿門口兩排甲士的矛戈在午後陽光下森森閃光。魏國君臣正在這座極少啟用的密殿裡祕密會商，參加者只有君臣五人：魏惠王、太子魏申、丞相公子卬、上將軍龐涓、河西大將龍賈。魏惠王一掃往日的慵懶散漫，肅然端坐，手扶長劍，目光炯炯，彷彿又找回了初登王位時的勃勃雄心。太子魏申和丞相公子卬也破天荒的一身華貴戎裝，甲冑齊全，顯得威風凜凜。相比之下，倒是龐涓、龍賈兩員真正戰將的布衣鐵甲顯得頗為寒酸。

「諸卿，」魏惠王咳嗽一聲，面色肅然地環顧四周，「上天垂象，西方太白之下彗星徑天，天下將要刀兵動盪，歸於一統。大魏巫師占卜天象玄機，確認我大魏上應彗星徑天之兆，將由西向東掃滅六國，一統天下。月餘以來，我大魏朝野振奮，舉國求戰。我等君臣要上應天心，下順民意，奮發自勵，五年內逐一蕩平列國，完成千古不朽之帝業。大戰韜略如何，諸卿盡可謀劃，本王定奪而後行。」

這番矜持沉穩的話剛一落點，丞相公子卬霍然起身道：「我王天縱英明，決意奮發，臣以為乃國之大幸，民之大幸，天下之大幸也！滅國韜略，臣以為可由太子申、臣與上將軍、龍賈老將軍，各領十五萬精兵分四路大戰。太子申滅燕國，臣滅秦國，上將軍滅趙國韓國，龍賈老將軍滅齊國楚國。其餘小諸侯，乘勢席捲之。如此不需五年，兩年便可大功告成，一統天下！」他很為自己這個精心盤算的方略得意。這種大仗，無論如何都要親自領兵打幾場的，否則一統天下後如何立足？想來想去，公子卬選擇了秦國，給太子推薦了燕國，將四個難打的留給了龐涓和龍賈兩個老古板。他想，這個主意一定能得到太子申與魏王的贊同。

沒想到太子魏申卻冷冷一笑：「丞相可知魏國有多少甲士？」

「上將軍轄下精兵二十五萬，河西守軍十五萬，再重行徵兵二十萬，當六十萬有餘。」公子卬信心十足，沒有覺察太子的言外之音。

「新徵之兵，也能去滅國大戰麼？」

公子卬這才聽出味道不對，內心頗為不悅，卻也不便反駁，迅速做出一副笑臉：「然則，太子的上上之策何在？」

太子魏申二十多歲，口氣卻彷彿久經沙場：「自然有長策大計。父王，兒臣以為，以魏國目前狀況，不宜分兵過甚。而當集中精兵，先滅趙韓，統一三晉，而後滅齊國。其餘秦國楚國兩個蠻夷之邦和數十個蕞爾小諸侯，在我大軍威懾之下，定然紛紛來降。分兵四路，同時作戰，輜重糧草難以為繼，若一路有失，便大傷士氣，很是不妥。」這一席話對叔父公子卬的謀劃的確是一盆冷水，顯得大是老成，僅「輜重糧草難以為繼」這一條就頗有說服力。身為丞相的公子卬大為尷尬。

魏惠王不置可否道：「軍旅大戰，還是先聽聽上將軍、龍老將軍如何主張也。」

多年磨練，龐涓是深沉多了，和這些金玉其外敗絮其中的貴族大臣議事，他從來不搶先說話，只在魏王點名或涉及自己時寥寥幾句適可而止，絕不再滔滔不絕地企圖說服這些貴族膏粱。個把月前的那次彗星奇觀，他也看見了，雖然也很有些意外和驚訝，但並沒有認真放在心上。身為名家大將，他也算通曉天文，知道彗星現於太白之下，那是秦國變法成功的預兆，而絕不是魏國統一天下的預兆。其所以沒有太放在心上，是因為他早就清醒地看到了秦國變法之後對魏國的威脅，如此淺顯的戰國格局，竟然還要什麼「上天垂象」來揭示，當真令人哭笑不得。多年來，龐涓每有機會單獨見魏王，都要鄭重提醒魏王提防秦國，趁早消滅這個潛在的可怕敵人。然則，魏國宮廷朝野彌漫的蔑視秦國的痼疾，深深影響著魏王。龐涓每次的正告都引來魏王的一通大笑，還要說給別的大臣聽，如同當年將公叔痤要他殺掉衛鞅的「昏話」到處講給人聽一樣。久而久之，龐涓竟落了個「恐秦上將軍」的雅號，使龐涓大為惱火，從此不再提滅秦之事。

將近十年沒有打大仗，魏國君臣都在忙建造大梁遷都大梁。他這個上將軍的威名權力在魏國朝野漸漸黯淡了下來，龐涓自己也鬱鬱寡歡，很少和朝臣應酬，若非師弟孫臏被他逼逃到齊國，龐涓真想離開魏國到齊威王那裡去了。兩個月前，他心念閃動，找了個理由出使趙國，看看趙種是否還像六國會盟時那樣看重他？誰知車近邯鄲，竟然接到趙種暴病身亡的噩耗。本為試探出路，竟變成了一場對趙種的悲傷祭奠，對太子趙語繼位的慶賀。就在龐涓歸來準備到楚國試探時，卻不想出現了那場彗星天象，魏國朝野上下竟然在旬日之間狂熱起來。他的上將軍府又驟然成為舉國關注的重地。龐涓感到悲傷，如此淺薄無智的君主，與如此狂悖輕信的民眾，一夜之間竟拜倒在虛幻的星象面前，有何大作為可言？但強烈的功名之心，卻使他又從中看到了利用這種狂熱的機會。不是麼？連慵懶成性的魏王都換了個人似的精神勃發。連公子卬這樣的紈袴人物，都鄭重其事地一身戎裝準備建功立業了，安知魏國不會被神奇地激發起來？加上超強的國力與戰無不勝的數十萬魏國武卒，如果他龐涓再全力以赴，十年之內誰說不能建立赫赫功業？雖然統一天下對於魏國來說已經時過境遷，但先滅幾個大國，重新奠定統一基礎，還是有可能的。

若以真實謀劃，龐涓還是認為應當先滅秦國。但由於以往受到的奚落嘲笑太多，龐涓一時不知該不該如實陳述？公子卬的可笑已經被太子申駁倒，龐涓無須和他計較。目下只是如何拿出一個切實可行且能被魏王採納的大計。他一直在思索，當然也知道在這種軍國大計上自己說話的分量。

「我王，」龐涓坐直身子正色道，「臣有三策，可供定奪。」

「三策？」魏惠王驚訝，「上將軍請講。」

「上策以滅秦為先。秦國與魏國犬牙交錯，糾纏數十年，積怨極深。我大魏國要東向中原，就必須先除掉這個背後釘子。目下秦國雖變法有成，但畢竟羽翼未豐，軍力不強，正是滅秦的最後一個時機。若再耽延不決，三五年之後秦國強大，魏國要回頭封堵，必將大費氣力，甚至可能時勢逆轉。願我王三思。」

「嗯哼，」魏惠王不置可否地點點頭，「中策如何？」公子卬卻幾乎忍不住要大笑出來，生生憋出了一個響亮的噴嚏。太子申只是微微一笑。只有霜染兩鬢的老龍賈，一絲不苟地正襟危坐著。

龐涓沒有理會他人，侃侃道：「中策以先滅趙韓為要。十餘年來，趙國與北胡及中山國糾纏不休，國力業已大損。目下又逢趙成侯新喪，太子繼位，主少國疑，人心不穩，完全可一擊而下。滅趙之後，兵鋒南下，直指韓國，一戰滅之。韓趙本三晉之國，民情熟悉，最易化入大魏一體治理，無飛地難治之憂。若得三晉統一於大魏，我國力將增強數倍，可為掃滅天下奠定根基。是為中策。」

「嗯哼，下策如何？」魏惠王依舊不置可否地點點頭。

「下策滅楚。楚國與魏國接壤最長，東西橫貫數百里。吞滅楚國，地土增加十倍，民眾增加兩倍，魏國當成名副其實的天下第一大國。楚王芈良夫志大才疏，耽於夢想，數十年國事荒疏，國內一片鬆懈混亂。我大軍所指，必當所向披靡。然楚國廣袤蠻荒，臣恐難以在短期內化為有效國力，故此列為下策。」

「如此說來，上將軍是主張上策了？」魏惠王罕見的認真。

「臣以為，先滅秦國方應上天彗星之象，方可根除魏國後院隱患。」龐涓心念一閃，抬出了西部彗星，這在他是從來沒有過的。

「我王，」公子卬立即上前一步，正色拱手道，「臣曾請教過高明星象家，西天彗星之象，主西陲秦國將發生內亂、動盪和饑荒，是秦國的大凶之兆。不消兩年，秦國就會瓦解崩潰而不攻自破！當此之時，魏國大兵滅秦，徒然費時費力，誤我中原稱雄之大好機遇。」公子卬不能與太子駁論，不是太子真正高明多少，而是絕對不能與太子齟齬。要顯得自己才幹，就要咬住龐涓，只要龐涓開口，他就要大加挑剔。和龐涓鬥宮廷權術，公子卬從來都得心應手。

「丞相差矣！」龐涓在軍國大計上從來不會對誰讓步，更何況公子卬這種飯袋。但要駁斥這個酒囊飯袋，就不能迴避天象，因為這正是魏國君臣振奮的根源。龐涓平靜地說：「天象示兆，亦在人為。人為不力，天象可改。秦國正在蒸蒸日上，如何能不攻自破？世間從來沒有永恆不變的天象。臣再次提醒我王，這是大魏消滅秦國的最後一次機會，願我王深思。」

魏惠王沉吟思忖，良久沉默。在他看來，打仗是要靠龐涓無疑的，但在事關國運的大計上，龐涓總是古板固執得永遠咬住一條道，未免太缺乏機變了。公子卬雖則不善軍旅，但在國運謀劃上卻頗有眼光，譬如遷都大梁，譬如籌劃錢財，此人都是個貴相之人，按他的主張辦事，魏國往往會興旺起來。人無天命，謀劃再好也不會成功；人有天命，縱然謀劃有差，往往也會歪打正著。

當年父親魏武侯死後，庶兄公子緩與自己爭位，兩人各自率領數萬人馬緊張對峙。這時候宋國有個能士叫公孫頎，竟然說動韓懿侯與趙成侯趁著內亂聯兵攻魏。濁澤畔一場大戰，自己與公子緩的八萬聯軍一敗塗地，連統帥王錯也身負重傷。魏惠王當時萬念俱灰，準備投降趙國做個白身商人了此一生。誰想在這個要命的時候，韓懿侯與趙成侯卻在如何處置魏國的決策上發生了分歧。趙成侯主張扶立公子緩為魏國君主，然後各割魏地三百里退兵。韓懿侯不贊同，說：「殺魏罃立公子緩，天下人必說我暴虐；割地而退，人必說我貪婪。不如將魏國分成宋國那樣的兩個小國，韓趙便永遠沒有魏國這個心腹大患了。」趙成侯大笑，嘲諷韓懿侯呆笨迂闊。韓懿侯反唇相稽，說趙成侯貪圖小利鼠目寸光。當夜，韓懿侯便率領五萬韓軍撤退了。趙國眼看吞不下這塊大象，也負氣撤兵了。韓趙一退，魏罃大軍重整旗鼓，將沒有了趙國支持的公子緩一戰消滅，方才做了魏國君主。魏罃總是百思不得其解，你說無論按照誰的主張，魏國都要崩潰滅亡，為什麼就是一場口角，竟使韓趙君主功虧一簣？以韓懿侯的老謀深算，趙成侯的精悍凌厲，無論如何也不當放棄如此大好時機也？如此鬼迷心竅般的犯懵懂，除了天命天意，還能做何解釋？

從那以後，魏惠王對自己的國運就從來沒有懷疑過，對於用人也恪守一條鐵則——廟堂運籌，當用貴相大命之人，庶務臣子盡可從寬。龐涓的命相，魏惠王也找人悄悄看過，是「先吉後凶」的苦惡相。魏惠王便將他定在了「做事可也，謀國不策」這一格上。公子卬恰恰相反，天命福厚，是「可謀國、不可做事」的一格。兩人互補之，則魏國大成。這種廟謨心機，自然不能絲毫地顯現於形色之中，而要作為駕馭臣下的祕術深藏於心底。

「丞相以為，究竟如何開戰為好？」魏惠王終於看著公子卬說話了。

「臣以為，太子眼光遠大，所提先統三晉乃用兵良謀。」公子卬大是興奮，心中也非常清楚，放棄自己「兵分四路」的主張一點兒不打緊，要緊的是不能教太子的主張被龐涓的主張取代。雖然龐涓的「中策」也主張滅趙，但他必須申明，先滅韓趙是太子的主張，必須支持太子。

「龍賈老將軍，你鎮守河西多年，乃我大魏繼吳起之後的名將，長期與秦國相持糾纏。你以為，秦國目下戰力如何？」魏惠王以少有的謙恭有禮，笑著問這位威猛持重的老將軍。只要有龐涓在場，魏惠王總要給其他將領很高的褒獎。

龍賈是魏國本土的老將，白髮黑面，一臉深刻的皺紋溢滿了誠厚莊重和戰場滄桑。他素來不苟言笑，肅然拱手道：「我王，老臣實言，秦國近年來變得難以捉摸了。與我軍相持的秦國要塞，依舊是當年的破舊衰弱狀。戰車、騎兵、步卒相混雜，馬老兵疲車破，士卒不斷逃亡，顯然無法與我軍抗衡。時有過來投降的秦軍，說秦國民心不穩，國府沒有財力建立步騎野戰新軍。然老臣總覺蹊蹺，曾派精幹斥候多次潛入秦國探查。斥候回報，秦國西部陳倉山大峽谷封閉多年，常有隱隱喊殺之聲與戰馬嘶鳴，夜間還發現有車輛祕密進入，近年來尤為頻繁。我王，秦國與韓國不同。韓國大軍在新鄭城外訓練，盡人皆知。秦國卻像隱藏在河底的大石，令人不安。老臣以為，上將軍洞察頗深，不能小視秦國。」

太子魏申笑道：「老將軍，國家大爭，豈能以零碎猜測為據？兵不厭詐，詭道之本。安知不是秦國為了掩飾動盪而故弄玄虛？」

老將面色脹紅：「太子，據老臣所知，秦國生機勃勃，並無民心動盪。」

「老將軍也，」公子卬大笑，「人老多疑，也在情理之中。你說，哪個國家不訓練軍馬？可建立、訓練一支野戰步騎大軍，談何容易！我大魏新軍自文侯武侯到今日，快一百年才形成穩定戰力。一個西陲蠻夷，三五年就能練出一支鐵軍？韓國乃富鐵之國，還拉不出一支鐵軍，秦國哪裡來得大量精鐵和良馬？充其量弄出一兩萬騎兵、三五萬步兵，打打戎狄罷了。至於鐵騎，秦國再有三十年也上不了道！老將軍以為如何？」

龍賈面如寒霜，鐵一樣地沉默。

太子魏申扳著指頭，一副深思熟慮的樣子：「父王，兒臣以為秦國有三大弱點不足以構成魏國威脅：其一，變法峻急，民心不穩，財力匱乏。其二，軍制落後，車步騎混雜，戰力極差。新軍縱然開始訓練，二十年內也無法與我抗爭。其三，秦國沒有統軍名將，公子虔那樣的車戰將領根本不堪一擊。有此三條，我軍在蕩平中原後，再回師滅秦，定能迫使秦國不戰而降，強如今日用牛刀殺雞。」

從來沒有領過兵，更沒有上過戰場的太子申，卻有如此振振華辭，龐涓終於忍不住了。他冷冷一笑：「太子切勿輕言兵事。秦人本牧馬部族，訓練騎兵比中原快捷得多。秦獻公正是以舊式騎兵，兩次大勝魏軍，使我無法越過華山、洛水，何況今日？」

龐涓冷冰冰幾句，噎得太子申回不過話來。公子卬豈容此等機會錯失，戟指龐涓赳赳高聲道：「上將軍恐秦症莫非又發作也？身為大將，長他人志氣，滅自己威風，莫非是上將軍的師門兵法！」

「丞相，」魏惠王正色呵斥，「大戰在即，將相當如一人，何能如此講話！」

公子卬心思何等靈動，立即向龐涓深深一躬：「在下失言，上將軍幸勿介懷。」

龐涓哼地冷笑一聲，沒有理睬。

魏惠王沉吟有頃道：「上將軍，若先行滅趙，危險何在？」

龐涓不假思索道：「趙韓皆地處中原衝要，他國容易救援，我軍有陷入兩面作戰之可能。此為最大危險。此外，也須提防秦軍從背後突襲河西。」

「救援？哪個國家救援？」太子申見父王有意採納自己主張，精神大振，「燕國？楚國？還是韓國？方才驛館來報，楚國特使匆匆來到，顯見是有求於我。燕國教東胡纏得自顧不暇，韓國只有幸災樂禍，誰來救趙國？」

「太子不要忘了，還有一個齊國。」龍賈突然插了一句。

「齊國？更不可能！」公子卬大笑，「老將軍差矣！齊國非但不會救趙韓，反而會幫我滅趙韓，而求分一杯羹也。我王思之，齊國素來遠離中原是非，當年分秦，齊國還不是置之度外？齊王目下又忙著整肅吏治，救趙國開罪魏國，對齊國有何好處？齊國願意與我強大的魏國為敵麼？田因齊可是猾賊得很也。」

龐涓實在想起而駁斥，思忖再三，還是咬緊牙關忍住了。

太子申突然站起，聲淚俱下：「父王，趙韓不滅，魏氏祖宗在天之靈難安哪！統一三晉，威震天下！滅一秦國，無聲無息，徒引列國恥笑也！」

魏惠王不耐煩地揮揮手，太子申悻悻坐回。

魏惠王站起來緩緩踱步到龐涓案前：「上將軍，軍國大事，還是要靠你來謀劃，沒有你與龍賈老將軍這般名將統兵，再說也是落空。本王以為，秦國和齊國兩面都要防備，方可放手在中原大戰，上將軍以為如何？」

「但憑我王號令，龐涓雖肝腦塗地，亦當報效國家。」龐涓心下稍有舒展，覺得自己也只能這樣了。

「好！」魏惠王慷慨激昂，「本王決意展開中原大戰，完成大魏一統大業。自今日起，我魏國大軍兵分三路：西路由龍賈老將軍率河西守軍，一力對華山、桃林、洛水諸要塞防守，秦軍妄動，立即痛殲。東路由太子申和公子卬率軍八萬，抵禦齊國援兵。中路大軍二十萬，由上將軍統率，半月後對趙國大舉進攻，務求一戰滅趙！」

「謹遵王命！」四人哄然應命。

惴惴不安的江乙終於見到了魏惠王。當江乙在燈火輝煌的寢宮誠惶誠恐地說完楚王「聯魏滅秦」的大計後，魏惠王縱聲大笑：「上卿，楚王何等壯偉，怕秦國一個乾瘦子麼？」江乙哭笑不得，拭著汗道：「我王之意，恐秦國坐大，威脅楚魏。若魏國出兵，楚國唯魏國馬首是瞻。」魏惠王又是一陣大笑，推開身邊女人，走出豔麗的紗帳：「請問上卿，楚國可出兵幾何？」

「回魏王，我王答應出兵十萬。」

「以誰為將？」

「令尹子昊。」

「滅秦之後如何？」

「魏得秦三分有二，楚得秦三分有一。」

「楚王中途退縮，不是一次，本王何能相信？」

「我王為天象警示，立志奮發，決意先行將淮水以北六座城池，割讓給魏國抵押。若中途反悔，六城屬魏。若滅秦有成，再行收回。」

「好！」魏惠王大笑，「上卿可回覆楚王，請他一月之後立即發兵，從武關北上。我大魏河西將軍龍賈從東北南下，兩面夾攻，一舉滅秦！」

「謝、謝過魏王！」江乙沒想到如此順利，竟結巴起來。

江乙高高興興地走了。魏惠王覺得自己瞬息之間又完成了一個大大的難題，也化解了龐涓喋喋不休所嘮叨的危險，運籌帷幄的功業感驟然溢滿心頭，興奮地拉過狐姬，破天荒地向這個柔媚可人的女人慷慨激昂地講說自己的英明決策和高遠謀劃，說得狐姬惶惶然不知道該如何稱頌了。

這時候，楚王特使的軺車正駛出安邑，奔馳在去齊國的路上。

楚王這套環環相連的大計的關鍵在齊國，沒有齊國，楚國就等於要教魏國牽著鼻子走。可是江乙對出使齊國，比出使魏國還沒有把握。魏國雖說是一等一的強國，可魏惠王那種刻意做出的大國君主氣度與霸主氣魄，倒實在是外交使臣眼裡的明顯弱點。江乙很是清楚，對魏國只要謙恭示弱，等閒不會有辱使命。可齊國這個不到四十歲的國王，卻是大大兩樣，江乙心中實在盤算不出一套體面機智的說辭，只好準備隨機應變了。

三、齊威王吏治的奇特手段

天剛剛亮，丞相騶忌就登上軺車向王宮而來。

齊王宮在臨淄城的北面，與王宮遙遙相對的，是南面的稷下學宮。中間是一片異常寬闊的街市，那便是名聞天下的臨淄「齊市」。所有的朝臣進宮，都得從這條街市穿過。這種都市格局，在天下都會中堪稱獨一無二。身為臨淄大夫，騶忌當年督建王宮與學宮時，給這裡留出的本來是一片松柏林，松柏林兩邊是王宮與學宮的車馬場，四周則是齊國官署。如此布局，這裡就形成了一個肅穆的王權中心，列國使臣和庶民百姓只要接近這個地方，敬畏之心就會油然而生。誰知年輕的齊王卻大皺眉頭，站在王宮地基上指著中央廣闊的空地問：「莫非齊國錢財多得沒用場了？要這幾百畝地大的松柏林何用？暴殄天物。這裡當建一條天下最寬闊的街市，就叫齊市，一定要超過大梁的魏市！天下商賈雲集這裡，我等王公大臣與學宮士子不能天天看農夫耕田，至少可天天看見商賈民生。」於是，這片構想中的靜謐松林，被喧囂的街市取代了。

建成伊始，商賈們便大感興趣。一片商市竟能和王宮比肩而立，這在當時確實是天下獨一份。無疑表明，齊國大大地看重商人。這在飽受「抑商」之苦的商人看來，簡直比賺錢本身還誘人。於是，天下的富商大賈接踵而來，爭相求購店面，同時又在臨淄大買地皮建房建倉。倏忽十幾年，齊市不期然成了天下最繁華的第一大市。臨淄人口大增，百工商賈達七萬多戶，幾近五十萬人口。齊市與魏市，大有不同處。魏市風華侈靡，多以酒肆、珠寶、絲綢、劍器名品為重。齊市則平樸實惠，主要是魚市、鹽市、鐵市、布市四大類。總的說來，奢靡風華，齊不如魏；實惠便民，魏不如齊。

齊王規定：朝臣入宮，非有緊急國務，必須步行穿過齊市；運輸車輛與緊急軍務，可走旁邊專門設置的車道；朝臣入宮，須得向齊王稟報街市遇到的逸聞趣事。

騶忌的軺車進入市口，下得車來，教馭手將車趕走，自己從容步行入市。正逢早市，除了飯鋪酒肆，大宗店鋪尚都正在上貨之時，市人不算很多。三三兩兩者，多為臨淄老民中的閒散之人。騶忌步履匆匆，心中一直在思忖如何向齊王稟報心中大事，不意眼前突然一亮，對面走來了一個豐神俊朗的美男子。

騶忌心中一動，拱手高聲問：「先生，可是城北徐公？」

美男子拱手笑道：「正是在下。敢問先生高名上姓？」

「我乃城東騶氏，久慕先生琴棋貌三絕，可否到府上請教？」

「先生謬獎了，徐公愧不敢當。先生可是騶忌丞相？」

「騶忌，我兄也。我代兄一陳敬慕之心。」

「徐公素聞騶忌丞相貌美，氣度非凡。其弟若此，方知傳聞不虛。改日定當登門求教。」

二人正在互相敬慕之際，市人紛紛駐足觀望，嘖嘖讚歎相互議論。

「不愧齊國男中二美！天下奇觀也。」

「要說，還是城北徐公更美一些，飄逸若仙。」

「也是。美男比賽，我押徐公一彩！」

「噓！那個是丞相兄弟，大儀雍容，誰堪比呀？」

「富貴氣度與美男子是一回事麼？瞎捧！」

騶忌看市人漸多，便和徐公殷殷道別，分頭而去。人群尚聚攏不散，望著他們的背影爭論不休。

騶忌出得街市，便到了王宮前有甲士守護的車馬場。嗡嗡喧囂的市聲被拋在三百步之後，王宮前頓時安靜下來。騶忌覺得神清氣爽，大步邁上十六級白玉臺階，走進王宮大殿。

齊威王正在和大將田忌低聲議事，見騶忌到來，笑道：「丞相好早。」

「我王比臣更早。」騶忌深深一躬。

「丞相早來，必有大事，你就先說。入座。」

騶忌知道，田忌與齊王議論的肯定是軍旅事務，加之田忌乃王族大臣，他這個文職丞相對軍務歷來是「王不問，臣不說」，從不主動涉及。他從容坐到自己日常的首座前，那是齊王左手下的一張長案，拱手一禮道：「我王，日前臣派兩路密使察訪阿城與即墨縣政績，使者已回到臨淄，結果卻與我王判語不同，臣特來稟報。」

「如何不同？」齊威王淡淡問道。

「經使者查實，阿城令所轄三城田野荒蕪，民眾逃亡，工商不振，百業凋敝。阿城令將府庫之賦稅財貨，用來賄賂我王身邊吏員，獵取美名，官聲鵲起。」

「如何？」齊威王大大驚訝，「阿城令，正欲重用……即墨令如何？」

「即墨令所轄三城，田野開闢，民眾富饒，市農百工皆旺。五年之間，人口增加萬餘。且官府無積壓訟案，村社無族人械鬥，民眾皆同聲稱頌。即墨令勤於政事，常常微服私訪於山野民戶，卻不善疏通，以致官聲不佳。」

齊威王一時煩躁道：「豈有此理？齊國整頓吏治數年，竟有此等顛倒黑白之事？丞相，密使所查，可敢擔保？」

「我王，密使正是為臣自己。願以九族性命，擔保所言不虛。」

齊威王沉默良久，臉色越來越難看。

「我王，請看臣可算齊國美男？」騶忌突然問。

齊威王不禁一笑：「丞相真有閒心。你身長八尺（註：八尺，戰國尺小，按今日度量衡，八尺當在一八〇公分左右），偉岸光華，何明知故問也？」

騶忌笑道：「我王容臣一言。今日清晨，臣在鏡前整衣，臣妻在旁侍奉。臣問妻，我與城北徐公孰美？臣妻笑曰，夫君雄姿英發，俊逸非凡，徐公豈能相比？臣出寢室，在正廳遇妾。臣又問妾，我與徐公孰美？臣妾羞顏笑答，夫君天上駿馬，徐公地上狐兔耳，何能相比？臣出門於庭院遇客人，又問客人，客人答曰，公乃人中雄傑，徐公一介寒素士子，自然騶公大美。卻不想方才過市，偶遇徐公，兩相寒暄，臣自覺不如徐公之飄逸俊秀。市人亦圍觀品評，皆說臣不若徐公之美。然則我王，何以臣之妻妾客人，都說臣比徐公美耶？」

齊威王沉吟著不說話，只是看著騶忌，等他繼續說下去。

騶忌收斂了笑容：「以臣思慮，臣妻說臣美，是愛臣過甚。臣妾說臣美，是怕失去臣之寵愛。客人說臣美，是有求於臣。愛臣、怕臣、有求於臣者，皆說違心之言討好於臣。齊國千里之地，城邑近百。宮中婦人都喜愛我王，朝中之臣都懼怕我王，境內之民都有求於我王。可想而知，我王究竟能聽到幾多真話？」

齊威王離席，肅然拱手：「丞相撥雲見日，我當不負丞相忠誠謀國。」

騶忌深深一躬：「臣請我王廣開言路，整飭吏治，固齊根基。」

這一則寓意頗深的故事，使齊威王幾日都不能寧靜。阿城令與即墨令果真相反麼？他真不敢相信。整飭多年了，齊國應該是吏治清明了，如何竟有此等作弊的欺瞞？長此以往，齊國豈非要不知不覺地垮下去？想著想著，齊威王覺得脊骨發涼，悚然醒悟。戰國之世，吏治一旦滑坡，國家不能令行禁止，就等於這個國家崩潰了。當晚，齊威王輕車簡從，祕密來到稷下學宮，與學宮令鄒衍祕密商談了一個時辰。次日清晨，十多名布衣士子絡繹不絕地出了稷下學宮，到國內遊學去了。

一個月後，齊市面對王宮的木柵欄被拆掉，市人潮水般湧到了王宮前的車馬場。

車馬場中央立起了一口一丈多高的大鐵鼎。鼎下大塊的硬木材燃燒起熊熊火焰，鼎內熱氣蒸騰，沸水翻滾。大鼎四周三層甲士圍成了一個馬蹄形陣勢，只有面對王宮的一面敞開著。高大的王宮廊柱下站滿了矛戈甲士，田忌抱著紅色令旗佇立在中央王案之前。看這場面，一定是要發生大事情了。臨淄市人聞聽消息，萬人空巷，一齊聚到了王宮周圍。偌大齊市的外國商人也齊齊地關了店鋪，湧到廣場看熱鬧。北面的王宮與南面的稷下學宮之間的廣場上，人山人海。齊市的房頂上站滿了人，學宮門前的那片大樹上也爬滿了人。

午時剛到，王宮東廊的大銅鐘哄然撞響。

「齊王駕到！」內侍一聲長喝，齊威王與丞相騶忌從王宮大殿從容走了出來，肅然站立在白玉平臺的中央。左右親信吏員與內寵、侍臣們，在齊威王身後站成了兩排。他們興奮地望著場中大鼎，相互對視著不斷地抽搐著嘴角。這些宮廷中人在這種特殊場合，痙攣式地抽搐，便是他們的笑。對生殺誅滅這類事，他們從來不出聲笑，那是他們輕蔑這些臣子的特異方式。齊國的大臣也早已在平臺兩側列隊等候，惴惴不安地望著國君，不知道今日這陣勢對著何人？

騶忌對齊威王微微一點頭。

齊威王大袖一擺，走到王案前：「宣阿城令、即墨令。」

內侍尖銳悠長的聲音響徹了廣場：「阿城令、即墨令晉見——」

十六級臺階下，地方大臣的隊列中走出一個大紅長袍、高高玉冠的白皙中年大臣，神采飛揚地朝著向他低聲祝賀的同僚們點點頭，疾步走上高臺拜倒在地：「臣，阿城令田榫參見我王，我王萬歲！」

隨後的即墨令，一身布衣面色黝黑風塵僕僕，與前邊的阿城令相比，更像一個頗為寒酸的布衣士子。他按照常禮深深一躬：「臣，即墨令晏舛參見我王。」

「二位站過，本王自有發落。」齊威王面無表情地離席起身，走到王案前對著廣場招手，場中頓時肅靜下來，「齊國臣民們，朝野皆知，在齊國二百多名地方大員中，有兩個最引人注目。一個是阿城令田榫，王族臣工。我的親信寵臣與諸多大員，都說阿城令政績卓著、勤政愛民、阿城富庶、萬民受惠！」

廣場上的人群頓時騷動起來，紛紛叫喊，聲若潮音。吏員隊伍中卻有許多人點頭微笑。齊威王身後的親信寵臣們嘴角抽搐得更厲害，眼睛大是放光。田忌令旗揮動，高聲命令：「切勿喧譁，聽我王宣示——」場中漸漸平息下來。

齊威王依舊面無表情：「另一個，即墨令晏舛。我的親信和朝臣們都說他不理民事、殘苛庶民、貪贓枉法、民眾深受其荼毒！」

場中再次騷動，轟轟嗡嗡，越顯怒色。田忌再次揮動令旗，人群又漸漸平息了。

「為此，本王派出二十餘名稷下學宮的正直士子祕密察訪，本欲晉升阿城令為上卿，欲治即墨令死罪。然則，天道無私，察訪實情正好相反！阿城令用國庫稅收大行賄賂，博取官聲政績，致令田野荒蕪、庶民怨恨。即墨令則勤政愛民，百業興旺，民眾富庶！」齊威王喘息著頓了一頓，掃視廣場中鴉雀無聲的人山人海，嘶啞高亢的聲音又響了起來，「齊國吏治整飭多年，竟有阿城令此等國賊，竟有公然矇騙本王的朝中吏員，本王深感痛心！為重整吏治，廣開言路，本王曉諭：封即墨令萬戶，自即日起晉升為齊國司寇！」

話音落點，廣場中民眾歡騰，紛紛脫下衣衫搖動著向國君歡呼。即墨令雙淚長流，深深拜謝。阿城令和齊威王身後的親信們嚇得瑟瑟發抖，嘴角真正地抽搐了起來。臺下吏員大汗淋漓惶惶不安。

齊威王冷冰冰下令：「為懲治惡吏，根除口舌殺人歪風，將阿城令投鼎烹殺！」

田忌令旗一揮，四名力士大步走上十六級臺階，四面叉起面如死灰的阿城令，一聲號子，驟然發力，竟將一個大活人彈丸般拋向廣場中的大鼎之內。只聽一聲尖厲的慘呼，頃刻之間，大鼎翻滾蒸騰的沸水中泛起了白骨一具。

「萬歲！齊王萬歲！」場中驟然歡騰雀躍。烹殺王族大臣，這在任何國家都是不可能的事。可它就發生在眼前，誰又能不相信？那特殊的焦臭肉腥味兒分明還在鼻息間彌漫，深深震撼了齊國民眾和外國客商。平素為阿城令鼓吹的內侍、寵臣與官員，早嚇得軟成了一堆肉泥，黑壓壓一片癱跪在地，哀求饒恕，涕淚交流，更有屎尿橫流者醜態百出。齊威王毫不動心，指著這些往昔的親信獰厲地冷笑著：「本王將爾等視為親信耳目，爾等卻將本王視作木偶。若饒恕爾等，天理何在？法制何在？上將軍，將本王劃定之人，一律烹殺！」

一場中國歷史上絕無僅有的酷烈烹殺開始了。

田忌左手持一張羊皮名單，右手揮動令旗，喊出一個，力士們向沸騰翻滾的大鼎發力拋進一個……片刻之間，連續烹殺十五名親信侍臣、十三名朝臣與地方官員。烈火濃煙，熱氣蒸騰，大鼎內白骨翻翻滾滾。幾名甲士揮動長長的鐵鉤，不斷向外鉤出一具具白森森的骷髏。不消頓飯工夫，大鼎旁的白骨已經摞成了一座小山。血肉腥味兒夾著滾滾濃煙，彌漫了整個廣場。隨著一個又一個烹殺，歡呼聲沒有了，一種不安和恐怖的氣氛四散蔓延開來，女人們開始嘔吐，男人們惴惴不安，有人低聲呼妻喚子，悄悄地走了。衣飾華貴見多識廣的外國商人也連連嘔吐，掩著鼻子急忙逃出了廣場……

齊威王卻始終站在煙霧中，鐵鑄一般，寸步未移。

第二天，當臨淄城還飄盪著烹殺的腥臭時，大街兩旁張掛起了〈許民誹謗令〉。根據這道法令，齊國大小近百座城池的主要大街，縱橫齊國全境的十餘條官道兩旁，都立起了「謗木」。這種「謗木」與人等高，官道旁每隔五里立一塊，城池街道每隔三十丈立一塊。實際上是在一根粗大的木柱上方，釘一塊大大的方形木板，專門供民眾或寫或畫或刻，評點官員，抨擊時政，或提出自己的國策主張。這便叫「誹謗」。謗木寫滿，有吏員隨時更換，寫有字畫的謗木必須全部上繳王宮官府，任何地方官署不得扣押。

齊威王的許民誹謗令，是廣開言路的曠古創舉。它大大激揚了齊國的民氣，人人都覺得自己可以向國王進言。大小官吏則覺得時時有萬民督察，不敢有絲毫懈怠。事實上，齊國真正清明的吏治，正是從許民誹謗開始的。但在齊威王死後，「謗木」就莫名其妙地升高了。後來越來越高，經過千百年演變，「謗木」變成了白玉雕刻的高不可攀的華表，「誹謗」也演變為惡意攻擊的專用詞。歷史萬花筒也，令人啼笑皆非。

四、稷下學宮的人性大論戰

不到五年，齊國已經是生機勃勃，百業興旺，文明昌盛，隱隱然成為與魏國並駕齊驅的第一流大國。這時候的齊國，朝堂大臣有騶忌、田忌、鄒衍、晏舛、段干朋等名臣名將，地方大臣更是清明勤政人才濟濟。然而更令齊國雄視天下的，卻是他們的稷下學宮。歷經二十餘年精心培植，稷下學宮已經是名士薈萃，精英雲集，成為齊國取之不竭的人才寶庫。視人才為國寶的齊威王，每每說到稷下學宮，便是豪氣勃發：「稷下學宮收盡天下英才，齊國豈能不一統天下！」

世間事錦上添花。就在齊國沐浴著海風崛起的時候，兩位名震天下的人物來到了臨淄。一個是大張旗鼓堂堂正正來的，一個卻是無聲無息祕密來的。

齊威王接到兩路稟報，精神大振，霍然離席道：「丞相、學宮令隨本王迎候大師。上將軍安排先生便是。」田忌答應一聲，興奮地走了，畢竟那位神祕人物對他這個上將軍來說是太重要了。齊威王則和騶忌各乘軺車，急急趕到城外。

臨淄南門外的迎送亭已經隆重地布置了起來。齊威王站在亭外軺車上，遙遙望著通往魯國的官道。大臣們則分列站在亭外，紛紛低聲議論著，顯得很是有些激動。齊國就差這麼個大宗師，而今他終於來了。

「稟報我王，車騎已現！」

「丞相，隨本王迎上。」齊威王一跺腳，軺車轔轔駛上官道。

迎面煙塵大起，一支沒有旗幟的車隊隆隆北來。遙遙可見每輛車都是兩馬駕拉，馭手全是長衫布巾的儒生打扮。戰國時代，便是大國特使，除了騎士護衛，尋常也只有一輛軺車和兩輛隨車。尋常名士周遊，能有一車就算是極大的排場了。這支車隊卻有十三輛雙馬快車外加一輛青銅軺車，雖然沒有旗幟，卻也是氣勢非凡，絕非尋常學派名士可比。青銅軺車下肅然端坐的是一個五十多歲鬚髮見白的男子，面目清朗肅穆，三綹長鬚被風吹起，瀟灑凝重氣度非凡。

齊威王不禁高聲讚歎：「孟夫子果然不凡！」

來者正是名動天下的孟子車隊。這位高才雄辯灑脫不羈而又堅如磐石的儒家領袖，在戰國之間已經奔波了二十多年。像當年的孔子一樣，他的奔波使儒家學問種子撒遍天下，但卻始終沒有實現自己的實際追求——為政一國並以儒家理想治國安邦。但孟子沒有灰心。他堅信在這大爭之世，天下必有他一展抱負的禮儀大邦。魏國他去過多次，原以為富庶繁華的魏國最需要儒家名士，不想魏惠王（註：魏惠王，後因魏國遷都大梁，所以文獻典籍如《孟子》也有將魏惠王稱為「梁惠王」者）對他奉若上賓，每天和他談天說地議古論今，卻從來不問他治理邦國的大政方略，顯然要將他當作食客養起來。孟子雄心勃勃，肩負中興儒家的大任，豈容得此等難堪與尷尬？但孟子畢竟是孟子，他彬彬有禮地向魏惠王告別，說明了重新出遊的願望。魏惠王哈哈大笑：「好啊好啊，儒家博學，正是從遊歷天下中得來！本王相贈夫子書車十輛，黃金百鎰，以資行色！」孟子內心發涼，長長一躬，斷然離開了安邑。他久聞齊國稷下學宮的名聲，便藉著遊學名義到齊國來了。

「夫子，有人迎接！好像是大臣？」駕車的萬章頗為驚訝，高聲回頭提醒老師。

後面車上一個弟子站起來瞭望：「啊！是齊王！沒錯，王旗，是齊王！」

萬章知道公孫丑的眼力極好，「吁——」的一聲挽轡停車，回身拱手道：「夫子，齊王在官道迎接，要否下車，列隊緩行？」

孟子微微睜開眼睛，略一思忖道：「照常行進。」

「是。」萬章向後高聲道：「照常行進，切勿喧譁。」一抖馬韁，車隊轔轔啟動。

官道邊的齊威王君臣已經下車，在道邊肅然拱手迎候。見孟子的青銅軺車轔轔駛來，齊威王當道拱手高聲道：「齊王田因齊，恭迎夫子蒞臨。」

萬章機警，早已將車速減緩，此時正好將軺車停穩。孟子霍然從軺車傘蓋下站起，深深一躬：「不知齊王在此，孟軻唐突擋駕，多有得罪。」

「夫子，田因齊專程來迎，非有他事。」齊威王笑迎上前。

孟子大禮拜伏在地：「孟軻何德何能，竟勞齊王迎候郊外？」

齊威王連忙扶起孟子，爽朗大笑道：「夫子學問，天下魁首，田因齊自當敬賢禮遇。夫子，這位是我齊國丞相騶忌，這位是稷下學宮令鄒衍。」

騶忌、鄒衍一齊拱手：「見過夫子。」

孟子恭敬還禮：「得見二位大人，不勝榮幸之至。」

說話間，已到迎送亭外，跪坐在大紅地氈上的樂隊奏起了祥和宏大的樂曲，孟子肅然拱手：「齊王，此〈小雅〉乃天子迎送諸侯之樂，孟軻如何敢當？」

齊威王大笑：「夫子啊，樂禮等級當真不成？好聽罷了。」

鄒衍笑道：「夫子啊，恪守禮制，何有今日之天下也。」

孟子也豁達地縱聲大笑：「笑談笑談，孟軻又迂腐一回。」

孟子的坦誠爽朗，使略微拘謹的氣氛頃刻消散。齊威王笑道：「夫子遠來，車行勞頓，先行歇息，來日我當親為夫子主持論戰大會，一睹夫子風采。」

孟子謝過，由稷下學宮令鄒衍陪同著進了臨淄城。

齊威王對騶忌一揮手：「丞相，還有一位，隨我去看。」

君臣二人輕車簡從，繞道西門進得臨淄，到了一座清幽的府邸前。這座府邸門口沒有肅殺森立的衛士，倒像是一座清靜的書院。要不是齊威王路上說明，騶忌真不敢相信這是威勢赫赫的上將軍田忌的府邸。田忌是王室貴族，是齊威王的庶兄，是田氏王族中很有實力的一支。田氏本是在姜齊內部依據封地成長起來的新貴族勢力，奪取齊國政權後，田氏成為王族，內部卻仍然保持著各自的地域勢力。這種地域勢力被長期默認為田氏各支脈的封地，國家（王室）和封地貴族各收取一半賦稅，「封地」的官吏也是貴族推薦國君委派，既聽命於王室，又聽命於貴族。王權強大的時候，這種「封地」與國家土地沒有兩樣。王權衰落的時候，「封地」貴族便成為幾乎完全自治的一方勢力。其間變數，完全取決於政權格局的此消彼長。齊國在王族封地這一點上，與天下諸侯及魏楚燕趙韓沒有更大的不同，基本上維持在舊有的框架內。正因為如此，田忌這種王族大臣，不像騶忌這種士人出身的官員，他們即或不在王室做官，也有世襲的封地，在臨淄依然會有很豪華氣派的生活。田忌又做了上將軍，其府邸無論豪華威勢到何種程度，人們也不會覺得驚奇，倒是這種書院般的高雅脫俗，使得騶忌大大地出乎預料。尋常同朝共事，騶忌對王族大臣總是有著一種本能的戒備，很少與這些大臣私人交往，自然也從來沒有來過上將軍府。今日一看，對田忌的本能戒備頓時減輕了許多。

也沒有人通報，便見大門打開，田忌匆匆迎出，深深一躬，將二人迎進正廳。

「先生如何了？」齊威王急切問道。

「稟報我王，先生傷殘嚴重，狀況不佳，急需治療休養。」

「太醫來了麼？」

「太醫令親自前來，已為先生剔去兩腿腐肉碎骨，目下先生正在昏睡。」

齊威王喟然歎息：「一世名家，竟至於此，令人痛心也。」

田忌思忖有頃道：「臣以為，先生入齊之事，暫且不做透露。先教先生住在臣府療傷，痊癒後再做計較。」

齊威王點點頭：「先生乃我齊國人傑，務必傾盡全力，恢復先生身體。」

「臣明白。」田忌肅然拱手。

齊威王看看騶忌，微微一笑：「丞相啊，此人乃天下聞名的兵家名士。他能康復，乃我齊國大幸也。丞相可知他是何人？」

騶忌不喜歡過問不需要他知道的事，也從不對自己不清楚的事貿然開口，所以一直平靜地沉默著。然自己也是名士根柢，豈能不知天下聞名的大家？見國君相問，笑道：「是否兵家祖師孫武的後裔——孫臏？」

齊威王大笑：「正是。齊國有此大才，文武兼備，何懼天下？」

孟子住進了六進大宅，弟子們大為激奮。

據鄒衍介紹，這是齊國中大夫規格的府邸，只有對稱為「子」的學派領袖才特賜，尋常名士只是三進宅院。孟子在鄒衍陪同下，看了一遍住宅。進大門的兩側是僕役門房，第一進是一個大庭院，山水竹草俱備，很是雅致；第二進是正廳，寬大敞亮，陳設華貴；第三進為書房琴室，其寬闊足以擺布他的七八車書；第四進為寢室，帳幔掩映，浴室精巧，為孟子生平未見；第五進是炊廚房，足以讓五六名廚師一展身手；最後一進是一片後園連同一個偏院，是門客住房，正好做孟子學生的住處。看了一遍，弟子們是交口讚歎。孟子雖然沒說話，心下也頗為滿意。畢竟，這是齊國敬賢，是賜給自己的府邸，比住在魏國豪華的驛館感覺要好得多。

安頓好之後，萬章、公孫丑來勸老師去看稷下學宮。孟子雖然也想看看這座名震天下的學宮，但想想還是忍住了：「你等且先去，為師要歇息歇息。」萬章、公孫丑高興地去了。

稷下學宮坐落在王宮的正南。萬章和公孫丑對中間相隔的「齊市」實在沒有興趣，但穿過街市的感覺，還是讓他們大為驚訝。連綿無際的店鋪帳篷，比肩摩踵討價還價的市人，魚鹽混雜的奇特腥臭，堆積如山的鐵材布帛，琳琅滿目的精鐵兵器，都是他們在任何官市沒有見過的。匆匆走出街市，竟用了整整半個時辰。兩人不禁大為感慨，說回頭一定讓老師來走走「齊市」，看老師有何評點。

出得街市向南百步之遙，是一道寬闊的松柏林帶。走進松柏樹林，陣陣清風啾啾鳥鳴，便將身後的大市隔在了另一個世界。眼見一座高大的木石坊矗立在夾道林木中，坊額中間雕刻著四個碩大的綠字——學海淵深。木石坊前立著一方橫臥的石龜之上的白玉大石，上面刻著四個斗大紅字——稷下學宮。木石坊極為寬闊，最豪華寬大的王公馬車也可以直駛而進。木石坊兩邊各有兩名藍衣門吏垂手肅立，一名紅衣領班在門前遊動。木石坊後遙遙可見大片綠樹掩映中的金頂綠瓦和高高的棕紅色木樓。

萬章、公孫丑被這宏大的氣魄震懾了。走遍天下，哪個國家能將學宮建得如此肅穆恢弘？原想稷下學宮縱然有名，也無非是學風有名而已，學宮本身無非是一片房子，能有何令人嚮往處？今日一看，不說裡邊，僅這外觀，就和王宮、太廟具有同等的莊嚴氣勢。這種氣勢絕不是房子庭院的大小，它意味著文明學業在齊國的神聖地位，這在哪個國家能做到？

不由自主地，兩人對著白玉大石深深一躬。紅衣執事看見，上來拱手道：「請二位士子出示府牌。」公孫丑恍然笑道：「啊，府牌是在這兒用的？我等新來懵懂，請諒。」說著兩人各自掏出一張小銅牌遞上。紅衣執事看後笑道：「啊，二位是孟夫子門生，請進。要否派人帶二位一遊？」萬章道：「多謝。不用了，我等自看方便些。」

二人走進學宮，卻見木石坊大門內是一條寬闊的林蔭大道，大道兩邊是平展展的草地和樹林，林間石桌石凳錯落有致，形成了一個一個天然的聚談圈子，激烈爭論的聲音隱約可聞。時見長衫士子手捧竹簡在林間長聲吟誦，使人頓生讀書清修之心。林蔭大道的盡頭，是一片一片的樹林與屋頂，十幾條小道網一般通向縱深。一時間，二人竟不知何去何從。正在徘徊迷惘之中，一個年輕的藍衫士子從一片樹林中飄然而來：「二位，可是孟夫子高足？」

「正是。在下萬章、公孫丑。閣下高名上姓，如何識得我等？」
「我乃宋國尸佼。孟夫子來齊，學宮早已人人皆知了。」士子一指林間，「二位請看，都在準備和孟夫子論戰。」
「原來是『宇宙』說的尸佼學兄！久聞大名也！」公孫丑很是高興。
「宇宙說淺陋，何敢當大名二字。」
萬章笑道：「敢問尸佼學兄，何謂宇宙？」
尸佼爽朗大笑：「天地四方曰宇，往古來今曰宙。如此而已，何足道哉！」
「屍校兄儒也法也？抑或只取治學之道？」萬章笑問。
「時也勢也，何須守定儒法？」
公孫丑揶揄笑道：「首鼠兩端，何其狡也？」
三人不約而同地哈哈大笑。尸佼道：「二位初來，我陪二位一遊。」
三人同行，談笑風生，自是話題洶湧。相互究詰了片刻，尸佼笑道：「就此打住。稷下學宮要看的主要是三個地方，爭鳴堂、大國學館、諸子學院。其餘廳堂館舍，最具一看的就是藏簡樓了。你們看，前面就是爭鳴堂。」
走進一片樹林，但見一座大門突兀聳立。從外面看，它很像一座大庭院。大門正中鑲嵌著四個銅字——論如戰陣。進得大門，遙見正中一座大殿坐北面南，兩側為長長的廊廳；中間是寬闊的露天大場，大場中一排排長條石板上都鋪著紅氈，看樣子足有千餘人的座席，顯然便是論戰的主會場。大殿口正中的木架上立著一面大鼓，兩支鼓槌懸於木架，卻是大筆形狀。大殿兩側各有一方丈餘高的白玉大石，右刻「錘鍊學問」，左刻「推陳出新」，白玉襯托著斗大的紅字，入眼便令人振奮。
「好大氣魄，當真沒想到也。」公孫丑油然感慨。

「我師就要在這裡，論戰天下學子？」萬章問。

「對了。稷下學宮規矩，凡諸子名家來齊，必得舉行爭鳴大論戰。久聞孟夫子雄辯無匹，稷下士子都想求教一番也。」

公孫丑不禁興奮點頭：「好！看尸佼學兄如何挑戰？」

萬章微微冷笑：「只怕稷下學宮沒幾個人能與我師對陣。」

尸佼哈哈大笑道：「天下之大，豈能教英雄寂寞？兄臺，也莫將孟夫子當作尊神也。」說著遙遙一指，「兩位看看前邊，稷下學宮可是囊括了天下諸子百家，還能沒有孟夫子敵手？」兩人見尸佼豪爽可親，倒也沒有因他的狂傲生氣。隨著尸佼腳步出得爭鳴堂左拐，便見遠處大片屋舍隔成若干小區，紅牆綠瓦，樹木沉沉，極是幽靜。尸佼笑道：「看，那是大國學館區。內中主要有周、魯、魏、楚、韓、趙、燕、宋、鄭、吳越十個學館區。」

「噫？如何沒有秦國？」公孫丑不解。

尸佼笑了：「秦國乃文學沙漠，既無學風，又無學子，何以建館？」

「秦國也有招賢館了，還去了不少士子，法家有衛鞅。」萬章明是提醒，暗中卻是不服尸佼「論必有斷」的氣勢。

「文明風華，在於積累。一國文明，絕非開一座招賢館便能立竿見影。秦國距離中原文明，至少有百年之遙。」尸佼對秦國的輕蔑是顯然的。

「有理有理。」公孫丑憨直，當即大為贊同。作為儒家子弟，對這個孔夫子拒絕訪遊的秦國自然誰都絕無好感。萬章也是如此，只是不想附和尸佼而已。三人邊談邊走，不覺來到又一片館舍前。這片館舍各自建在一座一座的小山包上，綠樹環繞，大有隱居情趣。

「你等看，這裡是諸子學院。凡成一家之言，又能開館授徒的名家，均可在這裡分得一座獨立學堂，大則二十間，小則七八間。給孟夫子的最大，二十五間，正在收拾。」

萬章有些驚詫：「諸子學院？目下，容納了多少家？」

「目下麼，大約已經有九十多家了。天下學派，幾乎全數進入稷下學宮了。」

萬章大是搖頭：「以我看，稷下學宮這諸子學院，卻有些輕率。」

「此說新鮮，何以見得輕率？」

「立學院者，當非天下顯學莫屬。」萬章現出名門高徒的特有矜持，「九十多家，魚龍混雜，豈能為天下文明之先？」

「以足下之言，何派堪稱天下顯學？」

公孫丑笑了：「哎呀尸佼，你如何連天下顯學都不知曉？儒墨道法四大家也。」

突然，尸佼放聲大笑：「久聞孟夫子霸氣十足，不成想門下弟子也小視天下了。請告孟夫子，二十年後，天下顯學還會增加一家，那就是屍子！」

萬章自覺方才說得不是地方，也笑了起來：「尸佼兄志在千里，萬章佩服。」

公孫丑憨直笑道：「人言尸佼兄乃衛鞅之師，或言屍兄師從衛鞅，不知究竟如何？」

尸佼豁達又頗見神祕地笑了：「人言歸人言，何須證之哉！再往前看。」

「那邊何處？」公孫丑指著三座棕紅色小樓問。

「那就是藏簡閣。」尸佼笑道，「三座木樓共藏書五百多萬卷，非但有諸子百家，連各國政令都有專門收藏。僅憑這藏簡閣，稷下學宮也足以傲視天下了。」

萬章感慨：「莫說學而優則仕。我看，就在稷下學宮遨遊修業，此生足矣！」

公孫丑卻少有地露出詭祕一笑：「敢問尸佼兄，齊王將天下學子盡收囊中，卻很少用他們入仕為政，是何用意？」

尸佼不想公孫丑有此一問，一時竟不知如何回答，有頃笑道：「在下尚未想過，願聞公孫兄高見。」

公孫丑搖頭：「莫非，想盡聚天下大才，使別國無人可用？」

三人哈哈大笑。尸佼拊掌道：「公孫兄之論匪夷所思，妙極！」

暮色降臨，萬章和公孫丑方才匆匆離開學宮。一路上，兩人說起魯國本來與齊國相鄰，且為禮儀文明首邦，而今非但失去了文明大國的地位，且弄到幾乎要亡國的地步，不禁感慨中來，唏噓淚下。回到府邸向老師講述了在稷下學宮的所見所聞和感受，孟子也是沉默良久，喟然一歎：「儒家遭逢強權肆虐、人欲橫流的大爭之世，自祖師孔夫子起，奔波列國兩百多年，終究未遇文明之邦一展抱負。齊國氣象，為師也看不錯，修文重武，禮賢下士。然則方今戰國推崇強力，借重法家兵家，對我儒家多有虛禮，少有重任。齊王雖說對我敬重有加，稷下學宮更是天下難覓的修學之境。然則，我們究竟能否將齊國作為永久根基，目下尚很難說。究其竟，儒家是尚古復禮之學，是盛世安邦之學，是教化民眾之學，是修身齊家之學，是克己正身之學。唯其如此，也是生不逢時之學。時也勢也，我儒家將有一段漫漫低谷。我們同人一定要強毅精神，受得起冷遇，要像墨家那樣刻苦自勵，方能復興儒家於盛世之時。」

「謹遵師教，刻苦自勵，復興儒家！」萬章、公孫丑異口同聲。

「弟子們須當謹記，天將降大任於斯人也，必先苦其心志，勞其筋骨，餓其體膚，空乏其身，行弗亂其所為。是以動心忍性，增益其所不能。」孟子頗有些悲壯。

萬章與公孫丑被老師深深地感動了，回到跨院一說，弟子們議論紛紛，究詰辯駁，探求真諦，一夜未能入睡。

旬日之後，齊威王領丞相騶忌、上將軍田忌、學宮令鄒衍，來隆重地迎接孟子師徒正式進入稷下學宮。進入的盛典，就是特為孟子舉行的論戰大會。這是齊威王與騶忌商議好的，既表示了對孟子的極高禮遇，又能試探孟子的為政主張。雖說天下都知道儒家的為政之道，但在戰國時代，名家大師對鼻祖的主張做出順應潮流的修正，也是屢見不鮮。齊威王期待的正是這種改變。

爭鳴堂人如山海。露天庭院的長排座席上是諸子學院與大國學館的弟子群。孟子的隨行弟子三十餘人被安排在中間位置。前排幾乎是清一色的成名大家——慎到、淳于髡、田駢、倪說、尹文、宋鈃、莊辛、楊朱、許行、公孫龍等，最年輕的尸佼則坐在前排末座。庭院座席的後一半，全部是各國前來求學的「散士」。兩廂長廊下擁擠得嚴嚴實實的，是頗有神通而又欣賞風雅的各國商人，他們沒有資格入席就座，只能站立在兩廊聆聽。大殿正中是齊威王君臣，突前主案是孟子座席。

看看場中已經就緒，稷下學宮令鄒衍向大殿兩角的紅衣鼓手點頭示意。紅衣鼓手擂動大筆形的鼓槌，兩面大鼓響起密集的戰陣鼓聲，隆隆滾過，催人欲起。一通鼓罷，司禮官吏悠長高宣：「稷下學宮，第一百零五次爭鳴大戰，開始。」

鄒衍走到大殿中央開宗明義：「列國士子們，稷下學宮素來以學風奔放、自由爭鳴聞名於天下。這第一百零五次大論戰，專為孟夫子而設，乃稷下學宮迎接孟夫子入齊之大典。學無止境，士無貴賤，諸位皆可向孟夫子挑戰爭鳴……」

場中有人高聲打斷：「學宮令莫要空泛，還是請孟夫子講。」

鄒衍抱歉一笑，向孟子座席拱手：「孟夫子，請！」便入了大殿西側的座席。

孟子環視會場，聲音清朗深遠：「諸位，儒家創立百餘年，大要主張已為天下所熟知，一一重申，似無必要。莫若列位就相異處辯駁詰難，我來作答，方能比較各家之學，緊扣時下急務。列位以為如何？」

「好！」「正當如此！」場中一片呼應。

前排一個沒有頭髮的瘦子起立，拱手笑道：「孟夫子果然氣度不凡。在下淳于髡，欲以人情物理求為政之道，敢請孟夫子不吝賜教。」淳于髡是齊國著名的博學之士，少年時因意氣殺人，曾受髡刑，被剃去長髮，永遠只能留寸髮。在「身體髮膚，受之父母，不得絲毫損傷」的時代，截髮髡刑是一種極為嚴重的精神刑罰。這個少年從此就叫了淳于髡。他變賣家財，周遊天下，發憤修習，二十年後回到臨淄時一鳴驚人。後來留在了稷下學宮，成了齊威王與丞相騶忌的座上客。他學無專精卻博大淵深，詼諧機敏，急智應對更是出色，臨場辯駁好說隱語，被人稱為「神謎」。他所說的「以人情物理求為政之道」，實際上就是他說一條人事物理，孟子就得對答一條治國格言，實際考校的是急智應對。這對正道治學的孟子而言，雖則不屑為之，但也是一個從來沒有過的挑戰。

場中已經有人興奮起來：「淳于子乃隱語大師，孟夫子一旦卡住就完了！」

萬章對公孫丑低聲道：「別擔心，正好讓他們領教夫子辯才。」

孟子看看臺下這個身著紫衫的光頭布衣，坦然道：「先生請講。」

「子不離母，婦不離夫。」淳于髡脫口而出。

「臣不敢遠離君側。」孟子不假思索。

「豬脂塗軸，則軸滑，投於方孔，則輪不能轉。」

「為政施仁，則民順，苛政暴虐，則國政不行。」

「弓幹雖膠，有時而脫。眾流赴海，自然而合。」

「任賢用能，不究小過。中和公允，天下歸心。」一言落點，有人忍不住大喊：「妙對！」周圍士子噓聲四起，示意他立即噤聲。

「狐裘雖破，不可補以黃狗之皮。」

「明君用人，莫以不肖雜於賢。」

場中一片掌聲，哄然大喊：「采！」

淳于髡突然高聲：「車輪不較分寸，不能成其車。琴瑟不調緩急，不能成其律。」

「邦國不以禮治，無以立其國。理民不師堯舜，無以安其心。」

孟子此語一出，卻引起軒然大波。有人歡呼，有人反對。歡呼者自然讚歎孟子的雄辯才華和王道主張。反對者卻高喊：「迂腐！堯舜禮治如何治國？」這顯然針對的是孟子回答的內容。孟子弟子們立即一片高喊：「義理兼工！夫子高明！」

淳于髡顯然不服，對場中銳聲高喝：「我尚有最後一問！」場中頓時安靜下來。

「敢問夫子，儒家以禮為本，主張男女授受不親。然則，若嫂嫂落水，瀕臨滅頂之災，叔見之，應援之以手乎？應袖手旁觀乎？」

場中哄然大笑。一則是淳于髡的滑稽神態使人捧腹，二則是這個問題的微妙兩難。許多士子都以為，這個問題一定會使正人君子的孟夫子難堪迴避，那就等於儒家自相矛盾而宣告失敗。孟子弟子們頓時一片緊張，覺得這淳于髡未免太過刁鑽。

孟子依舊坦然，喟然歎息道：「儒家之禮，以不違人倫為本，以維護天理為根。男女授受不親，人倫常禮也。嫂嫂溺水，非常之時也。非常之時，當以天賦性命為本，權行變通之法，援之以手，救嫂出水。否則，不違人倫而違天理也。」

淳于髡急迫追問：「既然如此，天下水深火熱，甚於婦人溺水多也，夫子何不援手以救，而終致碌碌無為乎？」

這顯然是在譏諷孟子一生奔波而終無治國之功。士子們一片大喊：「問得妙極！」

孟子不惱不憂，坦然回答：「婦人溺水，援之以手。天下溺水，救之以道。儒家奔波列國，傳播大道，雖未執一國之政，卻也廣播仁政於天下，何謂碌碌無為？若蕞爾之才者，思得一計，於天下不過九牛之一毛，與儒家之弘揚大道，何能同日而語？」

「好——」「采——」掌聲與喝采聲雷鳴般響起，淹沒了孟子的聲音。

淳于髡拱手高聲道：「孟夫子才學氣度，自愧弗如！」

會場正中一個年輕的士子霍然站起：「孟夫子方才說到，謀劃於廟堂者乃蕞爾之才，傳播大道於天下，才是援手救世。敢問孟夫子，天下萬物，何者為貴？何者為輕？」

「民為貴，社稷次之，君為輕。」孟子沒有絲毫的猶豫。

全場不禁肅然安靜。孟子的論斷不啻是振聾發聵之音，使天下學子大是警悟。且不說自古以來的貴賤等級傳統與沉積久遠的禮制法則，就憑身後坐著國王，而孟子本人和所有的士子一樣都企盼著國王重用，而孟子敢於如此坦然自若地講出這一論斷，其胸懷與勇氣，都不能不使人肅然起敬。良久，場中再次爆發出雷鳴般的掌聲。

待到場中重新安靜下來，前排的慎到站了起來：「請問夫子，天下動盪，根本卻在於何處？」慎到乃法家名士，也是稷下學宮的大宗師之一。他這一問，是在搜求為政之根，看孟子如何作答，是執法，還是守禮？

孟子朗朗一笑：「天下動盪殺戮，皆為人之本性日漸喪失。人性本善。惻隱之心，人皆有之。羞惡之心，人皆有之。恭敬之心，人皆有之。是非之心，人皆有之。惻隱之心，仁也。羞惡之心，義也。恭敬之心，禮也。是非之心，智也。仁義禮智，非由外鑠也，人固有之也。此乃人之本性。人性猶水之就下。人無有不善，水無有不下。激水攔截，可使水行於山，然則非水之本性也。濡染以惡，可使人殘虐無道，然則非人之本性也。春秋以來，天下無道，禮崩樂壞，人性墮落，競相為惡，致使天下以殺戮征戰稱霸為快事。此為天下動盪之根本……」孟子這一席話顯然將天下動盪的根源歸於

「人性墮落」，必然的結論就是「復歸人性，方可治世」，顯然迴避了法治與禮治的爭端，而將問題提升到了一個雖然更為廣闊卻也脫離務實的層面。饒是如此，還沒有說完，場中已經哄然。

「夫子此言，大謬也！」如此公然的指責，對於孟子這樣的治學大師實屬不敬，場中不禁一片譁然。有人高聲憤然指責：「不得對夫子無理！」「論戰在理，不在呵斥！」

萬章看時，果然不出所料，正是前排的尸佼。萬章微微冷笑，霍然起身：「尸佼學兄，言之無物，空有嚴詞，莫非稷下學宮之惡風乎？」

在全場側目的驚訝議論中，尸佼彷彿沒有聽見萬章的責難譏諷，面對孟子激昂高聲，就像在慷慨宣戰：「人性本惡，何以為善？惡是人之本性，善乃人倫教化。天下之人，生而好利，是以有爭奪；生而狠毒，是以有盜賊；生而有耳目欲望，是以有聲色犬馬。若從人之本性，必然生出爭奪，生出暴力，生出殺戮！方今天下，動盪殺戮不絕，正是人性大惡之氾濫，人欲橫流之惡果。唯其如此，必須有法治之教、禮儀之教、聖兵之教，以使人性歸化，合於法而歸於治。無法制，不足以治人之惡；無禮儀，不足以教人向善；無聖兵，不足以制止殺戮。明辨人性之惡，方可依法疏導，猶如大禹治水。孟夫子徒言性善，復歸人性，將法制教化之功歸於人之本性。此乃蠱惑人心，縱容惡行，蒙蔽幼稚，真正的大謬之言！」

這一番激烈抨擊，直搗孟子根本，也提出了一個天下學人從來沒有明確提出過的根本問題——人性孰善孰惡？一時間全場愕然，竟無人反應，都直直地盯著尸佼。唯有孟門子弟全體起立，憤慨相向，輕蔑地冷笑著，只等孟子開口，便要圍攻這個不知天高地厚的狂士。

大殿中的孟子緩緩起立，面色異常的凝重，向鄒衍深深一躬：「學宮令，尸佼持此凶險巧辯之論，心逆而險，言偽而辯，記醜而博，實乃奸人少正卯再生也。子為學宮令，請為天下人性張目，殺尸佼以正學風。」

鄒衍愕然失色：「夫子，如何如何？殺尸佼？咳，稷下之風，原講究爭鳴，如何能動輒殺人？這……」

場中士子原以為孟夫子要長篇大論駁斥尸佼，都在暗暗期待一篇精闢的文章說辭。卻不想孟子公然提出要殺尸佼，當真匪夷所思，不禁哄然大笑，噓聲四起。連兩廊下的商人也騷動起來，紛紛議論：「好生理論是了，殺人做甚？」「買賣不成仁義在，老先生連我等商人也不如啦！」「說不過人就殺人？真是霸道！」「是了是了，這殺人確實無理！」

臺上的孟子根本不理睬臺下騷動，又走到齊威王座席前，深深一躬：「孟軻敢請齊王為天下正綱紀，烹殺凶險之徒，以彰明天理人倫。」

齊威王哈哈大笑：「孟夫子啊孟夫子，齊國彙集四海之士，各抒已見，早已司空見慣了。殺了尸佼，稷下學宮何以面對天下？筆墨口舌官司，何須計較忒多？罷了罷了，夫子請坐。」一直用心聽的齊威王既敬佩孟子的高才雄辯，又對孟子的論證鋒芒有些隱隱不快。尸佼的反擊使他驚喜非常，心中頓時豁亮，看出了孟子的弱點所在。孟子請殺尸佼，齊威王覺其有失大師風範，不由有些奚落之意。

孟子遭到回絕，心下憤然，鐵青著臉回到座席，臺下卻因此而沸騰起來。稷下學宮的士子們憤憤不平，紛紛議論：「論戰殺人，成何體統？枉為大師！」「孟夫子若主政一國，天下士子便都是少正卯！」「百家爭鳴，動輒便要殺人，真是學霸！」「對！就是學霸！」

公孫丑聽得不耐，高聲道：「人性本善，本為公理！」

士子們立即一片高喊：「人性本惡！」

孟門弟子全體高喊起來：「人性本善！」

尸佼周圍的士子們毫不退讓，對著孟門子弟高喊：「人性本惡！」

善惡的喊聲迴盪在稷下學宮，連綿不斷，引得前來聆聽的富商大賈也爭吵起來，分成兩團對爭對喊。這種坦率真誠、鋒芒爍爍、不遮不掩的大爭鳴，是中國文明史上的偉大奇觀，也是那個偉大時代的生存競爭方式。它培育出了最茁壯的文明根基，澆灌出了最燦爛的文明之花，使那個時代成為不朽聳立的歷史最高峰，迄今為止，人們都只能歎為觀止而無法逾越。

論戰結束後，齊威王問騶忌田忌：「卿等以為，孟夫子如何？」

騶忌言：「孟夫子學問，堪為天下師。」

田忌言：「可惜齊國要不斷打仗，養不得太平卿相。」

齊威王沉默良久，吩咐侍臣：「傳楚國特使江乙進宮。」

江乙已經在臨淄等了三日，聽得齊王宣召，忙不迭帶了禮物入宮。

齊威王淡淡笑道：「江乙大夫，何以教本王？」

江乙惶恐拱手道：「齊王在上，這是楚王特意贈送齊王的禮物，敢請笑納。」身後侍從捧過一支銅鏽斑駁的古劍遞上。齊王身邊侍臣接過，齊威王笑道：「先請上將軍看看了。」侍臣捧到田忌面前的長案上。田忌乃名將世家，對珍奇兵器可說是見多識廣，然對面前這支不到兩尺長的短劍劍鞘卻極為眼生，沉吟間右手一搭劍扣輕輕一摁，便聽「鋥嗡——」一聲振音，劍身彈出三寸，頓時眼前一道青光閃爍，劍身又無聲縮回。

田忌驚訝之極，拱手道：「我王，此劍神器，臣不識得。」

齊威王笑道：「江乙大夫，此劍何名啊？」

江乙道：「稟報齊王，此劍乃楚國王室至寶，只可惜我楚國也無人識得。楚王贈與齊王，以表誠意。」

齊威王悠然道：「好，本王收下慢慢鑒賞。那，楚王是何誠意也？」

「稟報齊王，我王請高士夜觀天象，見西方太白之下彗星徑天，秦國當有極大災變。我王之意，欲與齊國結盟，合兵滅秦。」

「如何滅法？」田忌冷笑。

「兩國各出二十萬兵馬，齊國為帥。」

「齊秦相隔，走哪條路？」

「楚國借道於齊國，出武關滅秦。」

「對齊國有何好處？莫非齊國可以占住一塊飛地？」騶忌淡淡地問。

「滅秦之後，土地轉補，楚國劃給齊國二十座城池。」江乙對答如流。

田忌搖頭歎息：「齊國多年無戰事，只怕糧草兵器匱乏不濟也。」

江乙慷慨道：「我王料到此點，願先出軍糧十萬斛，矛戈五萬支，良弓五萬張，鐵鏃箭十萬支，資助齊軍！」

田忌驚訝地睜大眼睛，似乎不敢相信：「噢？何時可運到齊國？」

「結盟之後，一個月內運到。」江乙很是利落。

騶忌正色問：「還有所圖麼？」

「一則，魏國若向楚國發難，齊國需與楚國聯兵抗魏。」

騶忌田忌一齊拱手道：「我王定奪。」

齊威王大笑：「好！楚王一片誠意，本王允諾。丞相與江乙大夫商談盟約。」一片笑聲，皆大歡喜。隨後大擺酒宴，騶忌本著名琴師，親自操琴為特使奏了一曲。江乙想不到如此順利，高興得心花怒放，開懷暢飲，被四名侍女扶回驛館後，還醉醺醺地合不攏嘴。

江乙一走，齊威王三人大笑不止。君臣三人對楚宣王的「奇思妙策」感到驚訝，實在想不到竟有如此愚蠢的「滅秦大計」。秦國距離齊國雖然遙遠，但齊國卻從來沒有放鬆過對秦國的監視。秦國的山東商人中齊國商人最多，而每家齊商的雇員中，都有齊威王御史府派出的祕密斥候。他們從各種管道送回的消息都非常及時，齊威王君臣自然非常清楚。齊威王君臣對秦國的強大心裡有本帳：一來，秦國的強大距離威脅齊國還很遙遠，齊國犯不著緊張；二來，秦國強大，必將形成戰國新格局，而這個新格局有利於齊國。基本的原因是，秦國強大首先對魏趙韓楚四國不利，四國要遏制秦國，勢必就會緩和對齊國的壓力，大大有利於齊國的放手壯大；三來，齊國將因秦國強大，而成為天下戰國爭奪的主要力量——秦國要想對抗四國，要與齊國修好；四國要想遏制秦國，也必須借重齊國；剩下一個夙敵燕國，也不敢得罪齊國了。在這種格局中，齊國左右逢源，豈非大大好事？所以，齊國對秦國的強大完全不像魏趙韓楚四國那樣耿耿於懷，而是聽其自然不加干預。齊威王君臣確信，齊國只會從中得到好處。

目下正是如此，星象顯示秦國將要強大，楚國就急吼吼地找上門來要聯兵滅秦了。對楚國特使江乙的連環出使，齊威王的祕密斥候早已探聽清楚。楚國先行聯魏攻秦，又怕魏國不可靠，於是再找齊國這個制約力量。楚國的如意算盤是：滅秦利大，魏國齊國必然參加，楚國要得大利卻又戰力不足，就得先期付出（抵押城池、援助兵器糧草）以促成聯盟；一旦滅秦成行，楚國既可收回抵押，又可在分割秦國中爭得更多的土地人口。

魏國高興地接受了抵押，先將六座淮北城池拿了過來。齊國自然也高興地接受了援助，先將大批兵器糧草拿了過來。可齊威王君臣清楚極了，齊國完全可以簽訂一道盟約，但絕不會在魏楚出兵之前主動出兵。而楚國魏國的盟約絕不會順利成行，因為魏國絕不會賣力氣成全楚國的美夢；不管魏楚盟約以何等理由何等形式散夥，楚國的六座城池都是永遠不可能收回去了。那時候，齊國更主動，非但將接受的援助名正言順地留下，而且要譴責楚國背盟，使齊國耽擱了其他行動從而蒙受損失，甚或還可以進一步要求楚國賠償。

楚宣王的這種愚蠢，如何不教齊威王君臣開懷大笑？

恰在這時，宮外馬蹄聲疾，駐魏國密使禽夜回國，緊急求見。

密使帶來了驚人消息：魏國上將軍龐涓率領二十萬大軍進攻趙國！

這個消息使齊威王君臣方才的興奮消失得乾乾淨淨，驟然之間茫然無措。魏國這步棋走得匪夷所思，究竟有何圖謀？不理睬仍然弱小的秦國，卻要去滅強大的趙國，難道是要真的吞併三晉麼？如果這個目標實現，齊國還能安寧麼？對剽悍善戰的趙國動手，這無疑是最強大的魏國要對天下戰國正面宣戰了。一時間，齊威王君臣說不出話來。

良久，齊威王問：「如此突然，說辭何在？」

「沒有說辭，不宣而戰。安邑城民情亢奮，叫嚷要一統三晉！」

齊威王和騶忌、田忌相互對視，都現出困惑的目光。正在此時，又是馬蹄聲疾，東阿令差人急報：魏國八萬大軍開進鉅野澤北岸草地，統兵將領為太子魏申與丞相公子卬。齊威王驚愕得說不出話來，怔怔地看著騶忌和田忌。

田忌斷然命令：「曉諭東阿令，嚴加防守，外表如常，隨時回報軍情！」又對特使下令，「立即從小道返回安邑，及時回報魏軍攻趙情勢！」兩使匆匆離去後，田忌道：「我王，丞相，田忌以為魏國此舉絕非尋常，是要一戰滅趙！鉅野澤八萬大軍是在防備齊國救援趙國，我不動，太子申等也不會動。」

齊威王驟然感到了沉重壓力。齊國正在迅速強大，和魏國的決戰遲早都會發生，但他希望這種決戰盡量遲一些發生，齊國能夠更加強大一些，決戰能夠更加勝算一些。要知道，魏國畢竟是天下第一強國。更重要的是，戰國之世，一旦打大仗，各國都會趁勢捲入，企圖火中取栗，非但不能指望有真正的盟友，還必須有能夠同時對付其他國家聯兵合擊的軍力。唯其如此，延遲和魏國爭霸進而統一六國的正面決戰，對齊國極為有利。齊威王想不到的是，魏國竟然先動了手。雖然是對趙國開戰，但已經驟然嗅到了齊魏對峙的濃烈氣息，統一三晉之後必然是齊魏大戰，不想打也得打，否則就是亡國！作為一國之君，齊威王雖然對這場大戰早有預料且沒有放鬆準備，但大戰就這樣在意想不到的時刻突然迫近，他還是感到大大地出乎預料，以至於倉促間想不明白了。

「魏國如何要陳兵鉅野？料定齊國一定要救援趙國？」齊威王困惑。

「我王，不是齊國一定要救趙，而是唯有齊國有力量救趙。防住齊國，魏國就可以放手滅趙了。」田忌不愧名將，對這種大謀劃一目了然。

齊威王點頭：「已經如此了，說說，該如何應對？」

騶忌言：「臣以為，無論如何，當立即進入大戰準備。糧草輜重和大軍應當祕密集結，以免措手不及。至於如何打法，要否救趙，臣尚無定策，請上將軍謀劃。」

田忌沉吟道：「臣贊同丞相之意，即刻集結大軍糧草以做準備。趙國不弱，魏軍攻趙，非一日可下。如何應對，容臣細細思忖一番。」

「也好，明日午後再議。」

第二天，快馬急報，魏軍攻勢猛烈，兩日之內連下三城，已經直撲邯鄲。

田忌道：「臣預料，趙國使者三日內必到臨淄求救，我王要穩一穩才是。」

「穩一穩不難，難在我究竟如何應對。上將軍何意？」齊威王顯然沒有定見。

「即或救趙，也要等到適當時機。」

「上將軍，你欲和龐涓一比高低？」

「對付龐涓，臣沒有勝算。齊國有一個現成的大才，臣舉他全盤籌劃。」

「誰也？」

「孫臏。」

齊威王恍然大笑：「對呀，如何忘了先生？不過，他傷勢如何？能行動麼？」

「一月療養，傷勢已經痊癒，只是身體稍有虛弱。先生只需調度謀劃，支撐當無意外。」

齊威王頓時振作：「走，先去看看先生，一起商議。」

五、圍魏救趙　孫臏打了千古一仗

幽靜的小庭院裡，一輛輪椅緩緩地遊動著，來到高牆下的濃蔭處，輪椅停了下來。

椅上的紅衣人蒼白清癯，一頭長髮和三綹鬍鬚也顯得細柔發黃，教人覺得他很文弱，也很年輕。只有那寬闊的前額、犀利的目光和溝壑縱橫的皺紋，隱隱現出曾經有過的飛揚風華和滄桑沉淪。他專注地看著高牆下一片泥土擺布成的「山川地形」，彷彿釘在那裡一般。

他就是孫臏，一顆光芒乍現又驟然消逝的神祕彗星。

想到出山以來的險惡經歷，孫臏恍若隔世。十年前，他和師兄龐涓告別了老師鬼谷子，一起到了魏國。本來，孫臏要回自己的祖國齊國，龐涓的目標是去魏國。可在走到魏齊分道的十字路口時，龐涓卻突然現出一種殷殷之情，說不妨先順路和他一起到魏國看看，若魏國不容人，就一起去齊國。孫臏幾乎是想都沒想便答應了。魏國是天下一等一的強國，能去魏國自然是天下名士的第一願望。孫臏原先之所以沒有這樣想，而提出了先回齊國，一則是想先回去祭掃祖先陵園，順便再看看齊國這些年的變化；二則是隱隱約約地覺得，既然師兄龐涓要去魏國，那麼自己最好另謀他圖。畢竟，兩人都是兵家弟子，所學相同，在一國的任職也必將相同，難免或多或少有所衝突，避一避自然要好一些。孫臏還記得，下山前兩人做告別遊山歸來，老師問他們準備各去何國，兩人都說沒有想好。白髮蒼蒼的老師笑了：「既然如此，為師且與爾等做個錢卜，國名先寫在這裡，有字國名一面乃龐涓所去處，無字一面乃孫臏所去處。如何？」孫臏高興地笑了：「好，老師正好為學生解惑。」

老師拿出了一個厚厚的魏國老鐵錢，那還是魏文侯時期第一次用鐵鑄錢，也是天下第一次出現的鐵錢，現下已經很難見到了。老師很是喜歡這種「文侯鐵錢」，說它厚重光滑，頗有靈性，用做「錢蔔」最為上乘。正在老師閉目沉思將要擲錢之際，龐涓突然高聲道：「老師，弟子願赴魏國！」

「呵，也好，發自內心，也是天意了。」老師目光一閃，卻是散淡的笑容。

「老師，弟子以為，同室修習，龐涓與師弟當坦誠相見，各顯本心，無須天斷。」

「也好。孫臏如何？」

「如此，」孫臏略微沉吟，「弟子回齊國。」

老師摩挲著掌心的鐵錢，眉頭一皺，又突然大笑：「時也運也，終是命也。好，好，好。你等去，好自為之了。」

本來，事情就這樣定了，孫臏也沒有再多想，更沒有想到師兄對自己的殷殷相邀。當時，他確實是大為感奮。然則萬萬沒有想到，就這樣一個偶然的原因，竟然使他本來清晰堅實的人生軌跡突然被折斷了。

可是，縱然現在回想起來，孫臏仍以為那時候的龐涓尚沒有害人之心，只是確實對能否留在魏國沒有信心，預先留條齊國退路罷了。包括下山前龐涓突然先行確定去魏國，阻止了聽天由命的錢卜，無非也是私心重了而已。孫臏對師兄這種精明其實很早就有覺察，只不過始終不放在心上。

龐涓師兄出身寒門，父母夭壽而亡，從小被經商的叔父撫養。叔父長年奔波在外，叔母與堂兄弟歧視他欺負他，使他飽受寄人籬下的痛苦與屈辱。師兄六歲那年，有一天吃飯時，小堂弟惡作劇地向他的飯盆裡撒了一把土。小龐涓忍無可忍，大嚎一聲，將小堂弟猛然一推，小堂弟卻恰巧撞在了廊下石柱上，慘叫一聲，頓時鮮血滿面。叔母聞聲趕出一看，回轉身抄了一把菜刀，瘋狂地向小龐涓砍來。龐涓拚命逃跑，叔母發瘋追趕。追到一道懸崖邊上，小龐涓躲在一塊大石頭後面，呼哧呼哧喘息著高喊：「再要過來，砸死你！」瘋狂的叔母愣怔了一下，虎吼一聲，揮舞著菜刀衝了上來。小龐涓眼睛一閉，奮力一推那塊年久鬆動的大石，只聽轟隆隆一聲，大石夾泥帶土地滾了下去，無巧不巧，恰恰將叔母壓翻在地。小龐涓愣愣怔怔地走到叔母面前，獰厲地吼叫著：「叫你欺負！叫你欺負！老天殺你！」撿起掉落在旁邊的菜刀，照著叔母連連猛砍一陣，又朝著鮮血淋漓的叔母啐了幾口，慌忙逃竄了……及至老師在深山裡發現龐涓，龐涓已經是一個在山林裡生活了一年多的小野人，爬高躥低地與鳥獸爭食。孫臏還記得，當老師有一天帶回那個渾身長毛的「大猴子」時，那「大猴子」的目光讓他渾身都起雞皮疙瘩。後來，當他知道了師兄這些身世故事後，孫臏內心不禁生出一種深深的同情。從此，孫臏沒有與龐涓師兄爭過任何一件利事，也深深理解了師兄酷烈的功名之心。

相比之下，孫臏卻是望族出身，七代之前的祖先便是赫赫有名的孫武。那孫氏祖居齊國東阿，後又遷徙甄城，本是姜氏老齊國的書吏世家。傳到孫武，卻是酷愛兵事，利用書吏整理典籍的方便，將當時視為聖典的《太公六韜》與《司馬穰苴兵法》抄回苦讀。那《太公六韜》乃周武王開國統帥、齊國始封國君姜尚所撰，可謂當時最為古老的兵學聖典。那《司馬穰苴兵法》則是齊景公時代的名將田穰苴所撰，因田穰苴官居司馬，所以人稱司馬穰苴。這是距離當時最近的一部兵法。孫武精研完兩部兵法，請辭書吏之職，到齊國的上將軍府做了一名小司馬。軍旅磨練了整整六年，見識大長，也領兵打了幾場漂亮的勝仗，可就是因為出身低微而不能晉升。一氣之下，孫武逃軍隱居八年，自己寫了《兵法十三篇》。一經示人，傳抄天下，聲名鵲起。但是，孫武總感到自己沒有統率大軍的實戰功績，對於一個兵家之士，總覺得大是憾事。為了一酬宿願，決然南下，到了吳國。

當時的吳王正是剛剛殺死吳王僚而奪取王位的公子光，時人稱為吳王闔閭。這闔閭雄心勃勃，用人不拘一格，全無貴族門第惡習。先是用著名刺客專諸殺了吳王僚，後又重用了逃離楚國的「叛臣」伍子胥為上將軍，聞聽孫武來吳，欣然召見。闔閭申明：「先生《十三篇》我已經讀過了，只是不知道先生勒兵如何？」

勒兵，就是訓練軍隊。大凡真正的名將，第一本領就是能夠練出一支精兵，而後才是戰場本領；不能練兵的將領，無論如何也算不得名將的。孫武自然知道這一點，那《司馬穰苴兵法》本來就是著重講訓練士卒的。可是自己的《十三篇》卻很少專門講訓練軍兵，倒不是孫武不重視訓練，而是認為訓練軍隊只是為將的基礎，他的志向卻是更為高遠的用兵智慧。大約闔閭看《十三篇》少談勒兵，便要試試孫武的勒兵之能。孫武自然爽快地答應了。

誰知闔閭卻給孫武出了個難題，要他當場訓練女子，而且是宮女嬪妃。

當一百八十名宮女嬪妃喜笑顏開地站在孫武面前時，坐在高臺上的闔閭君臣都笑了起來。作為吳王的闔閭，明知這是不可能的事，他只是想教孫武知道，天下也有不能「勒」之人，不要太過自信而已。而孫武卻不這樣看，他認為只要勒兵得法，人皆可兵。方才他就明確地回答了吳王闔閭：「可試以婦人。」實際上，誰也沒有相信他，包括那個大名赫赫的伍子胥。

孫武將一百八十名宮女分為兩隊，各令一名吳王寵姬為隊長，持戟站於隊首。而後孫武開始了最基本的勒兵交代：「你們知道前心、後背與左右手麼？」一片鶯聲燕語：「知道也。」孫武高聲道：「那好。我叫向前，你等都要盯住隊長的前心！我叫向後，你等都要盯住前面人的後背！向左，看左手！向右，看右手！明白了沒有？」又是一片鶯聲燕語：「明白也。」於是孫武像在軍中一樣，兩邊設置了斧鉞儀仗與金鼓令旗，又反覆教了幾遍口令，於是宣布擂響戰鼓，令旗一揮，高喊：「向右——」宮女嬪妃們卻東倒西歪地笑成了一片，連高臺上的闔閭君臣也大笑起來。

孫武高聲道：「約束不明，申令不熟，將之罪也！」便停了下來，又再三講了幾遍口令。然後下令擂動大鼓：「向左——」令旗劈向左方。誰知宮女嬪妃們又是哄然大笑。孫武肅然正色：「申令既明而不執法，吏士之罪。隊長當斬！」當即喝令兩邊斧鉞手綁起兩名吳王寵姬，推下斬首。吳王闔閭這一驚非同小可，急忙令內侍飛馬傳令：「本王已知將軍勒兵之能，請莫斬首兩位寵姬，本王離開她們，食不甘味也！」誰知孫武卻正色拱手道：「將在軍，君命有所不受。」喝令立即斬首兩位寵姬。片刻之間，血淋淋的長髮人頭捧來，全場都瞪圓了眼睛，宮女嬪妃們驚恐得大氣也不敢出。孫武另換兩名年長宮女為隊長，大鼓再響，令旗一揮，步伐整齊，中規中矩，毫無差錯，直看得全場鴉雀無聲。

孫武稟報吳王：「勒兵已成，我王請檢閱。但有軍令，這支女兵可赴水火而不避。」

闔閭哭笑不得：「罷了罷了，我如何能看？」

孫武淡然笑道：「素聞吳王有大志，原來卻是徒好虛言，不能用其實也。孫武告辭。」

闔閭恍然警悟，連忙站起來緊趕幾步肅然躬身：「本王錯失，敢請先生見諒可也。吳國兵事，尚請先生不吝賜教。」

從那時開始，孫武做了吳國統兵大將。可是，孫武最輝煌的戰績只有一次，就是千里奇襲楚國，以五六萬之眾五戰五勝，幾乎要消滅了楚國。若非闔閭早逝，太子夫差與孫武不和，孫武也許還會有更大的功業。夫差即位後，生性恬淡的孫武便隱居了。他本是一個清醒深思又極善於總結的高士，臨終前給他的後人留下家律：「但凡孫氏後裔，建功立業者，得止且止，貪功者喪身。」

孫臏就出生在這樣一個家族，有著不肯埋沒自己卻又明智散淡適可而止的傳統家風。孫武之後的孫氏族人，其所以沒有一個天下聞名的傑出人物，不能說和這樣的家族遺風沒有關聯。正是這種遺風，形成了孫臏謙和恬淡的稟性。他從來不談自己的家世，龐涓自然也不知道他是孫武的後裔，只是對他的淵博靈慧常常感到驚訝，常常歎息著說：「如此兵家智慧，如何生在了一個與世無爭的師弟身上？」每次都引得孫臏一陣大笑。孫臏感慨師兄的苦難身世，對師兄處處爭先的稟性毫不感到彆扭，反而是時時事事謙讓，因與自己性格相合，也沒有顯得絲毫做作，倒是與師兄處得特別融洽。久而久之，便有人說他們師兄弟是「剛柔相濟，天作之合」。奇怪的是，老師卻從來沒有對他們的友情做過評判，最多只是笑笑而已。現下想來，孫臏對老師的先知當真感到了不可思議。

到了魏國，他們遇到了當時正在為沒有名將而苦惱的魏惠王的隆重禮遇。由於出乎預料，龐涓是非常的驚喜，非常的奮激，整整對孫臏訴說了一個通宵，全部是如何為魏國打天下的宏大謀劃，竟沒有問一句孫臏在魏國將如何打算。龐涓的口氣神態中透露出一個鮮明的消息——報效魏國，龐涓是經過深思熟慮的，魏國的軍權是龐涓一個人的。孫臏何等靈慧，自然是覺察到了這種強烈的言外之意。孫臏記得自己當時笑著說：「師兄，魏國很器重你，我看也用不著到齊國去了。我們還是原來謀劃，我回齊國。老家族人還有諸多事等著我也。」龐涓高興得大笑了一陣：「好！明日到十里長亭，我為師弟餞行。說不定，我等日後還要聯軍作戰也！」孫臏也笑了：「那可未必，倒是兩國交兵的時候多一些。」「哎呀，師弟。」龐涓恍然正色問：「果真如此，你如何應對？」孫臏坦然道：「那還用說？各有其國，各為其主，私情不擾國事也。」龐涓長長歎息了一聲：「是啊，不能兩全也。」臥在榻上不再說話了。

也許是天意，他們的命運又一次發生了轉折。

第二天清晨，當孫臏已經在收拾簡單的行囊時，驛館外馬蹄聲疾，沒想到竟是魏惠王親自來到。龐涓連忙迎了出去，魏惠王腳步匆匆邊走邊問：「龐涓，先生何在？可不能教他走。」龐涓一怔：「先生？但不知，大王所問何人？」「何人？孫臏啊！」魏惠王哈哈大笑，「我也是方才知道的，孫臏是孫武的七世孫，名門大才也，你這師弟呀，了不得！」說著已經匆匆進門，向孫臏深深一躬：

「魏罃敬賢不周，尚望先生見諒。」孫臏愕然，竟忘記了扶住魏惠王：「魏王？這、這是何意？」魏惠王豁達地笑了：「先生啊，這些探事斥候忒笨，本王也是剛剛知曉的，多有怠慢了。」說著又是深深一躬。孫臏這下連忙扶住道：「魏王，在下正要告辭，不知魏王所說何事？」「先生好詼諧也！」魏惠王大笑，「先生乃孫武後裔，名門出大才，魏罃如何能放先生？敢請先生回宮，魏罃為先生接風！」

孫臏恍然大悟，不禁生出一絲膩煩。他素來不喜歡張揚家世，更不喜歡以祖先名望獲得器重，淡淡一笑拱手道：「啟稟魏王，孫臏只是孫氏旁支，不敢妄稱孫武後裔。更何況才疏學淺，比我龐涓師兄相差多矣！不敢勞魏王大駕，孫臏要回齊國料理家事去了，就此告辭。」

魏惠王很能轉圜，拱手笑道：「先生謙恭禮讓，更見高才美德。鬼谷子門生，魏罃可是求之不得，哪敢放走？孫臏龐涓，都是本王的嘉賓，先生請。」

龐涓一時尷尬難堪得無地自容。突然，他覺得孫臏欺騙了他，一直隱瞞著自己的顯赫家世，卻偏偏在自己即將被委以重任時「洩漏」家世，使他憑空受到冷落，其心機何其深也。剎那之間，他對貴族子弟的本能憎惡油然而生，滿臉脹得通紅。但是龐涓死死地咬牙忍住了，他知道，這正是自己的又一個懸崖時刻，必須忍耐。他長長地喘了一口粗氣，藉著魏惠王的話頭，上前挽起孫臏的手笑道：「師弟，走啊。魏王求賢若渴，師弟如何自居清高，少了禮數？」魏惠王高興地笑了：「然也然也，龐卿豁達。先生請。」

孫臏只得去了，心裡老大不舒坦。

魏惠王大是高興，席間立即正式冊封龐涓為上將軍，孫臏為上卿。在魏國，這兩個職位的爵次是同等的，只不過上將軍是軍權，上卿則是綜合性的國政大權，幾與丞相接近。龐涓立即謝恩受封了。孫臏卻堅辭不受，只是答應留在魏國給師兄贊襄一段軍務，不敢受職。魏惠王雖然老大不悅，卻也不好勉強，只得暫時拜孫臏為客卿。

孫臏記得很清楚，那晚回來，龐涓就早早歇息了，沒有與孫臏再說一句話。孫臏卻在庭院裡徘徊了半宿，直到刁斗打了四更，才去了臥榻躺下。

為了扶助已經被封為上將軍的龐涓盡早站穩腳跟，然後自己也可以安心離開，孫臏全力為龐涓贊劃軍機，有時即或當著魏王，也直言不諱。想起來，陰謀就是在這時候開始滋生的。陰謀開始的細節和過程，在孫臏的記憶中已經不清楚了，可以說，那是被後來的巨大災難所帶來的痛苦淹沒了。他睿智明晰的心海裡，唯獨留下了兩片深深的烙印——魏惠王不想讓齊國擁有與龐涓相匹敵甚至超過龐涓的兵家大才，這是陰謀的根基；龐涓對他的才華，甚至對他家世的忌憚，以及對他「深沉心機」的憎惡，是陰謀的枝葉。沒有魏王的默許，龐涓不可能對他這樣的名家實施公然的陷害和殘酷的臏刑（註：臏刑，挖掉膝蓋骨，使人殘廢的肉刑）；沒有龐涓的攛掇權術，魏惠王則不可能視他為「魏國的威脅」。

在被監禁並被殘忍地挖掉膝蓋骨時，孫臏對陷害陰謀都一無所知。突然降臨的災難，使他的心智完全懵懂了。他的狂亂失態、呼天搶地與語無倫次的辯解，自然地被當作「驚嚇失心」——瘋了！真是上天佑護啊。否則，陷害必然還將繼續，直到他生命消失。從龐涓輕蔑的大笑中，孫臏突然悟到應該繼續瘋下去。於是，他真的瘋了，沒有冷暖，沒有饑飽，沒有廉恥，沒有尊嚴，像豬，像狗，像乞丐，傻呆呆直愣愣地遊蕩著。

也就是從那時開始，他的天賦智慧與無與倫比的悟性神奇地復活了。當他在寒風料峭的冬夜，遙望著深邃蒼穹燦爛的星斗時，計謀的孳生伸展，竟像圖畫一樣活生生地展現在眼前。一切都是那樣清楚，就像他對戰場風雲的洞察。他的智慧告訴他，面對陰謀迫害，他只有以堅忍的意志和最荒誕的方式求得生存，伺機逃走。

十載寒暑，終於被他等到了一個機會，齊國使臣將他祕密地帶出了魏國。

「先生，齊王看望你來了。」

輪椅轉了過來，孫臏看見田忌和一個紅衣高冠的人站在院中，那肯定就是威名赫赫的齊王了。還沒等孫臏行禮，齊威王已經走過來深深一躬：「先生受苦了。」孫臏拱手作禮：「病殘之軀，不能全禮，我王恕罪。」齊威王豁達地笑了：「先生不必拘於俗禮。從今日開始，先生不必對任何人作禮。」眼睛一瞄，卻看見了旁邊的「山川地形」，驚訝笑道：「敢問先生，這是觀賞麼？」田忌走過來一看，也大為驚訝：「先生何時所製？」孫臏微笑道：「閒來無事，我指點兩個使女堆砌的。」

「我王，先生做的是魏國山川地形！」田忌興奮地指點著。

齊威王仔細一看，恍然大悟：「先生在揣摩戰事？」

「習兵之人，陋習也。」孫臏謙遜地笑答。

「先生，魏國已經大舉進攻趙國，同時在鉅野澤北岸屯兵八萬。先生對此有何高見？」齊威王開門見山，謙恭求教。

孫臏淡淡一笑：「噢，終究是開始了。」他絲毫沒覺得突兀，侃侃道：「魏國攻趙，是吞併天下第一步。趙成侯新喪，太子剛剛即位，魏國咬住這個時機，顯然想一舉滅趙。以趙國目下之將才兵力，絕非魏國對手。近日之內，趙國必然要向齊國求救。」

「齊國當如何應對？」

孫臏微微一笑：「敢問齊王之志若何？」

「先生何意？」

「齊王若滿足於偏安東海之濱，則趙國可任其自生自滅。齊王若志在天下，則趙國存亡事關重大。」孫臏笑著頓住了。

齊威王拊掌大笑：「東海一隅，竊得人心慌也！」

孫臏點了點頭：「齊王須知，趙為大國，可使魏國增加六百餘萬人口、一千餘里國土。趙國一滅，燕國與中山國便失去屏障，魏國可順勢攻滅。那時候，整個大河之北，直到陰山草原與遼東海濱，縱橫萬里，皆成魏國，其勢將難以阻擋。」

「先生之言，洞察深徹。上將軍薦舉先生為齊軍統帥，籌劃救趙之戰，懇請先生萬莫推辭。」突然之間，齊威王說出了來時尚有猶豫的決斷。孫臏的短短剖析，已經使他感到了這位兵家名士並未因這場人生災變而心智衰頹，他的智慧依然在熠熠閃光，而且更有了一種老辣洗練的成熟與深沉。歷經劫難而身負大任，這種人絕不會誤事。這便是齊威王在瞬息之間的判斷。

孫臏依舊是淡淡微笑：「臣致力兵學，自當為祖國盡忠效力。然則，我王需聽臣一言。」

「先生請講。」

「臣肢體殘損，提兵戰陣之間，不能激勵士氣，反遭敵無端嘲笑。以臣之見，當以上將軍為統帥，臣願為軍師，一力籌劃，擊敗魏軍。」

田忌笑道：「我薦舉先生，因只有先生才敵得龐涓。先生卻反來薦我，豈有此理？」

孫臏大笑：「以其人之道，還治其人之身，此之謂也。」

齊威王思忖有頃，點頭道：「先生之言，出自肺腑，亦較為周全。自即日起，田忌為三軍統帥，孫臏為齊國軍師，即刻辦理兵符印信，進入大戰準備。」

「臣等遵命！」田忌孫臏慨然應命。

三日之後的深夜，趙國特使急如星火般趕到臨淄，向齊國求救。

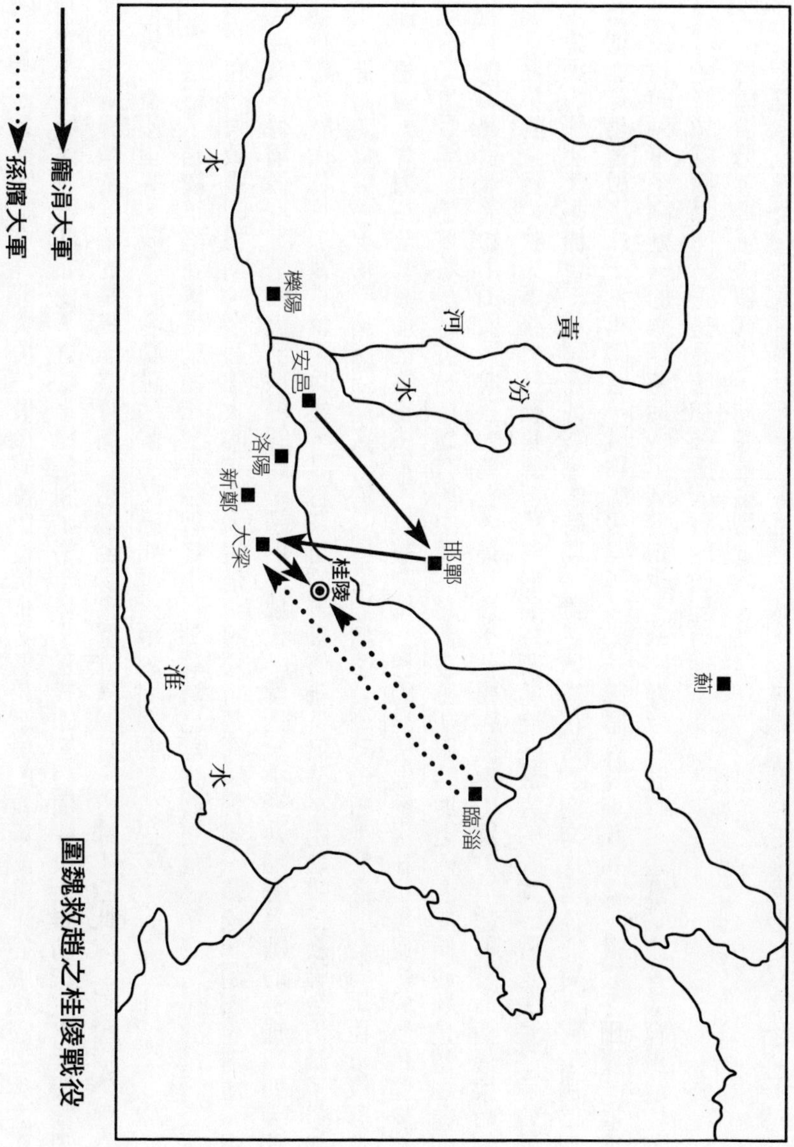

圍魏救趙之桂陵戰役

齊威王對特使說，出兵事大，需要和臣下認真商議，請特使在驛館等候幾日。不想三日之內，趙國連派三名特使請求齊國救援。最後的特使還帶來新君趙肅侯的親筆國書，答應魏國退兵之後向齊國割讓十座城池。雖則如此，齊威王還是到了第十日才正式回答趙國特使，齊國決定出兵援救趙國，但齊國大軍與糧草輜重的調集需要時間，趙國至少要堅守一個月，齊軍才能抵達。趙國特使雖然焦急，也只有連連答應，留下一名聯絡斥候，又急如星火地趕回邯鄲報信去了。

這時，趙國正陷在驚慌動盪和全力激戰之中，邯鄲城已經岌岌可危。

在七大戰國的初期，全面強大的次序大體是：魏國、楚國、齊國、韓國、趙國、燕國、秦國。趙氏部族在晉國後期，是四大部族（智氏、趙氏、魏氏、韓氏）中最為悍勇善戰的一支。四大部族中，唯有趙氏歷代為將，執掌晉國兵權，具有久遠的軍爭傳統。但是在趙魏韓三族聯合消滅了最強大的智氏，進而三家分晉之後，趙國卻始終沒有湧現出像魏文侯魏武侯那樣英明的君主，更沒有進行像魏國、楚國、齊國甚至韓國那樣的變法，所以被一個一個的變法之國甩在了後邊，成為稍強於燕國與秦國的二流戰國。這種狀況一直維持到戰國中期的趙武靈王胡服騎射之前。成侯趙種是趙國前期最有為的君主，曾對燕國和中山國造成巨大壓力，幾次幾乎就要吞滅中山國。但趙種有一個最致命的缺陷，就是性格的激烈褊狹，不善於採納良謀，不善於與鄰國斡旋。最大的失誤，就是失去了與韓國合作消滅魏國的那次天賜機會。趙國在他掌權的時期，雖然始終在氣勢洶洶地南征北討，國土民眾卻幾乎沒有增加。趙種做了二十六年國君，就積勞去世了。太子趙語只有十八九歲，很缺乏歷練。這正是國家最忌諱的「主少國疑」的微妙時期——國君年少，舉國疑慮。同時，趙國又沒有久經風浪的棟梁大臣與著名將領支撐局面，正是最害怕強敵入侵的脆弱時期。

魏國恰恰選擇了這個機會，向趙國猛烈進攻。

魏國二十萬大軍在龐涓率領下分三路北上。第一路右軍五萬，從澠池北上，渡過少水，從南面逼近邯鄲。第二路左軍五萬，從魏國北部的離石要塞向東開進，攻克晉陽，再從北面壓迫邯鄲。第三路中軍十萬，由龐涓親自統領，從平陽東渡汾水，攻克趙上黨要塞，從西邊直逼邯鄲。半個月內，三路大軍勢如破竹，連克沿途二十餘城，將邯鄲北西南三面圍定，只留下東面缺口。而邯鄲的東面，恰恰是洶湧的漳水。

歇兵數日，龐涓下令攻城。魏國的步兵歷來強於騎兵，所謂馳名天下的「魏武卒」，說的正是魏國步兵。攻城作戰，步兵是絕對主力，正是魏武卒的用武之地。趙國則因為長期與北方的匈奴、林胡的遊牧騎兵作戰，自然形成了很有戰力的騎兵，步兵則相對較弱。守城防禦戰，主要依靠的恰恰是步兵。兩相比較，魏國以其特長，攻擊趙國所短，邯鄲城的艱危自是必然的了。龐涓乃兵家名士，早在出山之前就對列國兵力、特長及弱點瞭若指掌，勝算在胸，不急不躁，讓士兵們養足了精神再從容攻殺。魏軍將士在舉國狂熱中已經滋養出傲視天下的激情和勇氣，人人熱血沸騰，個個狂野躁動，完全不將趙軍放在眼裡。

當三百多面牛皮大鼓開始沉雷般轟鳴時，魏武卒方陣也轟隆隆開動了。

方陣以一百人為一個方隊，配備一架大型雲梯，形成一個進攻單元。每十個方隊組成一個獨立方陣。邯鄲城西面城牆最長，魏軍主力展開了二十個方陣兩萬武卒，作為第一輪猛攻。縱深地帶的四十個方陣也已經排列就緒，準備做第二輪第三輪的連續猛攻。按照龐涓的謀劃，三輪猛攻之後，邯鄲必破。西北南三面城牆同時猛攻，趙軍必然從沒有魏軍的東門逃走，這是龐涓專門留給趙軍的逃亡路徑，也是「圍師必闕」的古老兵訓。龐涓其所以照搬了這條古訓，在於他不想四面圍定而讓趙軍做絕望的困獸死鬥，城池反而難破。給趙軍留下一條退路，實際上是瓦解趙軍鬥志的妙著。但是，龐涓又絕不能教趙國君臣的殘兵真正逃跑，那是後患無窮。他已經在漳水西岸和東岸埋伏了三萬精銳騎兵，專門對付漏網之魚。

龐涓相信，滅趙的整體謀劃是嚴密得當的，趙國一定會被一舉吞滅。這是他出山以來真正的滅國大戰，也是他龐涓躋身一代名將的成名大戰，絕不能有絲毫差錯。

龐涓站在與城牆等高又可自由推動的雲車司令臺上，猛然劈下令旗。

隨著大鼓轟鳴，早已整肅排列在方陣之後的兩萬名二十石強弩手驟然發動，向邯鄲城頭的女牆垛口萬箭齊發，使城頭守軍不敢露頭。與此同時，魏軍方陣在震天戰鼓中隆隆推進。瞬息之間，雲梯靠上了城牆，震天動地的吶喊聲驟然響徹原野。魏軍武卒迅猛有序地爬上雲梯，殺上城頭。這時，寂靜無聲的邯鄲城頭，卻驟然立起了一道人牆。

一場殘酷激烈的浴血攻防戰開始了。

數千里之外的臨淄郊野卻異常平靜。連綿軍燈伸向遠方，融會在漫天星斗之中。如果不是偶爾的戰馬嘶鳴，誰也想不到這片山地裡隱藏著十餘萬大軍。在這片軍營的中心地帶，一桿大纛旗迎風舒展，斗大的一個「田」字隱約可見。大纛旗下的幕府大帳裡燈火通明，兩個身影清晰地印在幕府牆壁上。

「先生，明日我軍直撲邯鄲，和龐涓決戰，給先生復仇！」田忌慷慨激昂。

孫臏在輪椅上微笑著：「將軍以為，齊軍戰力與魏軍如何？」

田忌沉吟：「齊軍技擊聞名，然與魏武卒相比，稍遜一籌。」

「將軍，此戰對我軍有四不利。」孫臏平靜地扳著手指，「齊軍戰力較弱，為其一；我軍長途奔襲，魏軍以逸待勞，為其二；我軍十五萬，魏軍二十萬，敵眾我寡，為其三；直撲邯鄲，魏軍八萬卡在鉅野要道，少不了要衝殺損傷，到了邯鄲兵力更少，此其四。將軍以為然否？」

田忌沉默良久，點頭：「以先生之意，此仗不能打了？」

孫臏搖搖頭：「非也。此戰只能智取，不能硬拚。」

「縱然智取，也得到邯鄲打仗。」

「不一定。」孫臏搖頭微笑。

「不一定？」田忌啞然失笑，「救趙救趙，不去邯鄲，如何救趙？」

「將軍，此戰糾葛甚多，不能以常法謀劃，須得出奇制勝。這個『奇』字，就在於我軍不赴邯鄲尋戰，而直搗魏國大梁。大梁，乃魏國在建新都，軍輜重地。魏國絕不允許大梁陷落，必得回兵救援。此謂攻其必救也。此戰制勝處，在於我軍於魏軍回救大梁時，中途伏擊，一舉擊潰，事半功倍也。」孫臏沒有笑，也說得很慢，彷彿在將長期的思慮一絲一絲地抽出來。

田忌驚訝得說不出話來。他打過多少仗了，可無論如何想不到，打仗竟然可以如此打？不去戰場而去後方！仔細咀嚼一番，竟覺大有奧妙。大梁離齊國邊境只有三百多里地，騎兵大半日可到，步兵晝夜兼程也就一天一夜；而邯鄲則有千里之遙，利弊自然一眼可見。再者，齊軍開赴趙國的大路只有一條，這正是已經被魏軍封堵的鉅野要道。而齊國通往魏國的道路可是很多，魏國根本無法路路防守，也無從重兵防守。祕密進軍大梁，可以說不會有任何麻煩或抵抗……想到這裡，田忌不禁恍然大笑：「快哉快哉！先生奇人奇策也！」

田忌久經沙場，一旦豁然貫通，立即按照孫臏的謀劃行動起來。

第二日清晨，孫臏出手第一顆棋子——派出兩萬兵馬，由副將訾牛率領，偽裝成十萬大軍，大張旗鼓地從鉅野北面的燕齊邊境向趙國方向進發，引誘魏國太子申和公子卬的八萬人馬離開鉅野，去「增援」龐涓。鉅野魏軍一旦入趙，訾牛人馬便立即祕密撤回，到桂陵山地埋伏。

日暮時分，孫臏出手第二顆棋子——六萬騎兵由田忌親自率領，向大梁快速進發，天亮趕到城下，立即發動猛烈攻勢。七萬步兵隨後兼程進發，第二天午後趕到，立即加入攻城，給魏國造成大梁行將陷落的強大壓力。

由於魏國的強大，數十年來，魏國本土沒有過戰爭。長期的安寧富庶和「大魏無敵於天下」的自信，大梁的三萬多守軍已經被風華商市將悍勇之氣淘洗得乾乾淨淨了，整齊威武的甲冑，寒光閃爍的兵器，僅僅只有對庶民國人凜凜生威了。在刀兵連綿的戰國時代，竟有如此一支「老爺兵」，倒是確實罕見。當闌珊的夜市燈火還在滿城閃亮的時候，城外突然戰鼓如雷喊殺連天，齊軍恍如天外飛來，竟突然出現在大梁城下猛攻，大梁城內的驚惶失措可想而知。要不是大梁有天下最寬闊堅固的城牆，有用之不竭的長弓硬弩，大梁城幾乎要真正的陷落了。

從黎明到午後的大半天之內，大梁守將向安邑魏惠王派出了六次快馬特使求援。

此時，孫臏出手第三顆棋子——主將田忌率領六萬精銳騎兵，撤出大梁，祕密回師桂陵山地，與訾牛的兩萬人馬會合設伏，準備伏擊龐涓的回救大軍。

暮色蒼茫之中，齊國的步兵對大梁展開了更加猛烈的攻勢。在天下大國的軍旅中，齊軍以技擊之士聞名。也就是說，齊國軍卒的單兵技藝非常出色，長矛投擲、劍術搏殺、弓弩箭法、徒手格鬥，都堪稱一流。實戰之中，攻城一方的團體衝鋒，往往被防守軍士的種種反擊所分割，恰恰更需要單兵的勇猛精神和技擊能力去突破。齊軍步兵得其所長，攻城威力絲毫不亞於魏軍對邯鄲的攻殺。更由於有意張揚聲威，在氣勢上竟比邯鄲之戰更為猛烈。

魏惠王大為驚慌，向龐涓接連發出十道緊急王書，下令緊急回救大梁。

此時的太子申和公子卬也愚蠢中計，帶領八萬大軍匆匆趕往邯鄲。這兩個對打仗一竅不通的「大將」，眼見齊軍聲勢浩大地越過燕國邊境去救援趙國，既怕龐涓兩面受敵，又怕龐涓已經攻下邯鄲獨占大功，反覆商討，緊隨齊軍「追擊」，一直進了趙國東部。然則未到漳水，齊軍卻突然在夜晚消失。兩人又是反覆計議，認為齊軍既然畏懼撤回，再回防鉅野也就沒有意義了，不如殺到邯鄲與龐涓一起滅趙，掙一份大大的軍功。於是一聲令下，八萬大軍直撲了邯鄲。

此時的邯鄲城外，大軍已經攻破西門。龐涓沒有理會魏惠王的緊急命令，沉著地下令繼續猛攻，務必全面攻陷邯鄲。但是，當魏惠王的第十道手令到達時，龐涓終於慌亂了，若再抗命不回，如果大梁真的陷落，那可是十個邯鄲也補不回來的。

遙望洞開的城門和遍野的煙火屍體，龐涓臉色鐵青，痛苦地一拳砸在了大旗桿上。不偏不倚，令旗「噗」地落下，恰恰罩在龐涓頭上。龐涓大怒，一把扯下令旗，卻將頭盔連帶扯落，頓時長髮散亂，猙獰可怖。左右護衛不由驚恐地後退。

「三軍撤退！回救大梁！」龐涓嘶聲怒喝，眼中湧出了無可遏止的淚水。

就在龐涓大軍悻悻撤出邯鄲，星夜奔赴在回師途中時，器宇軒昂的太子申公子卬也率大軍趕到了邯鄲城外。兩人望著漆黑的曠野和肅殺的邯鄲箭樓，竟不知道如何是好。邯鄲城內的趙肅侯君臣卻嚇壞了，以為龐涓回師，連忙計議如何趁著夜色逃出。如果這時太子申和公子卬能夠猛攻邯鄲，也許趙國從此就消失了。奈何兩人沒有一個正才，看見夜色中的煙火屍體都瑟瑟發抖，又兼不知道龐涓為何退兵，反倒更害怕趙國軍隊出城襲擊。於是，八萬大軍尾隨著龐涓大軍的路標，逃竄一般的南撤回師。歷史的機遇，便和這兩個草包擦肩而過了。

這時候，孫臏已經在桂陵（註：桂陵，在今日山東省菏澤西部的山原地帶。圍魏救趙的伏擊點史家素有爭論，此取主流一說）山道布下了第四顆棋子。

桂陵山地是魏國的邊緣地區，西南距大梁二百里左右，東北面一百餘里便是齊魏交界的鉅野澤，東南數十里便是濟水。龐涓大軍回師大梁，若從魏國境內的安邑折向大梁，非但要走一個大大的「弓背」，且大軍急行馳驅在繁華本土，速度更要減慢許多。而從趙國入齊的鉅野大道經桂陵到大梁，非但路程縮短三分之二，且在人煙稀少的邊境山塬可兼程急行，速度自然快了許多。所謂兵貴神速，龐涓不回軍則已，回軍則必須追求快速，否則便會兩頭功勞全落空。孫臏自然清楚其中奧妙，料定桂陵山地是龐涓大軍回救大梁的必經要道。這片山塬林木茂密，山道狹長，十萬大軍埋伏在縱深三十多里的兩邊山塬，絲毫不露痕跡。

一路之上，龐涓怒火中燒。齊人無恥之尤，不敢救趙，還偏要在天下做對抗魏國的盟主，分明是趁火打劫，奪取大梁的財富。一場滅國大業，竟被如此鼠竊狗盜的手段破壞，真真將人氣煞。如此宵小之輩不徹底吞滅，魏國豈能安寧？龐涓有何臉面做魏國上將軍？怒氣沖沖的龐涓下令步兵後行，親自率領八萬騎兵，暴風驟雨般從鉅野大道向南壓來，要將齊國軍隊堵在大梁城下全部殲滅。

鉅野距離大梁只有兩三百里地，魏國鐵騎兩三個時辰就可以衝到大梁，齊軍縱然攻破大梁，也要使它吐出嘴裡的肥肉。龐涓作為名將，對桂陵山地本應有一定的警覺。然則，此刻他已經完全被憤怒和驕傲淹沒了。再說，這片山地也並不算特別的荒涼偏僻，谷地道路也不算很狹窄，鐵騎通過並不算很艱難。兵家常識，只要騎兵能稍微展開，一般就不是最佳的埋伏地點。大約在龐涓的心目中，也沒有特別留意過桂陵山地。所以，他在進入桂陵山地前下的唯一命令是散騎隊形，快速通過谷地。所謂散騎，就是騎士不再做五騎一列的「成伍」並進，而是根據山間地形相對自由地選擇道路前進。這是騎兵通過山谷最快的方法。命令下達，魏軍的八萬鐵騎在三十多里長的山谷中全面撒開，山道、山坡遍布飛馳的騎兵，馬蹄如雷，山鳴谷應。

孫臏在龐涓大軍進入齊國鉅野大道前，撤出了第五顆棋子——圍攻大梁的七萬步兵快速回師，從南面封堵桂陵山口，截擊漏網的魏國騎兵。龐涓率領騎兵前行，本是孫臏預料到的，這時候撤出進攻大梁的兵力，大梁要經過安邑魏惠王再給龐涓通報，已經是來不及了。即或來得及，龐涓也要全速前進，迎面截擊消滅齊軍，絕不會允許齊軍逃走，更不會想到自己會有何等危險。孫臏摸透了龐涓的稟性，大膽回兵，最充分地利用齊國的現有兵力來實現桂陵伏擊。

夕陽暮色中，龐涓騎兵深入桂陵山谷。突然，山腰戰鼓如同青天霹靂在頭頂炸響！滾木礌石排山倒海般從陡峭的山坡湧下，鐵鏃箭尖厲地嘯叫著，如急雨般飛來。山谷中奔馳的馬隊頓時擁擠踐踏，人仰馬翻者不計其數。在魏軍尚未清醒的時候，齊軍洶湧的洪水呼嘯著吶喊著從兩面山坡猛撲而下。在這種狹窄險峻的山谷作戰，鐵甲騎兵無以奔馳騰挪，被齊國棄馬步戰的八萬大軍壓在谷底，根本無法伸展。

面對漫山遍野的被動挨殺，龐涓驟然間清醒過來，大吼一聲：「全體下馬步戰，衝出山谷！」經過兩個時辰的激烈拚殺，龐涓大軍折損大半，但也終於衝到了桂陵山地的出口。卻不想恰恰遇上從大梁回師的齊國步兵，只見遍野火把，刀矛閃亮，箭如驟雨，堪堪封堵在山口。

拚殺到夜半時分，龐涓只帶著殺出重圍的三四千人狼狽逃到大梁。後面兼程趕來的魏國步兵也被齊軍回師截殺，一舉擊潰。僅僅一個晚上，龐涓率領的二十萬大軍，損失了十三萬之多。最可惜的是，所向無敵的魏國鐵騎幾乎全軍覆沒，驕傲的魏國武卒——天下唯一一支重甲步兵也潰不成軍了。

孫臏的圍魏救趙，像暗夜中一道強烈的閃電，照亮了被霧靄掩蓋的戰爭空間。人們猛然醒悟，原來戰爭空間如此廣闊，竟可以你打你的我打我的，在運動中將戰場無限拓寬。在騎兵步兵代替老式戰車的歷史轉換關頭，孫臏的圍魏救趙，使步騎野戰真正走進了戰爭新天地。戰爭的動態形式，兵家的詭道本質，被真正的運動戰淋漓盡致地揮灑了出來。從此，智慧與計謀在戰爭中大放異彩，運籌於帷幄之中，決勝於千里之外，成為戰爭長河的奇觀。

六、孟子論劍示射　長歌一抒飄蓬之志

桂陵之戰，齊軍大勝，孟子黯然失色了。

且不說朝野間頌揚的都是孫臏田忌，最令孟子難堪的是，齊國許多重臣元老竟然都藉此對孟子生出莫名其妙的非議，彷彿孟子曾經反對過這場大戰一般。這些人中以丞相騶忌為甚，公然對齊威王說，孟子是迂腐過時的老古董，齊國最需要孫臏這樣的兵家大才。就連稷下學宮的名士鄒衍、慎到、淳于髡、田駢一班人，也說了許多貶損孟子的話。相比之下，倒是那個少正卯一般「偏激險惡」的尸佼公然讚頌孟子，上書齊威王，主張齊國應當竭力留住「博大淵深坦直求真」的孟子，「不用其為政之道，而用其治學之法，為齊國樹起文明的大纛」。一日三傳，流言紛紛，孟子感慨萬端。孟子很清楚，騶忌這樣的權臣反對他，是怕他受到齊威王重用。騶忌等也很清楚，對孟子這樣名滿天下的大師，要麼不用，要麼重用，絕不會打發他一個中大夫之類的閒職了事。孟子一旦重用，縱然不免去騶忌的丞相官職，也會分掌丞相的一大半權力。對於騶忌這種琴師出身的士子，一旦失去丞相官職，就等於從貴族階層永遠退出，甚至還有殺身之禍。孟子覺得，這種將一生根基立在一頂高冠上的所謂名士，其實很可憐，也很渺小，和他們共事一堂，很是齷齪。稷下學宮的鄒衍非議他，是怕他做了學宮令而奪去自己「天下學師」的地位。其他諸子跟著反對，則是畏懼孟子的學問辯才淹沒了他們在稷下學宮的光彩。縱然是坦蕩磊落的尸佼，也不認為他能治國理民，而只能治學。如此一片蜚語，顯然是伸展無望的徵候了。孟子對齊國的一片熱誠，也漸漸冷了下來。雖說齊威王對這些議論還沒有任何表示，然孟子已經看到齊國不是久留之地了。

這天晚上，孟子寫了一札坦率而又委婉的辭齊書，準備次日呈給齊威王。

清晨，萬章匆匆走進，興奮道：「稟報夫子，齊王已經到了大門之外！」

「噢？何人同行？」

「齊王單車，無人同行。」

孟子怦然心動：「打開中門，迎候齊王。」

當孟子迎出大門的時候，齊威王已經下車向門口走來。孟子深深一躬，齊威王拱手笑道：「久未拜望夫子，心中甚是不安，今日特來討教。」孟子笑道：「孟軻何德何能，敢勞齊王造訪？請。」說著並行陪著齊威王來到正廳。孟子的弟子都很興奮，肅然在庭院站成兩排，聆聽老師與齊王的對話。公孫丑恭敬上茶，侍立一旁。萬章則在木屏風後準備錄寫夫子言論。

「夫子啊，我軍雖大勝魏國，救了趙國，然本王卻遇到了難題。趙國對齊國竟很淡漠，不結盟，不稱臣。燕國呢，一反常態，敵視齊國，挑釁邊境。楚國原先極力求我結盟伐秦，目下卻突然背盟，倒向了戰敗的魏國。敢請夫子教我，此三國何以如此？齊國當如何應對？」齊威王很困惑，也很認真。

孟子卻微微一笑：「邦交詭道，小伎也，孟軻一無所知。」

「詭道小伎？依夫子看來，何為正道大計？」齊威王驚訝了。

「正道者，邦國禮法也。大計者，庶民安樂也。」

「然則，夫子不操小伎，何以治國安邦？」齊威王語氣中顯然有些惋惜。

孟子異常平淡：「大道不舉，詭道何益？徒謀詭道小伎，非立國圖王之道也。」

齊威王輕輕地歎息了一聲，一時無話。孟子從大袖中拿出一卷竹簡雙手捧上：「齊王，這是孟軻的辭齊書。多謝齊王對孟軻的優厚相待。」

「如何？夫子要離開齊國？卻是為何？」

「孟軻家有老母。待得侍奉老母入土，孟軻也許可再來齊國。」

齊威王默然良久：「夫子至孝，何能強留？」深重地歎息一聲，似不勝惋惜。

孟子不再多說，向來談笑揮灑的齊威王似乎也無話可說。孟子恭敬莊重地將齊威王送到大門外，齊威王慨然拱手道：「夫子，三日後，本王為你長亭餞行。」

那日晚上，弟子們都有些落寞之感，齊國和稷下學宮剛剛激起了他們心中的豪情大志，卻突然要走，一時不禁迷惘失落，圍在孟子周圍默默相向。

「爾等鬱鬱無言，莫非怨為師離開齊國？」孟子微笑。

公孫丑拱手道：「弟子以為，夫子當敬重齊王愛賢之心，倉促離去，似有唐突。」

孟子依然是淡淡的微笑：「遊歷於諸侯則藐之，莫將其巍巍然置於心目也。我儒家秉承大道，當此頹廢之世，當為王者師，不可為王者器。為王者器，必行詭道小伎，其身必為芻狗。為王者師，必行正道大計，其身不朽。方今齊國，芻狗橫行，大道湮滅，豈可蠅營狗苟，與之比肩爭冠？」

滿廳寂然，一股肅穆悲壯的殉道之氣在弟子心中油然生出。

三日後，齊威王率領群臣諸子，在臨淄城外的郊亭為孟子隆重餞行。氣氛似乎比迎接孟子時還要熱烈。孟子在郊亭外下車後，立即被大臣和稷下學宮的諸子圍了起來，關切的問候，熱烈的挽留，殷勤的撫慰，衷心的頌揚，熙熙攘攘地圍著孟子纏繞飛揚。孟子依舊是一副永遠不變的沉靜微笑，拱手環視，將所有的熱烈都照拂了一遍。

「百官諸子入席——」司禮大臣一聲高宣，結束了熙熙攘攘的讚頌和關照。

齊威王在祥和的樂聲中拉起孟子的手，並肩走進大石亭，其餘百官諸子都在亭外一圈帳篷下的長案前落座。樂聲終止，齊威王高聲道：「孟夫子至孝大賢，乃天下楷模。今日為孟夫子餞行，來日願孟夫子早日回齊！」

「願孟夫子早日回齊！」一片呼應，特別熱烈。

孟子在齊威王身邊拱手笑道：「多謝齊王君臣盛情，孟軻永誌不忘。」

齊威王舉爵：「來，為孟夫子高堂康健，乾！」

孟子抱爵環拱，一飲而盡，表示了向齊王君臣的深深謝意。

剛剛入座，上將軍田忌從緊挨石亭的帳篷下站起，拱手道：「夫子今日要走，田忌有一事不能自解，尚請夫子賜教。」

孟子笑答：「不敢言教，但盡所能。」

田忌恭謹道：「楚國獻來一劍，百官諸子無人能識。素聞儒家辨物詰古，博大淵深，當初孔夫子曾為列國解過不知幾多疑難之物，是以敢請夫子辨識此劍，為天下解惑。」

齊威王拱手道：「多勞夫子了。」

「敢請一觀楚劍。」孟子沒有推辭。

田忌一招手，內侍用大盤托著一支古劍呈到孟子面前。盤中古劍約有二尺許長，青銅劍鞘上古紋斑駁，有金石古器的神韻。孟子拿過古劍，左手一掂，右手一按劍扣，但聞一陣清越振音隱隱而起，青光乍閃，古劍滑出劍鞘一尺許。隨著劍身完全抽出劍鞘，一道清冷的光芒在亭中閃爍不定。亭外遙觀，恍若一面銅鏡的反光。群臣諸子不由一陣驚歎。孟子端詳劍鋒有許，又以手指輕彈劍身，清揚的金聲嗡嗡繞梁。孟子又用一方白絲巾細細地拭抹了一遍劍身，若有所思地將古劍放回大盤。全場不禁屏息。

「此劍乃魚腸劍，確係古劍神品。」孟子肯定地回答。

齊威王道：「煩請夫子詳加拆解。」

孟子從容道：「要說劍器，須說源流。鑄劍術源於黃帝時之蚩尤部族。蚩尤以天賜銅料鑄劍三千，曾屢敗黃帝大軍。相傳蚩尤部族所鑄最有名的劍，是彎月形的『蚩尤天月劍』，惜乎此劍湮滅後世，渺渺難尋。三千多年後，吳越大山中有神工巧匠歐冶子，善以鐵料輔以銅、金鑄劍，遂使鑄劍術成為一門極深的學問。春秋時又有吳國神工干將、楚國神工風鬍子，兩門派比肩而立，鑄劍術此時達於登峰造極。此三人先後為天下鑄成十口名劍，每一口均是稀世珍寶，兵中神品。」

田忌驚訝了：「田忌愧為大將，只知二三，敢問十劍之名？」

「何謂十劍？一曰干將，二曰莫邪，三曰龍淵，四曰太阿，五曰工布，六曰湛盧，七曰純鈞，八曰勝邪，九曰魚腸，十曰巨闕。其中後五劍分為大三、小二，稱大刑三、小刑二。即湛盧、純鈞、勝邪，均為長劍。魚腸、巨闕，則為短劍。前五劍為雌雄、三名神劍。干將、莫邪為雌雄劍。大阿、龍淵、工布為三名劍。此謂十劍之名。」孟子說得有些神往。

「十劍落於何處？夫子可知？」齊威王大感興趣。

「十劍出，天下為之爭城奪地，到手則祕不示人，是以十劍下落均難確定。越國曾有著名相劍師薛燭，為酷愛劍器的越王勾踐相過五口名劍，即大刑三、小刑二。可知五劍曾一時落於越國。干將莫邪百餘年來未聞出世。其餘各劍，也是偶有所聞，倏忽不知其所。」

「楚國特使私下說，這口劍是干將。」田忌脫口而出。

「非也。」孟子搖搖頭笑道，「此劍斷非干將，有三不是。其一，劍形不是。干將為雄劍，英挺雄長，當有三尺左右。此劍短而稍寬，不足二尺，乃小刑之象。其二，劍鋒不是。干將莫邪者，乃夫婦合煉而得名之雌雄劍。妻子莫邪投身入爐，而使鐵汁大出。劍成後，雄劍劍鋒有紋絡斑痕，那是雌劍血淚灑於雄劍所致。眼前古劍雖有紋絡，然卻在劍身，不在劍鋒，且通體有紋，故非干將也。其三，劍音不是。劍為百兵之神。舉凡名劍，皆有靈性神韻，遇大奸大惡，則鳴於鞘中；劍鳴通於琴鳴，一旦出鞘，則先聲奪人。干將莫邪之振音，不同於任何名劍：匣中警示之鳴，宛如寒風過林，悲鳴低嘯；劍身出鞘，則鏘鏘然若蕭蕭馬鳴；若指彈劍身，則其振音低沉悠長，宛若長夜悲戚。而眼前古劍，則振音清越，餘音明朗繞梁，與干將大異。」

「夫子認定此劍為魚腸，可有來歷？」鄒衍忍不住高聲問。

孟子再度抽出古劍：「此劍，形制短小，為其一。振音清越，為其二。但根本之點，尚在劍身紋絡。名劍除干將莫邪有血淚斑外，其餘八劍均有不同紋絡，且皆在劍身。龍淵紋絡如高山臨淵，太阿紋絡如流水微瀾，工布紋絡則如大河巨浪。諸公請看，眼前古劍之紋絡屈襞蟠曲，酷似魚腸，此劍魚腸之名，正根據紋絡之形而來。是以，孟軻斷定此劍為魚腸古劍。春秋時專諸刺僚，所用之劍即此劍。專諸藏之蒸魚腹中，魚上酒案，此劍破腹而立，使專諸飛劍殺吳王僚，推出了吳王闔閭，成就一段功業矣。」

年輕的尸佼霍然起身，高聲道：「天下皆說儒家只通禮樂，怎知孟夫子對劍道如此精深？佩服之至！」

眾臣齊聲附和：「孟夫子博大淵深，佩服之至！」

孟子對這個年輕的尸佼本來反感，加之眾人對他附和，心中頗覺膩煩，不由高聲道：「儒家教人，文武並進，六藝皆精，何來只通禮樂之事？」

石亭外的孫臏遙遙拱手作禮：「曾聞孟夫子射技超人，敢請夫子一展風采。」

眾人知道孫臏久在魏國，而孟子也在魏國多年，孫臏的話斷無差錯，不由齊聲附和：「願睹夫子射技！」

齊威王卻是大有疑慮，孟夫子雖為大師，畢竟一介書生，如何能精通箭術？他猛然警覺，是否有人要給孟子難堪？心念一閃，他對孟子笑道：「夫子高才，何在乎賈勇小技，莫與彼等當真便了。」

孟子本當婉辭，不想聽到齊威王的「小技」二字，卻猛然想起自己對齊威王講的「小伎」一詞。當世之人，無不對具有實用價值的學問技能推崇備至，獨孟子公然稱實用學問為「小伎」，致使天下以為儒家對實用技能與學問一竅不通，常常報以輕蔑的嘲笑，並在一些場合公開詆毀儒家。方才孟子已經覺察到，辨認魚腸劍給齊國君臣帶來了震動，此刻他猛然想到，應當真實顯示儒家的全貌，改變天下對儒家的偏見。心念及此，孟子霍然起身道：「齊王並諸位大人，孟軻今日獻醜了。」寬大的布袍一撩，走出亭外，場中頓時一片歡呼。

郊亭外本是專停車馬的空場，田忌立即指揮兵士將車馬轉移，讓出一條寬闊的箭道，豎起一座高大的箭靶。齊國群臣諸子一齊興奮得夾道而立，護衛軍兵也站在高處觀看，整個箭道被密匝匝包圍了起來。齊威王則站在亭外高出人群許多的王車上，饒有興致而又不無擔心地觀看這場文人彎弓。

孟子來到人群夾道之中，向前一瞄，笑道：「上將軍，如此能叫射技麼？換最小箭靶，擺至一百八十步。」

全場驚訝得鴉雀無聲。誰都知道，給孟子擺的箭靶是射箭初學者用的大靶，比真人還要高大，而且只擺了六十多步遠。儘管如此，能射中三箭，對於孟子這樣的學問泰斗，就已經是非常罕見了。稷下學宮研修實用學問的諸子，又有幾個能射箭、擊劍、駕車？所以一聞孟子要求最小靶，而且要一百八十步，所有人都不禁驚訝失色。要知道，最小靶、一百八十步，那是軍中神射都極少使用的，尋常被稱為神射者也不過「百步穿楊」。一百八十步，意味著射手必須具有開二十石強弓的力量，必須有久經訓練的極好目力，這樣的射手，在幾十萬大軍中也是寥寥無幾的。齊軍長於技擊，對神射箭術極為推崇，自然是人人知道其中難度，一時間難以相信，卻又不敢言聲，全場靜得空山幽谷一般。

田忌稍有沉吟，斷然命令：「延長箭道！換神靶！」命令一下，官兵人群自動地譁然後撤，箭道驟然開闊，遠處的小小箭靶，如獵場上的一隻兔子般隱隱約約。

一名軍吏捧上一張長弓、三支鐵箭。孟子掂了掂，笑道：「請用王弓兵矢。」

軍吏困惑：「此乃軍中最好弓箭，小吏未嘗聞王弓兵矢。」

孟子大為歎息：「齊為大國，兵械卻如此貧乏，何以強兵哉！弓有八種，箭有十二類。王弓力強，遠射戰車與皮革。兵矢以精鐵為鏃，長羽為尾，遠程射殺才不致飄飛。如此利器，豈能無備？」

孟子本是不世出的教育大師，凡事皆能說得透徹簡明且誨人不倦。此時一番評點，軍中將士聞所未聞，一時人人咋舌，對孟子肅然起敬。

齊威王高聲道：「夫子，請用本王弓箭。」說著摘下王車上的長弓與箭壺。

田忌上前接過，恭敬捧給孟子。孟子向齊威王遙遙拱手作謝，接過弓箭一掂道：「此弓乃唐弓，此箭乃殺矢。唐弓力道厚重，宜於射深。殺矢桿重鏃銳，遠射穩健，亦算良弓名矢了。上將軍，戰陣攻殺，僅王者有利器，可是無用也。」

田忌深深一躬：「謹遵教誨。齊軍當重新改製軍器，配置全軍。」

孟子不再多說，脫去寬大布袍，露出緊身白布衫褲，兩鬢白髮襯出溝壑縱橫的古銅色面孔，現出一種天命之年飽經風霜憂患的威武穩健。他背起箭壺，執弓試拉，似乎覺得弓箭尚算差強人意，便搭上長箭，緩緩開弓。強勁的唐弓倏忽間滿月般張開，孟子雙腿前蹬後弓，紋絲不動地引弓佇立，瞄一眼已經很少見他射箭的弟子，殷殷叮囑：「射藝之本，在於力神合一，常引而不發，直練至視靶中鵠心其大如盤、其近在鼻，方可引弓滿射。」

話音剛落，嗖、嗖、嗖，三箭連發。長箭帶著尖厲的嘯聲，飛向隱隱約約的兔子般的小小箭靶，穿透了靶心。最後一箭穿過靶心時，隱約可見的小木靶哄然倒地，激打起一陣塵土。

全場驚愕有頃，響起雷鳴般的掌聲、喝采聲與歡呼聲。齊國軍兵歡呼雀躍，齊聲大喊：「請孟夫子為齊軍教習！」

孟子穿好長袍，氣定神閒地向官員軍兵微笑拱手。齊威王已經興奮地下了車，向孟子一躬到地：「夫子藝業驚人，何其深藏不露也？夫子請進亭入座，田因齊有話。」

孟子進入石亭落座，朝臣諸子也都復歸原位，凝神聚目於齊王。

齊威王鄭重拱手道：「夫子深藏藝業之學，田因齊深為感慨。今鄭重相求，若夫子放棄仁政禮治之道，即在我齊國任丞相之職，統攝國政，不知夫子意下如何？」

田忌慨然道：「孟夫子為齊國丞相，正當其所。」田忌立即響應。

騶忌立即道：「我王以孟夫子為相，上順天心，下應民意。」

倒是稷下學宮的諸子大為惶恐，轟轟嗡嗡地各抒己見議論起來。

孟子喟然一歎：「孟軻之不能放棄仁政禮治，正若齊王之不能放棄王霸之道。道不同，不相為謀。孟軻寧不任丞相，亦當固守孔夫子為政大道。」

尸佼站起高聲道：「夫子之道，崇高美好，然卻遠離當今時世，實則以良善之心倒行逆施。若以此道為政，殃及萬民。尸佼願夫子久遠治學，莫為卿相！」

慎到也拱手高聲道：「夫子若能像我法家衛鞅那般，使弱國強大，儒家方有再生之根基。空言復辟井田，猶如水上浮萍，何以為政治國？」

孟子露出了一種悲天憫人的微笑：「秦國變法，實乃苛政之變。苛政猛於虎，必不長久矣！我儒家追求大同之境，為萬世立極，雖明知不可而為之，無怨無悔。為給人世保存一縷良知，儒家子弟寧殺身以成仁，捨生以取義，絕無苟且。」說罷緩緩起立，走出石亭，來到筵席帳篷中間的大紅地氈上，從田忌手中拿過一口長劍。眾人不禁大為驚愕。

「齊王並諸位大人，請聽孟軻一曲，以為分別大禮。」說罷，孟子踏步舞劍，大袖飄飄，劍光搖搖，俄而長歌，歌聲中充滿了一種悲壯幻滅：

禮崩樂壞兮　瓦釜雷鳴
高岸為谷兮　深谷為陵
痛我生民兮　遍地哀鴻
念我大同兮　恍若大夢

弟子們人人肅穆，低沉蒼涼地和唱著：「天命何歸兮，四海飄蓬……」歌聲反覆，化成天地間悠遠的回聲。在那個風雷激盪鐵血競爭的時代，儒家以深刻的智慧、高遠的理想與不合時宜的復古主張，被天下大勢逼上了祭壇，做了犧牲。兩百多年後，儒家又以特有的禮教功能被推上「獨尊」的學霸地位，扼殺了一切具有蓬勃生機的主流學派，最終，自己也在悠悠歲月中僵化窒息了。

七、申不害變法夭折　馬陵道龐涓被殺

路過魏國，孟子想到安邑見見魏惠王。在孟子看來，魏罃這個國君畢竟還算是有敬賢之心的，當初不用自己，也是自己的復古仁政主張天下皆知，無論哪個國家都不敢用，又何況魏國？辭了齊國，孟子把一切都想透了。儒家與戰國潮流是格格不入的，在此等情勢下，各大戰國還對他孟子待以「王師」之禮，也算難能可貴了。所以，孟子對以往在列國所受的種種禮遇下的冷漠，自覺寬容了許多。路過魏國，不期生出了見見魏罃的念頭，播撒一些學問的種子，畢竟不是壞事也。

誰知派出公孫丑一探聽，魏國竟是去不得了。公孫丑的說法是：「魏國大動，舉國躁急，危邦不可居也。」孟子站在軺車傘蓋下遙望安邑良久，長長地歎息了一聲：「魏罃啊，何須自取其辱？」

「老師，魏國不要復仇，不宜再動了麼？」萬章顯然感到很困惑。

孟子淡淡一笑：「走。三個月內，你等便會明白。」

的確，桂陵之戰不但沒有使魏國清醒，反而激起了一股同仇敵愾的血氣。從魏惠王、太子申、丞

相公子卬、上將軍龐涓，到軍中將士與安邑大梁的國人，無不痛罵齊人鼠竊狗偷、孫臏「廢人」陰險狠毒。總之是驚人的一致——魏國不小心遭了一次暗算，齊國其實差得很遠。精明開朗的魏人覺得，魏國沒有錯，滅趙是應當的，回兵援救大梁更是應當的，壞就壞在孫臏陰毒，竟然卡在半道上偷襲！朝野上下對太子與丞相更是一片頌揚，他們率兵「追擊」齊軍到邯鄲，又及時回師，何等英明，否則又被孫臏偷偷摸摸包了進去，損失更大。驟然之間，太子申和公子卬竟自然而然地成了保存魏軍「主力」的名將，齊軍所消滅的只是魏軍的「偏師」而已。

魏國朝野便如此這般地總結了桂陵兵敗，洶湧迸發出強烈的復仇呼聲。

復仇的方略是太子申、公子卬兩位「名將」提出來的，歸結為「滅韓震齊」四個字。理由是：上次趙國距離太遠，孫臏鑽了空子；這次魏國全力攻滅距離最近的韓國，孫臏絕沒有可能再鑽空子；因為，魏國大梁和韓國都城新鄭相距僅僅一百多里，且全部是平原地帶，風馳電掣的騎兵半個時辰就可趕到；齊國膽敢再攻大梁，正可一舉殲滅，收一箭雙雕之功效；若齊國不敢來救，魏國滅韓後立即向齊國宣戰，一舉滅之。

「滅韓震齊之要旨，在於誘齊發兵！」太子申振振有詞。

「齊國若故伎重演，則正中我下懷！」公子卬興奮補充。

對兩位後起「名將」的周詳謀劃，大臣們異口同聲，讚頌備至。魏惠王更是大為快慰，太子申有如此長進，他做夢也沒有想到，頓時覺得對龐涓的依賴減輕了許多。他大手一揮道：「太子、丞相良謀若此，本王深感快慰。本次滅韓大戰，以太子申為主將，丞相與上將軍輔之，報我大仇，興我大業！」魏惠王甚至沒有徵詢龐涓的看法，而龐涓也始終一言未發。

龐涓清楚極了，也痛苦極了，卻什麼也不能說，什麼也不能做。桂陵戰敗，他最恨孫臏，卻又對孫臏的戰法有一絲莫測高深的隱憂。他對這位同門師弟的智慧從來就沒有低估過，否則，當初絕不會想到除掉孫臏。火急回師的時候，他還不知道齊軍的實際統帥是孫臏，否則他可能會謹慎一些。戰敗之後，知道了這是孫臏的運籌謀略，從心底講，龐涓已經不再認為這是齊軍誤打誤撞撿來的運氣，而認為這是一場精心策劃的極為高明的戰役。即或在事後想對策，他還是必須回師救援，難道還能真的丟了大梁？而回師救援，還是必須走桂陵山地，還是必然鑽入伏擊圈。事後都想不出脫困對策，能說孫臏不是精心運籌？儘管如此，他卻只能跟著魏國上下人等大罵齊國卑劣，而不能真正講出自己的想法，否則，等於宣告自己根本不是孫臏的對手。為了上將軍權力不致被剝奪，他必須迎合那些平素極為蔑視的酒囊飯袋，且不能揭破太子申與公子卬的謊言。而只要他龐涓這個貨真價實的名將不提出異議，魏國廟堂這種驚人的一致就會包容每個人。如果說，這些帶給龐涓的還僅僅是痛心和壓抑，那麼魏王任命太子申為伐韓主將，則使龐涓感到了莫大屈辱。太子申比公子卬還要酒囊飯袋，還要志大才疏。這樣一個「統帥」，再加上一個善於逢迎的油滑的公子卬，自己這個上將軍豈不是成了一個只能領命作戰的前敵先鋒？戰勝了，主要功勞肯定與自己無緣，戰敗了，罪責則無疑將由自己一人承擔。

這種尷尬，龐涓還真是第一次遇到。沒有爭到丞相，他已經很是窩火了，而今連上將軍也弄成了名不副實，兩個酒囊飯袋頂著「名將」的光環架在他頭上，這仗能打好麼？軍權貴專，號令貴一，所以才有「將在外君命有所不受」的典訓。這是人人皆知的常理。龐涓身為名將，平日更是厭煩庸君權臣對軍旅兵事的干預。而今，最厭煩的事恰恰在最要命的時候無端落在自己頭上，且還不能反對，當真令龐涓吃了蒼蠅一般。

難消胸中塊壘，龐涓回到府中就病倒了。

安邑沒有祕密。就在魏國確定滅韓大計的同時，消息已經沸沸揚揚地傳播開來了。朝野振奮，魏國上下又一次激昂起來了。韓國商人大為驚慌，立即快馬飛報新鄭。

韓國丞相申不害接到急報，冷冷一笑，立即進宮。

從第二日起，新鄭開始了大規模的防禦準備。大捆大捆的箭矢、長矛、刀劍，無數的滾木礌石，專門用來焚燒雲梯的牛油火把以及大筐的乾糧乾肉，被運上四面城牆囤積起來。新鄭本來是春秋時期鄭國的都城，城池不大，卻有兩個極為突出的特點：一是城牆寬闊高峻，且全部用石條和特製大青磚砌成，女牆箭樓更是全部用石料築成。二是城外有一條寬約三丈的護城河，水源引自城外流過的洧水，滾滾滔滔，與尋常護城溝河的小水細流相比，的確是難以逾越。從春秋時起，新鄭就享有「深溝高壘，金城湯池」的威名，除了圍困，從來沒有被真正攻克過。韓國遷都於新鄭，看中的也正是新鄭雄踞沃野而又易守難攻的長處。而今韓國已經變法十六年，國力軍力皆大有增長，攻滅別國雖力不能及，然要固守自保，顯然遊刃有餘。這正是申不害的信心所在。

變法期間，申不害強行取締了舊貴族的私家武裝，納入國府統轄，將全國軍馬整編訓練為八萬新軍，四萬分布在周邊要塞，三萬駐紮在新鄭城外，一萬駐紮在新鄭城內。申不害自認「法家為主，雜學深廣」，對兵事頗為通達。韓國新軍的整編訓練，申不害始終是事必躬親，嚴格督導，將一支新軍確實訓練得有了「勁韓」氣象。恰逢韓國沒有帶兵名將，韓昭侯對申不害又信任有加，申不害便自領上將軍，權兼將相，統攝國政。申不害認為，韓國的變法已經完成，剩下來的就是吞滅幾個小諸侯，開拓國土增強實力，然後相機與大國抗衡。目下韓國畢竟太小，又夾在幾個大國之中，沒有縱深可供迴旋。這一點，韓國甚至不如秦國。秦國有廣闊的隴西縱深，丟了關中也不至於亡國。韓國則不同，新鄭一失，敵軍鐵騎一夜之間便可踏遍腹地，逃無可逃，只有亡國滅族。基於這種判斷，申不害對韓昭侯提出了「吞併周陳，開疆拓土，十年大國稱王」的方略。韓昭侯大是欣然，下令申不害全權籌劃總領。

申不害成算在胸：兩年滅周，吞併周室的三川地區；一年滅陳，吞併淮水北岸的山原要塞；而後幾年，再相機從齊楚兩大國的夾縫裡搶得宋、薛、鄒、魯任何一兩個小國，韓國就成了地廣三千里的大戰國，一展雄圖當非難事。

就在申不害雄心勃勃地將要開始動手時，魏國卻要來滅韓。

申不害大是憤然，對韓昭侯慷慨陳策：「魏國強大，韓國不得不先行放棄滅周滅陳大計，聯合齊趙兩國，全力抵禦魏國。戰勝之後，韓國挾戰勝之威西進滅周，南下滅陳，則更為順利。由此觀之，魏國攻韓，未嘗不是好事。此中關鍵，在於韓國要頂住魏國攻勢。只要新鄭不陷落，韓國的霸業大計，就功成泰半！」

韓昭侯頻頻點頭，當場賜申不害名貴甲冑與繡金斗篷一領。

申不害向齊國趙國派出緊急特使，請求與兩國結成盟約，共同對付魏國。趙國已經從邯鄲大戰的噩夢中清醒過來，國力有所恢復，趙肅侯立即答應結盟，屆時從魏國背後襲擊。齊國則表示盟約暫不締結，但一定不會坐視韓國民眾的兵災。兩路特使回報，申不害頓時安心。這個結果是他早預料到的，趙國和魏國有了仇恨，自然是一拍即合。齊國已經成為隱隱然與魏國爭霸的超強戰國，極希望魏國消耗國力；其所以不願過早地與韓國結盟，是怕魏國知難而退，這場大仗反而打不起來了。韓國尋求的最佳結果是，三國盟約達成，迫使魏國不敢攻韓，韓國便可以繼續滅周滅陳大計。齊國卻恰恰相反，是希望大戰發生，方能趁機再度打敗魏國，所以不能與韓國達成盟約。趙國力量大大削弱，不能單獨對魏國作戰，自然對加入「反魏聯盟」極為熱中。申不害對這種邦交詐道深知就裡，豈能一廂情願地自顧做夢？但無論如何，齊國會救援韓國，此乃鐵定。因為這不是韓國利益，而是齊國必然要尋找機會壓倒魏國所決定的必然路徑。

申不害立即向韓國臣民公布了「與齊趙結盟抗魏」的大好消息。韓國人心裡有了底，抵抗魏國的鬥志倍加高昂，新鄭城彌漫出大戰將臨的緊張氣息。

魏惠王雖然氣昂昂地宣布了太子申為滅韓統帥，但心中總覺發虛。公子卬何等機警，見魏惠王沉吟不語，自然是心有靈犀，一臉肅然地提出：「太子身繫國家安危，不宜前敵涉險。臣以為，滅韓大戰仍當以龐涓為主將，臣輔之，太子為統帥，總監諸軍為上策。」魏惠王欣然贊同，明下王書改變部署：「滅韓戰事由上將軍龐涓統領，太子申統帥，總監諸軍。」

王書下到上將軍府，這才使龐涓有了一個臺階。雖說這「統帥總監軍」的名頭聞所未聞，「統領」的職分也頗為含糊，實在是兵家大忌。然則事已至此，魏惠王在熱昏的朝野共識下，明擺著教他做實際主將，讓太子這個「名將」做只立功不受過的統帥。有何辦法？除了歸山，龐涓只有接受。想了兩天，龐涓還是帶病出征，挑起了這副重擔。

一旦回到中軍幕府，龐涓立即精神大振，將諸般齷齪丟在了腦後。經過一個月夜以繼日的準備，龐涓終於發出號令，魏國主力大軍祕密向韓國進發。

西元前三四二年初夏，魏國終於發動了滅韓大戰。

龐涓對各國地形要塞及軍力部署，歷來非常清楚，哪國稍有變更，他便在那幅祕密地圖上做出記號。對於韓國這般土地狹小的國家，他更是瞭若指掌。龐涓的進兵方略是：

第一步，派出一萬精銳步卒祕密堵截洧水上游，使新鄭的護城河變成一條乾溝。

第二步，派出五萬騎兵，在一個月黑風高的夜晚銜枚疾進，突然插進新鄭城外的三萬韓軍與新鄭之間，發動猛攻，將三萬城外韓軍一舉擊潰。

第三步，派出六萬重甲武卒扼守新鄭城外的三條要道，狙擊有可能從韓國周邊要塞趕來救援的四萬步騎大軍。

最後一步，自己親自統率十萬主力大軍從東北兩面泰山壓頂般猛攻新鄭。

為了避免混亂，龐涓沒有教太子申與公子卬獨當任何一面，而只請他們以三軍統帥與副統帥的尊貴身分，高車駟馬地隨同中軍前進。這樣做，其實正中公子卬下懷。太子申還有些不滿，被公子卬一番附耳低語，說得大展眉頭，不再要求獨當大任了。

三天之內，龐涓的外圍作戰全部順利完成，做好了對新鄭的攻城準備。

申不害有些慌亂了。他沒有想到洧水斷流，更沒有想到城外駐軍被一舉擊潰。更要命的是，周邊要塞駐軍的來援要道，竟也被全部卡死了。突然之間，新鄭變成了一片孤島，城內的一萬多軍士成了唯一的支柱。明擺的大勢，如果齊國趙國沒有主力大軍前來救援，新鄭就是砧板上的一塊魚肉。

「龐涓豎子，當真狠毒！」申不害站在新鄭城頭，遙望原野上連綿不斷的紅色軍營，就像秋日裡火紅的楓林，不禁佩服龐涓的用兵狠辣，竟覺得頗合自己胃口。

本來，任何一座都城裡都不可能駐紮主力大軍。所謂城防，更主要的是城外要塞與城外駐軍。城內駐軍只能對付小型攻擊，更主要的功能是防止內部動亂。城外大軍與城內駐軍相互策應，才是全面防守。從這一兵家典則出發，申不害在城外駐紮三萬大軍，是兵家正道，是真正的城防力量。但申不害萬萬沒有想到，魏軍的精銳鐵騎在平原上戰力太強，韓軍竟在一夜之間被分割擊潰。如此一來，形勢大變，新鄭城西南兩面的洧水，如今既阻擋了突圍之路，也阻擋了援救之路。東北兩面的三條大道也全部被堵死，且還有十萬魏國大軍的猛攻，縱能衝出重圍，顯然也是自投羅網。

為今之計，只有依賴新鄭的城牆和城內充足的糧草，做拚死一戰了。

龐涓自然不會給申不害留下喘息機會，大軍一到，立即猛烈攻城。

第一波攻勢，是在五萬強弓硬弩的掩護下，五萬步卒全力衝到城下，填平護城泥溝。護城河雖然斷水，但仍然是兩丈多深三丈多寬的泥濘大溝，雲梯無法推進，是全面攻城的最大障礙。在雷鳴般的戰鼓中，魏武卒的強弓遠射發揮出強大威力，密如驟雨的羽箭封鎖了女牆的每個垛口，韓軍根本無法抬頭，只有偶然推下的幾根滾木轟隆隆砸下，反倒滾入護城河替魏軍填了溝。魏軍五萬步卒分為三個梯隊，人手一張大鐵鏟，猛撲溝邊鏟土填溝。半個時辰輪換一次，不消幾個時辰，大溝便被填成了平地。

此時日近暮色，龐涓下令休整一個時辰，紮好營寨半餐飯食。天黑時，魏軍展開第二波夜間猛攻。但見火把之下，龐涓手執長劍，頂盔貫甲，站在距城牆不到一箭之地的一架雲車上，親自指揮攻城作戰。太子申與公子卬兩位統帥，則站在遠離城牆三箭之遙的雲車上觀看戰況，津津評點，猶如市井看社火一般。

夜幕下的廣闊平原上人喊馬嘶，火把連天，鼓聲殺聲震天動地。新鄭城頭也是燈火連綿，韓軍盔明甲亮，人人奮勇做殊死搏鬥。申不害命令運來大批豬牛油脂，分裝於陶罐，齊齊地擺在女牆之下。火把下魏軍攻到，韓軍立即將油脂陶罐狠狠砸向雲梯。在陶罐油脂炸開，濺滿雲梯和魏軍步卒的剎那之間，能夠持久燃燒的牛油火把也隨之摔下，哄然一聲，烈焰飛騰，魏武卒連連慘叫著翻滾摔落。隨後密集的滾木礌石從城頭滾砸壓下，將雲梯攔腰砸斷，將魏軍士兵砸死在城牆之下。魏軍雖有強弓硬弩，但這種遠射兵器在夜間攻城中卻難以使用，否則會誤傷自己士兵。畢竟，箭矢再多也有限，射出去又收不回來，如何能無限度濫射？

夜攻兩個時辰，對新鄭城無可奈何，龐涓下令停止攻殺。

當夜，韓國外圍要塞立即派出多路特使，飛騎馳向臨淄和邯鄲，催促兩國發兵救援新鄭。接到求救急報，趙肅侯本欲立即起兵五萬，襲擊魏國北部。但上大夫腹擊卻力主不能妄動，應當和齊國同時發兵，否則，萬一齊國不動，趙國將陷於危險境地。趙肅侯猛然醒悟，立即改變主張，一面答應出兵，一面派特使入齊探聽齊國的真正意圖。

齊威王穩住兩國特使，與田忌立即來見孫臏。

孫臏在桂陵之戰後，再三辭退了上卿高位。齊威王仍然保留了孫臏的「軍師」封號，以上大夫規格專門為他建了一座八進府邸。府邸的右跨院是一片十多畝地大的園林，竹林茂密，池水清澈，假山石亭，分外幽靜。孫臏又在竹林中建了幾間茅屋，大部分時光便都在這座園林度過，正院府邸反倒空了起來，僅僅成了聚合少數幾個稷下學子的場所。孫臏深居簡出，極少與官員來往，除了使女推著輪椅在竹林漫遊，便沉浸在茅屋書房裡，或刻簡或讀書，倒也悠閒自在。經過一場人生巨變，孫臏的將相雄心已經化成了散淡的隱士情懷。他唯一的寄託是兩件大事，一件是整理先祖兵書，寫一部自己的《孫臏兵法》；另一件，與龐涓再打一場大仗，一抒胸中塊壘。他料定，龐涓決然不服上次的失敗，魏國朝野上下也同樣不服。任何事情都可以退避三舍，唯獨在兵學戰陣的較量上，孫臏絕不讓步。且不說兵法戰陣之學是他生命的全部意義，就說自己是兵聖孫武的後裔這一條，孫臏也不想給祖宗丟臉。他之所以還沒有隱居山林，就是在等待這次大戰。打完這一仗，他就該進山寫書了。

齊威王和田忌直接來到園林時，孫臏正在茅屋中讀《吳子兵法》。

「先生對吳起兵法，可有評點？」齊威王笑問。

孫臏淡淡笑道：「吳子為距今最近的名將，一生與諸侯大戰七十六次，戰勝六十四次，戰平十二次，未嘗敗北，自是堂堂正正的兵學大家。然則，吳子為時勢所限，尚無大規模的步騎野戰，其兵法主旨在於強軍之道，尚缺戰場謀劃之道。究其竟，其時攻防之戰粗樸簡約，軍旅要害在於精兵，而不在良謀。吳子兵法所短，正在於良謀不足。吳子久為魏國上將軍，此精兵傳統已植根於魏國軍隊，正與龐涓所長不期而合，亦正與龐涓所短不期而合。時也，勢也。」不禁感慨歎息。

田忌笑道：「先生之意，步騎野戰，奇謀可抵精兵？」

孫臏大笑：「若有精兵，自然更佳。」

齊威王見使女上茶後已經退出，落座拱手道：「魏軍已經大舉攻韓，先生有何見教？」

孫臏絲毫沒有感到驚訝意外，淡然笑道：「魏韓大戰與魏趙大戰不同。其一，韓國雖小，戰力卻強於趙國。其二，魏國與新鄭相距不過百餘里，與邯鄲相距卻有四百餘里。其三，此次龐涓有太子申與公子卬掣肘，對手又是略通兵法且堅忍不拔的申不害。有此三不同，齊國一定要發兵救韓，而且能再勝魏國，為齊國大出奠定根基。然則，一定不能急於發兵。」孫臏雖然不假思索，但卻說得很慢。

齊威王會意地點頭：「先生以為，發兵時機當如何確定？」

「以臣預料，申不害雖只有萬餘兵力，卻足以抗擊魏國三月左右。其時韓國消耗殆盡，魏軍亦急躁不安，齊國與趙國同時出動，當可大勝。」

「好！就以先生謀劃。仍是先生與田忌統軍。」齊威王拍案定策。

「我王，上將軍統帥，臣只是軍師。」孫臏糾正得很認真，齊威王與田忌不禁笑了起來。

韓國特使得到齊威王「稍做準備，即發救兵」的確定答覆，未敢停留，星夜回韓，放出久經訓練的信鴿進入新鄭。這時的新鄭，已經頑強抵禦了一個多月，軍民傷亡兩萬有餘，國人軍兵疲憊不堪，士氣漸漸低落。申不害得到信鴿傳書，立即向新鄭軍民宣布了「齊軍不日將出兵救援」的消息。新鄭軍民看到了希望，精神大振，士氣重新高漲。好在新鄭城內糧草兵器倒是充足，只要有人作戰，再挺一段也非難事。申不害抓緊時機補充新兵，將城內五十歲以下十五歲以上的男子，全數徵發為軍卒，居然有一萬之眾，與剩餘的五千多精兵混編，新鄭城頭居然又是旌旗招展，盔明甲亮，軍卒密布，沒有尋常山窮水盡的樣子。

龐涓久攻不下，本來就非常惱火，見新鄭城頭驟然威風抖擻，彷彿向魏軍挑戰一般。龐涓不禁大怒，登上雲車高臺，仔細觀察半日，不禁哈哈大笑。回到幕府大帳，龐涓當即召集眾將下令：「新鄭已經是孤注一擲，回光返照。我大軍明日開始輪番猛攻，晝夜不停，一舉拿下新鄭！」部署好兵力與攻城方法，魏軍當夜偃旗息鼓。

此日清晨，太陽尚未出山，魏國大軍列陣。龐涓登上高高雲車，遙遙可見北門中央箭樓垛口的申不害，兩人都是大紅斗篷，相互看得很是清楚。龐涓長劍指向箭樓，高聲喊道：「申不害，本上將軍敬佩你硬骨錚錚，已經下令不對你施放冷箭，我與你堂堂正正地見個高低，如何？」申不害哈哈大笑，長劍直指：「龐涓，本丞相一片孤城，無法像孫臏那樣與你鬥智，就與你硬拚一場，寧為玉碎，不為瓦全！」

龐涓聽申不害用孫臏嘲笑他，頓時臉色鐵青，令旗一劈，戰鼓驟然雷鳴而起。

魏軍開始了猛烈進攻。全軍分為四輪，每輪兩萬精兵，猛攻兩個時辰便換上另一輪。如此保持每一輪都是精銳的生力軍。新鄭守軍本來就兵力單薄，加之又是新老混編，不可能同樣輪番替換，只有全體在城頭死守。

幾個晝夜下來，新鄭城頭的女牆，已經被一層又一層鮮血糊成了醬紅色，血流像淙淙小溪般順著城牆流淌，三丈多高的城牆，在五月的陽光下猩紅發亮。面對城下震天動地的喊殺聲，韓國守軍個個血氣蒸騰，殺紅了眼，喊啞了嗓，只能像啞巴一樣狠狠地揮舞刀矛猛烈砍殺。所有的弓箭都被鮮血浸泡得滑不溜丟，射出去的箭，如同醉漢一般在空中飄搖。所有堆積在城牆上的滾木礌石磚頭瓦塊，都帶著血水汗水以及黏黏糊糊的飯菜殘渣滾砸下城牆。刀劍已經砍得鋒刃殘缺，變成了鐵片，也顧不上換一把。每個韓國軍士，無論新兵老兵，全都殺得昏天黑地，血透甲袍。後來乾脆摔掉甲冑，光著膀子，披頭散髮地死命拚殺。但不消片刻，每個人又都變成了血人，連白森森的兩排牙齒也變得血紅血紅。

新鄭的民眾，更是老幼男女一齊出動，向城頭搬運滾木礌石。最後又開始急拆民房官署，將所有的木椽、磚頭、瓦片一齊搬上城頭，充作滾木礌石。眼見繁華街市被拆得狼藉廢墟，新鄭民眾的一片哭聲變成了惡毒的咒罵，最後連咒罵也沒有了時間，只有咬牙飛跑。街道、馬道、廢墟、城頭，累死壓死戰死哭死者不知幾多，屍體堆滿了巷道，卻是誰也顧不上搬運。官吏、內侍、宮女與所有嬪妃，在太子率領下也氣喘噓噓地出動了。十餘萬人口的新鄭舉城皆兵，只有韓昭侯一個人沒有出宮。

申不害已經沒有時間在箭樓指揮了，奔跑在各個危險地段，臉上又髒又黑，鬍鬚頭髮散亂糾纏，雙手揮舞著帶血的長劍，到處連連吼叫：「殺！守住！齊國援兵就要到了！到了——」彷彿一隻被困在籠中的猛獸。除了那件早已變成紫黑色的「紅色」斗篷，他和每個士兵已經毫無區別了。

城下的魏國軍陣中，太子申與公子卬生平第一次見到如此惡戰，兩個多月「督察」下來，經常面色煞白，心跳不止，連連嘔吐，常被護衛軍士扶回大帳。高臺上的龐涓卻是惡氣難消，這是他軍旅生涯中所遇見的最大的硬仗惡仗，已經死傷了兩萬精銳武卒，新鄭城竟然還是沒有攻破，當真是不可思議。今日他心裡很清楚，這是最要緊的關頭，再咬牙猛攻兩個時辰，韓國人的意志必然崩潰，絕不能給申不害一絲喘息機會。

看看西下的落日，龐涓高聲下令：「曉諭三軍，猛攻兩個時辰，今夜拿下新鄭！」

高臺四周的傳令軍吏立即四散飛馬：「猛攻兩個時辰！今夜拿下新鄭！」

魏軍士氣振作，一個衝鋒大潮喊殺湧上，可是衝到城下，血糊糊的雲梯搭上血糊糊的城牆，立即就滑倒在城下。縱然僥倖搭住，士兵剛踩上去，腳下就滑跌下來。加上城頭守軍不斷用長鉤猛拉雲梯，磚頭石頭不斷砸下，半個時辰中竟沒有一副雲梯牢牢靠上城牆。大軍惡戰，任何荒誕神奇的功夫都派不上用場，縱然有個別人能飛上城牆，面對洶湧的死戰猛士也肯定是頃刻間化為肉醬。這裡需要嚴格的配合與整體的力量，去一刀一槍地搏殺，而不是任何奇能異士的一己之力所能奏效的。

龐涓作為久經戰陣的大將，自然深知其中道理。他接到三次無法攀城的急報後，憤然高喊：「停止攻城。」

一陣大鑼鳴金，魏軍武卒一下子全癱倒在了城下曠野。

城頭韓軍，也無聲地伏在城牆垛口大喘氣，連罵一聲魏軍的力氣都沒有了。

夕陽殘照，蕭蕭馬鳴，戰場驟然沉寂下來。城頭煙火彌漫，緩緩飄動著血染的戰旗。城下也緩緩飄動著血紅的戰旗，煙火彌漫在茫茫曠野。到處都是鮮血，到處都是屍體，到處都是傷兵，連兵刃的閃光也被血污掩蓋了。

中不害站在城頭箭樓，龐涓站在陣前雲車，兩人遙望對視，伸出長劍互相指向對方，卻都沒有力氣再高喊一聲。

新鄭宮殿的廊柱下，韓昭侯木呆呆地佇立著。幾隻烏鴉撲稜稜飛來，驚得他打了個激靈。驟然的沉寂，使他覺得陰森可怖，連那昏黃的夕陽也撲朔迷離起來。仗打了這麼長時間，他始終沒有邁出宮門一步，但心裡卻很清楚，新鄭將要湮滅了。一國防守，連太子嬪妃宮女內侍官吏都出動了，這仗還打得麼？面對魏軍，能撐持這麼長時日，已經難得了，韓國亡於一場惡戰，也算對得起列祖列宗了……突然，一陣沉重的腳步聲響起，在死一般寂靜的大殿竟像雷聲一樣。韓昭侯不禁一陣恐慌，難道魏軍破城了？抬頭盯視宮門，卻見一個長髮散亂的血人披著一領滴血的斗篷，緩緩向他走來。

彷彿白日見鬼，韓昭侯伸手一指，面色煞白，驟然軟癱在廊柱下，語不成聲。

「臣……中，不害，回，來了……」血人嘶聲低語，軟軟癱倒在門柱下。

韓昭侯兩腿發軟，靠著廊柱長吁一聲：「丞相……辛苦，你了。」

「君侯，龐涓，攻不動了。一片，血城。雲梯，沒用了！」中不害突然放聲狂笑起來，嘶啞得像是慘嚎，森森然在大殿迴盪。

韓昭侯一陣發抖，久久沉默：「丞相，這仗，不打也罷……」

中不害卻突然站起，帶著一身血腥，趔趄走到韓昭侯面前嘶聲喊道：「如何？君侯害怕了？不能啊。齊國快來了！他們就是要等韓國人鮮血流乾，才肯發兵！君侯，三天之內，必有救兵！要挺、挺起來！你是韓國君主，君主！」

韓昭侯依舊木然沉默。

「君侯……到城頭，撫慰一番，將士們。」申不害連眼淚也沒有了。

韓昭侯費力地倚著廊柱，站了起來，歎息一聲，跟著申不害，走出了空曠的宮殿。

新鄭城頭。夕陽將沒，曠野中血紅的魏軍營寨和血紅的新鄭城融成了一片，在血紅的霞光下彌漫著紅色流光，荒蠻而又迷離怪異。士兵們都變成了血人，全部躺在城垛下昏睡，分不清是死人還是活人，也沒有一個人站起來迎接君主。韓昭侯想說話，嘴唇卻只是簌簌抖動著，一個字也吐不出來。他步履蹣跚地走到垛口前，費力地扶住女牆，手卻膠黏在溫熱的血糊中，猛然縮手，卻見雙手沾滿了黏稠的淤血！他驚叫一聲，驟然一陣噁心，猛烈地嘔吐起來……原野的血色軍營，化成血海巨浪，向他迎面撲來！他大叫抬頭，火紅的霞光又燃成漫天大火，向他燒了過來！驚駭低頭，血兵們竟然一個個站了起來，僵硬地向他逼來……

韓昭侯慘叫一聲，狂笑不止，手舞足蹈間滾倒在地，驟然變成了一個血人，毛髮僨張，森森可怖。

「君侯——」申不害覺得不妙，立即搶上前來。

韓昭侯猛烈旋轉，陀螺般不能停止。猛然，他長嚎一聲，口中鮮血箭一般噴出，軟無聲息地倒了下去。

「君侯……」申不害趴到韓昭侯屍身之上，久久不動，無聲無息。

太陽落山了。暮色蒼茫，城頭原野一片死寂。申不害終於抬起頭來，撫平了韓昭侯驚恐圓睜的雙眼，站起身來，脫下自己那件浸透鮮血的戰袍，輕輕覆蓋了韓昭侯，恭恭敬敬地躬身三拜。申不害凝視著西方的落日，緩緩抽出長劍：「君侯，士為知己者死，申不害豈能獨生？」安詳地倒轉長劍，猛地刺入了自己腹中。

鮮血飛濺，城頭籠罩在無邊無際的夜色之中。

在這剎那之間，中不害驀然想到了秦國，想到了衛鞅，想到了那個至今不知姓名的「高人兄」——韓國的變法夭折了，自己與衛鞅較量變法，也是自己慘敗了；成者千古不朽，敗者萬世笑柄，一切都隨著這場血戰泯滅了。難道，這就是天意麼……中不害費力地睜開眼睛，最後看了一眼已經變成了紫色的新鄭箭樓，大叫一聲，頹然伏在了韓昭侯身上。

一陣急驟的馬蹄聲，撕碎了原野軍營的寂靜。龐涓霍然警覺，執劍衝出幕府。戰馬人立嘶鳴，驟然停頓間騎士已經滾下馬來撲倒在地：「上將軍，大梁危機！王命急救……」特使從懷中摸出已經被汗水浸濕的一卷竹簡，昏倒在地。

龐涓怒喝：「三軍拔營！回師大梁！」

龐涓怒火中燒。即或在攻韓最激烈的時候，他也沒有忘記齊國援救的可能。而在內心，他把與孫臏再次較量，看得比攻韓重要一百倍，縱然滅了韓國，天下也不會因此而讚頌他，因為韓國太小，中不害也不通軍事。齊國孫臏則不同，孫武之後，名門高足，同門師弟，又有桂陵大敗龐涓的皇皇戰績；只有孫臏才是龐涓真正的對手，也是龐涓面前的「龍門」。打敗孫臏，龐涓才稱得上真正的名將。否則，龐涓在天下永遠都只是一個二流將領。高傲而又雄心勃勃的龐涓，豈能如此屈辱地斷送自己？這個孫臏也真是利令智昏，竟敢故伎重演，難道龐涓真是白癡不成？

正在拔營之際，又接快馬急報，趙國八萬精銳騎兵，由上黨渡少水直撲安邑。

龐涓沒有片刻猶豫，立即「命令」太子申與公子卬分兵三萬，北上截殺趙軍。已經大亂方寸的兩員「名將」立即高興地接受了。他們很清楚，安邑本來就有一萬守軍，再加上龍賈的幾萬河西守軍可以隨時策應，救援安邑當然是有驚無險。若要去打連龐涓都不是對手的孫臏，那可是九死一生。龐涓也樂得支走這兩個大權在握卻又酒囊飯袋的累贅，利利索索地與孫臏大戰一場。

一個時辰後，訓練有素的魏軍兵分兩路。龐涓自領十萬大軍全速疾進，直撲大梁。

大梁城下的齊國兵馬竟然沒有撤退，繼續猛烈攻城。直到看見鋪天蓋地的火把，齊軍才突然從大梁城下消失。大梁人的歡呼聲浪還沒有沉寂，龐涓自領的前軍馬隊已暴風驟雨般捲到了。登高一望，龐涓遙遙可見齊軍遍野北去，火把旗幟散亂無序，斷然下令：「全力追擊！一舉擊潰！」

漆黑的原野上，魏軍的鐵甲騎兵風馳電掣般向北追擊，步兵則從距離騎兵數里之遙的另一條大路兼程疾進。天亮時分，追到濟水南岸，齊軍堪堪渡河北竄。再次登高遠望，龐涓已經清楚了，齊軍的撤退路線是順長垣、東郡北上，進入齊國境內的東阿。這條路大約七八百里，在東郡之前沒有山地。而東郡到東阿的二百餘里中，只有一片小山，也不足以設伏偷襲。況且，以魏軍鐵騎與武卒的追擊速度，在東郡之前的五百多里一定能夠截住齊軍，決然不會進入東阿以南的馬陵山地。

龐涓思慮停當，下令軍吏清點齊軍留下的軍灶。不消片刻，軍吏回報：「軍灶六千有餘。」按照軍中定規，一灶可供三十人的戰飯，六千多軍灶，說明齊軍攻擊大梁出動了將近二十萬大軍。這正是齊國軍隊的常數。龐涓不禁冷笑，別看齊軍比魏軍多了幾乎一倍，但還是經不起魏軍的強大衝擊。這一點，大約齊國人自己也知道，否則，何必倉皇逃竄？孫臏縱然善於運籌，仗還得兵士來打，只要追上齊軍，孫臏的任何計謀都會無從施展。

龐涓下令，就著齊軍軍灶埋鍋造飯，半餐後攜帶三天乾糧乾肉，一氣追擊。

太陽出山時，魏軍渡過濟水。兩個時辰後，齊軍旗幟遙遙在望。魏軍士氣大振，呼嘯猛追。奇怪的是，總能看見旗幟散亂的齊軍，卻硬是無法追上包抄。

龐涓自然無從知道，前面「逃竄」的，恰恰是齊國善於騎射技擊的三萬精銳騎士。

為了這場大戰，孫臏可謂處心積慮。當他對田忌說還是採取上次打法時，田忌驚訝得說不出話來。面對龐涓這樣的沙場宿將、兵家名士，豈能再次教他鑽入圈套？孫臏卻說：「龐涓熟讀兵書，卻又刻板過分。此次，教他覺得自己是在按照兵法行事，而齊軍卻反其道而行之，誘他入伏。此謂兵不厭詐。唯其故伎重演，才能激怒龐涓追殲齊軍。」雖然有理，田忌還是有些忐忑不安，及至親自率領三萬精騎將龐涓引誘過了濟水，田忌才大大鬆了一口氣，不禁對孫臏的謀劃由衷嘆服。

這次攻擊大梁，孫臏做了不同於上次的安排：五萬騎兵，兩萬步兵，旗號營寨打出十五萬大軍的聲勢；同時在新鄭大梁之間，遍布裝束成庶民模樣的斥候，隨時回報魏軍動靜；魏軍回援的前一天，兩萬步兵已經撤離，另外兩萬二流騎兵也提前兩個時辰撤離；三萬精騎由田忌親自率領，誘敵深入。沿途路徑與各種細節，孫臏都一一做了精細部署。部署妥當，孫臏便坐鎮伏擊山地，祕密調集齊國境內沒有出動的步騎大軍，專門在夜間向這片山地兼程進發，做好充分的伏擊準備。

追擊到當天晚上，龐涓大軍已經越過長垣，發現齊軍的灶坑銳減到四千。分明是齊軍逃亡很多，兵員大減，只剩下十一二萬了。龐涓下令繼續猛追，第二天午後，已經進入大河東岸的濮陽地面，再往前不到一百里，便是東郡山地了。此時龐涓有些猶豫，清點齊軍灶坑，卻只剩下不到兩千。此時前軍騎兵恰又俘獲了兩百多名潰散傷兵，還有幾百名潰散的齊軍步卒前來投降。經過縝密訊問，方知齊軍沿途逃亡嚴重，只剩下了七八萬人馬，步卒們都走不動了，齊軍幾乎就要崩潰了。

「孫臏可在軍中？」龐涓威嚴地問一個百夫長。

「軍師與步卒同行，一個百人隊輪換抬著。上將軍率領騎兵掩護。」百夫長很沮喪。

龐涓高聲下令：「後軍五千，留守輜重。全軍輕裝疾進！」

片刻之間，魏軍甩下各種車輛雲梯帳篷炊鍋等，全副輕裝，向北猛追，決意要在東阿之南截住齊軍一鼓全殲。龐涓派出五十名軍吏在路邊奔馳穿梭，向大軍高喊：「擒殺孫臏田忌者，封千戶！」魏軍士氣大振，吶喊呼嘯著：「擒殺孫臏田忌！殺！」捲起漫天煙塵，在廣闊的原野像滾滾沉雷向北壓來。

孫臏的大軍，此刻正埋伏在齊國邊境重鎮東阿以南百餘里的馬陵山地。這片丘陵地帶，當時尚是衛國土地。由於衛國弱小，夾在魏齊兩大國中間奄奄待斃，所以對任何「假道」大軍都無力干預，只好聽之任之。這片山地，不是險峻高絕的兵家險地，尋常人甚或連名字也叫不出。從地形說，西南是平原，穿出山地又是平原，山前山後沒有大河，全部山地只有二三十里。這種半山半原的丘陵，對於閃電般的精銳鐵騎，實在算不得險地。但是孫臏看中的，恰恰是它貌似平庸這一點。他當初被齊國特使祕密救回的時候，走的就是這條山道。對地形地貌有著本能敏銳的孫臏，本來躺在車中，過山時卻爬起來看了整整一個時辰。

兵貴山水。河流高山從來都是兵家必須刻骨銘心的，看得透，用得好，一條河流一道山原，足可抵十萬大軍。孫臏留意到這片看似舒緩的馬陵山地，實則是外圓緩而內險曲。山口是舒緩的小山包，大道寬闊，可是越往裡走越是狹窄曲折，兩邊山勢也隨之高了起來，加之山體土多石少，所以林木特別茂密。孫臏熟悉龐涓，也知道他手中有老師贈送的一幅「天下山水圖」，龐涓不可能不知道這片山地。但是，龐涓肯定沒有親自走過這條山道。這是孫臏特意查過的。山中學兵時，兩人一起遊歷天下，但都是名山大川，如何能走遍每片山地每條河流？知名不知實，恰在知與不知之間。孫臏利用的就是龐涓這種缺陷，料定龐涓會因為知道這片山地而不會過分小心。更重要的是，孫臏將龐涓進入山道的時間擠在了晚上，使齊軍能夠最充分地發揮這種出乎意料的地形戰力。

日落之前，孫臏祕密增調的十多萬步兵已經全數到位，北面的出口已經被堵死。封堵南面山口的騎兵，也已經等候在十多里之外的密林中。他要將龐涓的十萬人馬，全殲在這條沒沒無聞的馬陵道。

夕陽將落，高山頂上的孫臏看見南邊原野上漫天煙塵暴起，不用斥候回報，也知道龐涓大軍到了。不消一刻，便看見前邊「逃竄」的齊國騎兵，散亂的旗幟和毫無章法的亂兵洪水般洶湧而來。將近谷口時，田忌的護衛軍馬連中軍大旗都丟了。一時間，齊軍丟盔棄甲，兵器遺落，驚惶失措地湧進了山谷。

孫臏不禁笑了。

五月天長，太陽雖已經落山，原野的景色依然遙遙可見。一片暮色中，可見旌旗招展殺聲震天，龐涓大軍排山倒海般壓來。接近山口，前軍驟然勒馬，一片戰馬嘶鳴響徹原野。龐涓飛騎趕到前軍，長劍一指：「前方是馬陵道，穿谷而出便是開闊平原。我軍入谷，兩騎並行，前後相隨，宜快不宜慢。出谷後立即展開，截殺齊軍！點起火把，入谷！」

「點起火把！兩兩入谷！」前軍主將高聲下令。

驟然之間，火把照亮了廣闊的原野。魏軍鐵騎井然有序地高舉火把，走馬入谷。

山風吹拂，高山頂上的孫臏哈哈大笑：「龐涓哪龐涓，你也有今日也！」

田忌的精銳騎兵一進入山谷，立即從事先開闢好的小道，分東西兩路反身出山，加入堵截南山口的騎兵大軍。一萬多齊國步兵立即接替了「逃竄」，丟盔棄甲地向深山逃去。魏軍入谷，不斷清理著道中丟棄的兵刃與木石障礙，遙遙可聞前方的馬嘶人喊，對追上齊軍深信不疑，便只顧急急趕路。火把照耀下，卻見山道越來越窄，越來越崎嶇難行，堪堪兩騎並行就塞滿了山道。山巒頻頻，竟將大軍分割得前不見後，後不見前，長蛇般在谷中穿行。

大約半個時辰，龐涓的中軍精銳進入崎嶇險道，後軍也已經進了山口。龐涓已經覺察到這山道崎嶇狹窄得大出所料，然則已經進入，只有盡速通過，斷無後退之理。他斷然下令：「全軍下馬，人馬並行，盡速出谷！」

剛剛傳出命令，前軍斥候急報：「前方道旁有異情，前將軍請上將軍速往！」

「何事？」龐涓冷冷問。

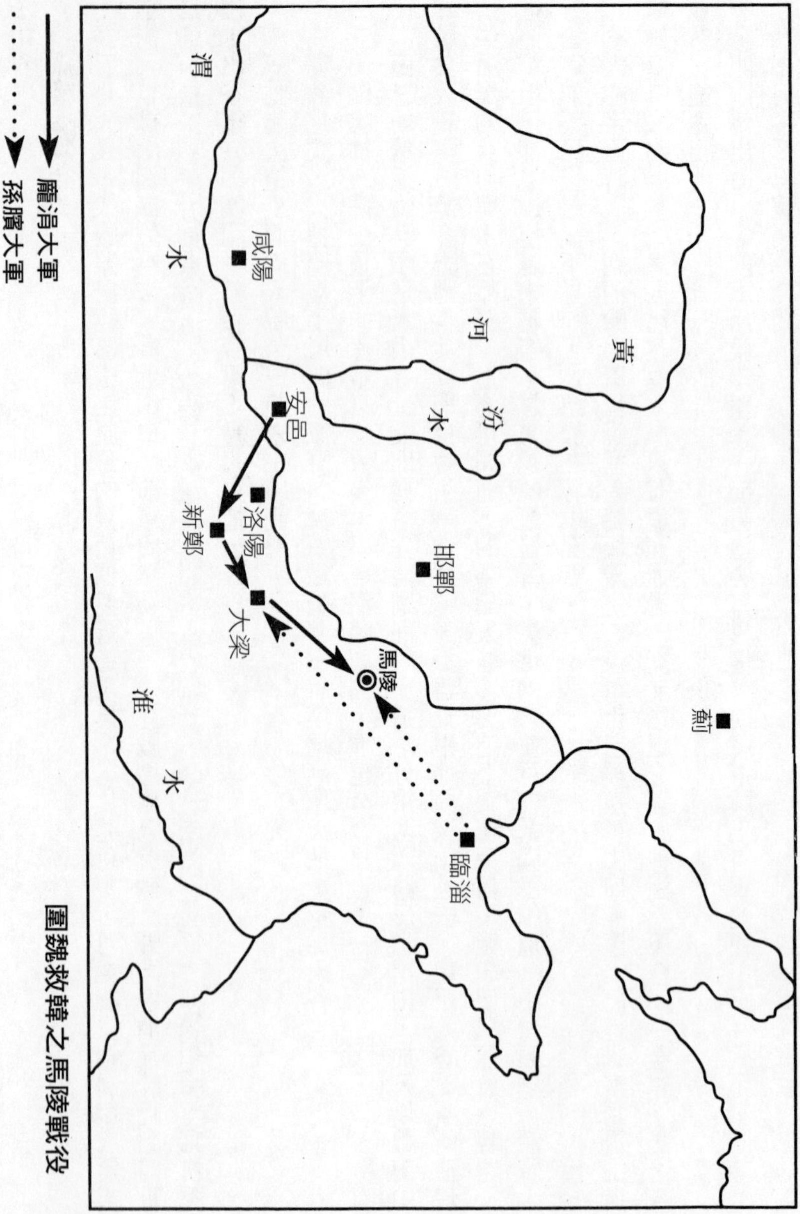
龐涓大軍
孫臏大軍
渭水
咸陽
黃河
汾水
安邑
洛陽
新鄭
邯鄲
大梁
馬陵
薊
淮水
臨淄

圍魏救韓之馬陵戰役

「在下，不敢說。」斥候面色脹紅。

龐涓心中一動：「豈有此理！領路我看！」帶領十多名護衛壯士匆匆向前。

山坡一棵大樹下，立著一個高大的草人，草人脖子上吊著一塊大木牌，火把圍照下可見赫然大字——龐涓死於馬陵道！

龐涓一怔，隨即揮手哈哈大笑：「雕蟲小技耳，繼續行軍！」

一陣山風呼嘯而過，龐涓卻油然生出一片迷濛，一絲恐懼。

突然，晴空驚雷，戰鼓遍山轟隆，喊殺聲從兩面山頭如潮水般壓來。

龐涓未及下令，箭鏃已漫天急雨般嘯叫飛來。

瞬息之間，龐涓與手執火把的十多名衛士滿身帶箭，刺蝟般倒在路邊。

山谷中頓時大亂，魏軍被山洪般湧下的齊軍分割成無數小段，廝殺在一起。

龐涓已經奄奄一息，看著山谷中被打蒙了的魏軍將士各自為戰的搏殺，一絲淚水湧出了眼眶。十多年精心訓練的這支鐵軍，將全軍覆沒，他自己也將帶著永遠的仇恨和無盡的遺憾離開人世，建功立業出將入相的勃勃雄心，就這樣頃刻間隨風而去了。在生命的最後時刻，一道閃電從腦海掠過，他瞬息間洞察了孫臏的全部謀劃，連最後置他於死地的計謀也計算得如此精到——引誘他到山坡孤立處，集中強弓硬弩向火把圈子齊射。孫臏也孫臏，你可謂用心良苦，做得乾淨徹底。龐涓要有你如此鐵石心腸，豈能讓你活到今日？你，終於成名了，你是踩著我龐涓的屍骨成名的……

龐涓抽出甲帶上的短劍，用盡全力，猛然插向自己的腹中。

一夜激戰，太陽掛上山頭時，馬陵山地沉寂了下來，齊軍的歡呼聲響徹山谷。

魏國最精銳的十萬大軍，就這樣被全部殲滅在這片平淡無奇的山谷裡。

馬陵道大戰的消息迅速傳開，各國頓感輕鬆，天下彈冠相慶了。

馬陵之戰，使魏國用雄厚的財富與漫長的歲月堆砌起來的最具威懾力的精銳主力毀於一旦，魏國唯一一個極有統兵才能的上將軍龐涓，也死於非命。從此，這個超強戰國，在齷齪的內耗中日復一日地衰落下去，使戰國初期形成的格局為之一變，為戰國中期爭雄的新局面拉開了序幕。

魏國留下了短暫的霸主空隙，齊國卻並沒有立即填補上去。

馬陵大戰後，齊國將相失和。田忌與騶忌相互傾軋，騶忌巧妙地給田忌設了一個「謀反」圈套，田忌被迫逃亡到楚國去了。孫臏失望之極，祕密離開了臨淄，去山野隱居了。齊國的強國優勢，因為失去兩大名將而大為遜色。

一個短暫的均勢，罕見地出現在戰國時期。

一個百年不遇的大好時機，驟然推到了秦國面前。

第十二章 收復河西

一、衛鞅抓住了稍縱即逝的機遇

馬陵道大戰後，最感輕鬆的是秦國。

還在龐涓剛剛開始進攻韓國時，衛鞅就預感到這對秦國是一個難得的機遇。如果說幾年前魏國進攻趙國時，秦國的實力還不足以有大作為的話，目下就大不一樣了。衛鞅在安邑公叔丞相府多年，雖然對孫臏所知不多，但卻深知龐涓在軍旅戰陣上的正統拘泥，料到他必然第二次敗在孫臏手裡。衛鞅當即對秦孝公提出，抓住時機，立即遷都咸陽。

秦孝公自然明白，遷都這樣的大事，最要緊的是平定的時日。徵用民力數十萬，幾乎是舉國大動，再快也得半年，沒有一段絕對安全的時日，萬萬不能動手。目下魏國調集兵馬滅韓，函谷關以西的精銳大軍全數東調，櫟陽威脅頓時解除。此時遷都，正是大好時機。君臣一拍即合，決策立即遷都咸陽。

時當初夏，正是手腳舒展的大好季節。關中平原的所有道路都是車馬載道，日夜川流不息。關中臨近夏忙，三丁抽一，隴西遊牧部族則是兩丁抽一。五十多萬民夫，三個月便將小小櫟陽城的國府、官署並所有的官邸搬空。倒是在咸陽大大忙碌了幾個月，比搬遷櫟陽還費事。一則是咸陽城規模頗大，可容納民眾十多萬戶，幾乎與臨淄、大梁不相上下。遷入咸陽的人口主要是西部雍城和東部櫟陽兩個老都城的老秦人。衛鞅的部署是，櫟陽城三分之二的人口遷往咸陽，雍城的人口一半遷入咸陽，加上東方商賈和國府官署，咸陽城一次遷入了六萬多戶將近三十萬人，大約只占了咸陽城的一半。秦孝公本來還想多遷進一些人口。衛鞅卻說，十年之後，咸陽城就是天下中心，豈能不留下餘地？秦孝公爽朗大笑，連連讚歎衛鞅目光遠大，停止了繼續遷入的打算。

就在咸陽新都尚未安排就緒的時候，馬陵道魏國大敗的消息傳來，秦國朝野一片欣喜。百年來，將秦國封鎖在關內的是魏國；越過黃河攻進函谷關奪去河西千里之地的，也是魏國；糾結六國企圖瓜分秦國的，還是魏國；策動秦國內亂鼓動民眾逃亡，又派商人大賺秦國血汗錢的，仍然是魏國。自從三家分晉有了這個魏國，秦國就一直被壓得喘不過氣來。秦獻公和魏國血戰而死，秦孝公被魏國壓迫得立了國恥石，秦國人的鮮血、淚水、仇恨、恥辱，都集中在魏國身上。如今，這個百年宿敵一朝大敗，還死了個熱中於滅國大戰的龐涓，壓在秦國頭上的大山驟然沒有了重量，秦國朝野豈能不大喜過望？就是衛鞅和秦孝公，也沒有想到魏國敗得如此之慘，也都是振奮異常。

「君上最感高興的，是何事？」衛鞅問秦孝公。

「龐涓戰死！此人勝過雄兵十萬。」秦孝公不假思索，「大良造如何？」

「秦國大出天下，機會來也！」衛鞅毫不猶豫。

兩人不約而同地哈哈大笑。

櫟陽城和咸陽城幾乎同時沸騰起來。老秦人無論男女老幼，個個穿上了新衣，就像過年一樣走親串戶，高聲大氣地談論著傳播著馬陵道的種種傳聞，肆無忌憚地嘲笑著魏國的失敗。國人不斷在街頭相聚，興奮之情難以抑制，相互角力比武，圍觀者人山人海。於是角力比武者越來越多，櫟陽咸陽的大街小巷都在歡呼，連比武失敗者也都是興高采烈。入夜，櫟陽城史無前例地大舉夜市，燈火照亮了小城堡的每個角落，社火歌舞也走上了街頭。每個商家店鋪前都是人頭攢動，每個酒肆飯館中都是高談闊論。未成格局的咸陽，也燈火闌珊擺起了夜市，推出了社火，連正在奉命勞作的民夫也聚酒暢飲，不亦樂乎。於是，便有七十歲老人三百餘人上書國府，請求舉行「大酺」，以慰國人慶賀之心。

大酺，就是或國庫或民戶出錢，舉國飲宴歡慶。在春秋戰國時期，這是一個國家最大規模的盛事慶典，很少有國家能夠舉行。秦國窮弱，在變法前是想也不敢想的。幾二十年之後，秦國大富，又遇上如此令國人快慰的大好事，人們自然想到了要大大地慶賀一番。

上書呈送大良造府，衛鞅皺起了眉頭：「景監，你以為該當大酺麼？」

「此事，無可無不可。」景監笑道。

「何謂無可無不可？明是不可。仗是齊國人打勝的，鷸蚌相爭，漁人得利。高興可也，何能當作自己的勝利舉國大酺？老秦人要惕厲自省，昏昏然必當大虧。」衛鞅臉色語氣都很嚴厲。

景監一時尷尬，卻也悚然大悟：「大良造切中要害，當下令昭示國人。」

此日，櫟陽、咸陽兩城都張掛出「大良造訓誡令」，赫然大書：

大良造訓誡國人：民氣為國之根本。民氣正則國強盛，民氣頹則國黯弱。今魏國大敗，非我秦人之力，賀固可賀，何當大酺？今我河西之地未復，昭昭國恥未雪，我民卻以他國之勝狂喜，豈非民氣之羞也？責我國人，須惕厲自省，方可雪恥圖強，竊喜他勝，徒滅心志也！秦公十八年九月。

此令張掛兩城四門，國人觀之如潮。一經識文斷字者念誦，立時人人低頭鴉雀無聲，頃刻間便散去了。半日之間，櫟陽、咸陽就恢復了忙碌緊張的勞作，再也沒有大喜大樂的聚酒歡宴了。秦國庶民對大良造更加敬畏，覺得他簡直就是教誨子民的聖賢尊神。上書的老人中三十餘人羞愧自殺，一時間舉國沉默。

衛鞅顧不上理會這些，他正在與秦孝公密談，提出了一個驚人主張：「君上，魏國新敗，秦國的大好時機已到。若不立即出動，時機稍縱即逝。」

秦孝公驚訝道：「大良造是說，收復河西？」

「正是。君上以為如何？」

秦孝公沉吟道：「魏國是一面，根本是我方實力。我新軍只有五萬，還沒有統兵大將。魏國的河西守軍八萬，稍一湊集，收攏十幾萬大軍對魏國不是難事，龍賈又是百戰老將。若無必勝把握，再等幾年也無不可。魏國肯定是日益衰落，秦國肯定是不斷強大。大良造，收復河西事大，寧可稍緩，不可再挫國人銳氣也。」

衛鞅明白秦孝公的擔心所在。論雪恥之心，這位只長自己一歲的國君比誰都急切。論軍旅戰陣，他少年為將久經沙場，與魏軍拚殺的願望比誰都強烈。但他身為國君，卻能夠在復仇火焰的燃燒中冷靜地等待，何其難能可貴。但是就事情本身而言，衛鞅卻覺得自己更為超脫冷靜，秦孝公反倒由於長期沉浸於國恥思緒，關心則亂，過分謹慎。他覺得自己不能沉默，必須說出自己的周密思慮，他相信秦公的決斷能力。

「君上，以目下情勢，臣以為魏有三弱，秦有三強，可出河西一戰。其一，魏國朝野沮喪頹廢，喪失鬥志。魏人浮躁狂傲，可勝不可敗。桂陵一敗後，不思自省，反呼上當，舉國求戰，並非真正的大勇，實則盲目驕狂。馬陵再敗，精兵盡失，大將陣亡，魏人之狂傲驟然潰散，舉國又陷於低迷，短期內絕不能恢復。相比之下，秦國十餘年埋首變法，國富民強，士氣高昂，雪恥復仇，求戰心切，民氣鬥志大大強於魏國。其二，魏國宮廷腐敗，嫉賢妒能。魏王志大才疏，偏又剛愎自用。大戰一起，必相互掣肘，力不能聚。相比之下，我秦國卻是舉國同心，君臣無猜，將士用命。其三，魏國河西守軍雖可湊集十餘萬之多，但多為地方守軍，且老少卒居多，戰力遠非龐涓精兵可比。河西將軍龍賈雖是老將，但目下太子申與公子卬已被魏國朝野捧為『名將』，大戰若起，這兩人與龍賈必生齟齬，而給我可乘之機。相比之下，我新軍精銳戰力極強，上下合力，如臂使指，必可大勝。」

秦孝公點點頭：「此三則不錯。」卻又沉吟著不再說話。

「更重要的還是時機。目下，魏國知我正在遷都，以為我絕不可能此時發兵河西。一旦我大軍東出，魏國必倉促應對。魏國素來蔑視秦國，雖倉促應戰，也必是漫不經心。我軍突襲作戰，勝算極大。」

「大良造，誰堪統率？」秦孝公輕輕歎息一聲，顯然，他最大的心事在這裡，「車英似有不足，嬴虔又不可能復出。將才難求也。」

衛鞅微笑：「君上，臣自將兵，收復河西。」

秦孝公驚訝地看著衛鞅，一時沉默不語，眼光顯然在詢問：「大良造知兵？」

「君上，臣之兵學，尚強於法學。秦國不強，臣無用武之地。」

秦孝公更為驚訝，突然大笑起來：「大良造之兵學，尚強於法學？」

「正是。」衛鞅認真道，「我師因材施教，以為臣有兵學天賦，定臣學兵。臣五年學完，自請轉修法家治國之學。」

秦孝公豁然醒悟，連連拍案，大笑不止：「上天哪，上天！何其佑護秦國也！」他深知衛鞅不是虛言之人，頓時大喜過望。要知道，名相名將皆天下奇才，往往是得其一便可成大業。吳王闔閭得孫武、齊桓公得管仲、魏文侯得李悝、魏武侯得吳起、齊威王得孫臏、韓昭侯得申不害，皆成一時大業。秦國得衛鞅，變法成效已經證明，衛鞅乃治國大才，可如何又能想到，他竟然也是兵學大才！這種兼通文武的將相人才更是百年難遇，戰國以來，只有吳起堪稱出將入相的特異之才。今日自己眼前的衛鞅，竟然也是如此特異之才，而且更為深沉成熟，如何不教秦孝公驚喜非常？驟然之間，他覺得塊壘全消，對衛鞅深深一躬，肅然道：「嬴渠梁不識泰山北斗，今日拜將了。」

衛鞅連忙扶住：「臣得君上知遇大恩，方能一展所學，自當報效國家。」

咸陽城樓抹上了一縷火紅的霞光，君臣二人的密談尚興猶未盡。正午時分，一騎快馬飛出咸陽，飛往陳倉峽谷。三天之後，秦國的五萬新軍在夜間分路祕密東進，集中到咸陽北面一百里左右的雲陽山地，祕密駐紮了下來。

旬日之間，衛鞅的中軍幕府便配置完成。車英為副將，景監為行軍司空專司輜重糧草，大良造府精選的十名軍吏做行軍司馬（註：行軍司馬，類似於今日的作戰參謀，但職能要更為寬泛）。本來，太后、熒玉和大臣都要為衛鞅在郊外壯行，甚至秦孝公也想為大軍一壯行色。但是，衛鞅都婉言辭謝了。這是一場長途奔襲戰，要收奇兵之效，就要盡量隱祕，若朝野大張旗鼓壯行，實際上等於公開向魏國宣戰，如何能打魏國一個措手不及？

九月秋色的一個夜裡，月色矇矓。衛鞅帶領中軍將佐並二百名鐵甲騎士出咸陽北門，兼程疾進，一個時辰便趕到了雲陽山谷。勘合兵符後大軍立即開拔，沿途繞開了所有的縣府城堡，經高奴（註：高奴，今陝西省延安地區。當時魏國占領的河西地帶，包括了今日陝北高原的大部分和洛水流域）沿洛水一路北上。旬日之後，秦國新軍在洛水西岸的一片河谷地帶祕密紮營了。

二、魏國廟堂的名將與老將

烏雲遮月，一隊騎士沿著大河東岸向南飛馳，清晨時分到達安邑。

魏惠王剛剛梳洗完畢。這些天他一直悶悶不樂，火氣很大，連柔媚有術的狐姬也不敢來討好他了。龐涓一死，魏惠王頓時覺得膽氣虛了。龐涓活著時，魏國的精兵名將天下第一，可以任他對列國頤指氣使，說攻誰就攻誰；各國使者無不成年累月地泡在安邑看他的臉色，刺探到一星半點消息，立即快馬回報本國。那時候，別說他這個魏王，就是魏國一個大夫，列國都奉若神明，生怕惹惱了魏國。魏王打個噴嚏，列國都要傷風咳嗽，那是何等的威風愜意。縱然在桂陵戰敗後，列國也還是唯唯諾諾。誰想馬陵道一戰後，各國竟然一齊翻臉。且不說同出一源的韓國趙國，那早已是勢同水火了，連向來以魏國馬首是瞻的楚國，也驟然翻臉，非但同齊國結盟，而且要討回自願割讓給魏國的淮北幾城。還有燕國這個最沒出息的老牌軟蛋，竟然也敢召回使者，給魏國一個冷臉。齊國不消說，已經是魏國大敵了。秦國呢，更是百年以來對魏國恨之入骨的宿敵。這些大國風向驟轉不要說了，就連魯國、鄒國、薛國、宋國、衛國這些小諸侯，竟也召回了駐安邑使者，紛紛向齊國楚國靠過去了。

魏惠王是在兩代霸業的基礎上即位稱王的，近三十年來，他從來沒嘗過被天下如此冷待的滋味兒，一時窩火得不知摔碎了多少名貴寶器。想來想去，他竟恨上了龐涓，也恨上了孫臏，甚至連鬼谷子都恨上了。這個老東西忒邪門兒，教出兩個鬼學生，沒一個堂堂正正的主兒。一個只會硬碰硬，一個只會使陰招，害得他十幾萬精兵做了屈死的冤鬼。要不是太子申、公子卬帶領三萬精兵趕回，別說安邑不保，就連威震天下的魏武卒只怕也會一個不剩地死在馬陵道。

梳洗完畢，魏惠王獨自一人到園林漫步去了。他是個喜好熱鬧豪闊的君主，身邊從來都是鶯鶯燕燕一大群，要麼就是和狐姬糾纏在一起。像今日這樣獨自漫步，還真是數十年來第一次，宮中的內侍與侍女都不知道該不該跟著國君了。走了一陣，他覺得累了，坐在草地石墩上望著波光粼粼的湖水發呆。若非上天有眼，保住了太子申、公子卬這兩員大將和三萬魏騎，就是趙國這樣的二流戰國來攻安邑，也無法自保了。魏罃啊魏罃，魏氏祖先的基業如何被你弄成了這般模樣……就在他煩躁不安的時候，內侍來報，說河西將軍龍賈星夜趕回，正在宮外求見。

「教他進來。」魏惠王不耐煩地揮揮手，沒辦法，只有回宮見這個倔強的「龍不死」了。

一陣沉重急促的腳步聲，老將軍龍賈大步匆匆地走了進來，風塵僕僕，汗流滿面，頭盔下的白髮水淋淋地貼在兩鬢。立即，一股濃濃的汗腥味兒在芬芳的大廳中彌漫開來，魏惠王不禁皺了皺眉頭。

「臣，河西守將龍賈，參見我王。」

「龍老將軍，何事如此匆忙？」

「秦國大軍，已經祕密開進了洛水東岸。臣察其意圖，欲與我在河西決戰。我軍新敗，士氣受挫，臣請我王速做部署。」龍賈很是急迫。

魏惠王聽後一驚一怔，又略一沉吟，哈哈大笑起來：「秦國？老軍破車，敢打河西的主意？老將軍莫非弄錯也！」

「斷無差錯。」龍賈大手一捋，將臉上的汗水甩掉。魏惠王連忙後退兩步，又是大皺眉頭。龍賈毫無覺察，肅然正色道，「我軍連遭敗績，皆因輕視敵國而起。十多年來，秦國已經今非昔比。若無精銳新軍，秦國斷不敢與我做河西決戰。我河西守軍步卒占八成以上，且多老少，難以抵禦。」

「以老將軍之見？」

「速將安邑的三萬精銳鐵騎調往河西，歸臣統轄，方可與秦軍周旋。」

「如何？」魏惠王一下子驚訝地瞪起了眼睛，「三萬鐵騎給你，安邑如何防守？」

「趙韓兩國皆在休養生息，斷不會進攻安邑。」龍賈充滿了自信。

魏惠王卻大為不耐：「老將軍，都城安危，豈是兒戲？目下韓趙齊三國是魏國死敵，最大的危險是趙國偷襲安邑、齊國再次來攻，而非秦國之騷擾！」

「我王差矣！」龍賈面色脹紅，「秦國絕非騷擾，而是要奪回河西。我大魏只有集中兵力，周密部署，我王親自督戰，與秦軍速戰速決。屆時，縱然齊趙襲擊，我軍也可立即回師，安邑決然無憂。」

魏惠王真的有些生氣了。幾十年來，魏國大小臣子，包括那個死硬的龐涓，誰敢說他「差矣」？想不到打了兩次敗仗，一個差點兒被人遺忘的老朽也狂妄起來，竟敢公然指斥他「差矣」，還有點兒規矩麼？他臉一沉：「軍國大計，本王自有運籌，老將軍無須多慮。」

「臣啟我王……」

正在此時，內侍高聲報號：「太子、丞相晉見。」

魏惠王笑了：「教他們進來。老將軍哪，你還是聽聽名將的謀劃了。」

龍賈臉色鐵青，默然佇立。他當然知道魏王說的「名將」是誰。

太子申與公子卬精神抖擻地走了進來。現下整個魏國，可能也就這兩個人的士氣鬥志絲毫沒有受到影響，也只有這兩個人是兩次大敗仗的受益者。馬陵之戰，此兩人率三萬鐵騎回援安邑，恰遇趙國五萬兵馬做試探進攻，龍賈的河西守軍又及時趕到，還沒有認真開戰，趙國就迅速撤回了。如此一來，安邑「解圍」，國人歡慶，兩人被譽為「千里馳驅，力克強敵」，名將的光環更加璀璨了。如果說桂陵之戰那一次，兩人對「名將」稱號還有點兒不大自然，這次可是心安理得了。仗是自己打的，而且也確實大勝，名將稱號自然是當之無愧。事後兩人對龐涓大加評點，竟列出了龐涓用兵的「十大缺失」！朝中臣僚自然是驚歎不已，魏惠王更是後悔沒有將兵權交給兩員名將，否則，孫臏豈非早已是階下囚？有如此兩個如日中天的國家干城，魏惠王真不明白龍賈這樣的老將軍操的何心？

目下兩「名將」正當得志，人各一領大紅繡金斗篷，綠色玉冠上鑲嵌著魏惠王特意賞賜的光華燦爛的國寶明珠。這兩人都有帶劍進宮的赫赫特權，太子申手持一口王室古劍，面如冠玉般嫩白，顯得俊秀風流。公子卬帶著那口稀世絕品「蚩尤天月劍」，容光煥發英氣勃勃。相比之下，老將龍賈的鐵甲布衣倍顯寒酸，就像一名土氣拙樸的老卒。魏惠王父子與公子卬，都是在聲色犬馬中浸淫出來的宮廷雅人，極為講究衣食住行，尤其是衣著的精美考究更是上心。此刻看見龍賈粗俗猥瑣的樣子，兩位名將不由大皺眉頭。

兩人行過參見禮，公子卬看著龍賈笑道：「夫上將軍者，威風凜凜，老將軍卻何其土著？本丞相可是無欠軍餉也。」

魏惠王和太子申不禁哈哈大笑。

龍賈面色通紅，肅然拱手道：「丞相，龍賈回宮急報軍情，何須金玉其外？」

公子卬最善周旋，一點兒不生氣，反而親切笑道：「噢？是何軍情啊？」

太子申也立即凝神注目。這二人目下一聽「軍情」二字，就會莫名興奮起來。

「秦國大軍，祕密開進洛水東岸。」龍賈硬邦邦回答。

「誰人統兵？」太子申立即提出了一個極為要害的問題。

「斥候探查，秦國大良造衛鞅親自統兵。」

「老將軍，你說何人？」公子卬憋住笑意，似乎沒有聽清。

「秦國大良造，衛鞅。」龍賈淡淡重複。

突然，公子卬縱聲大笑：「我還以為贏虔出山了，原是那個中庶子啊！」

「中庶子？父王，衛鞅何人？做過中庶子？」太子申很冷靜。

魏惠王悠然笑道：「我也差點兒忘記了。這個衛鞅，當初是公叔丞相的中庶子，公叔拿他做國寶一般。龐涓呢，卻認他只能做個軍務司馬。後來，他就跑到秦國去了，竟然做了秦國大良造，這秦國變法麼，也是可想而知也。」

「這個衛鞅，帶兵多少犯我？」太子申沒有一絲笑意，儼然名將氣度。

「號稱十萬。臣多方探查，以為大約有五六萬之眾。」龍賈回答。

「五六萬？」太子申禁不住笑了，「五六萬就想拿下河西？」

龍賈正色道：「太子不聞兵諺，『萬人被刃，橫行天下』？吳起昔日只有精兵三萬，卻是無堅不摧。兵貴精，不貴多。秦國五萬新軍，不可小視。」

太子申大為不悅，當初他就極為厭惡龐涓對他的這種訓誡口吻，但也無可奈何，龐涓畢竟是名門上將。如今一個老龍賈也來教訓他，好像將他當作沒上過戰場的黃口小兒一般，當真豈有此理！他正要斥責龍賈，公子卬卻眨眼示意，嘲諷笑道：「龍老將軍，秦國五萬兵馬，河西八萬魏軍。他能橫行天下，難道你就不能麼？」

龍賈亢聲道：「八萬魏軍並非精銳，丞相應當知曉。」

「兵不精，將之過也。鎮守河西十餘年，老將軍竟將精兵帶成了衰兵，盡失為將之道，難道有功了麼？」公子卬儼然一副訓誡的口吻。

龍賈氣得雪白的鬍鬚簌簌抖動，激憤高聲：「丞相差矣！當初我王與龐涓上將軍反覆說河西無戰事，只給老夫留下老弱步兵六萬。十餘年來，老夫慘澹經營，收留林胡降卒遊勇，兵力增加為八萬，訓練得尚能一戰，難道還有罪了麼？」

魏惠王見龍賈認真起來，知道這個三朝老將剛烈之極，生怕當場有個三長兩短，連忙擺手道：「老將軍息怒，丞相隨便說說而已，何必當真計較？現下說說，這仗究竟如何打法？老將軍高見？」魏惠王特意撫慰一番猶自喘息的老將。

「臣已說過，三萬精兵調往河西，臣與秦軍周旋到底。」龍賈還是咬定那個主意。

太子申冷冷一笑：「周旋？打仗就是打仗，如何周旋？貓鼠作戲麼？」

龍賈強忍怒火：「太子當知，兵機多變，未曾臨敵，如何能虛言打法？」

「沒有成算，為何要精兵三萬？老將軍打盲仗麼？」公子卬揶揄笑問。

龍賈剛烈坦直，又拙於言辭，被三個機變高手揶揄奚落得憤懣不堪，卻又無從辯駁周旋，想想長吁一聲，拱手道：「老臣無能，但憑我王部署。」

魏惠王笑了：「終究是老將軍，明白事理。兩位名將說，如何應對秦國？」

太子申慨然請命：「兒臣請與丞相同率大軍，活擒衛鞅，振我國威！」

「好！」魏惠王拍案讚歎，「丞相之意如何？」

公子卬肅然作禮：「臣以為，太子乃國家儲君，當鎮守國都，以防齊趙萬一偷襲。臣自請精兵兩萬，再加河西八萬大軍，將那個中庶子獻於我王闕下！」

魏惠王大笑：「妙極！教衛鞅再做丞相中庶子！」他霍然起身，「本王決意，丞相為河西統帥，龍老將軍副之，一舉消滅秦軍！太子中鎮守安邑，預防齊趙！」

「臣等遵命！」三人齊聲應命。

出得王宮，公子卬端起統帥架式，教龍賈等在宮門。他自己去辦妥了兵符印信，方才悠然轉來，笑著命令：「龍老將軍，你先星夜趕回河西，不得妄動，等我大軍到來，再一舉殲敵。明白麼？」

「丞相，你的精銳鐵騎不能延誤，我看衛鞅絕非善類。」龍賈憂心忡忡。

公子卬大笑起來：「老將軍怕衛鞅，我卻視他如草芥一般。」驟然收斂笑容，「方才，是本帥第一道將令，可曾聽清楚了？」

「末將明白。」龍賈見公子卬根本無視提醒，不再多說，大步匆匆走了。

公子卬輕快地上了軺車，趕魏惠王的秋季大獵去了。

深秋暮色，河西官道上幾乎沒有行人，只有一隊鐵騎放馬奔馳。這便是龍賈的護衛騎隊。老將軍沒有吃飯，更沒有回府與老妻重溫一宿生疏日久的敦倫之樂，便飛馬回程了。

龍賈已經七十三歲了，非但是魏國僅存的三朝老將，而且也是列國聞名的老將軍之一。還在魏文侯時期，龍賈少年從戎，一刀一槍地苦掙功勞，從伍長、什長、百夫長、千夫長，一步一步地錘鍊成軍中猛將。在吳起為統帥時，他終於做到了前軍主將，跟隨吳起與天下諸侯惡戰七十六次，竟然沒有戰死，當真是軍旅罕見。時間一長，魏軍中便呼他為「龍不死」。吳起離開魏國後，魏武侯任用龍賈為河西將軍，鎮守離石要塞，專司對秦趙作戰。那時候，魏國的主要戰場有兩個，一是與秦國爭奪河西，二是與趙國爭奪上黨。河西將軍在實際上是魏軍對秦作戰的主力統帥。魏惠王即位後，信任丞相公叔痤，魏國幾次對秦獻公的惡戰都是公叔痤統率迎敵。龍賈這個河西將軍，反倒被調到東面戰場與趙國對峙。結果是公叔痤被秦獻公殺得大敗，連公叔痤自己都成了俘虜。魏惠王這才改變部署，重新以龍賈為河西將軍，率軍二十萬鎮守離石要塞。就在這時候，恰恰是秦獻公戰死，秦國無力東進。龍賈便主張趁勢大舉滅秦。可魏惠王對龍賈這個「老軍」總是心存疑慮，龍賈每次請命伐秦，魏惠王都是不置可否。不久，有了龐涓做上將軍，龍賈成了釘在河西的一個「不戰」將軍。精銳的河西大軍全部被龐涓調走，留給他的只是老少步卒。十多年來，龍賈再沒有打過一次真正的大仗，他這個身經百戰的沙場老將，竟然在魏國的幾次大惡戰中只能遙遙觀望，那種憋悶，是任何人都難以體察到的。

進攻趙國沒有他，進攻韓國也沒有他，與此相連，桂陵大戰與馬陵大戰自然也沒有他。整個魏國似乎都將他這個最有資格就戰場說話的老將忘記了，這使他很是窩火。假若他在大軍中，他絕不會教龐涓進入桂陵、馬陵那樣的山地。龍賈對那些山地太熟悉了，熟得就像自家的後院一般。他還記得，吳起當年率軍與齊國作戰時說過：「桂陵、馬陵，外緩內險，魏齊但有大戰，此地當是伏擊好戰場也！」龐涓雖然通曉兵法，但是卻不熟悉地形，如何有他這個老軍頭在這些戰場險地摸爬滾打的經歷？可是，他能做什麼？竟然只有眼睜睜看著魏國精銳大軍覆沒！對於一個打了一輩子仗的老將來說，再沒有比這更令人痛心的了。

這次秦軍來犯，龍賈精神大振，決意要教天下看看吳起時日老將軍的威風。他非常自信，只要將魏國僅存的三萬精銳鐵騎歸入河西守軍，他一定能夠戰勝秦軍。因為他本能地感到，河西很危險，衛鞅定然是個不循常法作戰的可怕對手。他的人生滄桑告訴他，一個不到二十年能將窮弱秦國大翻身的人，絕不會是公子卬他們說的那樣是個欺世盜名的草包。但是，不管衛鞅如何厲害，仗總是要一刀一槍打的，只要有魏國的三萬鐵騎在手，縱然衛鞅是吳起再生，在河西這片土地上也休想占得龍賈便宜。

但是，今日安邑一行，龍賈的心卻猛然沉了下去。

那兩個徒有虛名的人物，竟然也算得名將？還有一個竟然就真的成了河西統帥。龍賈當真是哭笑不得了。他隱隱有一種不祥的預感——莫非上天真要魏國滅亡麼？否則，如何事事都是陰差陽錯？這樣的國君，這樣的名將，和他這個一輩子在戰場上滾爬的老軍頭，能擰在一起麼？他當真是心裡沒底。若僅僅是個人委屈，他完全可以忍受。這些膏粱名將瞧他土氣而奚落他嘲笑他，可以忍了；國君對他這樣年高的老軍特有的辛苦沒有一聲撫慰，也可以忍了；這個膏粱統帥那樣冷漠地教他連夜趕回河西，也可以忍了；更何況他本來就是打算連夜趕回的，只不過原來想的是率領三萬鐵騎趕回，現下卻是隻身趕回而已。這些都可以忍。可是，老龍賈實在不知道，如果那些膏粱名將要指揮他胡亂打仗，要拿近十萬將士的生命瞎折騰，他還能不能忍受？當年，他這個「龍不死」，可是連威名赫赫的吳起都敢頂撞的。那個吳起，只要你頂撞得對，他非但不記仇，事後反而給你報功升爵。就憑這一點，吳起與軍中將士結下了生生死死的情誼，打起仗來一聲吼，人人拚死命。沒有一個士兵逃亡過，沒有一個將領在戰場上做過手腳，甚至，不打仗時連個違犯軍紀的都沒有。那個仗打得，才真叫痛快淋漓。

兵諺云：「一將不良，窩死千軍。」而今遇上了如此一個不知打仗為何物的「名將」，還要事事聽命於他，看樣子，他是絕不會允許部屬頂撞的……該如何與這樣一個統帥相處？老龍賈可真是束手無策了。

君命如此，廟堂如此，老龍賈也只有但求問心無愧了。

秋風掠過原野，雪白的長鬚拂過臉頰，老龍賈不禁一個激靈，兩行老淚奪眶而出。

三、衛鞅出奇兵　老龍賈酣戰身死

洛水東岸的高山頂上，衛鞅和車英、景監正在凝神東望。

遙遙可見大河之水劈開崇山峻嶺，從林胡雲中的白雲深處澎湃而來，在鬱鬱蔥蔥的廣袤高原上一瀉千里向南流去。滾滾滔滔的大河水，帶著敕勒川大草原的清新，帶著陰山大森林的青綠，在萬里無雲的碧藍天空下，恍若一條閃亮透明的緞帶，溫柔地纏繞著雄峻粗獷的千山萬壑，壯麗得教人心醉。

「大良造，那就是河東的離石要塞。」車英遙遙指向大河對面。

正是秋高氣爽，遠眺之下，依稀可見大河東岸山頭上的紅色旗幟和灰色城堡。衛鞅知道，那就是魏國河西大軍依託的本土根據地離石要塞。大河在這裡被兩山夾峙，河面狹窄，水流又深又急，河面上一座大石橋直通河西，是上下千里的兩座大河石橋之一，另一座是下游少梁邑石橋。從位置說，離石要塞東北不到二百里，是趙國重鎮晉陽（註：晉陽，今山西省太原市，戰國初期為趙國，中期後期為秦國領土）；東南二百多里，是魏國北部重鎮平陽（註：平陽，今山西省臨汾市西部，當時在汾水西岸，戰國後期被秦國占領），離石要塞恰恰在趙秦魏三國交合地帶，自然成為魏國北部的屏障與根基。離石要塞雖然只是一個很小的城堡，但卻是卡在大河上游的一道門戶。離石在手，既可以東面威脅趙國、中山國，又可以西面渡河，威脅秦國。魏文侯後期，吳起正是以平陽與少梁為跳板，以離石要塞為根基大營，渡過大河，與秦國在河西大戰三年，盡奪河西千里土地的。

「離石要塞，懸在秦國頭上的一把利劍。」景監說。

「奪過離石要塞，將這把利劍架在魏國脖子上！」車英接道。

衛鞅沒有說話，默默地將目光轉向大河西岸的魏軍營寨，心中不禁讚歎龍賈的老辣。龍賈的河西大軍自然不會駐紮在離石要塞，那裡只是他的後援基地。所謂河西大軍，分別駐紮在大河西岸的三個山頭。這三個山頭，東距大河五六十里，西距洛水也是五六十里，在兩河的中間地帶形成一個天然的「品」字形，互為犄角之勢。中央山頭上一面大纛旗迎風招展，顯然是龍賈的中軍大營。北面前出的山頭上，隱隱有戰馬嘶鳴，應當是龍賈的騎兵右軍。南面前出的山頭營寨前，隱隱可見鹿角壕溝，顯然是龍賈的步兵左軍。三座山頭各自相隔二三里，中間各是一片開闊的谷地。四面山原地勢都很低緩，魏軍營寨完全是居高臨下，既可迅速展開，又可快速回攏。無論怎麼看，都是一片易守難攻的營地。

「你們說，龍賈的糧草輜重藏在何處？」衛鞅沒有回頭。

車英道：「當在大河西岸的那片山溝裡。大良造請看，那條路伸到山下就沒了。」

「我看也是。那座山過河就是離石要塞，兩邊均可救急。」景監贊同。

衛鞅微微點頭，回頭吩咐：「車英，立即下令行軍司馬，尋找幾個當地老秦人，請到幕府。走，我等回帳。」

回到幕府大帳，衛士立即給衛鞅拿來秦軍的傳統戰飯，一塊很鹹的乾牛肉，一塊又硬又酥的乾烙餅，一大碗野菜湯。幾百年來，深受遊牧部族騎兵影響的秦軍，歷來的糧草輜重都比別國軍隊簡單。非但每人攜帶五斤乾肉、五斤乾餅算作三天軍糧，而且輜重隊伍也不運穀麥生糧，騾馬大隊馱運的全部是乾餅、乾肉和馬料。大軍歇息，很少埋鍋造飯，但有飲水便成。如果是兼程疾進，士兵們就邊走邊吃。所以，秦軍的輜重後軍從來沒有牛車挑夫，非常精悍且行動迅速，幾乎從來都是與大軍同步前進。主力大軍中也沒有專門的炊兵，全部是作戰兵士。只有在紮營休戰的時日裡，秦軍士兵才採來野菜，埋鍋煮湯。衛鞅很喜歡這種簡單生活，真正是與士兵一模一樣，竟覺比官署宮廷還酣暢了許多。

衛鞅剛剛用過戰飯，車英就帶來了三位老人。

車英一說這是大良造，老人們一齊拜倒，唏噓流淚地哭訴起來。

魏國占領河西已經四五十年了。魏文侯後期與魏武侯時期，的確是雄心勃勃地將河西之地當作本土一樣治理。但在魏惠王即位後，卻由於秦獻公拚死抗爭，連年進行收復河西的大戰，加之魏國君臣都志在中原爭霸，認定河西之地是「兵家戰區」，撤回了官吏和魏國老農戶，任由這裡的老秦人自生自滅。雖然沒有了官府管轄，龍賈的幾萬大軍還是照樣向河西老秦人徵賦徵役，散兵遊勇欺壓老秦人的事，更是屢見不鮮。於是，河西老秦人便部族相結，紛紛逃亡到山中自保。近十幾年來，河西老秦人聽說秦國變法後大富起來了，又成群結夥地偷偷下山，想逃向關中。不想山口要道都被魏軍封鎖，雖零零星星逃走了一些，大部分老秦人還是在山中過著半盜半民的日子。近日秦軍開過洛水，龍賈收縮兵力，撤回了封堵山口要道的軍兵。老秦人方得以偷偷出山打探，才知道秦國大軍到了，奔相走告間喜不自勝，卻又聽說秦國法令嚴苛，疑惑會不會接納他們這些遺民，一時間不敢出山。

「我等三人，在山外採藥，被幾位大人找來，請大良造饒恕我等遺民。」一個白髮蒼蒼的老人叩頭不止。

衛鞅連忙扶起老人，連連感慨歎息：「丟土遺民，國府之責，庶民何罪？河西老秦人飽受淪喪之苦，衛鞅代國君向河西父老賠罪了。」一說罷深深三躬。

老人們大出所料，一陣激動，一齊伏地，放聲大哭起來。

衛鞅、車英也唏噓不止，連忙將老人們扶起入座，吩咐拿來戰飯菜湯讓老人們充饑。

一個老人驚訝了：「還是秦軍老戰飯也！大良造也用如此戰飯麼？」

車英笑道：「老人家，大良造和士兵們一模一樣，有時比士兵吃得還簡樸。」

老人拭淚感慨：「二十年前，我也是秦軍騎士。大將如此，秦國有望了……」

「老人家，你當過秦軍騎士麼？」衛鞅目光閃亮。

老人點頭：「少梁之戰，我身負重傷，被埋在死屍堆裡了。夜裡爬出來，爬到天亮，不想迷失了方向。要不是這兩個採藥老哥哥，早沒我了……」

「你和兩位老人家，一直採藥？」

老人點點頭：「兩位老哥哥教我的，他們通得些許醫道。」

「老人家，你等對這一帶山地熟麼？」

「熟！大路小路，人道獸道，閉上眼都能走出去！」老騎士慨然回答。

「魏軍紮營的三座山，也熟麼？」

「熟！」另一個精瘦的老人笑道，「那三座山本來沒有名字，我等叫它三熊山。中間那座山有黑熊，北邊那座山有白熊，南邊那座山有灰熊。就叫它三熊山！」

「後山有路麼？」

老騎士沉吟：「有是有，很難走，大狗熊踩踏出來的。」

「魏軍知道這些路麼？」

老騎士連連搖頭：「說甚來？他咋個知道？我哥兒仨經常爬到後山頂看魏軍操練，魏狗一點兒都沒得覺察！」

「一萬人上山，大約要多長時間？」

老騎士瞇著眼想了片刻：「夜間上山，要大半夜，五更到山頂！」

「三位老人家，夜裡可能帶路麼？」

老騎士哈哈大笑：「說甚來？咋不能？只怕兵娃子還跟不上我等老弟兄！」

「好！」衛鞅拍案吩咐軍吏，「將三位老人家請下去好生歇息。老人家，請。」

三位老人下去後，衛鞅立即和車英景監祕密計議，一個奇襲方略在半個時辰內迅速形成了。片刻之後，將令傳下：兩萬騎兵堅守營寨，三萬步軍立即輕裝！

天色暮黑，烏雲遮月。秦軍營寨依舊燈火連綿，衛鞅的三萬步軍分成三支，悄無聲息地開出大營，沿著隱祕的山道疾行。在三位採藥老人的帶領下，疾行一個時辰，各自到達三熊山的背後，散開隊形悄悄開始登山。

天交四鼓時分，兩萬騎兵摘去馬鈴，包裹馬蹄，馬口銜枚，在漆黑的夜色裡開出大營，祕密行進到三熊山正面的山谷裡埋伏下來。

秦軍的營寨依舊燈火連綿，不時傳來隱隱的戰馬嘶鳴。

此時，龍賈正在通往河西的大道上飛騎奔馳。他總有一種隱隱的不安，覺得衛鞅大軍靜悄悄地駐紮在河西卻不動手，大有蹊蹺。按照以往大國開戰的傳統，一般都會派出使者下戰書，而後發兵交戰。即或不下戰書，大軍開到戰區後也必然有所動作。以最近發生的大戰看，也都是這樣：魏國攻趙是大張旗鼓，攻韓也是大張旗鼓，齊國兩次猛攻大梁，更是大張旗鼓；桂陵、馬陵兩次伏擊是被動作戰，自然悄無聲息，但這是另類打法，不是收復失地的進攻性作戰。目下秦國開出數萬大軍，駐紮在隱祕的洛水河谷，卻是毫無動作，當真怪誕。據斥候消息，秦國大軍似乎還不是從咸陽出發的，因為咸陽沒有任何歡送大軍出征的舉動。那麼，這支大軍必是從秦國西部的訓練營地出發的了。如果說是到北地郡駐防，卻為何開到早已被魏國占領四十餘年的河西地帶？如果要收復河西，卻為何靜悄悄貓在那裡不動？這個衛鞅，還當真教人難以揣摩。想著想著，龍賈甚至後悔回這一趟安邑，非但受了一通奚落嘲笑，沒有帶回預想的三萬鐵騎，而且還得等待那位膏粱統帥的兵馬會合後才能行動，可真是自縛手腳了。

作為久經戰陣的三朝老將，他並不畏懼秦軍，更想依靠自己的八萬守軍一舉擊退衛鞅的進犯。但他畢竟久在前沿，深知秦國已經今非昔比，自己縱然擊退秦軍，若不能斬首全殲，依然是後患無窮。

為今之計，也只有趕回去堅守，吸引住秦軍，等待精銳鐵騎到來再聚殲秦軍。但願自己離開的這幾日，河西不會有事……可是，秦軍萬一趁機突襲呢？

一想到這裡，龍賈的心驟然一緊，打馬一鞭，星夜急趕。

天交五鼓，正是天地最為黑暗的時分。莽莽山原，盡皆融入無邊的暗夜，唯有魏軍大營的軍燈在山上明滅閃爍，就像天上遙遠的星星。隱隱約約的刁斗聲混合著隱隱約約的大河濤聲，在秋天的山風中恍若山河在嗚咽。

「鏜——鏜——鏜——鏜——」魏國軍營的刁斗悠長地響了五聲。

突然，彷彿天塌地陷，三座山頭的戰鼓驟然間驚雷般炸響，山頂倏忽湧出連天火把，呼嘯著吶喊著衝入山腰處魏國的營寨。魏軍的山後本來就沒有設防，只有攔截野獸的最簡單的鹿角木柵。就是這些簡單障礙，也早被秦軍悄悄挖掉了，後營幾乎成了沒有任何障礙的山坡。秦軍步卒俯衝殺來，滾滾山洪勢不可擋。魏軍長期蔑視秦軍，縱然明知秦軍在洛水河谷駐紮，也絲毫不以為意。統帥龍賈又不在，三軍更沒有絲毫的戰事準備。如今被精銳的秦軍步兵在黎明的沉沉睡夢中突襲強攻，立即陷入了一片無邊的混亂。營寨成了漫無邊際的火海，魏軍懵懂竄突，自相踐踏，完全潰不成軍，慌張之中，如蝗蟲般湧向山口寨門。半個時辰內，三座大營的魏軍殘兵，狼狽地擁進了正面的谷地之中。

突然，又一陣雷鳴般的戰鼓，秦國的兩萬鐵騎在晨曦霧靄中兩翼展開，赫然堵截在谷口。

就在這時，一支紅色鐵騎從山谷衝進茫茫慌亂的魏軍之中，所到之處，紅色魏軍一片歡呼。這正是老將龍賈率領他的百人騎隊趕了回來，在亂軍中突進山谷了。曙光之中，可見一面「龍」字戰旗迎風招展，一員大將白髮紅袍，手持一條長戟，胯下紅色戰馬，在狼狽竄突的亂軍中大是勇邁非凡——正是赫赫猛將老龍賈到了。他拔劍怒喝，連斬三名驚恐四竄的百夫長，魏軍的三四萬殘兵居然整肅下來，迅速列成了一個方陣。

此時，一陣悠長的牛角號響徹山谷。站在山坡大纛旗下的衛鞅高聲笑道：「龍老將軍，我已下令步軍停止攻殺，老將軍下馬投降也。」

龍賈戟指衛鞅，怒喝一聲：「衛鞅偷襲，有何炫耀？」

衛鞅大笑：「兵者，詭道也。吳起當年若不偷襲，焉有河西之地？老將軍乃魏國少有的骨鯁之臣，只要退出河西，秦軍放你生路一條。」

龍賈憤然高聲：「為大將者，自當戰死疆場，丟土全師，豈是龍賈所為！」

「好！」衛鞅揚鞭一指，「老將軍尚有四萬之眾，我只用兩萬鐵騎，一個時辰全殲魏軍！」

龍賈哈哈大笑：「衛鞅，你打過仗麼？一個時辰全殲？狂妄之極！列陣！」

衛鞅手中令旗一揚，猛然劈下。

車英舉劍大喝一聲：「殺——」閃電般衝出，身後兩萬鐵騎自動展開，分成三路狂風驟雨般捲進山谷。步騎平川決戰，步兵本來就是劣勢。加上魏國河西守軍多年沒有實戰，更不是龐涓原先率領的精銳武卒，經突襲之後驚慌逃竄出來，士氣正在沮喪，如何經得起鬥志高昂訓練有素的秦軍鐵騎的猛烈衝擊？一個衝鋒，魏軍便被分割成小塊擠壓在山根，完全成了秦軍騎士劍下的劈刺活靶。就是龍賈率領的百人鐵騎，也被一個秦軍百騎隊猛烈衝散，只三四個回合便死傷大半。秦軍對魏軍的仇恨由來已久，加上新軍首戰，鋒芒初試，人人奮勇立功，剽悍勇猛之氣勢不可當。

還不到一個時辰，山谷中的四萬魏國步兵，已沒有一個能夠站著的了。

唯有孤零零的龍賈，血染白髮，一尊石雕般立馬層層疊疊的屍體之中。

那時候，騎兵將領也和騎士一樣，用的都是短兵器，使用長戟者極少。直到戰國末期，騎兵將領使用長兵器才日漸多了起來。這龍賈卻是天生異稟，膂力過人，一支鐵桿長戟五十餘斤，在騎兵短劍的戰陣之中，從來都是所向披靡勢不可當。身經百戰「龍不死」，與龍賈的特異兵器不無關係。但是，打仗畢竟不是一將之勇所能決定，大將無論如何勇猛，如何抵得山呼海嘯般的千軍萬馬？仗，總是要依靠全體士卒一刀一槍地整體拚殺的。龍賈身經百戰，豈能不明白如此簡單的道理？當他眼見自己的三四萬步兵在秦軍黑色風暴衝擊下潰不成軍，根本沒有機會形成有效的陣形抵抗時，便知道這將是他一生的最後一戰。他勇猛衝殺，不斷撲向秦軍的將領，發誓至少要將車英斬首馬下。然則秦國的騎兵訓練別出心裁，五騎一伍，小陣形配合廝殺，絕不做憨蠻的個人比拚。眼見龍賈勇猛，便有兩個騎伍十名鐵甲長劍騎士衝上，將龍賈圍定在中心做輪番攻殺。在往昔血戰中，龍賈曾經身陷百騎包圍之中，也是照樣殺破包圍。可今日秦軍騎兵這戰法確實奇特——十馬連環。個個騎術精湛，風車般圍著龍賈飛馳，劍光閃閃，沒有絲毫縫隙可乘；長戟堪堪砍刺出去，身後便有長劍劈刺到人身馬身，容不得他伸展長大兵器的威力。堪堪半個時辰，龍賈始終衝不出這十騎圈子。眼看紅色步兵一片一片地倒在山谷之中，龍賈終於長歎一聲，突兀勒馬……

數百名騎士湧來，拈弓搭箭，圍住了龍賈。衛鞅飛馬趕到，高聲大喝：「不得對龍老將軍無禮！」走馬入圍，肅然拱手道：「龍老將軍，你可以走了。」

龍賈淒慘淡漠地笑笑，拱手慨然一歎：「衛鞅啊，秦國銳士將天下無敵。老夫佩服！」說罷拔出長劍，一劍刎頸，沉重地栽倒在馬下。

衛鞅歎息一聲：「馬革裹屍，戰後安葬老將軍。」又轉身對車英下令，「多派遊騎，封鎖道路山卡，莫使消息走漏魏國！」

「遵命！」車英一聲答應，飛馬去部署了。

太陽堪堪升起，魏國八萬大軍的屍體覆蓋了山野，在秋日晨霧中濛濛一片血紅。

四、秦步決魏騎　公子卬全軍覆沒

旬日之後，公子卬率領三萬鐵騎，還有魏惠王特賜的一千虎騎衛士，浩浩蕩蕩地向河西開來。一路上，他既很驕傲又很生氣。驕傲的是他終於做了三軍統帥，成就了「出將入相」的功業頂峰。看著原野上旌旗招展戰馬嘶鳴煙塵蔽日的壯闊景象，看著斥候穿梭般向他稟報沿途情勢，又飛馬傳達他的各種命令，他深深體會到了大軍統帥的箇中滋味——軍中權威與丞相權威，又是另一番天地也。生氣的是，龍賈這個老軍頭既沒有軍情回報，也沒有前來迎接，分明狂妄之極。

兵行到離石要塞，公子卬思忖一陣，命令紮營歇兵。他的幕府大帳紮在要塞城堡的西門外，比城堡裡黑糊糊的石頭房子舒服多了。大帳紮定，公子卬又痛痛快快地沐浴了一番，才輕裘出帳，派出行軍司馬飛馳河西，宣龍賈火速前來晉見。如果治不順這個老軍頭，日後這個三軍統帥還有顏面麼？

那個行軍司馬過了大河石橋，遙遙看見山頭上三座河西大營的紅色旗幟。飛馬疾進，聞得山谷裡彌漫出一股血腥臭味兒。雖然驚奇，卻不及多想，不消片刻便來到營前。報號驗令之後，行軍司馬匆匆進營，剛剛走得幾步，被兩個軍卒猛然撲倒，眼睛蒙上黑布，暈暈乎乎被一隊戰馬馱走了。

天將暮色時分，一個紅衣軍吏飛馬來到河東的離石要塞向公子卬稟報：老將軍龍賈染病不起，行軍司馬不慎摔傷，正在軍營療傷，老將軍命他前來火速稟報，請大元帥即刻發兵會合共破秦軍。

公子卬冷冷笑道：「何謂『共破』？老將軍還能打仗麼？傳令老將軍，大軍明日開到，本帥自有破敵良策。老將軍麼，儘管養病。」

軍吏領命，飛馬馳回河西去了。

公子卬傳令上飯，準備飯後再好好思慮一下破敵良策。一名豔麗的侍女輕柔地從後帳捧來一個銅盤，在長案上擺下了一鼎一爵一盤。鼎中是逢澤麋鹿肉，爵中是上上品的宋國米酒，盤中是鬆軟的大梁酥餅。公子卬坐到案前，不禁油然感念夫人對他的關切。夫人心細，知道他雖然吃得極少，卻是食不厭精膾不厭細，竟特意進宮通過狐姬請得魏王准許，破了大將不許帶侍女的成法，派了府中最能幹也最得夫君喜愛的一名侍女，隨軍侍候他的衣食起居。夫人又極盡疏通，每天從安邑派出一名快馬特使，為他送來各種名貴飲食，使他猶如在家安臥一般。昨日一天行軍，夫人特使竟送來了兩次軍食。第一次是安邑洞香春的金匣白玉羹，第二次是楚國的玉裝蛇段。連他也感到驚訝，不知夫人如何竟能知曉他經常和魏王一起享用的這些珍饈佳餚？今日是逢澤麋鹿肉和宋酒梁餅，每一樣都價值數十金彌足珍貴也。在安邑大梁，這一餐便將近百金，相當於一個中大夫半年的爵祿。然則，公子卬對此等些許小事從來不會放在心上，他是國家的棟梁丞相，又是國家的干城元帥，衣食起居這樣的瑣碎小事，聽任夫人侍女安排便了，無須計較。他要思慮的是國家的興亡安危。

細細地咀嚼著逢澤麋鹿，品嘗著那恰到好處的肉筋彈性和奇特的野香，公子卬知道，這是一頭幼鹿，而且是極具滋陰功效的母鹿。心中一動，他不禁瞄了一眼跪坐在身旁的侍女，那雪白的脖頸散發出的醉人香味兒與小母鹿的肉香混合在一起，不禁使他一陣心動。

這個侍女一直是他心目中的尤物。以往，夫人總是有意無意地防著他和她在一起。這次，夫人竟然將這個小尤物公然送給了他，實在令他喜出望外。看來，他的將相功業已經使夫人折服了，這次大勝班師回去，夫人還不知道要如何獻媚給他？女人也女人，天生便是英雄與功業的奴隸。打敗秦軍，我公子卬便是力挽狂瀾的功臣。往前走，魏王已經昏聵，失去了朝野人心，我公子卬王族出身，魏王的庶出兄弟，未必不能取而代之也。念頭一閃，公子卬心頭狂跳，熱血驟然湧上頭頂。剎那之間，他覺得身邊侍女如糞土一般。對，為何不能擁有像狐姬那樣的奇珍異品？戰國之世強力相爭，誰有實力，誰便能登上權力巔峰，我魏氏祖先原來還不是晉國的一家臣子？這次大勝秦軍，我公子卬兵權在手，政權在握，將魏國的乾坤顛倒過來何難？

猛然，公子卬覺得身上燥熱起來，敲敲長案：「撤下去，本帥還有軍機大事。」豔麗的侍女誘人地一笑，撤下了長案上的精美器皿。

公子卬在華貴的大帳中踩著厚厚的地氈，踱步沉思起來。猛然，他心中一閃，一個絕妙的主意湧上心頭，立即高聲命令：「筆墨伺候！」豔麗侍女恭敬輕柔地捧來筆墨皮紙，公子卬略微思忖提筆疾書，片刻之間寫完，高聲道：「司馬何在？」一個行軍司馬大步走進，公子卬命令：「將此書信，即刻送往秦軍大營，帶回衛鞅回書！」又祕密叮囑一番。

行軍司馬接過封好的書信，上馬飛馳河西去了。

衛鞅的五萬軍馬依舊駐紮在洛水河谷。秋日枯水，洛水河面大縮，河谷倍加寬闊。秦軍在這裡紮營，一可以就近利用水源，二可以迅速渡河進退自如。全殲龍賈大軍後，衛鞅下令將魏軍屍體全數搬往一道隱祕的山谷，整理三熊山營寨，虛設魏軍旗幟，又派一千鐵騎扮作魏軍駐紮營內，卡住所有通往河東的要道，對離石要塞封鎖消息。

衛鞅最擔心的是，公子卬被嚇得縮了回去，不能全殲。衛鞅沒有料到的是公子卬如此遲緩，竟在龍賈大軍被全殲後十天才趕到離石要塞。及至活擒了公子卬的行軍司馬，知道了魏軍詳情，衛鞅不禁哈哈大笑起來。近年來，他也風聞魏國的太子申和公子卬被譽為「名將」，雖說深知兩人底細，但還是不敢有絲毫輕敵大意，世道滄桑人事多變，萬一公子卬真有長進了亦未可知？十天來，衛鞅和車英、景監反覆計議，謀劃了三套應敵方略，準備著大破魏軍最後一支精銳鐵騎。

軍燈點亮的時分，衛鞅接到裝扮魏軍司馬的偏將回報，說公子卬大軍明日開到河西。衛鞅立即聚將到幕府大帳，部署大軍明日行動。剛剛結束，公子卬的軍使就飛馬趕到，向衛鞅遞交了公子卬的親筆書信。

「兩軍議和？龍賈老將軍答應麼？」衛鞅將書信撂在案上，微微冷笑。

魏軍使者高聲回答：「元帥將令，龍賈安敢不從！」

「如此說來，元帥沒有向龍老將軍知會了？」

「正是。」魏軍使者赳赳回答。

衛鞅故作沉吟：「也好，兩軍議和，避免一場流血大戰。我這裡回書一封，請貴使帶回便了。」

「是。我軍元帥正是此意。」魏人歷來蔑視秦人，這個小小司馬也是一臉傲氣，看得帳中將士眼中冒火。

衛鞅彷彿沒有看見，微笑著寫了回書，封好交使者帶回。

軍使剛一出帳，衛鞅便向車英眼色示意。車英快步出帳，命令斥候飛馬「龍賈魏營」，告知「魏軍」，軍使不進營便放他回去河東，一旦進營立即拿獲。片刻之後斥候回報，魏軍特使飛馬直回河東，而且專門走了一條遠離三熊山的小路。帳中將士不禁哄然笑了起來，覺得大為奇異。

衛鞅笑道：「公子卬多有小智，自卑自負卻又野心勃勃。他根本想不到龍賈之軍已經被我軍全殲，卻以為是龍賈等一班老將怠慢於他，不和他聯絡，便有意冷落龍賈，更不與他聯絡。所謂與我軍議和，不過是公子卬想拋開龍賈，單獨建立大功，好在班師安邑後做上將軍而已。此等卑劣猥瑣之人，豈能忠心謀國？魏國連戰皆敗，全在於此等人物當道也。」

「我軍當如何全殲魏軍？請大良造下令。」車英慨然拱手。

衛鞅肅然拍案：「這次我軍要徹底震懾魏軍。車英聽令，命你率領一萬鐵騎，隱蔽在大河西岸山谷，明日魏軍開過河西後，立即飛兵河東，奪取離石要塞！」

「車英遵命！」

「景監聽令，命你率領五千鐵騎隱蔽在三熊山後，魏國大軍一旦過山，立即陳兵要道，堵截魏軍退路。」

「景監遵命！」

「步軍三將聽令，兩萬步軍連夜構築圓陣，精心準備，明日大破魏軍鐵騎。」

「步軍遵命！」

部署完畢，將軍們匆匆出帳，分頭緊張地準備去了。

曚曨夜色中，秦軍營地又一次井然有序地祕密行動起來。

河東的離石要塞，卻是一片歡騰氣息。公子卬已經傳令三軍：「飽餐鼾睡，明日迫使秦軍退回！」將士們對這種聞所未聞的奇特軍令感到驚訝，一時間三軍譁然。魏軍鐵騎在龐涓統領的時期，從來不許「飽餐」，更不許「鼾睡」，以免遇到緊急偷襲或需要兼程疾進時騎士過於笨拙懵懂。這本來是精銳軍隊的基本規矩，魏軍將士自然習以為常。今日軍令忒煞作怪，公然是「飽餐鼾睡」，如何不令訓練有素的魏國精銳騎兵感到做夢一般？飽餐戰飯後，軍帳裡處處議論，都說丞相乃上天星宿，魏國福將，跟著丞相打仗，不辛苦不流血還照樣立功；丞相說「明日迫使秦軍退兵」，那就一定有妙算；說不定，丞相已經命龍賈將秦軍後路抄了。秦軍和魏軍打了多少年仗，秦國人哪次勝過了？將士們越說越安心，紛紛倒下頭去，軍營裡彌漫開一片沉重的鼾聲。

三軍統帥公子卬沒有睡。他很興奮，卻總覺得有件大事沒有辦，踱步沉思，猛然大悟，高聲對著帳門：「來人！」

行軍司馬匆匆走進：「聽元帥號令！」

「我軍樂舞可曾帶來？」公子卬正色問道。

「回元帥，軍中從無樂舞，這次也沒有帶。」行軍司馬小心翼翼。

「何其蠢也！威之以力，服之以德，魏國大軍如何能沒有樂舞？明日兩軍議和，我要德威並舉，豈能沒有樂舞？想想，離石要塞有沒有？」

「離石要塞……只有軍中號角。」行軍司馬低著頭。

「軍中號角也行，我軍有麼？」

「有。魏國軍制，千軍一旗三號，我軍有近百支牛角號。」

「好！即刻將號手集中起來，練吹雅樂！」公子卬很是果斷。

行軍司馬大為驚訝：「元帥，軍號手何曾吹過雅樂？連樂譜也沒有。」

公子卬不耐地訓誡：「爾等何其無能也！即刻集中號手，本帥給你寫下〈鹿鳴〉樂譜。」

「是！」行軍司馬匆匆去了。

「筆墨伺候！」公子卬一聲吩咐，豔麗侍女捧來筆墨皮紙，跪坐磨墨。公子卬思忖片刻，提起雁翎大筆，竟將一曲〈小雅・鹿鳴〉的曲譜彎彎曲曲地畫了出來，驚得豔麗侍女對主人如天神般仰慕。

公子卬踱步欣賞片刻，親自拿著曲譜出帳了。

片刻之後，在三軍統帥公子卬的親自號令下，離石要塞外的軍營裡響起了嗚嗚咽咽參差不齊的牛角號聲。昂揚淒厲的牛角號，變成了靡靡蕩蕩的催眠曲。三萬騎士在斷斷續續的樂聲中各自做著光怪陸離的夢，便到了東方發白之時。

秋霜初降，河西山原一片蒼茫枯黃。咸陽櫟陽也許還是秋陽如春，這裡卻已經是寒風料峭了。衛鞅起得特別早，踏著秋霜登上洛水東岸的小山，凝望著東方大河，等待著那紅色的隊伍。他不習慣銅盔鐵甲的上將裝束，只穿了一身軟甲，外罩著那件白色斗篷，頭上戴著一頂較輕的牛皮盔，行動大是輕便。四望寂靜空曠的山原，他的思緒已經飛到了函谷關，這裡一結束，就必須連續祕密行軍，只有將魏軍徹底趕出函谷關，河西之地才算全部收復。

令他高興的是，一個年輕的千夫長向他提出了一個奇襲函谷關的方略，並且自請三千鐵騎，一舉收復函谷關。這個千夫長叫司馬錯，厚重穩健，非但作戰勇猛，而且謀劃間頗通兵法。衛鞅很是興奮，和車英一起與這個司馬錯談了整整一個時辰。最後決定，派司馬錯接替景監，率領五千鐵騎斷絕魏軍後路，騰出景監與他共同對付這個公子卬。衛鞅心中已定，司馬錯若能打好這一仗，秦國就將湧現一個年輕的將才，對於目下的秦國來說，這一點太重要了。

「大良造，魏軍旗號！」行軍司馬遙遙一指。

河西山地騰起大片煙塵，紅色旗幟隱隱可見，顯然是公子卬的精銳鐵騎開過來了。衛鞅下令：「號令三軍，於三熊山大營嚴陣以待。」

高高山頂上，一面黑色大旗連續擺動，悠長的號角響徹山谷。

公子卬的謀劃是先入龍賈大營，再將衛鞅請來議和；衛鞅若不退兵，就當場擒殺，然後一舉擊潰秦軍。他已經部署妥當，自領一萬騎兵進入龍賈大營，兩萬騎兵在谷口列陣，擒殺衛鞅後，谷口騎兵立即向秦軍的洛水大營發動猛攻。他根本就沒有想教龍賈的兵馬參戰，他已經給魏王擬好了一個「三萬鐵騎獨破秦軍十萬」的捷報，只等天黑發出了。公子卬頗有心機，他不能教衛鞅覺得自己殺氣騰騰而來，怕嚇跑了衛鞅。「示敵以偽，麻痺秦軍」是公子卬的精心謀劃。

夜來想好這八個字時，公子卬興奮得很是大笑了一陣，覺得自己天生就是雄才大略，對兵法簡直就是無師自通。心中充滿豪情的統帥，將那個尤物侍女拉了過來，一反尋常對女人的耐心挑逗，三兩下粗魯地將侍女尤物扒了個精光，壓在身下狠狠蹂躪了整整一個時辰。公子卬看著長髮散亂滿面紅潮像一攤軟泥般癱在地氈上的雪白又青紫的肉體，覺得此等猛士式地處置女人，真令人輕鬆極了。出將入相，王者之風，一切女人都是他腳下溫順的奴隸，日後還要嬪妃成群，如何有機會去細細玩味女人？正是這般生吞活剝，才有吞吐天下的氣概。之後，公子卬破天荒地鼾聲如雷，大睡了一個時辰。行軍司馬喚醒他時，他懵懵懂懂的，竟忘記了為何要起來這麼早，盯著豪華的軍帳呆了片刻，才縱聲大笑。

今日公子卬擺出的是一副喜慶議和的大鋪排，近百名長號手列在最前，在林立的旌旗中吹著祥和的〈鹿鳴〉雅樂，浩浩蕩蕩向三熊山的營地而來。

就在魏軍三萬騎兵進入開闊的谷地，已經能夠清晰地看見「龍賈軍營」的寨門時，突然一陣戰鼓大作，所有的紅色旗幟驟然消失，全部大營神奇地變成了一道黑色的城牆矗立在山腰，分明是黑色旗幟和黑衣黑甲的秦國大軍。

魏軍一片譁然，長號雅樂驟然沉寂。公子卬不禁愕然，莫非龍賈投降了秦軍？

「元帥！你看！那裡……」身邊行軍司馬驚訝高喊。

中軍大營門外的山頭上，大片弓箭手挽弓待發，中間一個白衣人哈哈大笑：「公子卬，別來無恙乎！」

「衛鞅？」公子卬揚鞭一指，怒聲喝道：「衛鞅！本帥未請，如何擅入我營？」

秦軍一齊哄然大笑。衛鞅揶揄笑道：「公子卬，龍賈老將軍請我先來也。」

「大膽龍賈！快來見我！」公子卬真的憤怒了。

秦軍又一陣哄然大笑，彷彿看一隻籠中的猴子一般。

衛鞅高聲道：「公子卬，爾身為三軍統帥，卻竟如此愚蠢。明說也罷，龍賈大軍於半個月前，已經被我全部殲滅了！」

「衛鞅何其大言也！」公子卬大笑，「休欺龍賈臥病，便來癡人說夢。豎子機巧多變，脅迫龍賈可也，豈能騙了本帥！」

衛鞅揚鞭一指，冷冷笑道：「公子卬，你且到身後峽谷一看。」

早有行軍司馬飛馬而出，片刻後驚慌回報：「稟報元帥，谷中淨是我軍屍體！」

公子卬大驚失色，慌亂得不知如何是好。心中卻在大罵龍賈無能，如何竟讓衛鞅這個從來沒帶過兵打過仗的中庶子得手。雖然驚慌，一想到面前對手不過是昔日小小一個中庶子，頓時寬心，一副頗有氣度的樣子高聲道：「衛鞅，意欲何為？」

「元帥，不是你要請求議和麼？」衛鞅很是淡漠。

公子卬精神大振，衛鞅雖然打敗了龍賈那個老軍頭，但對我還是敬畏有加依舊想議和的，也罷，給他個機會，免得打打殺殺敗興。心念及此，公子卬高聲笑道：「衛鞅，只要你帶兵退出河西，再將櫟陽以東二百里割讓給魏國，以懲罰你偷襲龍賈之罪，本帥就放你回去，不做計較！明白麼？」

「這就是公子卬的議和圖謀？」衛鞅笑得很開心。

「衛鞅，此乃本帥念及與你多年朋友的交情，否則，豈能與你議和？」公子卬辭色陡然嚴厲。

衛鞅面色陰沉，冷冷道：「公子卬，衛鞅何曾有過你這樣一個朋友？你以為薦舉衛鞅做個小吏，衛鞅與你酒肉周旋，就算朋友了？公子卬呵公子卬，你如何解得大丈夫情懷心志？今日衛鞅告知你這個紈袴膏粱，你乃天下人所共知的酒囊飯袋，小人得志，中山狼也！你貌似豪爽義氣，實則浮滑虛偽，好大喜功，心胸狹隘，嫉賢妒能。沒有你這個丞相元帥，龐涓能死麼？龍賈能死麼？魏國能一敗塗地麼？你實乃魏國草包，天下笑柄，居然大言不慚，臉皮當真厚極也！」

兩軍相對，這一番折辱可是任誰也難以忍受，連魏軍將士也面紅過耳，大為難堪。然則公子卬卻沒有生氣，他在宮廷官場磨練得從來不怕羞辱，魏惠王經常當著狐姬刻薄地戲弄他嘲笑他，當著太子也將他罵得狗血淋頭，可他從來都是笑臉相迎。沒有如此胸襟，能做丞相麼？能做三軍統帥麼？你衛鞅刻薄我損我，只能說明你忌恨我怕我，還能如何？然則今日衛鞅是敵人，自然不能笑臉相迎。咳嗽一聲，他很矜持很平靜也很威嚴地開了口：「衛鞅，休逞小人口舌之能，究竟願否議和？」

衛鞅內心暗暗驚訝，不禁開懷大笑道：「多年不見，公子卬果然大有長進也。好！衛鞅明白告知你，要想議和，魏國須得全部歸還我河西之地，還得加上河東離石要塞與函谷關外的崤山六百里險要之地。否則休談議和。」

公子卬也大笑起來：「衛鞅啊衛鞅，你莫非瘋了不成？本帥不是龍賈，本帥可有十萬鐵騎在此！」

此時有軍吏匆匆走近衛鞅，附耳低語一陣。衛鞅馬鞭一指笑道：「公子卬，你的兵倒點得不錯，三萬變十萬，佩服。不過，我要告知你，我軍已經奪取了離石要塞，你想回也回不去了，還是下馬投降為是。」

公子卬一下子不知道衛鞅說的是真是假，正當猶豫，猛然聽山谷外戰鼓如雷黑旗招展。探馬飛報：「稟報元帥，秦軍近萬騎兵從河東撤回，封住了谷口！」公子卬頓時蒙了，只覺嗡的一聲，眼前金星亂冒，手足無措起來，低聲問左右：「如何處置？投降麼？」周圍將士卻都對他怒目相向，沒有一個人回答。

公子卬不由愣怔怔地盯著半山腰的衛鞅，說不出話來。

衛鞅笑道：「公子卬，你不是有十萬精銳鐵騎麼？害怕了？」

「你說只有三萬！如何有十萬了？」公子卬衝口而出，理直氣壯。

「哄——」山上秦軍不禁大笑起來，前仰後合，開心極了。

山下魏軍一片尷尬的沉默，人人臉上一片血紅。

「公子卬，」衛鞅收斂笑容高聲道，「我今日只用兩萬步卒，與你三萬鐵騎決戰，你若勝出，我絕不使騎兵追擊。你若不勝，就從速撤出函谷關！唯此一路，別無他途。」

公子卬愣怔片刻，不知這仗能不能打，連忙問身旁諸將：「如何？攻他兩萬步卒？」

騎兵大將憤憤然道：「秦軍休得猖狂！大魏鐵騎戰無不勝，要決戰，就與他騎兵決戰。攻他步卒，哼，徒使天下笑話！」

「正是。與秦軍騎兵決一死戰！」將軍們異口同聲。

見將軍們信心十足，公子卬大為快慰，精神陡長，臉上卻一副肅然，低聲且頗有神祕意味地訓誡道：「兵家以戰勝為本，何爭虛名？衛鞅從來不會打仗，竟讓步卒對騎兵，送我一個大大便宜。切勿說破，全殲他便是。否則他步騎合圍，我軍若當真吃敗如何是好？速做準備，我與他立規。」

「謹遵將令。」將領們不好辯駁，齊聲應命，卻沒有了方才的騎士氣概。

公子卬回身高聲道：「衛鞅，本帥就依你所言，騎兵攻你步卒。然則本帥只有三萬騎兵，不是十萬，也算公平決戰了。你若勝出，我即刻奏明魏王還你河西。你若敗陣，則不得騎兵追擊，還須得退兵割地，如何？」

衛鞅又一陣哈哈大笑，彷彿看一個怪物，大手一揮道：「好！就算公平。我兩萬步卒，就在龍賈軍山下設陣，與你三萬騎兵決戰。」回身下令，「步軍入陣！」

一陣淒厲的牛角號響過，隨著隆隆的行進鼓聲，三個步卒方陣分別從兩邊山口和中央大營開出。陽光之下，秦軍黑衣黑甲，步伍整肅，矛戈刀劍像一片閃亮的森林。隨著戰鼓節奏，三個方陣在山下隆隆聚合。又聞號聲大作，方陣驟然啟動旋轉，旗幟紛亂穿插，不消片刻，變成了一個大大的圓陣。三熊山中間的開闊地雖說叫山谷，實際上並不是兩山夾峙的死谷，而是「品」字形山頭之間的「丫」字形谷地，與周圍山原相連暢通。但是如今秦軍的步卒戰陣恰恰卡住了前邊的兩條通道，後邊的出口又被景監、司馬錯率領的騎兵堵住，魏軍三萬騎兵事實上已經被壓縮在中間谷地，攻不破步卒圓陣，便只有全軍覆沒。

秦軍開出時，公子卬一如既往地灑脫，將攻殺指揮權交給了騎兵大將，自己好進退皆有說辭。騎兵大將一揮令旗，斷然高喝：「號手歸隊！」聚起來吹奏雅樂的號手們這才急匆匆回歸各軍，好一陣忙亂才整肅下來。又一揮令旗，三萬騎兵井然有序地退後三里之遙，列成衝鋒梯隊。這是騎兵發動大型攻勢所需要的最短距離。公子卬卻看得莫名其妙，大皺眉頭卻又不便發作。見秦軍陣地已經列好，魏軍騎兵大將令旗猛然劈下，魏軍兩側戰鼓大作號聲齊鳴，大將拔劍高呼：「殺！」兩翼各自飛出五個千騎隊，就像層層紅色巨浪，呼嘯著向黑色陣地捲來。

龐涓為魏國騎兵制定的基本戰法——騎步決戰，騎兵不可全軍而出，只可以能夠展開殺傷隊形的最大容量排定梯次兵力，否則擠作一團，反倒減低騎兵戰力。龐涓為此定了一條軍規：敵步過萬，則半數擊之。魏國三軍對龐涓心悅誠服，這位騎兵大將自然謹遵傳統戰法，以一萬騎兵做第一波衝擊。公子卬卻看得大為惱火——三萬對兩萬，應當一舉壓上，牛刀殺雞，豈不痛快全殲？真是愚蠢！

就在公子卬自顧氣惱時，紅色浪頭已經閃電般壓向黑色圓陣。黑色圓陣靜如山岳，鴉雀無聲。紅色浪頭堪堪撲到百步之遙，黑色陣地戰鼓驟起，第一道高大的鐵灰色盾牌牆後驟然站起層層強弓射手，箭如驟雨飛蝗，勁急嘯叫著射向紅色騎兵。瞬息之間，人喊馬嘶，騎士紛紛落馬，紅色浪頭驟然受阻大亂。秦軍的強弓硬弩卻絲毫沒有停息，箭雨封鎖了整個衝鋒隊形。在魏軍騎兵被這聞所未聞的箭雨壓得抬不起頭時，一陣尖厲的牛角號響遏行雲，秦軍五千盾刀手吶喊殺出，三人一組，對亂了陣形的騎兵分割厮殺。騎兵一旦被步兵衝亂隊形分開纏鬥，便相互難以為伍，併攏靠近反相互掣肘。步兵卻恰恰相反，三人結組，縱躍靈便，一人對馬上騎士，一人對地下戰馬，一人左右呼叫掩護，大是得力。

不消半個時辰，魏軍第一次衝鋒的一萬騎兵，丟下幾千具人馬屍體潰退了。

黑色步兵在和紅色騎兵搏殺中，始終和圓陣主力保持著一兩百步的距離，只殺眼前騎兵，絲毫不做追擊。見紅色騎兵潰退，黑色步兵立即撤回嚴陣以待。這是衛鞅事先部署好的方略「一擊即退，逐次殺敵」。衛鞅和將士都很清楚，魏軍無論如何也逃不脫，不衝殺就得投降，只要秦軍步卒陣地巋然

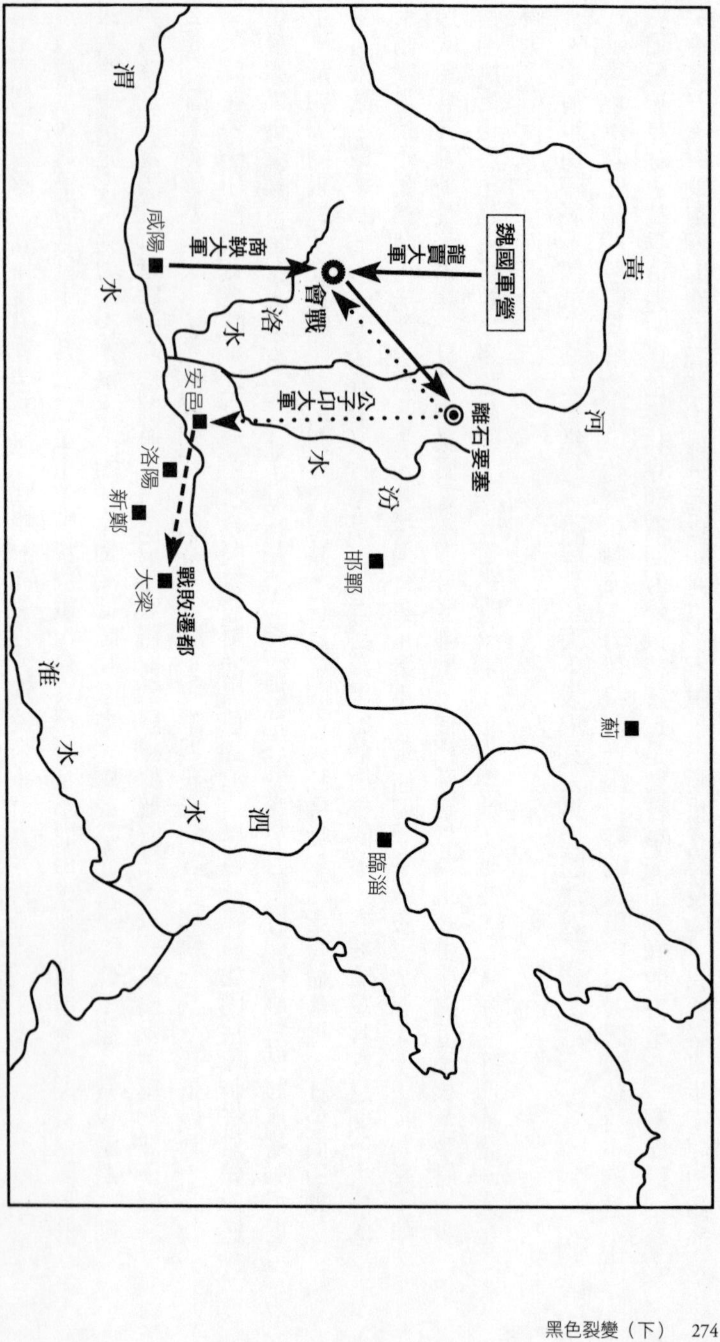
魏國軍營
龍賈大軍
商鞅大軍
會戰
公子卬大軍
離石要塞
咸陽
安邑
洛陽
新鄭
大梁
戰敗遷都
邯鄲
臨淄
薊
渭水
洛水
汾水
黃河
淮水
泗水

商鞅收復河西之戰

不動，魏軍不是瓦解投降，就是全軍覆沒，完全不必急於攻殺。

公子卬卻看得心急胸悶，大是煩躁，對騎兵大將吼道：「全數壓上去！十則圍之，倍則攻之！懂麼？蠢才！」騎兵大將急促辯解：「元帥，地窄人多，施展不開，窩我兵力。」公子卬見他竟敢頂撞，不由大怒：「大膽！壓上去，否則立即斬首！」騎兵大將臉色鐵青，拔劍嘶聲大吼：「拚死一戰，壓上去！殺！」一馬當先，風馳電掣般衝殺出去。

兩萬多騎兵一聲吶喊，排山倒海般壓了過來。

黑色陣地一陣戰鼓，一通號角，驟然縮進事先挖好的壁壘壕溝，突然從地面神奇地消失了。騎兵大將發覺有異，想勒馬叫停也來不及了。這騎兵大陣一旦發動，極難驟然收煞，這就是其所以需要起碼縱深的原因。此刻衝鋒潮頭已經迫近秦軍陣地，前面縱然是刀山火海也得捨身衝鋒，否則，前停後衝，必得自相踐踏大亂。剎那間，紅色浪頭淹沒了黑色陣地，刀劍劈下，卻砍不到一個敵兵。整個壕溝地面都是一片鐵灰色盾牌，戰馬踩踏過去，猶如捲地沉雷。前鋒堪堪衝到山下，紅色巨浪已經全部覆蓋了黑色陣地。

此時，卻聽鼓號齊鳴，黑色步兵萬眾怒吼，挺劍持盾從壕溝中突兀躍起，吶喊著插入騎兵縫隙廝殺。魏軍騎兵素來慣於原野衝殺，何曾見過如此怪異的戰法？一時間，兩萬多騎兵和兩萬步卒便密密麻麻地分割糾纏在一起。魏國騎兵大是驚惶失措，稍不留神馬失前蹄，栽進壕溝，立馬便是人頭落地。慌亂之下，人喊馬嘶，自相踐踏，一片混亂不堪。秦軍步卒卻是有備而來，三三兩兩各組為戰，殺得痛快淋漓。

片刻之後，魏軍騎兵銳減一半，卻也清醒了過來。秦軍壕溝也被幾萬人馬踩成了坑坑窪窪的「平地」。戰馬腳下陷坑消失，頓時靈動起來。渾身鮮血的騎兵大將奔馳衝突，將所剩騎兵聚攏起來，與秦軍步卒展開了浴血拚殺。

猛然，一聲尖厲的呼哨響徹山谷！秦軍步卒聞哨一起後退，後陣數千名步卒驟然變成強弓硬弩，向聚攏成陣的騎兵猛烈射出密集箭雨。在此同時，前陣步卒一齊擲掉手中厚背短刀，每人手中驟然出現了一把白光森然的大頭兵器，左手鐵盾，右手異兵，一聲吶喊，盾牌排成城牆一般，步伐整齊地向魏軍騎兵推進過來。紅色騎兵在箭雨疾射之下正在後退，又對這轟轟而來的怪異兵器不知所以。一陣慌亂間，騎兵大將眼見已經退到山根，退無可退，嘶聲大喊：「馬披鐵甲！殺！」

只聽一陣叮噹之聲，魏軍騎兵放下馬頭鐵甲面具，洶湧巨浪般又衝殺過來。

兩軍轟然相撞，展開了一場戰國時期聞所未聞的步騎搏殺。秦軍步卒手裡的白色短槌，正是新軍對付騎兵的祕密兵器，日後威震天下的「短木大槌」。衛鞅和秦孝公視察新軍後，對這種取材方便、使用簡單、威力奇大的步戰兵器十分讚賞，命令步軍人手一把，務必訓練純熟。那個精悍的千夫長山甲，成了全軍的木槌教習，辛苦訓練，使步卒人人運用自如。今日上陣，果然是威不可擋。推進的步卒每遇騎兵，左手舉起盾牌抵擋騎士，右手一槌猛擊馬頭。饒是魏軍馬頭戴著鐵甲，也被砸得鮮血飛濺撲倒在地。渾身鐵甲的騎士轟然落馬，不及翻身，便被隨之而來的木槌砸得頭顱開花。魏軍大是驚駭，吶喊一聲，回馬便撤。然則，強弓硬弩早已將退路封死，退回者一律中箭落馬，無一漏網。

兩個時辰，魏國三萬紅色鐵騎，乾淨徹底地全部躺在了狹長的山谷裡。

公子卬面如死灰，瑟瑟發抖，一句話也說不出來了。

衛鞅早已下山，信步來到公子卬面前：「元帥，我軍戰力，你可服氣麼？」

公子卬渾身顫抖著被一個司馬扶下馬來，面色煞白：「服，服氣……大良造，我？」此刻他最怕衛鞅一劍殺了自己。

衛鞅微微一笑：「公子卬命貴，我自然知道。然則，貨貴者價錢也大，是麼？」

公子卬抖得牙齒格格格響：「你你你，說，我有，奇珍異寶，無，無數。這，這支蚩尤劍先，送，送給，大，大良造……」說著摘下腰間彎月形長劍，雙手遞上。

衛鞅冷冷道：「元帥，看看這位，認識麼？」

公子卬抬頭，驚得目瞪口呆：「你，你，你不是，薛國商人？」

頂盔貫甲的景監哈哈大笑：「公子卬哪公子卬，有你在，何愁魏國不滅！」

公子卬卻是一副笑臉：「說得是，說得是。當初怠慢，將軍勿怪。」

衛鞅揶揄道：「公子卬，我要將你做一回人質，看魏王是否願意拿函谷關與崤山換你？請你這個元帥即刻修書，派行軍司馬為特使送回安邑。我軍只等六日，明白麼？六日一過，若無音信，縱然我想救你，三軍將士也不答應。」

「是是是，我即刻，修，修書。」公子卬必恭必敬。

衛鞅蔑視而又厭惡地看了公子卬一眼，拂袖去了。

第四日早晨，魏國特使便從安邑返回了河西。特使帶著蓋有魏惠王紅色大方印的國書在幕府大帳晉見衛鞅，遞上國書，反覆陳述魏國願交出河西與秦國罷兵息戰的願望。

「何時撤出函谷關？秦國需要確切時日。」衛鞅根本不看國書。

「魏王已經下令，即刻撤出函谷關與華山軍營，三日後當有軍報。」

「好！」衛鞅下令，「車英，你率一萬精銳鐵騎，兼程趕赴函谷關與崤山接防。」

「是！」車英立即出帳準備去了。

「司馬錯聽令。」

「末將在！」

「你率領五千鐵騎星夜赴華山魏營接防，魏軍若有抵抗，立即全殲！」

「遵命！」年輕的將軍雄赳赳去了。

衛鞅笑道：「至於特使，大人還得在這裡等幾日。一俟我軍在函谷關等地接防完畢，貴使與元帥即可返回魏國。」衛鞅說罷下令軍吏，「將魏國特使帶下。」

「且慢。」特使急迫道，「我王懇請大良造，將離石要塞歸還魏國。」

「歸還魏國？」衛鞅冷笑，「貴使幾曾聽說過，戰勝者的土地歸還敵方？」

「魏國已經將函谷關歸還秦國。秦國亦當歸還我離石要塞。」

衛鞅大笑：「離石要塞豈能與函谷關相比？魏國不還函谷關，我軍還不是一舉而下？離石要塞乃魏國欺凌秦國之要害，又是我戰勝得來。魏國不服，盡可以再派名將太子申領兵來奪，我倒很想再見識一番，魏國到底有多少酒囊飯袋？」

魏國特使低下頭喘息著：「既然如此，請大良造准許丞相與我相見。」

衛鞅一擺手：「可也。帶特使與飯袋元帥同宿一帳。」

旬日後，車英與司馬錯相繼從函谷關與華山派軍使飛馬回報，各自的鐵騎已經駐守函谷關、崤山與華山，關內所有魏軍已經撤出，少梁邑與華山魏軍也已撤走，秦軍已經在各個關口設卡完畢。衛鞅接報，終於鬆了一口氣。

次日清晨，衛鞅親自帶領一百名騎士，將公子卬和魏國特使送到大河東岸。遙見不遠處的離石要塞城堡上飄揚著秦國的黑色軍旗，魏國特使不禁悄悄拭淚。公子卬卻是渾然不覺，帶著慶幸逃生的滿臉笑容拱手道：「大良造，你我既是早年摯友，又都是兩國丞相上將軍，日後這魏秦結好，要多多仰仗了。」

衛鞅不禁大笑起來。公子卬茫然：「大良造，笑從何來也？」

衛鞅走馬上前，靠近低聲道：「告訴你一個祕密。你我只是相熟，不是朋友，更非摯友。衛鞅放你回去，只是因為有你當權，對秦國有好處。記住了？祕密。」

公子卬一怔，又立即仰天大笑：「好好好，兩國結盟好！」

衛鞅忍俊不禁，更是開懷大笑。

魏國特使奇怪地看著公子卬，一個大大的疑團在心中升起。

五、戰國格局大變 咸陽祝捷封商君

西元前三三九年春，衛鞅班師回到咸陽。

去年深秋的兩場大戰，河西之地全部收回。北起膚施高原，南到桃林山地，東起大河，西到高奴、雕陰（註：膚施為今日榆林地區，高奴為今日延安地區，雕陰大約在陝北甘泉和黃陵之間，乃戰國軍事要塞之一），被魏國占領將近百年的河西屏障，終於一舉回到了秦國。戰勝施壓的結果，黃河東岸的離石要塞，函谷關外的崤山，河西中段的少梁山地也被奪了過來。這三處地方對秦國而言，非但是加固河西屏障的外圍形勝，而且是伸進中原的三塊東方根據地，其意義之大，無論如何估計都不會過分。衛鞅為了徹底鞏固河西，戰勝後暫時沒有班師，快馬報捷的同時，請秦孝公選派二十餘名精明強幹的縣令郡守立即趕赴河西軍營。衛鞅和這些縣令郡守詳細謀劃了安撫聚攏河西老秦人的辦法，以及在河西全面變法的步驟；又在河西招募兵士，組成了各郡縣的郡卒縣卒。整整一個冬天，雖然是大雪飛揚，寒風凜冽，縣令郡守們卻每人帶領一百名鐵騎立即趕赴任所，在傳統的「窩冬」時期便開始了緊張的變法準備。

開春時分，護送縣令郡守赴任的騎士隊先後回到了河西大營，各縣的變法也蓬蓬勃勃地開始了。衛鞅分出兩千軍馬駐守離石要塞，便在柳枝吐芽的時候班師了。

秦國河西大捷的消息早已傳遍中原，引起了高山雪崩般的連鎖反應。

首先是魏國朝野震恐，深感安邑處在離石要塞和少梁邑的遙遙夾擊之中，立即議決遷都大梁。魏國都城南遷雖說已準備多年，但丟失河西之後的南遷，與本來準備的南遷卻有著天壤之別。未失河西，魏國南遷大梁，是要將北部安邑變成與燕趙齊三國放手大戰的重鎮，南部大梁則泰山壓頂般威懾楚韓兩國，從而完成統一天下的宏大謀劃。那時，魏國根本沒有將秦國的力量考慮在內，因為整個河西地區就像壓在秦國頭頂的一座大山，秦國根本無力東出中原。如今情勢陡然大變，秦國非但全殲了魏國僅有的精銳大軍，一舉收復了河西，還硬生生奪取了離石要塞與少梁山地，又壓魏國退出了函谷關外的崤山。如此一來，魏國北部完全處在秦國和趙國的巨大壓力之下，秦軍東出離石與少梁幾乎半日便可兵臨安邑。魏國西部則被崤山像一根楔子一樣釘在那裡。要不是中間夾了一個東周洛陽，秦國幾個時辰就可以從崤山攻到大梁。這種形勢，恰恰是魏國當初壓迫秦國的翻版。秦國對魏國安邑、大梁的威脅，恰恰如當年魏國對秦國櫟陽的威脅，同樣近在咫尺，同樣痛苦難當。這種形勢下魏國遷都，明顯是一種龜縮，而不是謀求伸展。

中原戰國自然立即抓住了壓縮魏國的大好機會。

首先是與魏國同出一源，但又對魏國恨之入骨的趙國和韓國。趙國立即趁勢奪取了安邑東北部的上黨山地和平陽重鎮，將魏國東北部的屏障全部摧毀。韓國則立即北進，襲擊占領了滎陽、廣武，封鎖了鴻溝上游，非但使大梁水源受到威脅，而且將魏國包圍東周王室三川地區的優勢搶奪過來，準備隨時吞滅東周。

如此一變，魏趙韓三國又處在了強弱大體相等的位置。

最北部的燕國，則趁著趙國南下的時機，一舉奪取了多年夢想的大半個中山國，又奪取了林胡部族的大片草原，從北面對趙國形成壓力。

楚國早憋了一肚子氣，見魏國丟土喪師，楚宣王立即親自率軍向北推進，非但奪回了割讓給魏國的淮北六城，而且占據了鴻溝下游、潁水上游的重鎮陳城（註：陳城，今日淮陽縣一帶，戰國後期名陳縣），準備將國都由郢都遷往這裡，與中原爭奪淮水以北的大片土地。

齊國作為首先鬆動魏國霸主格局的東方強國，自然更不會坐失良機。齊威王派田忌首先南下奪取了楚國東北的琅邪地區，將楚國的海濱地帶壓縮到蘭陵以南，又西進奪取了魏國鉅野澤以南地區，將魏齊邊境延伸到桂陵山地。一夜之間，魏國東部的屏障全部變成了齊國的西進跳板。

與此同時，中原戰國、東周王室與天下諸侯，對秦國的驟然強大都大為震動。誰能想到，本來最弱小的秦國，非但一舉恢復了始封諸侯時的廣大國土，而且將腳步邁出了黃河與函谷關，成了壓迫魏國的強大力量。更令天下震驚的，還是秦國這支新軍。河西兩戰，秦國新軍竟然摧枯拉朽般全殲魏軍。魏國鐵騎與魏國武卒，原本是令天下談虎色變的第一流精兵，就是齊國的「技擊之師」也無法與之正面對抗，只有依靠伏擊戰取勝。而秦國新軍完全不同，非但是正面對抗，而且是用步兵兩萬全殲了騎兵三萬。此等戰力，當真是匪夷所思。戰國之世，人人知兵，誰都知道秦國這支新軍對天下意味著什麼。一時間，秦國新軍被天下傳揚為「銳士」，各國莫不以秦國「銳士」為目標訓練大軍。

秦國收復河西，使戰國格局發生了重大變化，戰國初期的魏國霸主時代已經結束，戰國中期的列強縱橫已經拉開了序幕。

就在衛鞅大軍班師的同時，函谷關外的大道上軺車如流，中原各國紛紛派出特使，進入函谷關向秦國表示祝賀，爭相與秦國結好。

咸陽城真正地沸騰起來了。老秦人何曾品嘗過一等強國的滋味兒，簡直是欣喜若狂了。

都知道春天要迎接大軍班師，並正式舉行新都大典。人們從寒冷的冬天就開始喜滋滋地準備了。尤其是那些有子弟從軍的家族，早早就仔細地修葺門額，準備懸掛爵位銅額了。女兒與從軍子弟有婚約的人家，則喜滋滋地請媒妁到男家議定婚期，一定要在受爵的那一天使勇士成為新郎，雙喜臨門。做嫁妝者、修門房者、置辦喜宴者、準備送子從軍者、準備大社火者等等，家家在忙，人人在忙，整個秦國都彌漫著濃濃的難以化解的喜慶氣氛。在河西有親戚朋友的國人，則不斷傳遞著河西的種種變化，期待著夏天去河西走走。開春以後，春耕大典完畢，老秦人就白天春耕，晚上忙碌那些永遠也準備不完的喜慶事宜。村社田野，都城內外，沉浸在漫無邊際的歡樂之中。

秦孝公卻顧不上高興。自從衛鞅兵出河西，他便全力以赴地督促遷都，徵發訓練第二支新軍，並向河西選派縣令郡守。迎接大軍班師並定都大典的準備事宜，秦孝公全部交給了已經晉升為咸陽令的王軾，他自己在忙碌之餘，依舊沉浸在書房默思苦想。

三月底，衛鞅率領大軍從函谷關開進了關中。衛鞅沒有從上郡走捷徑回咸陽，而是沿大河南下，出桃林高地再出函谷關，再繞道崤山又重進函谷關。這樣做，為的是督察這塊離開秦國近一百年的土地上的關口要塞與防務民治。他反覆提醒官吏將士，絕不能像魏國那樣粗疏地對待邊境土地，否則奪回來也守不住。進入函谷關後，他又繞道華山，察看了魏軍丟下的舊軍營，下令立即修葺這座廢棄的營盤，依山修建一座要塞城邑，做關中的第二道門戶。兵行到櫟陽，衛鞅大軍受到櫟陽民眾的夾道歡迎，男女老幼簞食壺漿，將大軍殷殷送出十里之外。

將近咸陽，衛鞅將大軍交給了車英景監，自己卻換上便裝帶了荊南，悄悄從咸陽北門進了城。誰知剛剛走馬到府門，秦孝公卻大笑著從門口迎來：「大良造啊，我就知道你會一個人回來。熒玉，快來！」

衛鞅連忙下馬，未及行禮，已經被秦孝公扶住。兩人默默對視間，熒玉已經忙不迭趕來，唏噓拭淚：「夫君……黑了，瘦了。」

衛鞅笑道：「也更結實了，你看！」捋起大袖，黝黑的臂膀鼓起堅硬的肌肉。

三人一齊大笑。秦孝公拉住衛鞅的手：「大良造，上車，今日可是兩大慶典也。」不由分說將衛鞅扶上青銅軺車，「熒玉，你乘後邊一輛。」說罷親自坐上馭手位置，一抖馬韁，駕車向咸陽宮前馳去。荊南則跳上公主熒玉乘坐的第二輛軺車，駕車緊隨其後。

氣勢宏大的咸陽宮廣場已經是人山人海，先行到達的新軍已在廣場中央列成兩個整肅威武的方陣，中間紅氈鋪地的大道直達三九（二十七級）臺階之上的巍峨大殿。見兩輛軺車駛來，廣場響起震天動地的歡呼：「國君萬歲！」「大良造萬歲！」「公主萬歲！」秦孝公駕車在白玉階下停住，親自扶下衛鞅，又殷殷拉起衛鞅的一隻手，走上了大殿平臺。

兩座丈餘高的大鼎下，秦國的全體大臣一齊行禮：「參見君上！參見大良造！」秦孝公拉著衛鞅走到中央高臺上，向司禮大臣微微點頭。

「大秦國，慶賀河西大捷並遷都大典，開始！」

頓時，整個咸陽廣場都轟鳴了起來。那不是絲竹塤篪之音，而是沉重轟鳴的戰鼓號角與黃鐘大呂，宏大低沉，氣勢壯闊得令人心神激盪。

「國君書告天地臣民——」

秦孝公展開一卷竹簡，激越渾厚的嗓音在廣場迴盪著：「昊昊上天，冥冥大地，秦國朝野臣民：收復河西舊地，遷都咸陽新城，乃我秦國百年以來之兩大盛典！二十有年，秦國順天應人，厲行變法，由弱變強，走過了一條浸透淚水、汗水與鮮血的道路。秦國擺脫了舊日貧困，洗刷了先祖屈辱，痛雪了百年仇恨。茲此昭告，天地人神共鑒！」

全場山呼：「大秦萬歲！」「變法萬歲！」

「國君親封——」

秦孝公咳嗽了一聲，高聲宣布：「人心昭昭，天地悠悠。大良造衛鞅之不世功勳將永載史冊。為昭當年求賢令之信，今封商於之地十三縣為衛鞅領地，封號商君。」

話音落點，全場沸騰：「商君萬歲！」「新法萬歲！」

衛鞅深深一躬：「臣衛鞅，謝過君上大恩。」

接著，由司禮大臣宣讀了封賞功臣的君書：車英晉爵三級，晉升國尉；景監晉爵三級，晉升上大夫；新軍將士按照斬首數與其他軍功，四萬餘隸農、平民出身的士卒，分別獲得了初級爵位，其中三千餘勇士升爵達到四級；戰死的數千名將士盡皆賜爵四級，厚葬故鄉。

君書讀完，人山人海的咸陽廣場安靜得像幽深的山谷，唯聞連綿不斷的粗重喘息。普天之下，隸農平民得到國家爵位難於登天，爵位權力天生與賤民無緣。可是，就在今日這光天化日之下，萬千庶民親眼看見了自己的兒子、自己的兄弟從國君手中，從大良造手中，拜受了爵書銅印，拜受了象徵著家族榮耀的府邸賜石與繡著金線的戰袍。埋藏在多少隸農心中的輝煌大夢，竟然真的一朝實現了。年輕的銳士們捧著摞滿榮譽的銅盤哭了，廣場上的萬千庶民也哭了……良久，廣場爆發出山呼海嘯般的聲浪：「變法萬歲！」「萬歲萬歲萬萬歲！」

秦孝公的眼睛濕潤了。衛鞅的眼睛濕潤了。

老內侍黑伯走來輕聲稟報：「君上，洛陽王室派特使前來慶賀。」

東周的洛陽王室雖然已經名存實亡，但「天下共主」的名義卻是誰也沒有公然否認。哪一國有了戰勝之功，洛陽都會派出特使「嘉獎」慶賀，目的只有一個，就是避免戰勝國對自己動手。唯獨與周室源遠流長的秦國，自秦獻公打了一場勝仗後，已經有三十多年沒有接待過「天子嘉獎」的特使了。然則，周室畢竟在最困難的時候支持過秦國，秦孝公自然是要隆重接待的。他拉起衛鞅，一同迎到了平臺邊緣。

紅衣高冠的「天子」特使，正從紅氈鋪地的高高臺階拾級而上，卻又忍不住四面打量這威勢赫赫的軍陣廣場，看看將近平臺，遠遠就向秦孝公和衛鞅深深一躬。

秦孝公與衛鞅一齊躬身大禮：「秦國小邦，何敢勞動天子大禮？」

特使恭敬地拱手笑道：「世事滄桑，秦國終究大出了……請秦公接受王命嘉勉。」

秦孝公與衛鞅及全體大臣跪拜在地。特使展開一卷竹簡，高聲讀了起來：「茲爾秦公，順天應命，民富國強，討魏建功，遷都咸陽，西土平定。天子特詔，冊封秦公嬴渠梁為西土諸國盟主，享代天子征伐大權。周室第四十一王二十六年春。」

「謝天子盛恩！我王萬歲！」秦孝公衛鞅率領群臣叩拜。

黑伯又來稟報：「報君上，六大戰國特使慶賀。」

秦孝公點頭，司禮大臣領六國使者魚貫而入，一一遞交國書的同時，又一一用最美好的言辭讚頌祝賀了秦國的河西大捷，又一一滿臉笑容地表示了願意與秦國結好的真誠願望，連串走完，已經是將近半個時辰。秦孝公和衛鞅均以最大的耐心，始終微笑著聽完了不聽也知道內容的篇篇言辭。

黑伯又來了：「報君上，二十六諸侯國派特使前來祝賀。」

秦孝公擺擺手：「請他們入座便了。」

在司禮大臣引導下，一長串使者誠惶誠恐地魚貫走進，頃刻間，種種賀表與種種禮物堆滿了長案。秦孝公和衛鞅相互對視，不約而同地笑了。

司禮大臣高聲宣布：「請列國特使，觀看大典兵舞！」

大殿平臺上的車英猛然一揮令旗，兩個方陣各自退後，將一個四千銳士的方陣留在了中央。驟然間戰鼓號角齊鳴，四千名劍盾甲士踏著整齊的步伐揮劍起舞，殺聲不斷。一排軍中歌手在高臺上引吭高歌：

西有大秦　如日方升
百年國恨　滄海難平
天下紛擾　何得康寧
秦有銳士　誰與爭雄

所有的特使都如芒刺在背，驚訝得笑不出來。的確，沒有任何一個國家在盛大的慶典中以如此獨特的兵舞，宣告結束屈辱並公然向天下挑戰。「秦有銳士，誰與爭雄」，在戰國近一百年的歷史上，這無疑是一個令山東六國心驚肉跳的信號。

衛鞅彷彿沒有聽見，他的心已經飛向了遙遠的東方。

第十三章 雨雪霏霏

一、宏圖憂患兩歎嗟

大典完畢，秦孝公突然感到了深深的睏倦。

紅日臨窗，國君還不能醒來。黑伯在廊下猶豫著要不要喚醒國君，思忖片刻，黑伯終是拿定了主意，走進大門，靜靜守在寢室門口的縱橫要道上。咸陽的國府宮殿比櫟陽擴大了幾乎十倍，政事堂、書房、寢室各自在一個小區，寬敞得令人覺得空曠。黑伯一下子還有些不習慣，反倒覺得櫟陽的小庭院更為溫馨緊湊一些，書房、寢室、政事堂緊緊相連，他只要往書房門口一站，全部要緊的物事都可以照看過來。如今不行了，不想教人打擾國君難得的酣睡，就須守在寢室的第一重門外，這樣一來，國君如果醒來，他就不可能隨時聽見。看來，宮中的內侍與侍女還得增加，眼下這幾十個人顯然是忙不過來了。最可惜的是太后的寢宮也遠了，單獨的一片園林，又隔著幾條宮巷，要像在櫟陽那樣將難為之事隨時稟報太后，也不行了。公主熒玉出嫁了，回宮的時候越來越少。國君始終也沒有大婚，連個統管後宮的國后也沒有。偌大的宮中，只有黑伯整日陪在國君身邊。

「黑伯，君上用過早飯了？」

黑伯回頭一看：「參見商君。君上勞累，今日尚未醒來，商君是否稍等？」

商鞅思忖有頃：「黑伯，可曾讓太醫給君上看過？」

「沒有。君上從來不喜歡無事把脈。」

「黑伯，你去傳太醫來，最好看看。君上可是從來都早起的。」

黑伯醒悟點頭，快步去了。片刻之後，太醫匆匆趕來了。商鞅教太醫等在門外，吩咐黑伯先進去看看。黑伯輕步走進，片刻之後又急忙出來招招手，商鞅和太醫連忙跟了進去。黑伯掛起大帳，只見寬大的臥榻之上竟然瀰漫出一股隱隱熱氣，秦孝公面色赤紅，顯然在發熱昏睡之中。太醫上前把脈片刻，從隨手藥箱中拿出一包銀針，熟練仔細地扎進了六處穴位。大約小半個時辰，秦孝公臉上的紅潮消退，顯然是清醒過來了。太醫退出銀針，走到一旁去開藥方。商鞅見秦孝公清醒過來，連忙上前問：「君上自覺如何？」秦孝公笑道：「沒事。昨夜大約傷風了。」說著坐了起來，腳方著地，又是一陣大汗淋漓，驟然間面色蒼白。太醫急忙走過來道：「君上受風寒侵襲甚深，宜安臥休憩數日，容臣醫從容調理才是。」

秦孝公揮揮手：「無甚大礙，你下去。」說著就站了起來。

黑伯連忙上前扶住：「君上，還是臥榻休憩才是。」見秦孝公不語，深知國君個性的黑伯不再說話，扶著他走向隔間去沐浴梳洗。

商鞅走近太醫，低聲問：「君上為何發熱？有他疾麼？」

太醫躬身作禮，答道：「啟稟商君，寒熱之疾，百病淵藪，在下一時尚難斷定。然君上宵衣旰食，起居無度，長此以往，必有大患。」

商鞅點頭：「你將藥方留下，回去召太醫們議診一番再說。」

「是。」太醫匆匆走了。

商鞅踱步思索著，方才進宮時還明朗愉快的心情，此刻突然有些惆悵。

慶典之後，他也是覺得寬慰了許多。變法、遷都、收復河西，這三件大事的任何一件，都足以使一個臣子成為秦國大功臣。他竟然在二十年中同時完成了三件大事，親手將一個貧弱愚昧的西部諸侯變成了一個富裕強大的一流戰國，封君領地，權兼將相，達到了人臣功業的極致。人生若此，夫復何求？他油然想到了一個古老的問題：大功之後如何走完後半生？孔夫子將人生劃分了五重境界：「三十而立，四十而不惑，五十而知天命，六十而耳順，七十從心所欲不逾矩」。自己已經四十有二了，功成名就，聲威赫赫，可是做到「不惑」了麼？歷來的功業名臣，面前都有共同的困惑，是繼續走完權臣功業的道路，還是急流勇退自保全身？前者是一條充滿荊棘危機四伏的道路，它的艱難與危險，甚至遠遠勝過建功立業之期。功高自危，這是無數功臣的鮮血鑄下的古老法則。遠有文種、范蠡，近有田忌、孫臏，都活生生地證明了這條古老的法則。同是大功臣，文種不聽范蠡勸告，堅持在國輔政而被殺害；范蠡斷然辭官，隱退江湖而逍遙終生；田忌不聽孫臏勸告而受到陷害，被迫逃離齊國；孫臏卻隱退山林撰寫兵書，明智地避免了最危險的功臣末路。商鞅對這些興亡榮辱的典故再熟悉不過，他在班師咸陽的歸路上，就已經開始想這件事了。

商鞅選擇了功成身退。

他要辦的事太多了，首先是對白雪的愧疚折磨得良心無法安寧，他要用後半生的激情去安撫補償那顆流血的心。其次，他要靜心總結自己的變法心得，撰寫一部超過李悝《法經》的法家經典。再者，還要回到故國尋找父母的墓地，為他們建一座可以安享祭祀的陵園，以盡自己從來沒有盡過的孝道。更重要的是，他還想收三五個學生，將他們教成出類拔萃的法家名士，使自己的法家思想更為發揚光大。他還想與白雪、熒玉並帶上弟子們重新遊歷天下，像孔子孟子一樣在列國奔走一番……所有這些事，都有待他辭官之後才能去做。

對於國事，他是放心的。他要辭官，絕不擔心秦公是越王勾踐那種「唯知共患難，不能同享樂」的國君，更不是齊威王那種表面英烈實則耳根很軟的國君。秦公的膽略、智慧、意志、品格，堪稱千古罕見，否則也不會與他這樣凌厲冰冷的權臣肝膽相照，更談不上他的建功立業。他從來傲視天下，唯獨對秦公是真正的折服。二十年來，他始終有一個鮮明的感覺，秦公是泰山，他只是泰山上的蒼蒼松柏，沒有這堅實的萬仞高山，就沒有凌越絕頂的蒼松翠柏。他相信，終秦公之世，他衛鞅決然沒有任何功臣之難。選擇隱退，恰恰因為他對秦公，對秦國的未來完全放心。秦公比他長一歲，同樣是正當盛年，只要再撐持二十年，甚或十年，秦國將對山東六國占壓倒優勢。

今日進宮，商鞅正是要對秦公交代國事，提出自己隱退的請求。

但是，秦公的「熱病」，卻使商鞅猛然悟到了一個長期忽略的事實，秦公的身體與儲君太子的下落。秦公的身體果然沒有隱患麼？看來不是這樣。若果然有隱患，太子的事就應當早日著手了。這些事商鞅從來沒有想過，他認為只有四十三歲的秦公，完全有時間有能力從容地處置好這些國脈大事，而且，秦公處置這種事情的能力要遠遠超過商鞅自己。可是，秦公卻恰恰對自己的「熱病」沒有絲毫警覺，自然也不會去想相關諸事了。一想到這裡，商鞅心裡就猛然感到沉甸甸的。

「商君，來，你我今日痛飲一番。」秦孝公沐浴出來，精神大振。

商鞅笑道：「君上高熱方退，還是不要飲酒。」

「哪裡話來？」秦孝公爽朗大笑，「我這發熱是喜病！當年一打勝仗一高興，就要莫名其妙地熱一次。這回呀，大捷遷都，雙喜慶典，就大大地熱了一回。我看呀，這不是病，是上天怕我糊塗，讓我將糊塗撂在睡夢裡算了。黑伯，上酒！大喜大捷，豈能不一醉方休？來，這是你最喜歡的趙酒！」

商鞅也大笑起來：「君上，秦國終於也有趙國貢酒的一天了！好，只此一罈。」

「豈有此理？」秦孝公笑道：「本來昨夜就要請你和熒玉來共飲，不想回來就昏睡過去。今日你來正好，我們多久沒有暢談暢飲了？二十年？對，二十年！來，乾！」

商鞅一陣激動：「君上……」舉爵一飲而盡。

「商君啊，二十年前，你我可是暢飲暢談了三天四夜。從那時起，你我就攜手並肩，挑起了興亡重擔，榮辱與共，艱辛備嘗。此中甘苦，何堪對他人道也！」秦孝公喟然一歎，眼中淚光瑩然。

商鞅也是兩眼潮濕：「君上，臣心中始終銘記那句誓言。」

「變法強秦，生死相扶！」兩人不約而同地念誦著，舉爵相碰，慨然飲盡。

「生死存亡，不堪回首。商君啊，有幾次，我都覺得支撐不住了。至今想來，猶覺後怕也。」

「二十年與君上風雨共舟，臣時常想起孟夫子為人生立格之名言：威武不能屈，貧賤不能移，富貴不能淫，此之謂大丈夫。此格，君上當之無愧！」

秦孝公大笑起來：「哪裡，我倒覺得，此話是孟子專為商君說的。」

「不。唯君上當之無愧。」

「那就別謙讓，都是！」兩人同聲大笑，又是一飲而盡。

秦孝公置爵沉吟：「商君，你說往前該如何走？總還是能活幾年了？」

商鞅心中一震，臉上卻是一片微笑：「臣當問，君上之志若何？」

「強國之志，未嘗有變。」

「國已強盛，敢問君上遠圖何在？」

秦孝公思忖有頃，輕聲道：「商君是說，秦國可一統天下？」

「可與不可何足論？君上，可有此遠圖大志？」

秦孝公不禁默然，大飲一爵：「商君以為，你我此生，可成得此等大業？」

商鞅搖頭：「君上，天下紛擾割據六百年，一統大業，自是萬般艱難曲折。若君上與臣再有三十年時日，或許可成。然則，若天不假年，也就非一代之功了。商滅夏，歷時兩代。周滅商，歷時三代近百年之久。秦國由弱變強，用了二十年。然若東出函谷關，與六國爭天下，直至滅六國而一統天下於秦，當有數代之不懈奮發。以臣預測，至少需三代以上較量。此中關鍵，在於君上是否為後世立格？」

「此乃吞吐八荒之志。有何國策可以確保？」

「堅守法治，代有明君。」商鞅顯然經過了深思熟慮。

秦孝公默然沉思良久，感慨長歎：「商君啊，今日一席話，你將我面前的迷霧撥開了。堅持法治難，代有明君更難啊。就說太子嬴駟，十幾年不見他了，也不知他是變成了石頭，還是鍊成了精鐵？」

「君上，」商鞅覺得到了坦誠直言的時候，「臣以為，君上雖正在盛年，亦當慮及旦夕禍福，及早為秦國未來著想，召回太子，使其熟悉國事，確保後繼有明君。此乃國家根本，望君上明斷。」

秦孝公望著窗外，一聲沉重的歎息。

二、孤帆飄蓬水成冰

那年盛夏酷暑的時節，南山的山腰小道上，一個黑衣少年匆匆不停地趕路。

嬴駟被公父的憤怒嚇壞了，回到太子府，立即向駟車庶長交了太子印信，又辦理了遊學士子的關文，天不亮便出了櫟陽南門。他只有向南向西兩條路可走。東面、北面都是被魏國占了的河西之地，根本不能去。西部倒是秦國的老根，但是那需要一匹好馬，否則真有可能被困在地廣人稀的山野裡。想來想去，只有向南了。

出得櫟陽，高聳的青山就在眼前。嬴駟一鼓作氣，想趕到南山再歇乏，誰知走了整整一天，才到得南山腳下。這裡空曠寂涼，舉目不見人煙。嬴駟已經走得渾身痠疼，趴在清清山溪旁大喝了一陣清水，躺在一塊光滑的大石上囫圇睡去。半夜忽然醒來，渾身被蚊蟲叮咬得奇癢難忍，一陣亂抓亂摳，身上已經滿是血絲。想爬起來趕路，卻聞深山裡陣陣狼嗥虎嘯，嚇得不敢動彈。腳板又疼得火燒一般，脫去皮靴布襪一摸，腳板全是大大的血泡。嬴駟不知如何是好，只有咬著牙硬撐。好容易挨到天色微明，啃下一個隨身攜帶的乾餅，咬著牙又站起來上路了。日近正午，走近了南山（註：南山，即終南山，今日秦嶺）腹地的主峰，遙遙南望，只見大山層疊連綿，彷彿一根根支撐藍天的巨柱。山道上行人稀少，偶有過客，也是三三兩兩的楚國商人。嬴駟生怕天黑出不了大山，不敢耽擱，用短劍砍了一根樹枝削成木杖，拄著一瘸一拐地繼續上路。再往南走了一程，山勢開始變低，淨是曲曲折折的下山小道，走得一陣又是上坡，爬上了一座小山，已經是日頭西斜了。往下一看，嬴駟高興得大叫起來。

山下一片河谷，樹林中冒出縷縷炊煙。山坡上散布著一片一片的金黃穀田，沒有一塊荒蕪的禿山。河谷之中也是田塊整齊，隱隱可聞雞鳴狗吠之聲。

嬴駟顧不得細看，拄著木棍瘸下山來。到了谷底，卻發現這裡竟似世外邦國一般。林木茂密，綠草如茵，牛羊悠閒地在河邊自由吃草，無一人看管。啾啾鳥鳴，陣陣花香，一條小河嘩嘩流淌。河畔山腳的石屋點綴在一片片的小樹林裡，就像一幅山水圖畫。嬴駟愣怔半日，向離得最近的一排石屋走去。穿過一片小樹林，便見一圈低矮的石牆，中間門樓挺高，大門洞開，庭院裡一個中年女人正在理桑葉。

「敢問大姊，這裡是秦國，還是楚國？」嬴駟小心翼翼地問。

女人抬頭，咯咯咯笑個不停：「喲！你是從山上滾下來的吧，昏了頭不成？楚國遠呢，這兒是秦國，商於縣黑林溝，知道麼？」女人說著，放下手裡的桑籃站了起來。

嬴駟恭敬地拱手道：「敢問大姊，此間里正何人？我想見他。」

「喲，你可算找對了。我家夫君，就是里正，一會兒就回來。我還沒問，你是何等人？咋個稱呼你？」說話間，女人打量著這個蓬頭垢面雙腳流血的年輕人，一副驚訝的神情，似乎有幾分懷疑。

「大姊，我乃遊學士子，叫秦庶。山道不熟，摔了幾次。」

「我說呢，原是個小先生。請院中稍歇，我去拿茶水來。」女人轉身進屋，片刻提來一個大陶罐和幾個大陶碗，將陶碗一溜擺開，利落地挨個斟滿，「喝吧，新山茶，消暑解渴呢。」

「多謝了，大姊。」片刻之間，嬴駟將五六碗涼茶一飲而盡。

女人嘖嘖歎道：「遊學也苦啊，小先生一定餓了呢。」回身走進屋中，拿出了一盤似紅似黑的軟麵餅和一塊熟肉，放到石板上，「先墊墊饑，再待飯時。黑麵的，裡面加了柿子，多咥幾個！」臉上顯然憐惜有加。

嬴駟道一聲謝，風捲殘雲般吃光了麵餅熟肉，見女人靜靜地看著他，大覺難堪，起身拱手道：「秦庶饑渴難忍，有失禮數，大姊見諒。」

女人笑道：「喲，快別那樣兒，坐著歇歇吧。前些年，我也被餓怕了呢。有過路客人，想喝口米粥都沒有，更別說麵餅和肉塊子了。這幾年呀，日子好過多了。不然，我家也逃到楚國去了。」說著說著，女人眼圈紅了，轉身又走到院中井口邊，三兩下打起一桶清水提到一塊石板上，「來，你脫了衣服，沖洗一番。我去給你拿兩件男人衣裳來。」

嬴駟還沒來得及答話，女人便進了屋子。想了想，嬴駟還是脫去了又髒又臭已被山石荊棘刮得破爛不堪的長袍，用木瓢舀著清水向自己頭上身上猛潑，頓覺一片清涼酣暢。剛從皮囊中拿出一塊乾布包住腰身，女人便拿著幾件衣裳走了出來：「來，換上。小先生莫嫌棄，我男人只有這件長布衫，見縣令才穿的。看看，合身不？」

嬴駟穿上長衫，雖略顯寬大，卻是乾爽風涼，大覺舒坦，不由深深一躬：「多謝大姊，秦庶容當後報。」

「喲，說哪兒去了？老秦人都是熱腸子直性子，小先生不知道麼？」笑著說著又是一番打量，「嘖嘖嘖，小先生還是個俊氣後生哩！這麼年輕就出來遊學，父母放心？」

嬴駟搖搖頭：「母親早去了。父親，不要我了。」

「啊？為個甚來？」

「父親責我學業不精，趕我出門，遊學天下，增長見識。」

「嘖嘖嘖，」女人大為感歎，「嚴父呢。也是，吃得苦中苦，方為人上人嘛。哪像我那兒子，就能種地當兵。」

「大姊，你兒子當兵了？他，不怕當兵打仗麼？」

「咳，那個憨貨，明日就要走了。」女人抹著眼淚，臉上卻是明亮的笑容，「怕當兵？那是早年的事了。現今庶民當兵，殺一個敵兵，官府就給一級爵位，男人們都爭著搶著打破頭了。連老頭子們都想去哩！」

「老頭子？老人，也想當兵？」嬴駟大為驚訝。

「想，想得厲害呢。」女人笑著說，「老頭子們打了半輩子仗，就想圓個爵位夢，改換門庭嘛。早年，山裡人都是賤民隸農，當兵有份。可立功再多，也是老兵頭一個。能保住命回鄉過窮日子，就算萬幸了。如今呀，山民都除了奴籍，誰不想掙個爵兒？誰不想榮歸故里風光一番？只可惜呀，官府不要老頭子，你說他們憋氣不？」

「那如何是好？」嬴駟有些著急起來。

「別急呀你，現今這官府，就是有辦法。非但獎戰，還獎耕呢。農戶納糧，超過官定數兒一倍，也賜爵一級呢。老頭子們當不了兵，就可著勁兒蒔弄莊田，比蒔弄女人還上心哩，勁兒大著呢。」女人咯咯咯笑著，說得神采煥發。

「那，有人得爵位了麼？」

「咋個沒有？我們黑林溝有四家得爵位了呢。三家『公士』，一家『造士』。你識得字，門口瞧瞧。」女人驕傲地指指新修的高大石門。

嬴駟進門時饑渴困乏，沒有留意，此時連忙走到門口一看，卻見門額正中四個大銅字鑲嵌在雪白的藍田玉裡——國賜造士！轉身向女人深深一躬：「秦庶恭賀大姊了。」

女人笑得臉上綻開了花兒：「好！大姊受這一拜。你還是個白身士子嘛，不違禮數呢。」

「你是何人？因何到此？」一個沙啞的嗓音從身後門口傳來。嬴駟回身，見一個五十歲上下的粗壯男人大步走來，手中提著鐵耒，身上穿著短打黑布衣，上下打量著自己。

女人笑道：「黑九，這位是遊學士子，正在等你呢。小先生，這便是我家夫君。」

嬴駟謙恭地深深一躬：「士子秦庶，參見造士大人。」

「哎哎哎，」黑九急忙扶住，「說是那麼說，當真行禮不成？來來來，快進來坐。」將嬴駟拉到院中石案前坐了，粗聲大氣對女人嚷嚷：「快弄飯咥，有事等著呢。」

女人笑問：「兒子呢？他不咥？」

「咳，他們十來個要走的小子，纏住了老兵頭黑三，要聽軍中規矩，還要練功，喊他不動。別等了，我和先生先咥了。先生坐坐，我沖一下子。」說著，便打起一桶水沖洗起來。

片刻之間，女人已經將一大盆燉山豬肉、一大盆涼拌青葵擺了上來，又端來一盤熱騰騰的麵餅和兩碗米酒：「小先生初到，嘗嘗自家釀的米酒。」

黑九嘿嘿笑道：「好好好，有酒就好。來，先生請。」

嬴駟和黑九碰了一下，一口氣喝下了那清涼沁脾的米酒，拱手道：「里正，我已經在商於官府記名遊學，請里正關照。」說著從皮袋中拿出關文。

黑九接過端詳：「我識得這紅色大方印，行了。依照新法，士子遊學，所到處免金而食，就是不許講《詩》論《書》，知道麼？其餘你自己看著辦，有為難處就對我說。來，咥飽！」黑九還過關文，大吃大喝起來。

「里正放心，我不會《詩》《書》。我習農學，查勘山川而已。」

「那就住我家裡。兒子一走，正好，有一間房子空著。」

「多謝里正。」嬴駟很高興，他能看出來，里正一家厚道豪爽，令人放心。

吃過飯，天色已經暮黑，里正匆匆出門了。女人還沒收拾完，嬴駟便靠在石板上睡著了。一覺醒來，滿天星斗在頭頂眨眼，晚風習習，很是涼爽，全然沒有山外的炎熱酷暑。坐起來一看，身下一張大草席，身上一塊粗布被單，石枕頭旁邊放著自己隨身不離的皮袋，原來自己就睡在院中。聽聽屋中似乎沒人，嬴駟不禁有些害怕起來，拿起皮袋翻開，一樣物事不少，不禁長長吁了一口氣。正在此時，遙遙傳來「叮叮噹噹」的聲音，還伴隨著一片笑語喧鬧。他霍然坐起，走到正屋前輕聲叫道：「黑嫂，大姊。」卻沒有人應答。

想了想，嬴駟背起皮袋，悄悄出門，尋聲向村中走來。

穿過一片小樹林，小河邊的打穀場上紅光閃爍人聲鼎沸。嬴駟心中驚訝疑惑，莫非有亂民暴動？他從皮袋中輕輕抽出短劍，悄悄地爬上林邊一座土丘，小心翼翼地向打穀場張望。但見場中一排皮囊鼓風爐噴出三五尺高的火焰，十幾名赤膊壯漢掄著大錘正在叮噹捶打。圍觀的男女老幼熙攘喧鬧，黑九夫婦的聲音特別響亮。這是做甚？不是打造兵器麼？對，絕不是打造農具的樣子。嬴駟不禁大疑起來，秦國素來缺鐵，鐵料鐵器全數由官府控制，連菜刀也是櫟陽的國府作坊打造好登錄售出，如何這小小山村，竟然打造起了兵器？難道衛鞅新法允許民間私鑄兵器了？即或如此，鐵料哪裡來？莫不是楚國偷運鐵料過來，在這裡製造民亂？果真如此，我可要立即回櫟陽。

正在思緒緊張紛亂之際，卻見場中鐵工將紅光未斂的兵器塞進水甕，頓時騰起大團大團的熱氣。片刻之間，兵器從水甕抽出，略經鍛打，交給旁邊的鐵工開刃。開刃後又立即交給下手的七八個老人在大石上磨起來。一頓飯工夫，一排明光閃耀的長劍擺在了爐前的大石板上。

嬴駟不禁大為吃驚，想偷偷離開這個山村。正在這時，卻聽到黑九的高聲大嗓：「縣工為黑林溝立功，多謝了！」縣工？如何還有官府工匠？嬴駟更是驚疑，想看個水落石出。這時只見場中一個黑衣人拱手道：「黑林溝大義鑄劍，繳五十石餘糧換來鐵料，又請縣府督造，守法助國，乃有功義舉。本工師當稟明縣令，為黑林溝父老請功！」

一個白髮老人高聲道：「咱是為自家兵娃子有個稱手傢伙，多殺幾個魏狗，立功掙爵兒！又不是咱上陣，冒個甚功？」

全場哄笑，一片亂喊：「對！兵娃子們立功就行！」「咱土疙瘩要功做啥？鳥！」

黑九高喊：「兵娃子們，好好跟姑娘道個別，明早上路。散了！」

「噢……散了……」一片喊聲中，青年男女們三三兩兩地隱沒到樹林裡去了，場中只剩下老人家長收拾場子，招呼工匠們吃喝。嬴駟一陣輕鬆，連忙爬下土丘，回到黑九院中倒頭便睡。朦朧中只聽黑九夫婦的屋中一直在說話，夾雜著隱隱的哭聲笑聲，直到東方發白。

清晨起來，黑九夫婦已經做好了一頓豐盛的飯菜。嬴駟明白，那是專門為兒子餞行的。黑嫂眼睛紅紅的，卻又興奮地忙進忙出，全然不像悲傷的樣子。黑九從房中喚出兒子向先生行禮。嬴駟連忙扶住，向青年深深一躬：「兄臺為國赴難，請受秦庶一拜。」

黑嫂笑道：「喲，這是咋個講究？小先生應喚他侄兒才對。」

嬴駟道：「兄臺比我年長，自當尊重。請大姊許我，各叫各的了。」

黑九哈哈大笑：「也好，各叫各的。你倆也做個朋友，山不轉水轉。」

青年拱手道：「我叫黑茅竹，大字不識一個，高攀先生了。」

嬴駟笑道：「兄臺從軍，不妨去掉那個『竹』字，『茅』做『矛』字，就叫黑矛，好聽好記。」

黑九夫婦一齊笑道：「好好好，就叫黑矛！讀書士子，就是不一樣。」

「謝過先生。」英武憨厚的黑矛樂得嘿嘿直笑。

「好了好了，咥飯！」黑嫂指著院中長大的青石板桌，「小先生，上座。」

嬴駟堅決推辭，將黑矛推到了上座。桌上擺了滿滿六個大陶盆，一盆燉山豬肉，一盆方方正正的醬豬肉，一盆青葵，一盆山菜，一盆蘿蔔燉羊腿，一盆清煮整雞。黑嫂又提來一罈米酒，給各人斟滿陶碗，自己才坐在黑九身邊。

黑九端起了大陶碗：「來，為這小子立功掙爵，乾了！」

四人大碗相碰，一氣乾下。黑嫂放下陶碗，眼睛紅紅地背過身去。

黑九大笑：「哭個鳥！黑矛立了軍功，就是黑家的香火旺。還怕沒人葬埋咱這把老骨頭？真是婦人見識。」

嬴駟心中一動：「敢問里正，黑矛兄可是獨子？」

黑九高聲大氣道：「本來不是。夏忙時老二給官府納糧，黑天山路，滾溝了。」

「里正，不是說新法徵兵，不取獨子麼？」嬴駟驚訝了。

「那是。」黑九慷慨高聲，「國府體恤庶民，咱庶民也得體恤國府，是不？沒變法那些年，黑林溝一窩子隸農賤民，整天餓得前心貼後背，一大半都逃到楚國去了。就有十個八個兒子，又能咋樣？還不是餓死凍死？變法了，日子好了，逃到楚國的人都回來了，誰不說黑林溝翻了個兒？」黑九長長一歎，「人，得有良心。沒人當兵，這土地，這莊園，這好日子，能守得住？滿村的老頭子都要當兵，咱個獨子，就捨不得？」

「可是，縣府能讓他去麼？」嬴駟不安地問。

「老二的事，誰都不知道。我對村裡說，老二是出山幫親戚去了。哎，先生，你可不能露底。」

黑九神祕地笑著叮囑。

嬴駟默默點頭，心裡一陣莫名的悸動。

黑嫂抹抹眼淚笑道：「別說了，黑矛去，我也沒攔擋嘛。黑矛，你雖是獨子，陣前可不興貪生怕死……」一句話沒說完，黑嫂已經泣不成聲。

黑矛霍然站起，趴到地上咚咚咚給父母叩了幾個響頭，粗聲大嗓道：「爹，娘，你等放心，兒不立功，誓不還家！」

黑九大笑：「好兒子，有志氣！走，該送你們上路了。」

嬴駟陪著黑嫂一起來到山口小道時，太陽已經升上了半山。只聽一陣轔轔車聲，三輛兵車從山外駛來。黑嫂笑道：「那是縣府派來接兵的。你看，他們出村了。」只聽一陣悠長的牛角號聲，大群村民簇擁著十二名青年出了村口，當先一幅紅布，大書「黑林溝義勇新兵」幾個字。青年們後面，是村中少年抬著的十二張木案，每張木案上一罐米酒一把長劍。來到山口，黑九向兵車前的縣吏拱手高聲道：「黑林溝十二名義勇新兵，送到！」

縣吏拿出一卷竹簡高聲點名，查對無誤，一揮手：「新兵換甲！」

新兵一個個魚貫走到兵車前，從縣吏手中接過一套鐵衣，又回到木案前將原先布衣脫去，換上黑色甲冑，頓見人人精神倍增英氣勃勃。

黑九大喊：「老兵頭們，獻酒壯行——」

十二名白髮蒼蒼的老人走到案前，各自捧起黑色的小陶罐，齊聲喝道：「黑林溝，英雄酒！後生上陣莫回頭！」十二名鐵甲新兵鏘鏘然列隊，單腿跪地，雙手接過陶罐咕咚咚一飲而盡，霍然站起，齊聲高喊：「飲得英雄酒，上陣不回頭！」

黑九又大喊一聲：「姑娘們，贈劍——」

十二名紅衣少女噙著淚花，各自走到戀人的案前，捧起雪亮的長劍，雙腿跪地，將長劍高高舉過頭頂。新兵們雙手接過長劍，向戀人深深一躬。

少女們站了起來，齊聲唱起了悠長的山歌：

君有長劍兮　守我家園
我有癡心兮　待君回還
兩心無悔兮　悠悠青山
征人遠去兮　流水潺潺
猛士歸來兮　布衣高冠
日月無改兮　桑麻紅顏

深情的歌聲中，新兵們拱手辭鄉，跳上兵車，轔轔遠去了。

嬴駟眼見黑嫂搖搖欲倒，連忙扶住。望著遠去的兵車，黑林溝的男女老幼哭成了一片。嬴駟也早已是雙眼矇矓，心中禁不住地顫抖著。

那一夜，嬴駟徹夜未眠，聽著屋中黑九夫婦的喁喁低語，看著夜空的滿天星斗，自己也弄不清想了些什麼，直到天亮，才昏沉沉睡了過去。

光陰如梭，倏忽之間嬴駟在黑林溝一住就是三年。本來，他是可以早早離去的，可是總覺得不能離開。他到秦楚邊境去了，也到商於其他縣去了，但都是一兩個月就又回到了黑林溝。嬴駟終於弄明白了，自己是在等黑矛回來，想親自看到黑九夫婦和他們唯一的兒子相聚。三年中，他和黑林溝父老已經有了深厚的情誼，黑九夫婦待他像兄嫂又像父母，使他時常感慨不已。反覆思忖，嬴駟覺得不能再等了，畢竟不能老死在這裡，他還要順著自己的路走下去。

這年春天，嬴駟終於決定要離開黑林溝了。

消息傳出，山民們扶老攜幼地將嬴駟送到山口。這個送塊乾肉，那個送張獸皮，交口誇讚秦庶是個知書達理的好先生，日後一定能做大官。嬴駟堅決推辭了父老們的禮物，答應日後一定再來拜望黑林溝父老。

黑九夫婦感慨唏噓著又將他送出山口。黑嫂抹著眼淚塞給嬴駟一袋鐵錢：「兄弟呀，你兩手空空地走了，啥也不要，大嫂我如何安心？帶上這點兒錢，路上方便些個……」黑九揉揉眼睛笑道：「我說秦庶老弟，何必四處遊學奔走？反正黑矛不在，我等就一家人過了。將那個女子娶了來，分一方田，掙個爵，再生幾個兵娃子，多好！」

嬴駟雙眼含淚深深一躬：「大哥大嫂，秦庶本當待黑矛兄回來再走，奈何還要完成修業。黑矛兄榮歸之日，我一定回來。秦庶告辭了。」

「哎哎哎，別急。」黑嫂趕上來悄聲問，「她，咋個沒來送你？」

「誰呀？」嬴駟笑道。

「還有誰呀？黑棗！你不要她了？還是她不與你相好了？老實說。」

嬴駟大笑：「哎呀大嫂，黑棗是個好姑娘，可我，和她沒事。」

「你，沒有和她進過林子？」黑嫂一臉驚愕。

嬴駟認真搖頭，歎息道：「黑嫂，我豈敢做那等事，決然不會。」

黑嫂輕輕歎息：「黑棗生得美，方圓百十里難挑。可性子烈著呢，誰都知道，她只對你唱歌兒，不理別個後生。山裡女娃兒，那就是將心給你了呢。」

嬴駟默然，又向黑九夫婦深深一躬，大踏步走了。

谷口外的山道上，一個紅裙少女當道而立。

正踽踽獨行的嬴駟不禁怔怔地站住了，良久，他深深一躬道：「黑棗，秦庶走了。」便要從少女身旁繞過。

「慢著。」少女歎息一聲，「秦庶，你真的不帶我走？」

「姑娘，你我萍水相逢，秦庶漂泊無定，不敢做他想。」

少女閃動著眼波：「我，喜歡你。你，也喜歡我。咋個不敢帶我走？」

「我，從來就沒有喜歡過你。」嬴駟冷冰冰的。

少女頑皮地笑了：「秦庶，咋個騙自己？你，為難麼？」

嬴駟低頭沉默，不敢抬頭看那對熱烈真誠的眼睛。少女也靜靜地看著他，不說話。良久，嬴駟終於開口了：「姑娘，你不知道我是何等人。我，沒有資格去愛。我不知道，我的明天隱藏著何等凶險，甚至哪一天，我會被人突然殺掉。我已經跌進了深淵，我連做一個山野庶民，自由自在耕織田園的資格都被剝奪了。我只能，永遠與不知道來源的險難周旋下去，直到我死。姑娘，我，不屬於我，我只能一個人漂泊……告辭了。」

「秦庶……哥哥！」少女哽咽一聲，追到嬴駟身前擋住，從懷中掏出一個小小的紅布包兒，仔細打開，一只綠瑩瑩的玉塤赫然捧在掌心。少女柔聲道：「我聽懂了哥哥的心曲。你不是尋常人，我知道。你有那麼多愁苦煩惱，有那麼多常人沒有的心事。我想鑽到哥哥心裡去，化開它們。黑棗甚也不怕，哥哥，帶我走吧。」

嬴駟默默而堅決地搖搖頭。

少女歎息一聲：「秦庶哥哥，這是我從小吹的綠玉塤，今日送給哥哥做個念想。請大哥哥吹一曲

〈秦風〉，黑棗兒唱支歌兒，為哥哥送別，好麼？」

默默的，嬴駟從少女掌心拿起碧綠晶瑩的玉塤，略一思忖，悠長高亢而又充滿憂傷與激烈的〈秦風〉歌謠曲在山谷迴盪開來。少女燦爛的笑臉上，灑滿晶瑩的淚珠兒，美麗的嗓音直上雲中：

上邪——
我欲與君相知
長命無絕衰
山無陵
江河為竭
冬雷震震
夏雨雪
天地合
乃敢與君絕

少女唱完，慢慢走到嬴駟面前，猛然抱住他熱烈地長吻。

嬴駟手足無措間，少女猛然鬆開雙手，跑向山頭，縱身跳下了懸崖。

「黑棗！」「小妹！」嬴駟嘶聲大喊著撲到懸崖邊，眼前卻只有一縷紅布在呼嘯的山風中悠悠飄盪。

嬴駟雙手抱頭，跌坐在懸崖山石上失聲痛哭。

嬴駟在懸崖邊上哭了一個時辰，才猛然醒悟過來，拽著山石上的青藤滑下山谷，粗厚的布衣被荊棘劃刮成了襤褸破絮，身上臉上全是道道血痕。好容易在峽谷的亂石林木中找到了少女，卻已經是一具頭破血流的冰涼屍體了。嬴駟抱起少女屍體，跌跌撞撞地摸爬到一塊山溪旁的平地上，奮力用短劍掘出一個大坑，四面用石塊鑲住泥土，將少女屍體平展展放進坑中。坐在少女身體旁想了好一陣，嬴駟又從皮袋中拿出自己的一件長衫蓋在少女身上，這才跳上地面，找來一塊石板蓋在坑上，將掘出的泥土在坑上堆成了一個圓圓的墳墓。喘了口氣，嬴駟又用短劍砍下一段枯樹，削去樹皮，砍去疤痕，立在少女墓前。思忖片刻，嬴駟猛然一揮短劍，大喊一聲，左手食指頓時在地上血淋淋蹦跳。嬴駟撿起地上的血指，猛然在木碑上大書「貞烈山女嬴駟亡妻」八個大字，字方寫完，咕咚一聲栽倒在墓前……

第二天，太陽照亮山谷的時候，嬴駟才睜開眼睛。一看左手，嬴駟大吃一驚，那根斷指竟然神奇地接在了食指上，還用一片白布包紮著。再一看，身上還蓋著一件布衫，身旁還放著一塊熟肉。嬴駟大為疑惑，翻身爬起四面張望，卻是杳無人跡。愣怔半日，對著上天長長三拜，又對著少女墳墓拜了三拜，喝了一頓山溪水，吃了那塊熟肉，便艱難地開始爬山……

爬上山來，嬴駟沿著南山山麓西行，出得大散關，向隴西跋涉去了。

……

十年過去，嬴駟已經走遍了秦國西部的草原河谷，也走遍了被魏國占領的河西地區。最後，他回到了關中，來到了郿縣，住在了那個令他刻骨銘心的白里。這時候，他已經快三十歲了，長髮長鬚，精瘦結實，膚色粗黑，地道一個苦行農事的農學士子，任誰也想不到，他就是十三年前的秦國太子。

又是夕陽暮色，一個肩扛鐵鋤赤腳布衣者走出了田頭，步態疲憊散漫地向白村而來。走著走著，他倚鋤而立，木然看著暮色中炊煙裊裊的村莊。一個十四五歲的少年左手提著陶罐，右手抱著一束從田中除下的雜草，從他身後興匆匆趕上：「秦大哥，今晚到我家用飯如何？我娘燉的羊肉美極了。反正你也是孤身遊學，一個人回去冰鍋冷灶的。」少年聰敏伶俐，一串兒話說得鈴鐺般脆，卻又老成得大人一般。

「那就多謝小兄弟了。」

「咳，秦大哥客氣了。我白山在村裡，和誰都不搭界，就高興和你說話。秦大哥有學問，老族長都說，你不是個尋常人哩。」

「農家士子，力行躬耕，自食其力而已，尋常得很。」秦大哥疲憊地笑笑。

「不管咋說，我就喜歡你，沉沉的。我白山，沒有朋友。」少年臉色黯淡下來。

秦大哥摟住少年肩膀：「小兄弟，秦大哥做你的朋友。」

說著話已經來到村邊一個普通的磚房院落前，與村中其他宅院相比，這家顯然要貧寒一些。少年在門外放下青草，才輕輕叩門。厚厚的木門「吱呀」開了，一個頭髮灰白卻是一身整潔布衣的婦人站在門內，臉色平淡得幾乎沒有表情。

「娘，這是秦大哥。」少年恭恭敬敬，方才活潑生氣頓時消失。

「見過先生。」婦人稍有和緩的面色中，依舊透著一種蕭瑟落寞。

秦大哥將鐵鋤靠在門後，深深一躬：「秦庶見過前輩，多有叨擾。」

「先生莫得客氣。山兒，帶客人到正屋落座。」

白山拉起秦庶的手：「兄臺，我們到大屋坐。」說著便將秦庶拉到了坐北面南的正屋。秦庶略一打量，便感到這間簡樸寬敞的客廳隱隱散發著一種敗落的貴族氣息。面前是磨損落漆的長案，膝下是色澤已經暗污的毛氈座墊，屋角一座陳舊的劍架上橫著一支銅鏽斑駁的短劍，再裡邊就是一架已經用舊布包起來的竹簡。點點滴滴，都透露著主人家不凡的往昔。

「秦大哥，上座。我來點燈。」白山說話間將一盞帶有風罩的高腳銅燈點了起來，屋中頓時明亮。白山又從屋角窸窸窣窣拖出一個紅布封口的罈子，「秦大哥，這罈老酒尋常沒人動，今日我們乾了它。」

門輕輕推開了，白夫人端著一個大盤走了進來，將三個帶蓋子的精緻陶盆擺在長案上。白山一一打開蓋子，是一盆熱騰騰的燉羊腿，一盆藿菜，一盆關中秦人最喜歡的涼苦菜。一轉身，白夫人又端來一個小盤，拿出兩雙筷子，一碗小蒜，一碗米醋，一盤熱熱的白麵餅。雖是家常，每一樣卻都整治得甚是精緻乾淨，雪白青綠，香氣撲鼻。秦庶一看就知道，若非世家傳統，尋常農家的飯菜決然不會做到如此精細講究。白夫人淡淡笑道：「粗茶淡飯，請先生慢用，失陪了。」白山小心翼翼問：「娘，我與秦大哥，飲了這罈酒如何？」白夫人略一沉吟，點點頭走了出去。

白山又活潑起來，拿出兩個細脖子的銅觶斟滿：「秦大哥，不是你來，娘不會教我飲酒。來，我們乾了！」舉觶一碰，咕咚咚飲了下去，嗆得滿臉通紅，連連咳嗽，「秦大哥，這，這是我第一次飲酒，好辣！」

秦庶也是臉上冒汗，笑道：「慚愧，我也是第一次飲酒，彼此彼此。」

「噫，」白山驚訝，「秦大哥該三十多歲了吧？二十歲出頭時加冠大禮，必要飲酒的，你沒有？」

秦庶搖搖頭：「我少小遊學，長久離家，至今尚未加冠。」

白山嘖嘖嘖一陣：「秦大哥，你如何那麼多與人不一樣？哎，你沒覺得我家、我娘、我，也不同於白里人？不尋常麼？」

秦庶沉吟：「是有些不同。家道中落了，是麼？」

「咳，不說也罷。」白山脹紅的臉上雙眼潮濕。

「小兄弟有何愁苦，不妨一吐為快。」秦庶慨然又飲一觶。

白山也猛然飲了一觶，長長地呼出一口氣，明亮的眼睛中溢滿了淚水：「這不是愁，也不是苦。這是仇，是恨。我一生下來就沒有父親。十五年了，我與娘相依為命。那麼大的家，那麼大的勢，那麼多的人，就那樣風吹雲散了。秦大哥，你說，人該信天命麼？」

「小兄弟，你父親，死於非命？」

「不。被太子嬴駟殺死的。」白山嘶啞的聲音一字一頓。

秦庶猛然一抖，銅觶「咣」地掉在石板地上，連忙撿起，充滿關切地問：「小兄弟，這，這太子，為何要殺你父親？」

「當年，白氏全族都是太子封地。那年夏收時節，我父親領著車隊給太子府繳糧。不知何故，十幾車糧食都變成了沙石土塊。那個太子不分青紅皂白，便殺死了我父親，又狠毒地殺了白氏數十口青壯。從那以後，白氏一族就衰落了。你說，這不是仇恨麼？」年深月久的仇恨浸泡，使少年白山有著比成年人還要深刻的冷漠。

「小兄弟，這糧食，如何，竟能變了沙石？」秦庶眼睛閃出異樣的光芒。

白山一拳砸在長案上：「天曉得！我白氏舉族明察暗訪了十幾年，還沒查出這隻黑手。上天真是大大的不公！」

「小兄弟，你，恨那個太子麼？」

「恨。他行凶殺人的時候，還沒有我大。秦大哥，你說，如此狠毒少年，做了國君還不吃人？咳，聽說他被國君廢為庶人，趕出了都城，失足摔死在了山裡，也算是罪有應得。否則，我都要殺他，老秦人都咒他死！」

秦庶臉色煞白，沉重地歎息一聲：「小兄弟，天意也。」

「天意？」白山哈哈大笑，「秦大哥，你不是秦國人，就不明白。老秦人講究個快意恩仇，有恩有仇都必報，否則還不如死了。我白山一生兩大仇人，死了一個，剩下這個一定要查出來，殺了他！加冠之後，我就和你一樣流浪遊學，察訪仇家，不信他上天入地不成？報了仇，我再請你喝酒！」

「小兄弟，是何聲音？你聽！」秦庶臉色驟變。

靜夜之中，隱隱約約的女人哭聲若遊絲般飄盪，淒厲悲愴，令人毛骨悚然。

白山陰沉沉道：「那是我娘。她，每晚都要在父親靈前哭祭……」

「咣！」秦庶醉了，猛然趴在案上，昏了過去。

三更時分，秦庶才跌跌撞撞地回到村後靠山的小院子。他知道，其實自己並沒有喝多少酒，他不會在一個深沉多思滿懷仇恨的少年家裡放縱自己。流浪的歲月，已經給了他足夠的警惕。可是，他不明白自己如何就昏昏然了，就神思大亂了。是那個少年的仇恨摧垮了他？是那一家的森森陰冷迷亂了他？真是弄不清楚了。獨自站在小院子裡望著無垠的河漢，他喟然長歎。嬴駟啊嬴駟，你的稚嫩、偏執與衝動，埋下了多麼可怕的仇恨種子？一個少年尚且對你如此刻骨仇視，更別說整個孟西白三族和無數擁戴變法的民眾了。在他們心目中，秦國太子是個歹毒陰狠的狼崽，他們期盼這個太子早早地死於非命，他們根本不想要如此的國君，否則，如何能有「太子失足摔死」的傳聞？嬴駟啊，你在國人心目中已經死了，在公父的心裡也已經死了。你，你眼下算個什麼東西？漂泊十多年，公父從來沒有尋覓過自己，早先和官府的一絲聯絡，也早早沒有了。看來，公父的的確確是將自己當作廢了的庶民，遺忘了。也許公父早已大婚，已經有了不止一個兒子，他為何一定要記掛這個幾乎要毀掉秦國變法的忤逆兒子？

十多年的孤身遊歷，嬴駟對公父的怨尤，早已隨著他的稚嫩煙消雲散了。秦國山野滄海桑田般的變化，也使他對變法的偏執怨恨，隨著腳下的坎坷變成了一縷飄散的煙霧。他深深地理解了公父，也深深地理解了新法。可是，少年白山的仇恨火焰，卻使他驀然悟到了自己在秦國朝野的處境——一個被歲月無情淹沒了的棄兒。一直堅實沉澱著的希望破滅了，一直錘鍊著的意志崩潰了，一直憧憬著的未來虛化了，一直支撐著身心的山岳塌陷了。

嬴駟木呆呆地看著月亮漸漸地暗淡下去，走進屋內背起小包袱，拿起那支光滑的木杖，走出了屋門。是的，天還沒有亮，離開這裡，離開秦國，永遠……

一陣轔轔車聲與馬蹄聲驟然傳來！憑著多年山野磨練的靈敏聽力，嬴駟斷定車馬正是向他的獨院駛來。莫非有人識破了我的真實身分，前來尋仇？嬴駟一個箭步躥到院門後，猛然一扯手中木杖，一支閃亮的短劍赫然在手。

「篤篤篤」，有人輕輕敲門。

「何人造訪？」嬴駟慢悠悠發問。

「縣府料民（註：料民，先秦用語，即查點登記戶口人口），秦庶開門。」

「縣府何人？有夜半料民之事麼？」嬴駟冷笑。

「我乃郿縣令。官府料民，歷來夜間，不失人口，士子不知麼？」

想了想，嬴駟輕輕拉開橫木，自己卻迅速地隱身門後。

一個身披黑色斗篷的高大身影走進院子，默默地四面打量。嬴駟仔細一看，猛然屏住了呼吸，心頭一陣狂跳。

「嬴駟，你在哪裡？」

「公父！」嬴駟猛然撲倒，跪伏在地，放聲痛哭。

秦孝公伸手撫著嬴駟的雙肩，半晌沉默：「駟兒，回咸陽……」

三、黑林溝奪情明法

商鞅去商於視察了，沒有見到漂泊歸來的太子嬴駟。

自從封為商君，商鞅就接連收到商於縣令們的「請商君督導書」，並一次次地呈來商於百姓的萬民書，請求向商君府繳納封地賦稅。商鞅心裡很不是滋味兒。他主持變法，最主要的大法之一，便是實行郡縣制。這郡縣制的前提和基礎，便是徹底廢除分封割地的貴族世襲制。只是慮及秦國實際狀況，才做出了變通，保留了「封地」這種最高封賞形式，卻也將爵主與封地的關聯最大限度地淡化，明確規定爵主對封地沒有治權，更沒有徵收賦稅的權力。實際上，就是將「封地」僅僅作為一種國君封賞的最高名義而保留下來。這一點，商鞅心裡最清楚。作為變法強國的策劃者與推行者，他獲得了國君的最高封號，也獲得了與封號相匹配的十三縣封地。商鞅也很坦然地接受了封號封地，這是因為他很明白，這只是國家功臣的最高名號，而不是實際領地。在「獎勵軍功，獎勵農耕」成為國家激勵朝野的最有力法令時，自己若第一個堅決推辭爵位獎勵，還有誰敢心安理得地接受國家賜封？

那樣做，虛偽的道義將逐漸淹沒法制的嚴明，秦國朝野又會被弄得無所適從。作為徹底的法家，衛鞅最厭惡那種「有功惜賞，有罪施仁」的迂腐國策，那是熄滅堅剛、滋生懦弱的溫吞水。他非常自覺、非常明確地在秦國實行重獎重罰，有功不惜賞，有罪不施仁，法行如山，朝野一體。商鞅堅信，只有這樣，才能最大限度地激勵人們為國立功的勇氣與激情，才能最大限度地抑制、摧毀人們本性中潛藏的犯罪惡欲。這正是他反覆向吏員們說的「大仁不仁」的道理，也是他堅決反對儒家人治「仁政」的根本點。在法制推行中，商鞅反覆向各郡縣官署申明，不許庶民「辭賞」。畏賞者必畏死，不敢坦然接受應得的榮譽與爵位，也必然不會在國家危難時勇敢赴死。這就是商鞅對「辭賞」者的定論。

唯其如此，商鞅如何能自己辭賞？法令不允許，他自己的性格也不允許。

如今，郡縣官吏和商於百姓似乎忘記了新法本意。他們對商君變法感恩戴德，以為商君封地當之無愧，庶民百姓向恩人功臣繳納賦稅天經地義，甚至求之不得。這種眼看就要席捲秦國的「善民潮」，使商鞅感到了深深不安。他沒有來得及等候秦孝公回來，就帶著荊南和十餘名鐵甲騎士趕赴商於了。

他們沒有走南山豐水入商於的那條路，而從藍田塬翻過，進入了商於。

當年，商鞅曾從這條路進入商於山地查勘，知道這一帶是商於最窮困的地方。他想沿途看看，窮商於變化有多大？時當仲秋，一上藍田塬，便見樹木蔥蘢的山頭夾著大片金黃的豆田穀田伸展到山野盡頭。山坡河谷，到處可見星星點點的身影，時而可聞農夫悠長高亢的山歌。顯然，農家已經開始秋收了。商鞅一路走馬瞭望，眼睛不覺濕潤了。當年人跡罕至的荒山禿嶺，二十年間變成了林木滿山豆穀茶的豐裕山鄉，當真是倏忽間桑田滄海，令人感慨萬端。翻過藍田塬進入丹水谷地，當年的羊腸小道已經大大拓寬，成了可錯開兩車的寬闊官道。在山腰官道上鳥瞰河谷，綠樹穀田包裹著一個又一個村莊，炊煙裊裊，牛羊哞咩，不需相問，也是安居樂業豐饒小康的景象。繞過嶢關，向東南便進入了通向商於的官道。

忽然，迎面駛來長長一串牛車，大約有二十餘輛之多，每輛車上都裝著鼓鼓囊囊的麻布口袋。庶民繳糧麼？不到時候。商旅路過？如何乘馬押車的卻是一個黑衣小吏？商於向咸陽運糧麼？國府沒有下令調商於之糧。商鞅覺得奇怪，便向荊南瞥了一眼。荊南會意，立馬當道，攔住牛車。車隊中間的押車黑衣人看見，縱馬馳來，高聲呵斥：「光天化日，何人敢攔官車？不怕新法治罪麼？」荊南向道邊商鞅一拱手，又向押車人比畫著伸手做請。

押車小吏向道旁一看，滾鞍下馬拜倒在地：「在下商於小吏，不知商君駕到，萬望恕罪。」商鞅淡淡道：「你起來。我問你，這糧車要去何處？做何用？」小吏拱手答道：「回商君，小人奉命押糧五千斛，到商於縣黑林溝賑災。」商鞅大奇，沉聲道：「風調雨順，又正當秋收，何來賑災之說？」小吏急忙回答：「回商君，黑林溝並非天災，乃、乃人禍。我縣令念其對變法有功，已經救濟兩年了。」商鞅冷冷道：「距黑林溝尚有多遠？」小吏指著前方山口：「回商君，不到十五里，進了山口就是。」

商鞅略一思忖：「我和你一起去黑林溝。」轉身向衛士將官下令，「立即帶我令牌，著商於縣令即刻趕赴黑林溝。」

「遵命！」衛士將官飛馳而去。

牛車隊走得很慢，剛剛進得山口，商於縣令就帶著幾名吏員飛騎趕來。商鞅勒住馬韁，陰沉著臉聽完了商於縣令結結巴巴的敘述，心中不禁生出一股涼意。

黑林溝是變法以來秦國最為有名的鄉里之一，和郿縣的白里一樣，朝野皆知。所不同的是，白里是關中腹地秦國老貴族的農家支脈，以多事聞名。黑林溝卻是窮山野嶺的隸農（奴隸）新里，以勤耕守法多受官府激賞而聞名。變法前十年，黑林溝不足五十戶人家，便有六家獲得爵位，五家公士爵，一家造士爵。在整個秦國，黑林溝是爭得「農事爵」最多的里。里正黑九，更是秦國萬餘個里正中唯一獲得造士爵的一個，其赫赫聲名可想而知。商鞅當年踏勘秦國的時候，黑林溝已經逃亡得只剩下十多戶人家了。太子嬴駟隱名遊學在這裡的時候，黑林溝正是蓬蓬勃勃的紅火時期。商鞅作為統攝國政的大良造，對黑林溝的每一次授爵，都激動得心潮起伏感慨萬端。在他的內心，黑林溝就是秦國變法激勵民眾的活生生楷模。

誰能想到，就是這樣一個功勳里，竟能在三五年之中變成了一個饑餓里！

據商於縣令說，黑林溝的變化是從里正黑九開始的。黑九將唯一一個兒子送到了軍中，渴望他為國立功光耀門庭。誰能想到，憨厚樸實的黑矛還沒來得及上戰場，就在新軍訓練中失足掉下懸崖傷殘致死了。官文傳來，黑九夫婦沒有哭叫，沒有眼淚，連官府的撫恤金都堅決辭掉了。官府鄉民沒有不敬佩黑九夫婦知事明理的，商於縣令還給黑九賜了一塊「大義高風」的刻石。誰知從那以後，黑九性情大變，酗酒成性，竟在村裡造了一個釀酒坊，經常拉一撥光棍或後生飲得大醉醺醺。慢慢地，黑林溝的人就變懶了，變饞了，荒蕪了田莊，荒廢了公事。開初，鄉民與郡縣官署感念黑九往昔好處，都替他兜著包著，想他一定能回心轉意振作起來。可是年復一年，黑九卻如同泡在酒裡一般，整天醉醺醺地遊蕩哭笑，沒有瘋，也沒有傻，就是不務正業。三五年下來，黑林溝的窮人越來越多，又回到了老樣子，一片荒涼破敗。許多村民想逃往他鄉，又畏懼新法的脫籍罪，想逃往楚國，又怕被關口捉回來以叛逃罪斬首。萬般無奈，只有在村中苦守。商於縣令本是韓國的一個儒家士子，素有仁政愛民之心，不忍看黑林溝人忍饑受寒，便從縣庫裡撥出糧食救濟黑林溝，恰恰在第三年教商鞅碰上了。

「為何不上報國府？」商鞅冷漠得有些木然。

縣令連連拭汗：「回商君，下官以為一里事小，就、就擅自做主了。」

「三年，共用官糧多少？」

「回商君，一萬三千斛，折金百鎰之多。商於沒有動用國府軍糧。」

「可曾想過，如此做違背新法？」商鞅突然嚴厲起來。

縣令本來慌亂，此時更是手足無措，期期艾艾道：「法，不、不違天理。官府賑災，乃、乃天道仁政，與法似、似有通融處。」

商鞅冷冷道：「進里。看看你的天道仁政。」

押車小吏和商鞅衛隊已經將鄉人傳喚到打穀場。往昔秋收時堆滿穀草垛的大場，如今卻是荒草叢生。鄉人衣衫襤褸地蜷縮在一起，個個面黃肌瘦，男人酒氣薰天，女人蓬頭垢面，場中彌漫著一種窮困潦倒的窮酸與絕望氣息。

商鞅凌厲的目光掃視著猥瑣的人群：「誰是黑九？走出來！」

黑乎乎的人群中搖出一個氣喘噓噓的漢子，白髮蒼蒼，臃腫肥胖，粗大的鼻頭上生滿紅紅的顯眼酒糟，濃濃的酒意加上懵懂的恐懼，脹紅的臉上大汗淋漓，在這群青黃乾癟的人群中顯得突兀怪誕。他踉踉蹌蹌地走到前面，噗通跪倒，深深低下頭，兀自喘著粗氣，一句話也不說。

商鞅厭惡地皺著眉頭：「你是里正黑九？造士爵？」

黑九只是喘氣點頭，沒有出聲。

「是你首開惡習，長年聚酒，耗盡村民粟穀，荒蕪了千畝良田？」

黑九喘氣更粗更重，只是頻頻點頭。

「官府賑濟之後，你反倒益加懶惰，帶著全村吃官糧？」

黑九依舊只是點頭，汗珠已經滴滴答答掉到了地上。

商鞅冷冷問：「諸位村民父老，你等對黑九所為，可有辯解？」

「哇」的一聲，人群捶胸頓足放聲痛哭，無盡的羞慚使他們抬不起頭，說不出話。商於縣令和吏員、衛士都忍不住心酸低頭。只有黑九沒有哭，一段木頭一樣跪在那裡。

商鞅厲聲喝道：「不許哭嚎，都站起來！」

村民們驟然噤聲，驚恐地望著冷冰冰的商鞅，又不由自主地深深低下頭。

商鞅冷冷道：「秦國法令，不容二出，執法不避貴賤，法外永不施恩。此等道理，二十年來朝野皆知。獎勵耕戰，懲治疲惰，乃秦國新法之根本。黑林溝里正黑九，怠於職守，放縱惡欲，致使富裕勤耕之村，淪為饑荒窮困，罪不可赦。來人，將黑九押起，就地正法！」

鐵甲衛士哄然應命，將肥胖臃腫的黑九猛然架起。村民們驚恐地睜大了眼睛，突然一齊跪倒哭喊：「大人，饒恕里正，讓他改過自新吧。」

「立即正法！」商鞅厲聲一喝，頭也不回。

四名衛士將黑九押到了場邊石磙旁。黑九嘶聲大喊：「黑九該死！黑林溝子孫們，不要學黑九啊！」便將頭顱伸到了石磙頂上。衛士劍光一閃，一顆白頭滾下，鮮血噴出丈餘之外。

場中村民臉色煞白，鴉雀無聲，如在夢魘中一般。

「黑九啊！你等我！」突然，一個蓬頭垢面的白髮老女人哭嚎著從人群中衝出，抱住黑九的屍體，猛然一頭撞上石磙。滿面鮮血的老女人費力地笑了一下，嘴唇蠕動著想說一句什麼，終於未能說出，趴在黑九胸前去了。

「黑嫂！好黑嫂啊！」頃刻間男女老幼放聲痛哭，一齊跪倒在地，向老女人的屍體叩頭。顯然，他們對黑九的死，遠遠不如對老女人的死感到震撼悲傷。

商鞅轉過身子，背對著悲傷哭泣的人群，緊緊咬著牙關。商鞅驀然想起，當年他第一次踏進商於的窮山惡水時，黑嫂還是個活潑天真的村姑少女，黑九還是個憨厚樸實的愣後生，他們倆的相愛，是這個窮鄉僻壤的美麗神話。就在商鞅要離開這個村子時，他們大婚了。他們很窮，可是他們對好日子卻充滿了憧憬。商鞅記得，他當時送了這對新婚夫妻十枚鐵錢，活潑天真的新娘還為他唱了一支山歌，說他這個「過路先生」是他們倆的福星。後來，為了暗中保護嬴駟，商鞅曾派荊南多次到商於黑林溝暗訪，知道了黑九夫婦已經是深受山民擁戴的好里正，是秦國里正中一顆耀眼的亮星了。誰能想到，今日竟是自己親自將黑九斬首了，那個賢良能幹聰慧爽朗幾乎有恩於每一個路人和村民的黑嫂也去了。她如何知道，他便是當年那個「過路先生」啊……商鞅感到心頭陣陣疼痛，一股熱淚奪眶而出。

商鞅沒有心軟，在滿場痛哭聲中，猛然轉過身來厲聲道：「將商於縣令押起來！」

村民們猛然止住了哭聲，驚恐地看著商鞅，茫然不知所措。

商鞅冷冷道：「商於縣令疏於督導，使民怠惰；又濫施仁政，觸犯新法，開秦國新政之惡例，實為不赦之罪！為正國法，以戒惡習，將商於縣令就地正法！」

商鞅冷峻地宣判剛一落點，黑林溝村民們哄然跪倒一片：「大人啊，縣令是好人！饒了他這一次吧。」幾個白髮蒼蒼的老人叩頭哭求：「大人，縣令有恩於黑林溝，教我等死吧，我等願意替縣令服刑啊！」

商鞅大袖一揮：「法不容情，即刻行刑。」

商於縣令已經面色灰白地癱吊在鐵甲衛士的臂膊上，嘶聲大叫：「千古之下，何有仁政受刑？荒誕律法！商君，你甘做酷吏，青史遺臭麼？」

商鞅冷笑：「沒有你這迂腐之極的仁政，何來黑林溝之惡性怠惰？身為執法命官，不思唯法是從，卻苟且於沽名釣譽，實為法治大堤之蟻穴。秦國官吏皆如你等，法治大堤豈不自潰？國家富強，商鞅何懼酷吏之名？行刑！」

劍光一閃，又一顆人頭落地了。這是第二顆秦國縣令的人頭。黑林溝鄉民們第一次親眼看見，赫赫縣令竟然與庶人一樣被大刑斬首，驚恐得毛髮皆張，大汗淋漓，大張著嘴巴卻沒有一點兒聲音。

商鞅對黑衣小吏下令：「你且留在黑林溝，帶領一百名甲士，督耕一年，不許發放官糧救濟。明年收穫之前，只許催督村民，狩獵採集自救。一年後若有改變，大功晉爵。若無改變，依法嚴懲不貸。」

「謹遵商君命！」黑衣小吏精神大振。

「黑林溝父老兄弟姊妹們，」商鞅慷慨激昂道，「從今日起，你們就要像上古先民一樣，進山狩獵採集，自救謀生！播種之時，官府會按土地多少，如數發給你們種子。然則，絕沒有一顆糧食的救濟。如果你們不想洗刷自己的恥辱，你們可以逃跑，秦國絕不強留沒有血性的儒夫！如果洗刷了恥辱，恢復了黑林溝的富裕生計，人人都是有功之臣，人人晉爵一級。生死榮辱，都掌握在你們自己手中。官府的仁政，救不了你們。只有你們自己，才能救出自己。我相信，黑林溝人，不是儒夫！」

場中寂靜異常，人們的驚恐在倏忽之間神奇地消失了，一雙雙茫然無措的眼睛漸漸明亮起來，彷彿一個懵懂的醉漢在當頭棒喝之下猛然醒悟一般。衣衫襤褸蓬頭垢面佝僂猥瑣的人群，直起了腰身，眼中燃起了自信的火焰。

商鞅一揮手，滿載糧食的牛車隊咣噹咣噹地出村遠去了。夕陽西下，黑林溝男女老幼目送著維繫生命的賑濟糧車漸漸遠去，一動不動地佇立著，像面對死亡的猛士，肅穆而又悲壯……

猛然，一個老人高喊：「收拾傢伙！進山！」

「收拾傢伙！進山！」人們拚命吶喊著，爭先恐後地跑開了。

天色暮黑，秋風呼嘯。黑林溝的男女老幼舉著粗大的松明火把，肩扛手提扶老攜幼地進山了。商鞅立馬村口，默默地為他們送行，直到那逶迤的火把消失在茫茫大山之中。

商鞅回身看了看黑乎乎的村莊，一揮手，馬隊向南方的山道奔馳而去。

四、崤山峽谷的神祕刺客

次日清晨，商鞅到達商南城（註：商南城，大約今日陝西商南縣）。這座小城堡是商於的治所，城堡南面不遠，就是扼守秦楚咽喉的武關，並不是商於十三縣的中心地帶。由於秦獻公以來，秦國確立了「國都臨敵」的傳統，秦國和大國交界地區的治所，大都設在了前沿地帶。商南城作為郡守治所，就直接成為秦國南大門——武關的後盾。

商鞅在自己封地的這座首府小城堡，只住了三天。除用一天時間仔細巡查了武關的守備外，主要辦了三件事：第一件，命令郡守向黑林溝派出一百名士兵，接受那位督導縣吏的指揮，協助黑林溝村民自救。第二件，召見了商於十三縣的所有官員和大族族長以及大村落的里正。商鞅痛陳了黑林溝驟變的執法弊端，嚴厲重申了唯法是從的為政準則，當眾宣示了對商於郡守降爵兩級，以示懲戒。第三件，反覆申明秦法保留封地的真實含義，宣示了自己對商於封地依法享用的「四不」定策：不收賦稅，不建府邸，不行治權，不許商於官民以任何形式為他歌功頌德。總而言之，商於十三縣不享有任何超越秦國法律的特權，完全與秦國其他郡縣一樣。

商於十三縣的官員、族長、里正，大都是第一次見到這位「功蓋管吳」的商君，本想竭盡心力地為商君辦幾件好事，將商於建成商君的永遠退路。這在戰國時代，乃是司空見慣的功臣現象，誰也不會感到奇怪。其時，官吏庶民很願意做賢明功臣的根基，因為這種功臣比國府更能給他們以保護和特權。齊國的孫臏勸田忌大力整飭封地，遇到危險時立即退守封地的策略，正是基於戰國現實提出來的自保主張。後來的戰國「四大公子」之一的孟嘗君，正是在受到陷害時逃回封地，才得以保全的。其所以如此，根基正在於封地與封主的相互依存並融為一體。誰想商於人的這片赤誠之心，卻被商鞅大大冷淡，還受到了嚴厲的斥責。商於山民雖然樸實憨厚拙於言辭，但心中卻是雪亮，決然能夠掂量真假虛實。在他們看來，商君雖然不近人情，但卻是千古罕見的無私權臣。一個對天下最根本的財富——土地與民眾都斷然拒絕的人，山野民眾自然是肅然起敬的。但不知為何，商於官員與庶民，卻也感到在這個人面前總有幾分畏懼——你不能頌揚他，不能追隨他，不能向他奉獻激情，只能默默地看著他為國為民施展權力，將自己燒成灰燼。就像是上天派下人間救民於水火的神聖一般，人間的欲望煙火絲毫不能薰染他，絲毫不能改變他。對這樣的神聖，宵小之民除了敬畏，連愛慕他的激情和為他獻身的權利都不能有！

商於的官員民眾終於沉默了，他們默默地接受了這個令人尷尬的聖人。

三日後，商鞅走了。沒有民眾夾道送行，也沒有官員餞行長亭。人們遠遠地看著他走馬而去，就像看著一尊神離開了喧囂的塵寰。

商鞅卻很是坦然。他喜歡「各司其事不相擾」這樣的官民關係，很厭惡官擾民，也厭惡民擾官。在他看來，官員法外滋事就是官擾民，包括商於縣令的濫施仁政。民眾歌功頌德額外進獻法外求助，就是民擾官。官擾民為害一方，民擾官卻是為害天下。官民不相擾，才是一個法治成熟的良好狀態。商鞅不可能知道，他的這種為政主張在秦國產生了深遠影響。後來的秦惠王、秦昭王，都曾經嚴厲處斬過為國王殺牛祝壽和歌功頌德的官員庶民。如此法治政風，使秦國朝野在與戰國爭雄的一百六十多年中，始終保持了清明、勤奮與悍勇，官員羞於沽名釣譽，民眾羞於歌功頌德，舉國唯法是從，人人惕厲自尊。否則，如何能以一敵六，並戰而勝之統一華夏？

走馬出得商南城，商鞅吩咐十名鐵甲衛士從官道直回咸陽，給秦孝公呈上他對商於諸多事宜的處置上書，他自己只留下荊南同行護衛。衛士將官很不放心，商鞅笑道：「回去吧，都是秦國土地，不會有事。」便帶著荊南走了。

出得山口，荊南連打手勢詢問去哪裡？商鞅笑道：「去崤山，認識路麼？」

荊南高興地「噢」了一聲，一抖馬韁便向東南山地奔去。荊南高興的是，整整十三年，商鞅終於要回崤山了。同時心中卻又很是緊張，因為崤山畢竟是魏國本土，雖說眼下割讓給了秦國，但山民肯定不會像老秦人那樣教人放心。國君給商君派定的衛士，是一個精銳的千人騎隊，千夫長由一員勇猛善戰的騎兵偏將擔任。秦孝公嚴令衛隊將領「行必於衛鞅左右。衛鞅出事，全隊皆斬！」可在收復河西以前，商君出巡所帶的鐵甲衛士，最多也只在兩三百之間。河西班師後，商君將衛士千騎隊全數交給了國尉車英，自己只留下十名。今日連這十名衛士也被遣回了咸陽，只有他一個擔綱，荊南豈能不緊張？不管自己對崤山地面有多熟，都得分外小心。荊南知道，商君之所以不北上由藍田塬進入崤山，而走武關外向東南入崤山，除了這條路近一些外，商君還想再走一遍當年第一次踏勘秦國的老路，看看這片處於秦魏楚交界處的大山如何能建成秦國的形勝要塞。對於商君這個人來說，國事無處不在。荊南跟隨商君二十年了，想不起商君辦過何等私事，連白雪姑娘都被擱置了十三年沒有見面，遑論其他私事？看著商君一領白衣一匹紅馬，逍遙自在地走馬山道，荊南就像自己有了喜事一般快慰。

山道崎嶇，不能縱馬。看看已經是日落西山，商鞅荊南才到達洛水上游的河谷。順著洛水河谷走出二百餘里再北上，便是崤山區域，即便夜間不停地趕路，也得明日清晨到達崤山。

商鞅打個手勢笑道：「荊南啊，休憩片刻，吃點兒再走。」

荊南「噢」地答應一聲，指著一塊光滑的巨石跑了過去，下馬一看，又避風又乾淨，便向商鞅手勢示意——這裡正好。趕商鞅來到大石下，荊南已經在大圓石上鋪好了墊布，擺好了乾肉、乾餅、酒囊和短劍，並給商鞅搬好了一個坐墩。他向商鞅比畫一下，從馬背上摘下另一個皮囊，跑到河邊去打水了。商鞅放開兩匹馬的韁繩，讓座騎自由自在地去河邊飲水，以便荊南取水回來正好餵馬。他坐在大石前，用短劍將乾肉乾餅切成小塊，等候荊南回來一起吃。

谷風習習，已略有寒涼之意。商鞅望著河谷中最後一抹漸漸褪去的晚霞，油然想到了闊別十三年的白雪。現下，她也在山邊看這秋陽晚霞麼？當年白雪不辭而別，教侯嬴帶的話，孩子稍大就來找他。可是十三年了，白雪既沒有找他，連書信也是極少。商鞅只知道她早早就離開了安邑，將白氏宗族的龐大產業完全交給了侯嬴掌管，她自己到崤山深處的山莊裡隱居了。每每想到白雪，商鞅的心頭就是一陣震顫，覺得這個遙遠的女士子就像鍾子期對俞伯牙，是自己永恆的知音，不管分開多久，心都永遠融合在一起。商鞅慶幸上天對自己的眷顧，使自己遇到了兩個性格迥異卻又同樣善良聰慧的好女子。熒玉身為秦國公主，絲毫沒有公室貴族那些令人厭惡的稟性，否則，以商鞅的冷峻凌厲，這樁婚姻早就名存實亡了。商鞅沒有想到的是，這樁以自己鬱鬱寡歡開始的婚姻，後來竟意外地變得融洽甚至美滿起來。熒玉的落落大方，使商鞅在與同僚相處中多了一種無形的潤滑力量。熒玉的內秀聰慧，又使她在與商鞅同行露面中每次都起到了意想不到的作用。更重要的是，熒玉對他的關愛、忍讓和無微不至的體貼，就像那屋簷下的滴水與穿堂而過的清風，漸漸融化了他冰冷堅硬的心。僅僅是這些也還罷了，最使商鞅刮目相看的，是多年前的一個冬夜，熒玉對他的一席肺腑之言。

那天晚上，商鞅還是在書房裡忙碌。更深人靜時分，天空飄起了鵝毛大雪。熒玉進來給火盆加上了木炭，又拿來濃濃的米酒掛在火架上煨著。婚後一個月，熒玉就和僕人私下立了規矩，三更之後由她親自照料書房，不需僕人插手。多年來，只要商鞅在書房忙碌，熒玉就絕不會自顧臥榻而眠，所有的瑣細事務她都做得精細有序，絕不會弄得叮噹作響干擾商鞅。商鞅提起大筆，手邊硯池就正好有磨就的一汪黑亮的墨汁；機密命令要親自刻簡，恰好就有一束攤開削好的綠竹簡放在長案邊上，旁邊墊布上的刻刀，也必定磨得鋒利雪亮；渴了恰恰就有米酒，熱了正好就打開了門窗，穿堂風掠過頓時涼爽；蚊蟲肆虐的夏秋，必有艾繩點在四周屋角，寒冷的冬天，火盆裡的木炭總是恰到好處地明亮溫暖……不知道哪一天，商鞅忽然感到，晚上在書房處置公文特別快捷，忽然大悟，將府中家老喚來，要將夜間執事的僕人晉爵一級獎勵。家老驚愕地睜大了眼睛：「左庶長，不知夜間何人執事麼？」商鞅對這種不正面答話的拖泥帶水素來厭煩：「廢話，我何須知道。」家老誠惶誠恐打躬：「左庶長，三更之後，從來是公主照料書房。」商鞅愣怔了，半日無話。他本來是最反對女子進書房的，本能地以為那是一種無端的干擾，與僕人大不相同，如今……反覆思忖，商鞅默默地接受了這種照料，連他自己也弄不明白，這種變化如何竟一直教他接受了？今日，熒玉卻是「公然」進來的，而他恰恰又需要休息一下。

熒玉跪坐在長案頂端，淺淺一笑：「夫君，這支劍鞘可好？」說著從寬大的紅袖中拿出一個不到兩寸見方的絲綢包兒，又輕柔地打開。

「劍鞘麼？」商鞅不禁揶揄，「做頭巾差不多。」

「且慢。」熒玉伸出右手，微笑著用兩指夾起攤在絲綢上的紅黃色物事，輕輕一抖，一條幾乎透明的帶子，帶著一種特異的輕微聲響筆直地垂下。

商鞅感到驚訝，他從熒玉手中接過「帶子」端詳，方知這是一支用皮子製作的劍鞘。那特異的聲音，來自劍鞘和劍刃接觸的兩邊。翻開一看，兩邊竟是細如頭髮的銀絲縫製，其精工細作，令人匪夷所思。就是那薄得幾乎透明的皮子，也柔韌得令人難以想像。商鞅反覆端詳，看不出這是何種珍禽異獸的皮子。劍鞘頂上吊著兩方銅片包裹的搭扣，也是非常精緻講究。

「看不出？」熒玉頑皮地笑笑，「這是犀牛皮第一層，等閒工匠，剝不得如此薄整也。銀絲邊是我縫製的，其他都是尚坊做的。哎，別急，我是出了五千半兩錢的也，不違法。」

「劍鞘固然精美，然世間哪有如此細劍，賞玩罷了。」商鞅對花五千錢做一件玩物顯然不以為然。

「誰要賞玩了？將你腰間那劍拿出來。」熒玉嬌嗔地嚷起來。

商鞅驚訝了，難道這劍鞘是熒玉給這支素女劍做的？自大婚之日，他從來沒有講過這素女劍的來歷。而且，這支劍纏於腰間，外形酷似一根絲帶，他又從來都是一身白衣，幾乎沒有人注意到他腰間繫有一支稀世寶劍，熒玉卻如何知曉？而且看來早已知道了。商鞅看看熒玉，默默解下了腰間的素女劍。熒玉接過劍來，順手往劍鞘裡一插，劍柄一擺，包銅皮扣「嗒」的一聲帶住了劍扣，劍鞘合一，天衣無縫。

「自己看看，合適不？」熒玉笑著遞過劍柄。

一搭手，商鞅便知道這鞘與劍匹配得嚴絲合縫，不鬆不滑不緊不澀不軟不硬不長不短。這素女劍本是裸劍，百十年下來，光澤自然有所磨損，佩劍者自然也要處處小心，以防裸劍自傷。如今這劍鞘一套，非但保護了這支名劍的鋒刃光澤，而且省去了主人行動的諸多不便。然更妙的是，帶鞘後絲毫不影響素女劍作為腰帶佩劍的特異方式。熒玉偎依過來，親手將素女劍繫上了商鞅腰間，一支隱隱發亮的淡黃色精美「皮帶」竟然使主人倍添風采。

熒玉高興地連連拍手：「好也！白姊姊看了一定高興。」

商鞅不禁怔住了：「你？你知道……白雪？」

熒玉面色緋紅，羞澀笑道：「嫁你三個月後，才知道的。白姊姊是個好人，罕見的奇女子……」熒玉說著，眼中溢出了淚水，「夫君，該接白姊姊來咸陽。一起住。她獨居十多年，還有夫君一個兒子……這樣對她，不公也。」

商鞅雙眼潮濕，忍不住抱住了熒玉。

可是，那時要遷都，要訓練新軍，還要準備收復河西，商鞅緊張忙碌得一天只能休憩一兩個時辰，如何有時間去辦這件必須由他親自辦理的大事？他的兩鬢白髮，就是那幾年悄悄生出來的。這件刻骨銘心的大事，竟然就這樣被一拖再拖，直到今日……

突然，「噢嗬」一聲怒吼從河邊傳來。荊南！

商鞅霍然起身，卻見暮色隱隱中河邊有人影綽綽，不時傳來低沉猛烈的砍殺之聲。商鞅一個縱躍，跳上了旁邊一塊大石，仔細瞭望，四周沒有發現埋伏跡象，便跳下大石要去救援荊南。

「商君，你走得了麼？」一個黑布蒙面人赫然當道。

「你是何人？意欲何為？」見對方知道自己身分，商鞅已經明白此等人絕非盜賊搶劫，自然很想聽聽他自報家門。

「我是何人？哼哼，拿到你首級後，我自會昭告天下。」

商鞅大笑：「既可昭告天下，也算是英雄名士了。何不拿掉面布，讓本君死個明白？」

蒙面人冷冷一笑：「在下不是英雄名士，可要你這個英雄名士血濺崤山。商鞅啊商鞅，上天賜你天賦大才，卻不賜你劍術武功。那個啞巴荊南又過不來，你就自己割下頭顱，免得我動粗，失了商君身分。」

商鞅也冷笑著：「如此說來，閣下是劍術超凡了？然則，本君素來喜歡懲辦刺客，想將閣下帶回咸陽明正典刑，如何是好？」

「商鞅！你酷愛刑殺，今日我就殺了你這個刑癡，為天下王道張目！」蒙面人怒喝一聲，凌空飛躍，一支閃亮的長劍當胸刺到。誰知就在這堪堪之間，隨著一聲沙啞的怒吼，一團炫目的劍光流星般飛來，「噌」的一聲輕響，蒙面人手中的長劍斷為數截，亂紛紛碰到大石上迸出一片火星。

蒙面人大驚，一聲長嘯，頓時消失得無影無蹤。

疾步趕來的荊南連聲怒吼，顯然在大罵這些刺客。

原來，荊南這次帶的是那柄蚩尤天月劍。河西戰場上，公子卬為了活命，主動將蚩尤劍獻給了商鞅。商鞅本想將這柄亙古名劍親手交還公子虔，冰釋公子虔對自己的仇恨。但三次登門，均遭閉門謝客的拒絕。無奈之下，商鞅請秦孝公轉交，秦孝公卻不以為然地笑笑：「蚩尤劍本是嬴族祖傳，公子虔要它也無用。今日特賜商君，以為防身之用。神劍名器，唯大英雄可以服之也。」可這蚩尤劍乃戰場神兵，長大礙眼，商鞅如何能隨身佩帶它行走於朝野之間？反覆思慮，商鞅將蚩尤劍交給了荊南。一則荊南的威猛絕倫與蚩尤劍的氣魄相匹配，二則荊南是自己的貼身護衛，國君朝臣也覺得順理成章。荊南天生是個「兵癡」，拿到蚩尤劍激動得奉若神明，天天練這彎月劍的獨特用法。先是用楚國名震天下的彎劍「吳鉤」練習，稱手後才換了蚩尤劍。雖說還沒有達到公子虔那樣的火候，可也能熟練使用了。荊南是職業劍士，劍不離身乃行動鐵則，到河邊取水自然也是隨身帶劍。

就在荊南彎腰汲水的剎那之間，山石草叢中躥出了六支利劍，一齊向他猛刺。荊南並非先天聾啞，耳音極好，彎腰時已經聽見天月劍在劍鞘中隱隱振鳴。山石中劍風一起，他本能地左手出劍，一個圓弧向身後劃出。待他右手提起汲水皮囊轉過身子，六支長劍已經被齊齊削斷。荊南怒吼連聲，一邊教商鞅聽見提防，一邊追殺六名驚惶失措的刺客。從山石間靈敏異常的縱躍身手看，刺客絕非尋常劍士。但他們忌憚於荊南的天月劍，只有招架躲避之力。荊南將天月劍舞得一團光芒，劍風直達五六丈之外，刺客們不敢近前，荊南也無心追殺，舞著劍衝向商鞅身邊。

堪堪三丈之外，眼見蒙面人躍起擊刺，荊南一個飛擲，天月劍嘯音大起，滴溜溜一團白光電射飛擊，竟迎面截住了蒙面人的長劍。這本是彎劍的獨特手法，力道得當，彎劍可像圓形「劍餅」一樣疾飛勁射，劍光僨張，直如一輪明月。

商鞅也是第一次目睹天月劍的威力，不禁連連驚歎。

荊南哇啦哇啦地比畫一番，商鞅不禁陷入沉思。他知道荊南的意思，蒙面人的遁形術很是怪異。據他所知，只有楚國一個古老的鑄劍派才有，這撥刺客肯定和楚國有關。可是，楚國要殺他，會用如此手段麼？商鞅不能相信荊南的判斷，他的思緒飄得很遠很遠……

五、秋風山莊兩情長

白雪在崤山已經住了十三年。

崤山是一片奇特的山地。它西接函谷關內的桃林高地（註：桃林高地，函谷關內的高原山地，東漢時期設置的潼關即在這片高地上），東抵洛陽城外，北跨大河，南抵伊水上游，方圓數百里群山起伏林木蔥蘢。這片山地恰恰卡在魏、韓、秦、楚、周五國的交界地帶。雖是山地，但卻是「五邦通衢」的衝要。但奇怪的是，偏偏沒有任何一個國家在這片山地建立城堡要塞，竟是一片天下腹心的處女大山。

崤山本身雖然封閉，但出山百餘里，西北山口接著秦國函谷關，西南順洛水上游通秦國南大門武關，東面山口接韓國產鐵要地宜陽；東北出洛水河谷，可直達周室洛陽；北渡黃河百餘里，即是魏國安邑；南出山口，連著楚國熊耳山與伏牛山地帶的要塞南陽。也就是說，住在這片幽靜的連綿大山，向哪個國家去都不很遠，也都很方便。

崤山原本一直是魏國領土。在魏國占領秦國河西之地的歲月裡，崤山已經是魏國大後方了。相鄰的其他國家，根本無法與魏國爭奪崤山。秦國收復河西，並強迫魏國將崤山割讓給秦國以後，形勢陡變，崤山的位置頓時重要起來。對秦國而言，崤山是控制函谷關外數百里黃河渡口的一個天然屏障，同時也成為秦國東進的一個堅實跳板。對魏、韓、周三國而言，崤山則成為逼近胸前的一把利劍，插入腹心的一個楔子。對楚國而言，崤山則成為秦國正面壓迫楚國淮北地區的一座大山。如此一來，各國對崤山大為重視，紛紛向崤山腹地派出大量斥候，偵探地形與山民分布，準備隨時建立封鎖崤山出口的要塞。崤山頓時熱鬧起來了。

這種突兀的變化，白雪可是沒有料到。

當年，白雪忍痛離開櫟陽的時候，崤山還是魏國的「老西門」。白雪回到安邑後身孕反應很強烈，很想找個幽靜去處長住生養。按說涑水河谷的狩獵山莊是個好地方，可白雪總覺得涑水河谷離安邑太近，不安寧。魏國遷都後這裡又離趙國太近，很可能成為雙方拉鋸爭奪的兵家之地，不安全。自己需要的是一個遠離兵爭的安靜地方，距離都城的遠近，對她幾乎沒有作用。

梅姑和老總事反覆查找，才發現了崤山這座已經廢棄的山莊。這是老白圭按照他一貫的商戰傳統，針對洛陽周室、韓國宜陽以及楚國淮北，特意建立的貨物祕密儲存基地。白圭死後，白氏家族的長途商貿有所收縮，加上洛陽周室的購買力大大下降，崤山基地的儲運功能被函谷關內的桃林高地取代，這座崤山小城堡便廢棄不用了。

白雪對這廢棄的城堡頗感興趣，和梅姑、侯嬴專程去看了一趟，很是滿意這座城堡的隱祕幽靜：唯一的缺陷就是太大，又加荒廢日久，不能居住，修葺一新又很是費事。侯嬴知道白雪的心境，提出在廢棄城堡的旁邊山頭上新建一座小山莊，費事不多，住著又緊湊舒適。想來想去，白雪同意了。大半年後，崤山小寨建成了，坐落在老城堡旁邊的半山腰，一條山溪瀑布掛在中間，將新老莊園隔開。小寨淹沒在漫山遍野的密林之中，外人很難發現。白氏家族素來有建築祕密基地的傳統，將這座只有十多間房屋和一座倉庫的小寨，建得異常的堅固隱蔽。白雪很高興，將小寨取名為「靜遠山莊」。

進山之前，白雪將侯嬴、老總事和白氏家族的老功臣二十六人，全部召集起來做最後安排。她將白氏商家財產預先分成了三十份，兩份最大的交給了侯嬴和老總事，兩份較小的留給了自己和梅姑，其餘二十六份平均分給了二十六位老功臣。誰知當她一一分配完畢後，卻久久無人說話。

「諸位有何想法？是否白雪析產不公？」白雪笑問。

老總事面紅耳赤：「敢問姑娘，白門商家傳承百年，名震天下，未嘗入不敷出，為何卻要析產遣散？」

二十六功臣一齊拱手道：「我等效忠女主，不能析產毀業！」

侯嬴深深一躬：「姑娘不管有何想法，此舉的確不妥。姑娘縱然隱退山林，白門一千老人絕不會亂了陣腳。且不說姑娘即將臨盆，白氏後繼有人，僅僅這經營百年的根基毀於一旦，也是暴殄天物。敢請姑娘三思後行。」

「請女主三思後行。」功臣們一齊拜倒，滿堂的白髮頭顱都在顫抖。

「諸位快快請起。」白雪將要臨產，寬大的衣裙雖不顯過分臃腫，卻也難以彎腰一一攙扶，只有站在堂中連連擺手，「諸位起來，聽我說。」

老功臣們都在商旅滄海久經磨練，個個心細如髮，見女主行動大是不便，立即起來肅然站好。白雪歎息一聲道：「白氏商旅，到我手是第四代，一百多年。然我不善經商，也無心經商，數十年來從不過問白門商事。白門財富雖說以白氏為底本滋生，但也是諸位兢兢業業操持積累而來。先父曾說過，財貨如流，能禍能福，有心則當之，無心則散之。白雪志不在商，析產於諸位白門功臣，使白門商道遍及天下，未嘗不是好事。諸位既然堅持不肯接受析產，倒也可變通從事。今日析產份額不變，今後之商事即為諸位合產經營。你等公推一人主事，能合則合之，不能合則隨時分之。此乃兩全之策，免得我一朝有事，內部生亂，反倒壞了白氏聲譽。諸位以為如何？」

老功臣們齊聲道：「侯兄主事，老總事輔之，我等和衷共濟！」

「侯兄、老總事，看來得多勞二位了。你等就相機行事吧。」

「姑娘放心，白門商事堅如磐石，斷無內亂之憂。」侯嬴與老總事慷慨激昂地回答。

「守定商旅，等待新主！」老功臣們也是一片激昂。

白雪本來還想說什麼，終是沒有再說，默默地對眾人一躬，回頭走了。

倏忽十三年過去了，靜遠山莊已經在山風雨雪中變成了半老寨子，寧靜地隱匿在山林深處，消磨著悠長的歲月。

眼下正是仲秋時節，秋高氣爽，陽光照得滿山蒼黃，山莊外的小道上鋪滿了落葉。一個英武少年正從瀑布旁邊的山坡上飛跑下來，在嶙峋山石間飛縱跳躍，滿頭大汗依然不停。猛然，一隻蒼鷹從山巒掠過，在少年頭頂盤旋鳴叫。少年停止了跳躍，端詳一陣，迅速摘下背上的木弓，又從箭壺中拔出一支羽箭搭上，引弓滿射，羽箭「嗖」地嘯叫著飛向天空。但聞黑鷹銳聲長鳴，振翅高飛，那支羽箭眼見就要貫穿鷹腹，卻怏怏地掉了下來。少年氣得跺腳直跳，將木弓狠狠摔向山石，木弓「啪」地斷為兩截。少年想了想，又撿起斷弓，向山莊飛跑而來。

少年猛然撞開了虛掩的大門，院中一個女子驚訝道：「子嶺，何事慌張？」

「梅姨，我要鐵弓。這木弓勁力太差！」

女子笑道：「喲，嚇梅姨一跳。你有多大勁兒，木弓不能使了？」

少年將斷木弓撂到石案上，氣鼓鼓地不說話。

女子走近一看，大吃一驚：「這是上好的桑木弓也，你拉斷的？」

少年頑皮而又得意地笑笑，「如何？梅姨，該給我換鐵胎弓了。」

女子驚喜地向著正屋叫道：「大姊大姊，快來看吔。」

「有事啊？」一個不辨年齡的女子出現在寬大的廊下，寬鬆曳地的綠色長裙，高高綰起的髮髻上橫插了一支玉簪，手中拿著一卷竹簡，瀟灑隨意中別有一番書生名士的英秀之氣。她就是隱居了十三年的白雪。

聽見喊聲，她走出廊下笑道：「梅姑，一驚一乍的，值得看麼？」

「大姊你看，子嶺將桑木弓拉斷了吔！」梅姑將斷了的木弓遞給白雪。

白雪接過斷弓端詳：「子嶺，如何便拉斷了？」

「回母親，子嶺射一隻山鷹，這弓力不濟，山鷹飛走了。孩兒生氣，將桑木弓摔斷了，不是拉斷的。」少年昂首挺胸高聲回答。

「究竟是桑木弓不濟，還是你膂力不濟？得試試看。梅姑，取那張良弓來。」白雪很平靜慈和，但卻絲毫沒有溺愛神色，倒更像老師對待學生一般。

梅姑已經拿來了一張鐵弓和三支長箭遞給白雪，白雪指點著弓箭道：「子嶺，這是你外祖留下的弓箭。弓叫王弓，是威力最強的硬弓。箭叫兵矢，是能穿透三層鎧甲的利箭。你只要能將這張王弓拉開兩三成，這王弓就是你的了。」

梅姑笑道：「大姊，既然試射，就用尋常箭矢吧，兵矢飛出去找不回來，可惜了。」

「不行。」白雪搖頭，「尋常箭矢重量不夠，試不出真正的膂力。再說，他能射多遠？自己找回來就是。子嶺，來，到門口試射。」

少年接過弓箭，大步赳赳來到山莊門外。靜遠山莊原處在山腰密林，出門一條石板路，路外就是寬約百步的幽深峽谷，對面山體上的白色岩石清晰可見。白雪指著山莊一側五六十步開外的一段枯樹：「子嶺，就射那棵枯樹。」

「不。」少年搖搖頭，「枯樹豈配王弓？我要射對面白岩上的那塊黑圓石。」

遙遙看去，峽谷對面的白色岩石上突出著一塊黑色石頭。目力所及，大約也就是拳頭大小，雖說比箭靶中心的鵠的稍大，但卻比整個箭靶小了許多。若在平地，這倒也是考校箭術的正常距離。但這是一道峽谷，那強勁的谷風對箭矢的影響可是極大，大約尋常將軍也不一定能將箭矢送過這樣的峽谷，更不要說這樣一個少年。

梅姑驚歎：「吔，不行不行！我看都看不清，還是射枯樹。」

白雪雖不精通射技，但對劍術武功畢竟有扎實的功底。她覺得，兒子目下的狀況無論如何也射不過這道山風習習的峽谷，雖說是壯志可嘉，但太過誇口，也是一種很不好的毛病。她素來是明睿聰慧，知道這種指正只能在兒子試射失敗之後，而不能在前，否則他絕不會服氣。心念及此，她淡淡笑道：「子嶺，只要你能射過峽谷，不管觸山與否，都算成功。」

少年沒有說話，咬緊牙關，拈弓搭箭，左腿筆直地斜線蹬開，右腿曲蹲成一個結實的弓形；左手持弓，「嗨」的一聲，右手扯動弓弦，但聽皮裏鐵胎的王弓響起了細微的咯吱聲，王弓倏忽張開成半月之形。少年一奮力，王弓竟漸漸拉成將近滿月之形。這在弓法上是「九成弓」，距離滿弓僅有一成力道。白雪梅姑興奮地屏住呼吸，比自己開弓射箭還要緊張。

少年雙目炯炯地瞪視著峽谷對面，猛然放箭，只聽一聲尖銳的嘯叫，長長的兵矢流星般穿過峽谷。但聞「轟隆——」一聲，白色山岩上突出的那塊黑石便帶著一陣煙塵，滾落到深深的峽谷之中。

「采也！子嶺成功了！成功了！」梅姑拍手笑著跳著高聲喝采。

白雪長長地舒了一口氣，笑道：「好。這張王弓歸你了。」

「謝過母親！」少年興奮地跳了起來，「我給母親獵一隻野羊回來！」說著飛快跑向了山莊後的密林。

「子嶺，早點兒回來！」梅姑在身後高喊。

「哎，曉得。」山坡密林中遙遙傳來少年子嶺的清脆聲音。

白雪笑笑：「教他去。」便和梅姑進了山莊，又坐在石案前展開那卷竹簡看了起來。

梅姑問：「大姊看甚書？忒般認真？」

白雪笑道：「你猜猜。」

梅姑頑皮地眨眨眼：「莫不是大哥的書？」

「梅姑果然聰明。正是前日侯嬴大哥派人送來的流傳抄本，是他前些年寫的。」

梅姑神祕地笑笑：「大姊吔，你說大哥該不會忘了我們吧？如何還不回來？」

白雪擱下竹簡笑了：「是麼？那就休了他，教他當那個破官兒去。」

「休了男人？大姊，虧你想得出！」梅姑咯咯咯笑個不停。

猛然，響起了「篤篤篤」敲門聲。梅姑一陣驚喜，衝過去拉開門，卻呆呆地怔在那裡。

「山中遊士，討口水喝。」一個藍布長衫鬚髮灰白的人，臉上蒙著一方面巾，手中提著一口短劍，蒼老嘶啞的聲音很是刺耳，「多有叨擾，敢請包涵。」
梅姑回過神來，怏怏道：「不妨事，請進來。」
藍衫蒙面者走進大門，白雪起身拱手道：「客人光臨，多有榮幸，請上屋入座。」
「秋日如春，庭院涼爽，不必進屋叨擾。」藍衫蒙面者謙恭作禮。
白雪道：「也好。梅姑，搬一罈老酒來，請先生解渴。」
梅姑頃刻間搬來一罈陳年清米酒，又用托盤端來一盆燉兔肉，自到一邊忙碌去了。白雪道：「先生請自飲。我清茶作陪了。」
蒙面人道：「鄙人相貌醜陋，不敢示人，敬請先生迴避。」
白雪笑了：「貌相乃父母天賜，何須自愧？先生若不介意，但請取下面巾痛飲無妨。」
「先生高風，得罪了。」藍衫人摘下面巾，一張紅赤赤臉龐赫然現出，活像被人生生揭去了面皮，令人望而生畏。
白雪一驚，竹簡不自覺搗住了嘴沒有出聲。遠處的梅姑卻驚訝得「啊」了一聲。
藍衫人彷彿沒有聽見，自顧痛飲大嚼。
正在此時，虛掩的莊門「咣噹」大開，少年子嶺氣喘噓噓滿面大汗地撞了進來：「娘！野羊！」舉起手中一隻肥大的黃羊，「快看，箭射在脖頸上了！」
梅姑已經聞聲跑來接過黃羊：「快來洗洗，熱死了吔。」
白雪高興道：「好，子嶺有功，正好犒勞客人。」
少年怔怔地看著院中藍衫人：「娘，他是誰？」
白雪笑道：「子嶺，這是一位過路客人。該向先生行禮。」
少年天真地笑了：「啊，是客人，我當是……」卻硬生生收住口拱手行禮，「客人先生，本莊少主人有禮了。」老聲老氣，逗得白雪、梅姑和藍衫人都笑了。
「在下山中遊士，見過小公子。」藍衫人目光盯在了少年臉上。
「先生，小兒有何不對麼？」白雪注意到藍衫人的目光有異。
藍衫人歎息一聲：「不瞞先生，貴公子與我舊時一個老友之相貌神韻酷似，使在下油然感懷。敢問先生，夫君高名貴姓？」
「先生可否見告，你那位老友高名貴姓？」白雪微笑地看著藍衫人。
「在下遊歷二十餘年，滄海桑田，故人的姓名卻是記不得了。」
「先生既已忘卻故人名姓，我說出來亦是無用，是麼？」
藍衫人點頭感慨：「正是正是，原是在下唐突。先生，告辭了。」
少年卻突然走近藍衫人道：「先生，你這臉龐生得有趣，是生來如此，還是猛獸傷害？」
藍衫人大笑，沙啞淒厲的聲音像一頭怪梟：「快哉快哉！老夫生平第一次聽人說，老夫面相有趣！小公子，這是比虎狼還要厲害的猛獸所傷，記住了？」
「那你報仇了麼？」少年興致勃勃。
「還沒有。然老夫的心卻沒有死。告辭。」藍衫人一拱手，逕自出門去了。
梅姑去掩門，卻驚訝地站在門口不動。白雪問：「梅姑，怎麼了？」梅姑掩門回身，面色蒼白道：「那人剛出門就不見了蹤影，鬼魅般消失了，好怪異！」
白雪點點頭沒有說話，沉思良久，低聲吩咐：「放出信鴿，請侯嬴大哥來一趟。」
梅姑答應一聲，跑向庭院深處。片刻之後，一隻黑色的鴿子沖上藍天，帶著隱隱哨聲向東飛去。
放走信鴿，梅姑吩咐兩個僕人幫著興致勃勃的子嶺殺那隻野羊，自己便去廚下打點整治，要為子嶺的箭術膂力慶賀一番。白雪卻一直在後院望著遠山出神，思忖今日這個不速之客的來路，為商鞅擔心，偏又勾起了濃濃的思念。十幾年來，她每天都要在這裡站上一兩個時辰，望著遠山踱步，方圓丈許的草地都被踩出了硬土。夕陽將落的時分，庭院中飄來濃郁的肉香，白雪知道野羊已經燉好了，不想教梅姑或兒子看見自己癡癡凝望的樣子，信步來到前院。

「篤篤篤」，又是敲門聲。

梅姑正在收晾曬的衣服，回頭看著白雪做了個鬼臉笑道：「吔，侯贏大哥忒快嘛。」

子嶺衝過來道：「梅姨，我來開門，我不怕。」

白雪慈愛地笑道：「喃，子嶺長大了，那就去。」

梅姑不自覺拿起石案上子嶺的短劍，跟著子嶺來到門後。大門「咣噹」拉開，子嶺粗聲大氣問：「敢問何方人士？」梅姑不等門外回答，在子嶺身後道：「本莊夜晚不留客人，敢請務必見諒。」

暮色中，門外響起一個熟悉的嗓音：「梅姑，不記得我了麼？」

梅姑驚訝地一個箭步衝到門前，見門外兩人一黑一白，都是長鬚飄飄，白衣人正對著自己親切地微笑。梅姑猛然醒悟，衝回院子高聲叫嚷：「大姊大姊，快來呀，大哥回來了！大哥回來了！」

子嶺怔怔地擋在門口：「你是何人？梅姨那麼高興。」

門外人笑道：「你是子嶺麼？如何不教客人進門？」

子嶺認真搖頭：「沒問清白，不能擅入我家。」

門外人點頭笑道：「挺認真，小將軍似的，問吧。」

子嶺一點兒不笑，一副大人氣魄：「姓甚名誰？從何處來？所為何事？」

門外人微笑答道：「姓衛名鞅，從咸陽來，為了找你，找你娘，還有梅姨。」

少年子嶺有些茫然：「衛鞅？噢，我好像聽說過這個人……娘。」一轉身，不禁驚訝失色，「娘？你如何哭了？」

白雪早已來到門後，聽著父子二人的對話，按捺不住心潮起伏，不禁淚流滿面道：「子嶺，他就是，你的父親……鞅，你終於回來了。」一下子撲到商鞅肩頭……

少年子嶺的臉憋得通紅：「梅姨，他，他是我的父親麼？」

梅姑擦著眼淚笑道：「蠢！父親還有假？」

子嶺噗通跪倒叩頭：「孩兒白子嶺，參見父親大人！」

商鞅樂得大笑，一邊揉眼睛，一邊扶起已經長過自己肩頭的少年，「參見？大人？禮數滿大也。來，教我看看！好，精氣神都不錯，快長成大人了，啊！」

說話間，梅姑已經幫荊南將兩匹馬牽了進來拴好，邊餵馬邊親熱地和荊南比畫著又笑又叫。荊南也高興得「啊噢」不斷，夾七夾八地既比畫著路上的經歷，又訴說著莫名的興奮。少年子嶺被驟然降臨的父親誇獎得紅著臉侷促地笑著，有些不知所措。白雪走過來高興地攬著父子二人的肩膀：「有話慢慢說，走，進屋。梅姑、荊南，進屋了。」梅姑高興地答應一聲，拉著荊南走進正屋大廳，又飛跑出去吩咐兩個僕人準備接風酒宴，又飛快地捧來茶水，忙得像隻穿梭的小燕子。荊南也乾脆跟著她忙前忙後地張羅。少年子嶺想了想，說要從地窖取酒，也跑到院子忙去了。

白雪和商鞅坐在大廳，默默相望打量，千言萬語一時不知從何說起。

怔怔地看著闊別十三年的商鞅，白雪明顯感到了他身上凝聚的滄桑風塵。昔日英挺白皙的商鞅，臉上已經是膚色粗黑，溝壑縱橫，長鬚垂胸，兩鬢染霜了。一個剛剛年過四十歲的男子，正是如日中天的時候，卻顯出一種比同齡人要蒼老得多的面容。不用問他受了多少辛苦，僅僅從那種不能掩飾的疲憊感，就能體察到他的曲折艱難和嘔心瀝血。

商鞅也靜靜地望著白雪，覺得她依然那麼美，美得動人，灑脫爽朗的英氣中沉澱出一種深沉的風韻，披肩的長長秀髮變成了高高綰起的髮髻，圓潤秀麗的臉龐和窈窕的身軀略微豐滿了幾分，就像中天的一輪明月，舒緩安詳，而又明豔無比。那雙永遠如澄澈湖水般的眼睛，依舊噴發著火熱的光芒，只有那從眼角延伸出去的細細的魚尾紋，才銘刻著如縷如絲的漫長歲月對她青春年華的劃痕。一個正值青春年少的女子，要在人跡罕至的山林中寡居獨處，僅僅依靠情感的堅貞，是無法消解那如火如荼的本能衝動的。只有白雪，憑藉著出類拔萃的家世給予她的胸襟、品性、學問、見識，才錘鍊得出這種「久經滄海，難為一瓢之飲」的高貴氣度。也只有這種並非刻意追求操守，而本著一種境界飛升的高遠情愫，才遠遠超越了塵世尋常的堅貞節烈，才能駕馭自己的靈與肉達到至美的昇華。

默默相對的凝望中，商鞅的靈魂又一次顫抖起來。

這日晚上，商鞅生平第一次喝得醉態可掬，給每個人敬酒，給兒子唱激越悲涼的秦地歌謠，撮合著要梅姑嫁給荊南，不斷摟著白雪和兒子開懷大笑。白雪非但沒有絲毫的阻攔，且滿面春風地與他頻頻共飲，也喝得滿臉酡紅，笑得高高的髮髻也散了開來。荊南忘形地呼喝著向子嶺教習劍術，梅姑則忙得陀螺般斟酒勸酒，終於也喝得咯咯咯笑個不停，頑皮地比畫著要荊南叫自己姊姊。少年子嶺第一次沉浸在如此無拘無束的天倫之樂中，高興得不斷要求顯示自己的學問和功夫，背《詩》背《書》，舞劍奏琴，繪聲繪色地講述自己的箭術，不時引來滿堂哄笑……

直到雄雞高唱，東方發白，靜遠山莊才安靜下來。

一覺醒來，已經是紅日西沉了。商鞅覺得從未有過的心曠神怡。窗外一抹晚霞，山間林濤隱隱，流泉飛瀑，鳥語花香。商鞅大睜著眼睛躺在臥榻，好像在夢中畫境一般，竟然不想坐起身來。聽聽院中有白雪她們的低聲笑語，商鞅還是揉揉眼睛坐了起來，穿上榻邊放置整齊的寬大衣衫，乾爽舒適，再蹬上精緻寬鬆的木屐，散髮赤腳，真個是通體輕鬆滿心愜意。商鞅情不自禁地伸了個懶腰，長長地打了一個響亮而又興奮的呵欠，信步走出大廳。

「起來了？」白雪笑吟吟地走了過來，「棚下坐坐，子嶺採了一大筐野果呢。」

梅姑老遠地笑嚷著：「吔，姑爺大哥變成山老爺子了！」「要知逍遙事，唯到山中住。姑爺大哥我，可是做定山老爺子了。」商鞅的木屐踩在院中石板上，清脆的梆噹聲夾著笑聲，一副悠然自得。

白雪笑道：「都昏了頭，又是姑爺，又是大哥，做新郎似的。」心中卻溢出一股濃濃的甜意。誰能想到，冷峻凌厲素來不苟言笑的衛鞅，能有在她身邊的這般本色質樸？這般鬆弛散漫？這般明朗閒適？

商鞅踱步到竹席棚下的石墩坐下，梅姑端來兩大盤洗乾淨的山果，紅黃青綠的煞是好看。白雪拿來一柄小刀坐在他身旁，將山果剝殼削皮地一個一個遞給他。商鞅怡然自得地吃了一大堆，笑道：「呀呀，真做田家翁了。」白雪笑道：「做田家翁不好麼？」商鞅連連點頭：「好好好。」卻收斂笑容認真說道：「哎，知道我這次回來要做的事麼？」白雪微微一笑：「要接我們回咸陽？」商鞅道：「這可不是我的主意。」白雪笑道：「你敢麼？自然是熒玉的主意了。」商鞅哈哈大笑一陣：「我的想法，本來是立即辭官隱居，教熒玉一起到崤山來先住一段時光，然後我們就泛舟湖海了。熒玉卻一定要你先回咸陽，聚一段時日再走。正好秦公身體不佳，我一下就走，也脫不開身，就依了這個主意。」白雪點頭思忖道：「也好。只要主意定了，自然要緩緩脫身。掌權二十多年，國事總得有個交代。」

商鞅高興，就滔滔不絕地將這些年的大事逐一說了一遍。白雪聽得很認真，直到商鞅說到河西大捷，白雪才幽幽地歎息一聲：「魏國也敗落得忒快了。好端端一個強國，就如此葬送在這班君臣手裡了。身為魏人，慚愧也。」商鞅大笑道：「我那個衛國，不更教人慚愧？幾個縣的地面，都快完了。列強競爭，同是華夏大族，誰強大，誰就統一。此等紛爭稱雄的局面，絕不會長久。可不要抱殘守缺，做伯夷叔齊也。」

白雪笑了：「抱殘守缺，那是貴族的毛病。庶民百姓，可是誰給好日子就擁戴誰，我不操心。」說著說著，已是明月掛在了樹梢。梅姑拉著荊南和子嶺幫忙，將飯菜山果擺在了棚外的另一張大石案上，對著天中一輪秋月，五個人邊吃邊說，又到了三更天。

子嶺突然指著大門：「聽，有人！」

習習谷風中隱隱可聞馬蹄沓沓，緊接著就是一聲悠長的呼哨。

「侯嬴大哥！」梅姑站起來就去開門。

商鞅驚喜地迎到門外，月色下的山道上一騎駿馬飛馳而來，馬上騎士迎風展開的黑斗篷就像一隻巨大的山鷹。片刻之間，駿馬飛到。商鞅鼓掌大笑：「侯嬴兄，別來無恙也！」騎士聞聲下馬，疾步高聲：「啊呀，鞅兄麼？真是做夢一般哪！」兩人在山崖邊交臂而抱，你看我我看你感慨不已。荊南連忙趕出來參見老主人，侯嬴看著這個一臉粗硬鬍鬚的威猛壯士，又是一陣唏噓感慨。白雪出門笑道：「侯兄，我也沒想到他恰恰就回來，你等三人有情分。進去吧，別在門外絮叨了。」

回到庭院，重治酒席，又是一番相逢痛飲。明月皎潔，商鞅侯嬴眼見對方都已經兩鬢染霜，不由說起初次在櫟陽渭風客棧相聚時的青春意氣，一時淚光瑩瑩。敘談良久，侯嬴問起白雪信鴿傳書的原因，白雪這才將那個怪異客人的事說了一遍，懷疑這個怪異客人與商鞅有關，想請侯嬴查查這個人。商鞅也感到驚訝，他本來不想將路遇刺客的事告訴白雪，此時見兩件事顯然有關聯，便將洛水河谷遇到突然襲擊的事說了一遍。

「如此說來，那個蒙面人與這個蒙面人，是一個人？」白雪驀然警覺。

侯嬴思忖道：「正是。這個怪人，定然長期在這一帶大山活動。魏國想謀害鞅兄麼？」

「不像。」白雪搖頭，「魏國目下沉淪，不會對秦生事。」

「那就該當是仇人。鞅兄可有夙仇？」

白雪道：「他這個人，生平無私怨，有也是公仇。」

商鞅沉思有頃，心中猛然一亮：「難道，是他？」

「誰？」白雪與侯嬴一齊問。

「原太子傅公孫賈。他當年與公子虔一起服刑，放逐隴西。我聽此人聲音頗熟，一時沒想起來。」

侯嬴道：「對，一個人相貌可以變化，嗓音變不了。」

梅姑有些茫然：「秦法那麼嚴明，放逐的罪犯能逃得了？」

「那得看是誰。」白雪問，「公孫賈劍術武功很高明麼？」

商鞅思忖道：「公孫賈原是文職長史，縱然有劍術武功，也是略知一二罷了。對，從這一點說，又不像。這卻奇也。」

侯嬴道：「劍術武功在成年突進的事，也是有過的。假若此人逃遁後有奇遇，也未嘗不能成為劍道高手。」

「我看這樣，」商鞅道，「目下此人對我尚無大礙，然對山莊有威脅。侯嬴兄可訪查峭山一帶，看看有無神祕人物藏匿。雪妹她們跟我回咸陽。走前這一段時日我都在，不會有事。回咸陽後，我立即下令查清此事。」

「我看也是如此。」白雪也笑道。

「好。那我立即動手。峭山是白氏的老根基，好查。」侯嬴聽說白雪要跟商鞅回咸陽，心中很是高興，「哪天走？我來安排行程事務。至少得幾輛車呢。」

「一個月後了。」商鞅笑道，「也和侯兄多多痛飲幾次。」

「快哉快哉！我也是如此想，來，乾！」

「乾！」兩人舉起大碗，一飲而盡。

次日清晨，商鞅還沒有起來，侯嬴已匆匆走了，留下的話是，十日後再來回話。白雪知道侯嬴俠義情懷，要急著去查峭山地面的可疑人物，挽留不住，也只好教他走了。商鞅晚來和白雪纏綿到天亮方才入睡，午時醒來，見侯嬴已去，興致勃勃地和白雪、子嶺到山中覽勝去了。回山莊時天已傍晚，落日餘暉下，但見迂迴曲折的山道上一騎黑馬直奔山莊而來。子嶺高興地叫起來：「娘，又是馬！父親一回來，深山都熱鬧了。」

白雪臉上卻掠過一絲陰影，心中不禁一陣猛跳，來人顯然不是侯嬴，會有何等事？片刻間馬到莊前。騎士飛身下馬，對商鞅拱手道：「稟報商君，景監上大夫緊急書簡！」說著從馬背革囊中取出一卷密封的竹簡，雙手呈上。

商鞅心中一沉，立即打開竹簡，眼光一瞄，臉色就陰沉下來。那竹簡上只有一行大字：「君上病倒，君宜還都。私信告知，君自決斷。」商鞅將竹簡遞給白雪。白雪一看，不禁愕然，但瞬息之間已平靜下來。她知道，景監作為上大夫，是商鞅的忠實同僚，一定是秦公不許告知商鞅，而景監又覺得必須告知，才用了私人書簡的方式。若事情不急，如何能動用官府的快馬特使？這種關鍵時候，能阻攔他麼？

略一思忖，白雪輕聲道：「那就回去了。我們隨後來。」

商鞅看了白雪一眼，回頭對使者道：「回覆上大夫，我明日起程，後日可到咸陽。」

「是！」信使答應一聲，翻身上馬，杳杳下山。

這一夜，靜遠山莊異常寧靜，只有那間臥房的燈火亮到了東方發白。

六、病榻上的秦孝公怦然心動

秋風一起，秦孝公突然病倒了。

病勢來得莫名其妙，先是突然高燒了兩次，太醫剛剛一用退燒藥，就突然好轉了。剛剛被秦孝公接回來的太子嬴駟，急得寢食不安，晝夜守候在寢宮之外。秦孝公又氣又笑，訓斥了嬴駟一頓，命他回太子府加緊熟悉國事，不要小兒女般矯情。前些天，秦孝公已經從熒玉口氣中隱隱約約猜到了商君要辭官歸隱的打算。雖然他一萬個不想放商鞅離開，但卻不能不做萬一的打算。他要教太子嬴駟恢復一段，看看他究竟是垮了還是成了？再看他能否挑起日益繁重的政務。當此之時，不能教嬴駟在這些小事上太過拘泥，一味地盡禮數。

誰知剛剛過了三五天，秦孝公就突然不能下榻了，渾身痠軟，厭食厭水，癱在了榻上一般。太醫令李醯大急，帶領六名白髮蒼蒼的太醫府高手在榻前輪流診脈，整整兩個時辰過去，面面相覷，卻說不出病因，也不敢開方。李醯急得大汗淋漓卻又束手無策。秦孝公笑了：「去吧，想想再說。天數如此，急也無用。」

景監聞訊進宮，主張立即召回商君應急。秦孝公只是搖頭：「莫急莫急，也許幾天就又好了。二十餘年，商君未嘗閒暇一日，剛剛離開幾天，就召他回來，豈有此理？國中政務，上大夫先主事。」誰知過了十多日，秦孝公非但不見好轉，反而急遽消瘦，日進食量竟只有原先的兩成不到了。景監真著急了，明知對秦孝公說也無用，就私下寫了書簡，當作官府急件「逢站換馬」，報知商鞅。

這次，太子嬴駟沒有哭泣著堅持守在病榻前。

上次秦孝公的嚴厲訓導，打消了嬴駟殘存的一絲脆弱，也抹去了他重新回宮開始一段時日的惶惑與無所適從。就像當初剛剛離開櫟陽對村野民居生疏茫然一樣，乍然回宮，他對壯闊瑰麗的咸陽城和咸陽宮陌生極了，好像夢幻一樣。長期的村野磨練，已經使他適應了粗糲的生計，宮廷少年的嬌氣任性和俊秀瀟灑，早已消失得無影無蹤。現下的嬴駟，粗黑壯碩穩健厚重，正是老秦人所喜歡的那種成年男子漢的體魄。然則，長期的隔絕，使嬴駟對公父、太后、公主姑姑都陌生了，見了他們總覺得侷促不安，應對總是不得體。見了朝臣也感到生澀，甚至不知道如何自稱才好。受到公父的斥責，嬴駟清醒了，他明白了公父的意思，做人做事要大局為重，要有自己的真見識；看別人臉色說話，揣摩別人心志行事，永遠都沒有出息。他猛然警悟了，恍惚感頓時消失了。長久的磨練，不正是為了證實自己是可以造就的麼？如今歸來，正事沒做一件，兀自惶惶不安，想起來真是不可思議。

嬴駟回到府中，將自己關在書房，一連半個月沒有出門。

今日清晨，嬴駟進宮，他要鄭重地向公父呈上自己獨特的禮物。此刻他非常清楚，突然病倒的公父，最需要的不是榻前守候，而是真實地看到自己的兒子已經磨練成一個堪當大任的儲君。

進得宮來，嬴駟覺得氣氛有異。侍女內侍，個個都是神色匆匆。看看身後抬著大木箱的兩個僕人，嬴駟不由加快了腳步。到得寢宮門前，卻見太醫令李醯和幾個老太醫神色鄭重地爭辯不休，上大夫景監和國尉車英也在一邊低聲交談，沒有人看見他，自然也沒有人過來行禮參見。嬴駟沒有理會這些，徑直進入。第二道門前，白髮蒼蒼的黑伯靜靜地肅立著，眉頭緊鎖。嬴駟低聲問：「黑伯，公父梳洗了麼？」黑伯點點頭，默默領他走進寢室。

嬴駟走近榻前，不禁心中一驚，正當盛年英華逼人的公父已經變得枯瘦羸弱，完全沒有了昔日光彩。嬴駟心中一酸，低低叫了一聲「公父」，淚水已經溢滿了眼眶。

秦孝公睜開眼睛打量著嬴駟，明亮的目光絲毫沒有病態。他指指榻側繡墩，卻沒有說話。嬴駟深深一躬道：「公父，嬴駟帶來了這些年的心得，想請公父批閱斧正，又擔心公父病體能否支撐？」

「你寫的文章？快，拿過來。」秦孝公顯得有些驚訝，更多的顯然是高興。

嬴駟回身吩咐：「黑伯，教他們將木箱抬進來。」

黑伯點點頭，走到寢宮大門，吩咐兩個僕人放下木箱回去，右手抓起捆箱的大繩就提了進來，輕輕放到榻前，又利落地解開繩套打開木箱。嬴駟第一次看見黑伯如此驚人的膂力，不由大奇。要知道，一大箱竹簡足足有三百多斤重，而黑伯卻是一個白髮蒼蒼的老者，而且只用了一隻右手。

秦孝公笑道：「黑伯，教太醫大臣們都回去，各司其職，不要再天天來了。」黑伯答應一聲走了出去。秦孝公回頭又道：「駟兒，你先回去，明日再來。」嬴駟看看公父，想說話卻又沒說，深深一躬，步履沉重地走了。

嬴駟一走，秦孝公便教黑伯找來一張木板支在榻旁，將木箱內的所有竹簡都擺在了木板上。竹簡一擺開，立即散發出一股濃濃的腐竹氣息和汗腥霉味。秦孝公一眼看去，便知道這些竹簡完全是一個生手削編的。竹片全是山中到處可見的低劣毛竹削成，長短大小薄厚參差不齊；編織得更是粗糙，尋常用的麻線上生滿了霉點兒，有不少簡孔已經被麻線磨穿，又有不少麻線被帶有毛刺的簡孔磨斷；幾乎每一片竹簡都發黃發黑，有汗漬滲透的霉腥味和斑斑發黑的血跡，和竹簡工匠們削製、打磨、編織的上好青竹簡相比，這簡直是一堆破爛不堪的毛竹片子。但秦孝公卻看得心潮起伏，眼中潮濕。他知道，這只能是嬴駟自己製作的竹簡。一個宮廷少年，且不說堅持自己執刀刻簡——在宮廷中，刻簡是由專門的「文工」完成的，國君與太子只要將文章寫在竹板上就行了——就是經常性的砍竹、削片兒、打孔、編織，也需要多大的毅力去做啊。這一大箱竹簡，每一片都滲透了嬴駟的汗水與辛勞。不說內容，單就是這種精衛鳥兒般的喋血精神，也使人真切感受到了一個苦行少年的驚人意志。

秦孝公怦然心動，閉上眼睛，任由兩行細淚從眼角緩緩滲出。

一天一夜，秦孝公沒有睡覺，一刻不停地看完了嬴駟的全部手記。黑伯勸他歇息片刻，他卻笑道：「整天躺著睡，還嫌不夠麼？」一健旺飽滿的神態，使人無論如何想不到他是一個臥病不起的人。

嬴駟的手記竹簡分為三類：一類是所經郡縣的地形、人口、城堡、村莊的記載；一類是變法後民生民治狀況的變化；一類是自己的思考心得。秦孝公最感興趣的是嬴駟自己的心得手記，將那幾篇文章反覆看了五六遍。其中有一篇的題目是〈治秦三思〉，秦孝公拿著它手不釋卷地琢磨，良久思忖著。已經是紅日臨窗了，黑伯進來收拾燭臺，秦孝公方才放下竹簡想睡一會兒，但一閉上眼睛，眼前就浮現出破舊發霉的竹簡和那耐人尋味的篇章：

商君之後，治秦不易。法度已立，邦國富強，秦風大變，公戰大興。然則國有三虛，不可不思。一曰法治根基未堅，二曰復辟根基未除，三曰多有窮鄉僻壤，財貨實力不足以養戰。治秦之途，首在固法強本，次在除惡務盡，三在墾發窮困以長財貨。有此三綱，秦國當立於不敗，可放手與東方周旋。治國安邦，慎之慎之……

秦孝公感到了一絲寬慰，緊繃的心弦略微放鬆。作為國君，他只有這一個兒子，而對這個唯一的兒子，他卻實在把握不準。在嬴駟獨自磨練的時期，他曾經閃現過一個念頭，趕快將玄奇找回來大婚，再生一個兒子繼承大業。可幾次到陳倉河谷，那個小莊園都塵封無人，派人打探，方知老墨子高年臥病，所有骨幹弟子都聚集在神農大山，整理老墨子的一生言行和未成形的論著。孝公對墨家很是了解，也知道老墨子行事神祕，統轄墨家的方法歷來是一人獨斷。在墨家這種行動性學派來說，也是迫不得已的事情，它確保了老墨子的絕對權威和墨家子弟在行動中的高度一致，這是其他任何學派都不能望其項背的。

但是，這也帶來了其他學派所沒有的許多麻煩。最大的麻煩，就是對老墨子身後地位權力的繼承。老墨子的四大弟子，個個都是文武全才，在天下有很大名聲的「高義飽學之士」，也都各有一批忠實的信徒。論資歷才智，大弟子禽滑釐當然是首選。然則禽滑釐偏偏少了老墨子的胸懷境界和人格魅力，許多次大事都處置得議論紛紛。尤其是對秦國行動，查勘粗糙，判斷見識都不到位。秦孝公隻身闖墨家總院時，老墨子只得親自出面，才使墨家在對待「暴政」上有了一個大的轉折。如此一來，非但禽滑釐威望下降，更重要的是，墨家內部也更加分化，老墨子可謂難矣！

由於玄奇在對秦國事務中坦然誠實，且表現出卓越的見識與膽略，不但老墨子倍加鍾愛，許多墨家弟子也衷心敬佩，隱隱然又形成了一個「第五墨家」。縱然玄奇灑脫散淡對權力毫無興趣，然則從小就以墨家為家園，身處其中，植根其中，自己的一言一行都關乎追隨者的利害得失，遇到分歧不可能不說話，想擺脫也擺脫不了。老墨子年高臥病，竟出人意料地指定玄奇主持編撰《墨子》大書，使玄奇驟然間成為墨家矛盾衝突的交會點。玄奇既不能拒絕終生敬佩的老師的重託，又對內部錯綜紛紜的微妙衝突不得不小心翼翼地平衡撫慰。

在這樣的關鍵時刻，能教玄奇從墨家脫身麼？縱然是兩情深長，又如何驟然脫得千絲萬縷的「業絆」？秦孝公身為一國之君，最能體味這種身不由己的牽絆，也深深理解玄奇此時的困境，長吁一聲，只好將大婚的願望暫時擱置了。幾次突然發病，孝公雖然表面輕鬆無事，實際已經有所警覺，閃過的第一個念頭就是「可能已經沒有機會大婚生育了」！有此警覺，他甚至想過在嬴氏宗族中另外挑選一個有為青年做太子，也閃過念頭，抱養熒玉和商鞅的兒子……念頭歸念頭，秦孝公稟性堅忍不拔，在沒有清楚嬴駟的魚龍變化之前，他的任何念頭都只是永遠地埋藏在心底。

自從商鞅提及，接回嬴駟之後，秦孝公也沒有急於對兒子進行終日教誨，而依然和他不疏不密，讓他自然地熟悉離開太久的宮廷，漸漸彌補這長期隔離造成的陌生。更重要的是秦孝公明白，一個人已經長到了三十一歲，能否擔當大任，絕不是終日教誨所能解決的。將近二十年的磨練，如果嬴駟還不成器，那也是無可奈何的事情了。雖然秦孝公想到了最壞的可能，但在兒子最終暴露真實面目之前，他的那一絲希望始終都沒有破滅。他沒有和嬴駟認真長談過一次，也沒有一次主動問起嬴駟的磨練心得。他以為，嬴駟選擇何種方式顯出曾經滄海後的本色，這對嬴駟也是一個考驗。

事實說明，嬴駟做得很好，甚至可以說很出色。

秦孝公想過許多可能，但確實沒有想到，兒子的磨練竟是如此認真如此刻苦如此用心。這個嬴駟，是嬴氏歷代嫡系長子中唯一沒有軍旅經歷的儲君。在秦國，這是一個很大的缺失。因為這將直接關涉軍旅將士對他的敬重和他對軍旅的控制。秦孝公少年征戰，幾年中就成為軍中有數的名將，對秦國大軍有著無與倫比的影響力，所以才能以二十一歲的年齡在權力場中縱橫捭闔，無所畏懼。這個嬴駟，還沒有來得及補上這一課，就栽倒在變法漩渦中了。然則，嬴駟在山野底層苦行磨練十餘年的經歷，又是他在所有公族子弟中獨具的優勢。對民生民治的透徹體驗，將成為他把握國家大勢的根基本領。從長遠看，這一點也許比從軍本身更重要更寶貴。也許，孺子尚可教也。

秦孝公閉著眼睛輕鬆地舒了一口氣，沉沉地睡去了。

商鞅趕回來的時候，秦孝公還在呼呼大睡。商鞅將黑伯叫到一邊，詳細詢問了孝公發病及醫治的過程，然後立即安排，在孝公的寢宮之外給他闢出一大間屋子做政事堂，他要在這裡晝夜守候處置國務。吩咐完，商鞅匆匆趕到景監的上大夫府，緊急召來國尉車英、咸陽令王軾，四個人祕密商談了兩個時辰，將一切穩定朝野的細節都落實妥帖，方才散了。

回到商君府，已經是初夜了。熒玉已經知道商鞅緊急趕回，早就準備好了接風洗塵的小宴。此時飯菜已涼，熒玉一邊和商鞅說話，一邊親自為商鞅準備沐浴熱水，一邊吩咐重新整治酒菜，忙碌得碎步跑個不停。半個時辰後，一切收拾妥當，兩人才安靜地坐下來吃飯。

商鞅簡略地說了去峭山的經過和白雪明春搬來咸陽的事。熒玉一番感慨，也說了咸陽的近況和孝公的病情，眉目之間憂慮忡忡。商鞅勸慰了一番，說了自己明日住進宮中的打算，熒玉又說了一些宮廷細節，兩人計議了約一個時辰，三更時分方才準備安歇。

商鞅每日走進寢室前，總要了卻當日的全部公務。這次離開咸陽一段日子，雖說有景監主持國務，但也一定積壓了一些要他定策的公文，便走進書房，打算處置完這些公文再休憩。坐在案前，先一件件看了事由，卻發現有一卷太醫令李醯的上書。商鞅一瞥，心想一定是有關為國君治病的謀劃，連忙打開，一行大字赫然入目：請逐巫醫扁鵲出咸陽書！

晉人扁鵲，多有妖行巫術，今以名醫自詡，遊走列國，均被逐出。近日扁鵲入我咸陽，稱其善醫小兒，開館行醫。實則不行望聞問切，隨心抓藥，國人多被矇騙蠱惑，竟趨之若鶩，咸陽嚻嚻！秦國新法，禁止妖言惑眾，巫術為醫。今扁鵲巫醫公然入秦，亂我民心，請即逐之，以正新法。

商鞅驚訝了，扁鵲入秦了麼？卻如何成了巫醫？太醫令為何要驅逐扁鵲？

七、神醫扁鵲對秦孝公的奇特診斷

咸陽城北區有一條小街叫神農巷。街不長，也不繁華，但名氣頗大。因為這條小街住的藥農多，開的藥鋪多，生藥商人多，幾乎就是秦國的醫藥一條街。尋常時日，這條小街很是幽靜，一種淡淡的草藥異香彌漫得很遠很遠。無論是藥材交易，還是國人來這裡尋醫抓藥，只要進入神農巷，所有人都會自覺不自覺地文雅起來，絕無咸陽南市那般熙熙攘攘。

這幾天，神農巷大大地熱鬧了起來。

人們紛紛從小巷口的一個小院子裡走出來，匆匆到小巷深處的各家藥鋪抓藥，整日絡繹不絕。幾家名氣大點兒的藥鋪，抓藥者竟排起了長隊。奇怪的是，抓藥的人如此之多，藥鋪裡的坐堂醫士卻很冷清，很少有人找他們診脈開方。醫士們先是驚訝，後來便都悻悻地離開了醫案，幫著店役抓藥去了。藥鋪的出藥量驟然增大，藥材生意也頓時好了起來，藥農、藥商也都比往日忙活了許多。如此一來，神農巷人群川流不息，完全沒有了尋常時日的幽靜。

神農巷最大的藥鋪叫南山堂，這裡的堂醫叫李儋，是太醫令李醯家族的支脈後裔。他是個有心人，自然很清楚，這突然的變化，都是因為巷口小院子裡來了一個神奇怪異的醫者。這一天他實在悻悻難忍，換了一身尋常布衣，來到了巷口小院子要看個究竟。

方到巷口，便見大樹下坐滿了等候就診的國人，絕大部分都是抱著小兒的年輕夫婦。進了院子，院中大樹下也坐滿了候診者。人人手裡都拿著一個木牌，提著一袋半兩錢，神色安閒地等候著。

「敢問大姊，這木牌做甚用？」李儋恭敬地問一個抱著小兒的中年女人。

「看病的人太多，木牌上寫著順號，挨個來，人不擠哩。」

「這袋半兩，夠先生的診金麼？」

女人笑了：「夠。先生只收十個半兩，誰心裡過得去？都想給先生一袋錢，還不知先生收不收哩。」

「診金少，藥錢貴，是麼？」

「喲，你這書生莫擔心，在先生這兒看病花得起哩。診費十個半兩，藥錢更少。先生開的都是尋常草藥，不值錢，可治大病哩。哪像那些個堂醫，不開貴重藥治不了病似的。我在這兒守了三天，才把我這寶貝兒子抱來看的。你放心領個木牌子，回去抱兒子來，沒事。」

「多謝大姊，那我進去領牌子了。」

李儋走進了中間正屋，靜悄悄站在門邊打量。只見正中長大的木案前坐著一個童顏鶴髮的老人，兩邊各有三名年輕弟子不斷記錄著老人念出的方子。看了片刻，李儋不禁大是驚訝，這，這樣做也能叫看病麼？老人面前根本沒有診脈的綿墊兒，長案上只有幾摞散片竹簡。每個病人來到面前，老人只是凝眸將病人看個片刻，便立即斷定：「此兒積食難消，須得瀉去淤積，調理腸胃。」父母連連點頭稱是之際，老人便念出幾味草藥來。身邊弟子記下，便將竹片交給病兒父母。滿懷感激的父母送上的錢袋，一律被老人的一個女弟子擋回，每人只要十個「半兩」。

一個病人，就這樣看完了病？比軍營大將的軍令還出得快。

李儋大奇，生出一種說不清的神祕恐懼。匆匆趕回，立即上書太醫府，請官府立即驅逐這個使用妖法的巫醫。太醫令李醯接到李儋上書，疑心大起卻不敢造次，親自喬裝觀察，方信了李儋所言不虛。李醯本想立即知會咸陽令王軾，驅逐這個妖醫，但又怕激怒咸陽國人。聽口碑，這個妖醫善醫小兒雜症。偏老秦人視小兒如命根，對這個妖醫大是敬重。若太醫府出令驅逐，惹出事來恐難擔當。反覆思忖，李醯先將這個老人的底細探查了一番，一經探查，方知這個老人竟然是大名赫赫、有「神醫」之稱的扁鵲。

李醯大是緊張。這扁鵲聲名赫赫，卻悄悄來到秦國做甚？真的僅僅是行醫救世麼？不像，一點兒不像。作為太醫令，李醯自然明白，秦國雖然強大了富裕了，但醫家名士卻沒有一個，整個咸陽的醫術都很難與山東六國相比。扁鵲留在秦國，要不了多長時間會聲名大噪，那時，這個太醫令還會是他李醯麼？更重要的是，李氏家族是高居秦國醫業首席的望族，扁鵲入秦，眼看李氏的醫家首席地位要大打折扣，豈能甘心？但是，要以太醫府職權驅逐扁鵲這樣的神醫，李醯還是不敢。商君執法，親貴不避，萬一撞在刀口上，那可是大災大禍。想來想去，李醯還是覺得上書商君府，請國府驅逐這個妖醫為好。商君天下名士，正宗的法家大師，對怪力亂神之類的妖術巫術素來深惡痛絕，太醫府以「驅逐妖醫」做根基上書，商君斷無拒絕的道理。

一卷「請逐妖醫」的上書，恰恰在商鞅趕回咸陽時送到了商鞅案頭。

埋在心頭的久遠記憶，一團團地斷斷續續地湧了上來，商鞅很有些興奮。

商鞅在山中修習的少年時期，就知道扁鵲的大名。老師學問無邊，自然也很通醫道，但每遇弟子或自己的異疾不能診斷，卻都要請扁鵲來醫治。商鞅還記得，扁鵲是個又高又瘦的老人，一頭白髮，一身布衣，精神極是矍鑠，也和老師一樣看不出年歲。扁鵲醫病很是奇特，只是靜靜地坐在病人對面凝神觀望。要說「望聞問切」，大約只能占得一個「望」字了。然則就是這樣一望，卻總能準確說出病情病因。開的藥方，也都是些最尋常的草藥，可療效卻神奇得驚人。當時，扁鵲給商鞅師兄弟們的震動很大，卻沒有一個弟子能夠說清其中道理。

後來，老師在茅屋大樹下給弟子們開講「天下醫家」，才說起了扁鵲的神奇故事。

春秋初期，一支秦人從隴西草原流居趙國，與趙人多有通婚。趙人中也多有「秦」姓，以至於流傳著一種說法，「秦趙同源，姓氏不分」。後來，趙國立國了。趙國與燕國交界處有個鄭縣，居住著一支秦人部族的後裔，始終保持著「秦」姓，以示自己是秦人後裔。後來，這一族在燕趙拉鋸戰中衰落了下去，沒有再出聲名赫赫的人物。大約在春秋中後期，這個部族出了個聰慧少年，名叫秦越人。此兒天分過人，跟一個族叔習武識字，幾年間便在族中小有名氣了。十六歲時，秦越人像大多數後生一樣，義無反顧地從戎征戰了。過了幾年，秦越人小有軍功，做了一個驛站的「舍長」。驛站是官府辦的，「舍長」是帶領兵卒守護驛站的小小將官，當時人稱「館帥」。驛站在官道邊上，專門接待來往官員並負責護送緊急文書，自然也免不了商人、士子路過留宿。

有一日，驛站來了個皓首白髮的老人，手拄一支竹杖，身背一只葫蘆，徒步逍遙而來。說是商人，沒有貨車；說是百工，沒有徒弟工具；說是官員，沒有軺車；說是名士遊學，沒有官府的憑牌……一時間誰也弄不清老人的身分。時已暮色，驛丞偏偏不讓老人留宿，說是沒有官府憑牌不能留住驛站，除非有人擔保。這時，秦越人恰恰出來巡查，見老人慈善祥和，毫無半點怪誕戾氣，便擔保老人住進了驛站。老人毫無謝意，竟心安理得地住了下來。到了第三天，老人病了，發熱發冷得奄奄一息。秦越人請來了縣城裡最好的一個老醫士為老人診脈，老人卻拒絕了，只是教秦越人在每天晚上月亮升起時扶他到院中打坐。過了幾天，老人居然好了，只是體弱身虛，依然住了下來將息。驛丞與驛站吏員僕役覺得這個老頭兒大是怪誕，根本無人理睬。老人的起居與驛站費用等，都是秦越人一力照拂。一個月後，老人走了。從此以後，每過幾個月，這位老人都要來這個驛站住上幾日，卻是甚事也沒有。每次都是秦越人照料，老人要住幾日便幾日，他從來不問老人要做何事要去哪裡。

倏忽十多年過去，秦越人已經三十歲了。有次老人路過，又在驛站住了下來。到了晚上，秦越人正在驛站門口查夜，老人卻在月下笑著向他招手。秦越人以為老人有事，便跟老人到了他住的小石屋。老人讓秦越人坐在石墩上，笑道：「秦越人，你不想知道老夫是誰麼？」秦越人恭敬拱手道：「前輩年高德劭，必是高人隱士，在下何須多擾？」老人笑了：「後生啊，老夫乃長桑君也。觀你十年有餘，知你大有通悟靈犀，只是蒙昧未開也。再者，你稟性端正，施恩於人不圖報，且能持之以恆，正是老夫尋覓之人。老夫欲傳你一件物事，不知你能否接納？」秦越人欣然道：「多蒙前輩不棄，越人願為前輩完成心願。」「噢？」老人眼睛一亮，「你也不問老夫要傳你何物？先逕自接納？」秦越人道：「前輩高人，所傳必善，越人何須多問？」長桑君哈哈大笑：「好！老夫所傳得其人也。」說著從懷中拿出一個發黃的小羊皮包，「這是一味聞藥。不得人不傳，你能做到麼？」秦越人想了想道：「越人謹記，考心二十年，方可得人而傳。」

「小子果然明白！」長桑君讚歎一聲，將小包遞給秦越人，叮囑道：「將此藥分為三十份，每日清晨以上池之水服之，三十日後，功效自知。」

「敢問前輩，何謂上池之水？」

「水未至地，謂之上池，竹木花草之朝露是也。」老人說罷，又將秦越人領到屋角，指著一口木箱道：「這是三十六卷醫方，可濟世以恆，唯韌善者可當之。汝好自為之也。」一言落點，倏忽不見。

秦越人沒有驚訝，他本來就沒有當老人是塵世俗人。

收藏好老人的贈物，秦越人就去找驛丞辭官。驛丞本來就覺得他和那個神祕兮兮的老頭兒一般特異，大是看不順眼，聽說他要辭官回鄉，一口答應代為上達，逕自許他去了。回到老家，父母已經過世了。秦越人也不與鄉人來往，只是每日清晨到山上去採集上池之水服藥，服了藥便在深山幽谷竟日打坐，直到紅日西沉，卻也不渴不餓。如此三十日之後，他於暮色回到家中，看見鄰居的女子坐在燈下織補，不曾想連她的五臟六腑都看得一清二楚！秦越人大驚，摀住眼睛冷靜了許久，才悟到自己有了異能……靜下心來，秦越人搬出長桑君的書箱翻了起來，發現上面記載的都是藥方。奇特的是，這些藥方配伍都很簡單，最多的也只有十味草藥，很好記；用藥也都是極為尋常的草藥，沒有一樣珍奇貴重的藥材，更沒有那些不可思議的藥引子。

秦越人明白了，這是長桑君要他救世，為天下庶民解除病痛。

秦越人開始在鄉里行醫了。一出山，聲名大振。因為他醫術通神，人們就說他是黃帝時的神醫扁鵲復生，叫他「扁鵲」。時間一長，「秦越人」這名字倒無人知道了。

對於此等神奇的傳說，商鞅歷來有個準則，善則信之，惡則否之。怪力亂神，原本難以說清，只要為善，就不能當作妖術抹殺。否則，如何孔夫子都要對怪力亂神不置可否？墨子大師都要敬天明鬼？神而善之，神又何妨？老師講述這段神奇故事時，本來也是不置可否的。

後來，商鞅到了安邑，又聽到了不少扁鵲的神奇故事。

最教商鞅不能忘記的，是扁鵲對齊桓公的神明診斷。

齊國先後有兩個桓公，第一個是春秋時代大名赫赫的五霸之首齊桓公姜小白，第二個是戰國初期田氏奪取齊國政權後的首任國君——齊桓公田午。扁鵲見的齊桓公正是這第二個齊桓公田午。此公專橫自負，身體壯碩異常。有一日在後宮習武，不慎將腳扭傷，疼得唏噓冒汗不止。這種外傷，太醫急切間沒有辦法，便請來了正在臨淄專治骨病的扁鵲。扁鵲將齊桓公的傷處凝目看了片刻，抓住齊桓公的腳脖子猛力一轉，只聽「喀嚓」「哎喲」兩聲，齊桓公頓時輕鬆。仔細一看，腳上的紅腫竟漸漸消退，不消半個時辰便行走如常。齊桓公高興，命人擺上酒宴答謝。誰知當齊桓公舉爵向扁鵲敬酒時，扁鵲沒有舉爵，卻拱手正色道：「國公已病入腠理，不宜飲酒。」齊桓公滿臉不悅道：「寡人無疾。」扁鵲起身作禮道：「越人一介醫士，國公無疾，自當告退。」說完走了。齊桓公對臣僚內侍們笑道：「醫者好利，總是將沒病之人說成有病，賺利成名罷了。」

過了幾日，齊桓公心血來潮，又派太醫將扁鵲請來，悻悻問道：「先生，寡人還有疾麼？」扁鵲凝神觀望，鄭重拱手道：「國公已病入血脈，當及早醫治。」齊桓公生氣地揮揮手，話也不說，就教扁鵲走了。但齊桓公生性執拗，總忘不了這檔子事，總想教扁鵲說他沒有病，於是過了幾日又將扁鵲召來：「先生，寡人還是有疾麼？」扁鵲道：「國公之病，已入腸胃根本，很難治了。」齊桓公哈哈大笑，拍著胸脯：「先生也，天下有如此壯實的病人麼？」扁鵲也不說話，默默走了。

又過了幾日，齊桓公想想覺得奇怪，一個遊歷天下的神醫，何以總是說自己有病？而且一次比一次說得重？莫非自己真的有太醫查不出來的病？還是召他來再看看，畢竟是性命要緊，否則，始終是個揮之不去的陰影。誰知，這次扁鵲進宮後只是看了齊桓公一眼，一句話也沒說就走了。齊桓公大為詫異，派內侍立即趕上扁鵲問個究竟。扁鵲對內侍說：「國君已病入膏肓，無藥可醫了，夫復何言？」內侍驚訝：「先生，前幾日不是還說能醫麼？」扁鵲微笑道：「病入腠理，燙熨所能治也。病入血脈，刀灸所能治也。病入腸胃，良藥和酒可以治也。病入膏肓，雖上天司命，亦無可奈何，何況人乎？」

五日之後，齊桓公病發了，四處派人請扁鵲醫治，扁鵲卻已經離開了臨淄。聲名赫赫的齊桓公，就這樣在盛年之期驟然死了。

從此以後，扁鵲行醫有了六不治：驕橫不論於理者不治，輕身重財者不治，酒食無度不聽醫諫者不治，放縱陰陽不能藏氣者不治，羸弱不能服藥者不治，信巫不信醫者不治。這六不治中，「信巫不信醫」這條最是要緊。本來就有許多人說扁鵲是「巫醫」，可偏偏他自已就不信巫術，而且也不為相信巫術的人治病。僅此一點，商鞅就認定扁鵲決然是醫家神聖，而不是欺世盜名的妖邪術士。

扁鵲可謂醫家奇才。他行醫趙國，見國人看重女子，便專治女病，被趙國人稱為「帶下醫」。到周室洛陽，見周人尊愛老人，便專治老人多發的眼耳鼻喉病。到齊魏兩國，見國人尚武，便專治練武易得的骨傷病。如今到了秦國，見秦國人鍾愛小兒，便又做了醫家最頭疼的兒醫。可以說，扁鵲的醫術無所不包，無所不精。

如此不世出的醫家大師來到咸陽，豈不是國君病體的救星？如何竟被太醫令李醯看作了巫醫？李醯和太醫們明明對孝公的病束手無策，如何不思請扁鵲醫治，卻要將他逐出咸陽？而且冠冕堂皇地加上了「護我新法」的名義。商鞅不由一陣怒火上沖，就想立即將李醯交廷尉府勘問。思忖良久，還是壓下怒火，喚來府中領書，吩咐他立即派人探聽扁鵲醫館的所在；又立即派荊南飛騎咸陽令王軾府中，送去一道手令，密令王軾著意保護好扁鵲醫館，不得有任何差錯。分派完畢，商鞅將李醯的上書揣在袖中，匆匆走進了寢室，對熒玉說明原委，兩人商議多時，方才就寢。

次日清晨，一輛四面垂簾的寬大馬車出了商君府，幾經曲折，駛向一條寬闊幽靜的石板街。這正是咸陽城內遠離商市的神農街，此刻卻是車馬行人不斷，都流向一座寬敞的庭院前。垂簾馬車停在院外街邊的一排大樹下，車中走出一個黑紗遮面的布衣女子，徑直走進了門口豎有「扁鵲醫館」刻石的庭院。這座庭院雖然只有三進，院子卻是異常寬敞。院中樹下石墩上坐滿了待診的病人，大都是抱著孩童的女人和老人。

黑紗蒙面的女人走進院中唯一的大屋，坐在幾個正在抱著小兒就診的女人後邊靜靜地打量。只見一張長大的木案前坐著一位看不出年齡的老人，清瘦矍鑠，童顏鶴髮，雙目明亮銳利。他對每個解開襁褓的嬰兒或小童都是那樣神色專注地凝視片刻，然後念出幾味草藥，一名弟子在竹片上記下來便是藥方……如此簡約的醫病過程，速度自是很快，不消片刻，蒙著面紗的女人已坐到了扁鵲老人的面前。

「這位夫人，你沒有病。」扁鵲淡淡地笑了。

「前輩見諒，我昨夜已經排了位。然我不是為自己診病，是想請前輩為我兄長診病。兄長病得奇異，身無疼痛，卻不能下榻走動，是以敢請前輩到舍下出診，小女感激不盡。」黑面紗女人訴說著原委。

扁鵲點頭：「請夫人留下居所地址，老夫將院中病人診完，午後可出診貴府。」

「如此多謝前輩。只是我家居所街巷曲折，前輩尋找多有不便，我在院外等候前輩便了。」說完深深一拜，出了院門。

商鞅卯時進得寢宮，一問黑伯，孝公還沒有醒來，便走進了昨日專門開闢的臨時政事堂批閱公文。這間政事堂很大，幾乎占了小半個寢宮大廳。這是商鞅的著意安排，國君病重，朝臣必然不時進出宮中。有了這間特闢的政事堂，所有的官員探視國君病情時，都可以在這裡候見，出來後又可以聚在這裡和商鞅共議國事。更重要的是與秦孝公近在咫尺，非但有特別重大的國事便於向孝公稟明定奪，而且使秦公能夠感到身臨國務。商鞅深知，像秦公這樣的國君，即或臥病在床，也離不開親自運轉權力的特異感覺，一旦失去了此等感覺，就失去了最主要的精神支柱，反而會迅速被病勢擊潰。

商鞅剛剛開始翻閱公文，景監和車英就進宮了。商鞅和這兩個老部屬沒有任何多餘的寒暄，立即將扁鵲來咸陽，太醫令李醯請求逐扁鵲的事告訴了他們，吩咐景監立即派員查核李醯的真實意圖；又吩咐車英在軍中挑選一個可靠機敏的幹員，立即到隴西祕密探聽公孫賈服刑事，如果人在，就祕密押解回咸陽。車英略一思忖道：「山甲如何？」商鞅立即想起了那個精瘦勇猛而又機敏過人的「山精」，笑問：「他還是千夫長？」車英道：「不，已經是步軍副將了。」商鞅點點頭：「好，就教他去。」

此時黑伯過來稟報說，國君精神有所好轉，請三人進去敘談。

進得寢室，臥榻上的秦孝公很是高興，說景監不該催商君匆匆回來，他不會悄悄走的，說得三人都笑了起來。秦孝公教三人坐下，沉默片刻開口道：「商君、上大夫、國尉，三位乃我秦國柱石，我要對你等說明嬴駟的事，與諸位議定一個方略。嬴駟已經回宮，還沒有恢復太子爵位。現下看來，嬴駟磨練得還算有所長進。商君，你等看，這是嬴駟在村野鄉間寫的書簡。你等看看，能否教他重新復位？或者，該如何處置為好？商君，你看這卷。」

商鞅三人看著這整整一案發霉的竹簡，不禁有些愕然。默默拿起，展開瀏覽，都是神色肅然。約略有半個時辰，三人翻完竹簡。商鞅向景監車英看看，三人站起來深深一躬：「君上，臣等為君上致賀，秦國儲君有人了。」

「商君，你以為嬴駟可以造就？」秦孝公認真問。

「君上，臣以為大可造就。」商鞅舉著手中竹簡，「此等文章，字字皆心血所凝，斷非文人議論之筆所能寫刻出來。尤其這〈治秦三思〉，臣以為切中秦國要害，若能堅持法治、剷除復辟、大增實力，秦國大出於天下，將在君上身後也。」

孝公微笑著長吁一聲：「這也是我略感快慰的來由啊。商君，雖然如此，我還是請你將嬴駟的竹簡帶回去審覽批閱一遍，而後教他到你府上請教，你要好好指點他一番……我呀，是心有餘，力不足了。」

「君上，臣以為當正式冊封太子，君上患病這段時日，可命太子總攝國事。」

「臣贊同商君所請。」景監車英異口同聲。

「那好。此事請商君主持……」秦孝公笑意未泯，驟然昏了過去。

景監、車英和黑伯大為驚慌。商鞅擺擺手，伏到孝公身上傾聽片刻，站起來道：「沒有大事，一會兒就醒。等等，會有神醫來。」

正在此時，侍女匆匆稟報：「公主車駕進得宮中。」

商鞅道：「你等守候，我去迎接先生。」匆匆出了寢室。

寢宮門外的庭院中，熒玉已經下車，除去了面紗，打開車簾恭敬作禮：「前輩請。」話未落點，商鞅趕到，向車內老人深深一躬：「多勞前輩了。」伸手扶住下車的扁鵲老人。扁鵲笑了：「是商君、公主夫婦，老夫有禮了。」商鞅連忙扶住老人：「鞅後進幼齒，何敢當前輩行禮？」扁鵲肅然道：「天下大道，敬賢為先。商君醫國聖手，豈在年齒之間？」執拗地鞠了一躬。商鞅內性灑脫，本不拘泥禮數，連忙還了一禮，扶著扁鵲進了寢宮。

進得寢室，孝公恰恰醒來。商鞅拱手道：「君上，這位前輩乃名聞天下的神醫扁鵲，特請先生為君上診治。」

秦孝公困倦的臉上現出一絲驚喜：「多謝前輩高義，請坐。」

扁鵲從容拱手道：「秦公但請歇息養神，無妨。」說罷凝視秦孝公面容與全身良久，又舉目環顧寢宮一周，沉默不語。秦孝公笑道：「前輩高人，嬴渠梁聞名久矣。但請明言，無得忌諱。朝聞道，夕死可矣，夫復何憾？」商鞅道：「秦公胸襟似海，先生但請明言，教君上心中明朗。」說話間，熒玉已經將一個繡墩搬來，請扁鵲坐在秦孝公臥榻對面。

扁鵲手撫胸前雪白的長鬚，凝重緩慢地開口：「秦公之疾，天下罕有。此非體變之疾，而是體能之疾也。體變之疾者，體質尚健，卻因外傷內感，而致體中局部生變成疾。此種疾病甚好醫治。體能之疾者，人體每一器官均完好無變，然每一器官之功能盡皆衰竭，人無病痛，身體卻無力振作，日漸衰弱。此種疾病，乃元氣耗盡之症狀，醫家無以診斷，非人力所能扭轉也。」

「我自覺體質尚可，如何得此怪疾？元氣耗盡？」

「體能之疾，世所罕見，大體有二：一為先天元氣不足，少年夭亡者是也。二為心力損耗過甚，若秦公之疾是也。人有五臟六腑，七情六欲過度者，皆可使之為病。《素問》云，好哭者病肺，好歌者病脾，好妄言者病心，好呻吟者病腎，好怒吼者病肝。秦公雖非嬉笑怒罵而傷身，然則心力專注一端，經年思慮過甚，則如出一轍也。人體精能有數，若經年累月殫精竭慮，猶如爐中之火熊熊不熄。業績未竟，則心力十足，神氣健旺。若一日事成，則心力驟弛，體能驟失，猶如爐中木炭燃盡而火勢難繼也。」

至此一頓，見寢室肅然，扁鵲又緩緩道：「心者，藏神之府，乃人身之君。心生元氣，心神旺，則統御有力。心神衰，則五臟六腑俱衰。胃為穀倉，因心衰而不受食。肝為將軍，因心衰而無以鼓勇。脾為意象，因心衰而失意，不能聚思而斷。肺為魂魄之府，因心衰而失魂落魄，神情蕭疏。腎為志所，心衰則心志大減。膽為勇略之所，心衰則果敢不持，優柔頓生。此乃心力衰竭，而五臟六腑皆病也。」

突然，圈外一個蒼老的聲音傳來：「敢問先生，渠梁何事，以至於此？」

「娘！」熒玉低聲驚呼，將太后攙扶了進來。

老太后一頭霜雪，拄著一支紅木大杖，眼角顯然有淚痕。秦孝公笑道：「母后，你如何也來了？

渠梁不能大禮了。」老太后落座，向兒子搖搖手，卻對扁鵲道：「先生，請直言無妨。」

扁鵲道：「秦公英明神武，惜乎用心太專。一則為國事所迫，求治之心刻刻相催，大山在肩而不能卸。二則，恕老夫直言，秦公心中有癡情糾纏，鬱鬱之心相煎，求之難得，捨之不能，心陷泥潭而不能自拔。捨國就情，公當不為。捨情就國，公心不忍。長此煎熬，雖鐵石猶碎也，況於人乎？」

兩行清淚流下秦孝公臉頰，但他卻微笑著：「前輩不愧曠古神醫。知我心者，前輩也。嬴渠梁今得指點，死而無憾了。」

寢室中人人眼睛潮濕，都強忍著要奪眶而出的淚水。熒玉緊緊扶著老太后，她顯然感到了娘的顫抖。老太后卻顫巍巍站了起來，向扁鵲深深一躬：「敢問先生，可有維持……」話還沒說完，猛然捣住自己眼睛，跌靠在熒玉懷中。

商鞅忙向黑伯招招手，黑伯快步走進，和熒玉將老太后扶了出去。

秦孝公長吁一聲：「商君啊，不要教太后再來了。」

商鞅點頭：「君上，聽聽先生的良方。」

扁鵲肅然道：「老夫將竭盡所能，維持秦公無事。秦公歇息，老夫告辭。」

出了寢宮，扁鵲登車時對著商鞅耳邊低聲道：「半年時光。」

商鞅的心猛然一沉，心中湧上一陣痛楚，強自按捺：「多勞先生了。」

扁鵲道：「三日後，老夫再來。」登車走了。

看看天色將晚，商鞅耳邊不斷響起扁鵲的聲音：「半年時光！」時日太緊了，要辦的事情太多了。心中理了一下頭緒，立即與景監車英簡短商議了正式冊封太子的準備事宜，教景監立即開始籌備，一個月內完成這件大事。三人又議定，由車英祕密調集一萬鐵騎駐紮在咸陽北阪的山谷裡，以防萬一。

商議完畢，已經是初更時分，商鞅知道熒玉肯定在後宮陪著老太后，便匆匆來到後宮。進得宮中，只見帳幔低垂，悄無人聲，只有熒玉守在榻前。

「太后如何？」商鞅低聲問。

「服了湯藥，剛剛入睡。娘，受不了……」熒玉低聲抽泣。

「熒玉，要挺住。現下無論如何，不是哭的時候。」商鞅撫著熒玉的肩膀低聲道，「老先生說，君上只有半年時光……你想想，君上未了的心事還有沒有？國事有我，你不用想。」熒玉一聽，淚水驟然湧出，猛然伏在商鞅胸前渾身顫抖。商鞅緊緊抱著她，「熒玉，你是明白人，不能這樣，要挺住。」熒玉抬起頭，抹著眼淚唏噓道：「大哥的未了心事，我知道，百里老人的孫女，玄奇。我去找她……」

「百里老人的孫女？是否在墨家總院？」

「對。大哥好幾次悄悄去陳倉河谷找她，都不在，肯定在總院。」

「那我教荊南去好了，你寫一信。」

「可是，荊南不是要保護扁鵲前輩麼？」

「太后這裡要緊，你離不開。別人不熟悉墨家，再換人保護扁鵲前輩便是。」

猛然，帳後一陣咳嗽，太后喘息道：「熒玉，這事兒該當你去。你，說得清白。娘，不打緊。渠梁太苦了，一定教他含笑九泉……」

「娘！」熒玉哭叫一聲，撲到榻前。

「去，娘沒事……鞅，教熒玉去。」

商鞅沉默有頃，俯身榻前：「母后，那就教熒玉去了。」

熒玉不再說話，安排好後宮侍女，去匆匆準備了。

商鞅回到寢宮政事堂，已是三更，在案頭刻板上記下了要辦的大事，便翻開嬴駟的發霉竹簡看了起來。剛剛看得幾卷，聽到庭院中沉重急驟的腳步聲。商鞅霍然起身，只見咸陽令王軾匆匆而來：「稟報商君，抓獲刺客兩名。」

「刺客？是行刺扁鵲先生麼？」

「正是。刺客劍術甚高，要不是荊南，我的軍士根本不是對手。」

商鞅放下竹簡：「將刺客押到前廳偏殿等候，我立即前來訊問。」

經過訊問，刺客果然是太醫令李醯的門客。這兩人本是楚國鑄劍名家風鬍子的門徒，感念李醯當年遊醫楚國時救過他們一家人性命，無以為報，便做了李醯的門下武士。兩人說完，突然猛舔衣領。荊南衝到面前時，兩人已經臉色青黑，倒地死了。

商鞅冷笑道：「不愧是太醫令，毒藥倒是天下第一。咸陽令，立即捕拿太醫令李醯。荊南，晝夜守候扁鵲醫館，不得有誤！」

一個時辰後，李醯被捕拿歸案，押赴雲陽國獄。

商鞅吩咐領書立即起草對李醯的罪行公文，快馬送到廷尉（註：廷尉，戰國時代秦國執掌司法刑訊的官員。秦惠王時，廷尉開始成為秦國重臣，後益顯赫）府論罪定刑。處置完畢，咸陽城頭的刁斗已經敲響了五更，商鞅卻是心潮起伏，無法入睡。思忖良久，提筆寫了一信，派人快馬送往崤山靜遠山莊。

第十四章 冰炭同器

一、秦孝公的大婚盛典

秋色蕭疏，兩騎駿馬飛進函谷關，急如星火般向西而來。

熒玉帶來的消息對玄奇宛如青天霹靂，只覺得天旋地轉心中一片空白。玄奇醒來時，已經是山月當空了。不顧熒玉勸告，玄奇霍然起身，向老師的竹樓衝去。

老墨子已經進入高年養生的「休眠」期，雖沒有大病，卻也是行動不便。雖則如此，這位哲人氣定神閒，絲毫不為老態所困，整日除了一個時辰看山，就是臥榻大睡，耐心等待上天召喚他的日子。玄奇衝到竹樓前時，那個頑皮機靈的少年弟子被玄奇姊姊的模樣嚇壞了，正自驚愕間，玄奇已經衝上了小樓，風一般進了老墨子的天眠室，噗通跪在榻前。竹樓竹榻縱然緊湊，也被玄奇的快疾腳步和強烈動作弄得嘎吱吱一陣響動。老墨子漫步歸來後剛剛入眠，矇矓中聽得響動異常，長期錘鍊的行動警覺立即使他要翻身起來，然心念一閃間，身子卻沒有應念而起，終究是老了。老墨子心中慨然一歎，翻過身來睜開眼睛，一個長髮散亂面色蒼白的女子跪在榻前。

「噢，玄奇？」老墨子蒼老的聲音充滿了困惑驚訝。還沒有問第二句，玄奇已經舉起展開了一方絹帛，上面赫然四個大大的血字「秦公垂危」！老墨子一驚，盯著玄奇端詳有頃，已經完全明白了玄奇的用心。此時隨侍弟子已經進來扶老墨子坐了起來。老墨子搖搖頭，深邃矇矓的眼神亮了起來。他輕輕地摁了一下竹榻靠枕，枕中滑出一個銅匣。他伸手從銅匣中拿出一個黑色玉牌，又拿出一個小布包，粗重地歎息了一聲：「玄奇，這玉牌是墨家最高號令，沒有人阻攔你。這布包是為師給秦公的一點兒念物。去吧，好自為之了。」說罷又是一歎，神色大是蕭瑟落寞。

玄奇不禁心中大慟，流淚叩頭：「老師，玄奇愧為墨家弟子，書未編完……」

老墨子搖搖頭淡淡一笑：「身後之名，無足道也。真情天道，本色不奪。去吧……」向外揮揮手，轉過身睡去了。玄奇見老師枯瘦偉岸的身軀佝僂成一團，巨大的禿頭在風燈下紅光熠熠……凝望片刻，玄奇默默地向老師三叩，起身走了。

墨家的神農大山日暮封關，從來不許夜間出入。但玄奇持有墨家黑玉令牌，和熒玉連夜出山，破了神農大山素不夜行的老規程。一路疾行出得大山，到了漢水河谷的墨家客棧，二人騎上了存放在這裡的良馬，兼程向函谷關飛馳而來。熒玉座騎是秦孝公的西域赤風駒，玄奇座騎則是墨家特有的草原名馬陰山雪。赤風駒像一團火焰，陰山雪像一片白雲，放馬飛馳，大半日間飛越汝水、伊水、洛水，直抵函谷關。

進得函谷關，已經是午後斜陽了。秋日苦短，眼見一個時辰就要日落西山。赤風駒與陰山雪已經是熱氣騰騰汗水淋漓，宛如吞雲吐霧的天上龍馬。熒玉玄奇也已經長髮散亂面如雲霞，三重夾裙都汗濕透衣了。按照通常的行路規矩，縱然良馬，日行千里後也必得休憩，否則就要換馬。但這時二人都是心急如焚，恨不能插翅飛到咸陽，誰也沒有想起停下來歇息。

正在風馳電掣間，熒玉猛然一聲驚叫，帶著哭聲喊：「血！玄奇姊姊快看，赤風駒流血了！」玄奇聞聲勒馬，靈動異常的陰山雪長長地嘶鳴一聲，驟然站立接著在原地一個打旋，馬不停蹄地折了回來。玄奇飛身下馬間，赤風駒已經在面前人立嘶鳴。玄奇一打量，只見赤風駒肩頸部的長鬃上流淌著鮮紅的汁液，分明鮮血一般。玄奇愣怔片刻，撫摩著赤風駒的長鬃，將手上的「鮮血」湊到鼻端仔細嗅了嗅，略一思忖道：「熒玉，我想起來了，赤風駒是西域汗血馬。汗流如血，正在酣勇處。」熒玉聞言，長長地吁了一口氣，拍拍赤風駒的頭偎在了馬頸上：「赤風駒啊汗血馬，還得辛苦一陣也。」赤風駒前蹄刨地，咴咴噴鼻，對著陰山雪長嘶了一聲。陰山雪也是一聲嘶鳴，已經杳杳偎近了玄奇。玄奇一躍上馬，高聲道：「良馬真義士。走！」一抖馬韁，兩腳輕磕，陰山雪長嘶一聲，大展四蹄，像一道閃電驟然飛出。赤風駒不待熒玉號令，嘶鳴騰空，一團火焰直追白色閃電。

兩馬堪堪並行，突然「啊」的一聲，熒玉身子懸空，幾乎要掉下馬來。赤風駒感覺有異，一聲長嘶，人立而起，硬生生收住了四蹄。幾乎同時，陰山雪也是一聲嘶鳴驟然人立。不等陰山雪前蹄著地，玄奇已經飛了下來，撲到了熒玉身邊接住了滑向馬下的身體，不禁一聲驚呼：「熒玉！」

熒玉滿身鮮血，面色蒼白地雙目緊閉。

玄奇沒有慌亂，稍一把脈，斷定熒玉是昏迷不醒暫無性命之憂。玄奇取下隨身攜帶的醫囊水囊，迅速給熒玉服下一粒墨家特製的定血丹，然後清理熒玉身上的血跡。仔細一看，大吃一驚——熒玉兩腿間一個大大的血塊！玄奇不禁大慟，一聲驚呼，淚如雨下：「熒玉啊！你何苦如此啊！」

玄奇雖頗通醫道，但對這帶下女科卻是生平第一遭。略一思忖，立即用大布給熒玉包了出血處，又將血塊包了起來，裝進皮囊。收拾停當，玄奇跪著背起熒玉，又用大帶將熒玉縛在自己背上，挺身起來走到兩匹良馬面前，輕輕撫著馬頭流淚道：「赤風駒啊陰山雪，公主有難，你們倆要辛苦了……」赤風駒與陰山雪咴咴噴鼻，輕聲悲鳴著蹭蹭玄奇，又霍然分開，同時臥倒，等待玄奇上馬。

玄奇拍拍赤風駒：「赤風駒啊，小半個時辰一換。公主是你的主人，你先來……」背著熒玉跨上了鞍韉。赤風駒奮然立起，一聲長鳴，四蹄騰空而起，道邊村莊屋舍便在暮色中流雲般向後退去。玄奇雖熟悉馬上生涯，但也沒有想到這久經沙場的赤風駒竟有如此神力耐力，超常負重，竟是更加平穩神速。半個時辰，赤風駒已飛馳了三百餘里到達驪山腳下。玄奇右手拍拍馬頭，赤風駒稍緩，陰山雪堪堪並行，玄奇凝神聚力，奮然躍起，坐在了陰山雪背上。陰山雪昂首長鳴間已風馳電掣般飛過驪山。

咸陽城東門箭樓上的軍燈剛剛點亮，玄奇已經飛馬而至。如果熒玉安好，依玄奇的性格，縱然心急如焚，也自然會接受盤查走馬入城以不驚擾國人。但現下熒玉有性命之危，豈能常法緩步？玄奇早有準備，遙遙舉起熒玉的金令箭高呼：「金令箭特使到——行人閃開！」城門衛士與咸陽國人譁然閃開，兩匹良馬火焰閃電般衝進了城內。

來到巍峨壯麗的咸陽宮廣場，玄奇猛然一陣眩暈，頹然伏在馬背上昏了過去。

赤風駒昂首人立，長長嘶鳴……玄奇睜開眼睛時，發現自己躺在榻上，身邊有一個白眉白髮宛若神仙的老人輕聲道：「商君，沒事了。」旁邊一個滿面焦慮的長鬚中年人輕輕點頭：「玄奇姑娘，醒來了？」這不是衛鞅麼？相比於二十多年前在安邑洞香春遇到的衛鞅，眼前此人已沉雄蒼健多矣。

心中感慨間玄奇驀然警悟，奮力坐起，一躍下榻：「熒玉，如何了？」

商鞅拱手道：「玄奇姑娘且莫擔心，扁鵲先生在，熒玉沒有性命之憂。」

玄奇向白眉老人大禮道：「多謝前輩。」老人慈祥點頭。玄奇又向商鞅拱手道：「既然熒玉無憂，玄奇去見渠梁大哥了。」

商鞅道：「玄奇姑娘，請跟我來。」將玄奇領進了寢宮，直入秦孝公寢室。

秦孝公正在昏睡，寢室中分外靜謐，彌漫出一股淡淡的草藥味兒。玄奇輕輕走近病榻，只見秦孝公斜靠在大枕上雙目緊閉，蒼白瘦削的面孔與昔日黧黑英挺的秦公嬴渠梁已經是判若兩人了。「渠梁大哥！」玄奇不禁悲從中來，撲到孝公榻前泣不成聲。

秦孝公正在迷亂的夢中，聽得一陣隱隱哭聲，自覺分外熟悉。費力睜開雙目，不禁驚喜得一下子坐了起來：「玄奇？小妹？真的？是……你麼？」揉著眼睛，一時間分不清是夢境還是真實。玄奇跪伏榻前哭著笑著：「大哥，玄奇來了，玄奇不走了，永遠地陪你。不是夢，是真的……」驟然之間，孝公大覺快慰，淚光瑩然道：「墨家之事如何？受委屈了麼？」玄奇搖搖頭：「老師心念你，讓我給你帶來了上藥。」孝公慨然一歎：「墨子大師高風大義，嬴渠梁愧對他老人家了，竟要讓老前輩為我送行……」玄奇搗住孝公的嘴：「莫如此喪氣。有扁鵲前輩，還有老師上藥，一定會好的，一定。」

孝公笑道：「好，依你，一定會好的。」玄奇笑道：「這就對了，才四十餘歲，忒般沒出息？」說得孝公笑了起來，招招手叫黑伯過來吩咐道：「給玄奇姑娘安置一個獨院居所，教她安靜一些。」黑伯尚未答應，玄奇急迫道：「不。我不要獨居。我要在你身邊陪你。」孝公笑道：「如何？你一兩天就走麼？」玄奇道：「不。永遠不走了。」孝公笑道：「這不對了？沒個住處行麼？」玄奇道：「你的住處就是我的住處。我要和你大婚！」

孝公不禁愕然，半日沉默，釋然笑了：「玄奇小妹，莫意氣了。」

玄奇肅然道：「渠梁大哥，你忘記了我們的誓言麼？」

孝公搖搖頭，已經熱淚盈眶：「不移，不易，不離，不棄。」

「天地合，乃敢與君絕……」玄奇不禁哽咽了。

「小妹，我永遠不會忘記你的。我……來生再聚首了。」

玄奇斬釘截鐵道：「渠梁大哥，人世誰無病痛之時？如何能以病痛而改大節？莫非你以為，我布衣子弟貶損了你公族門庭？」

孝公大笑一陣：「玄奇啊……那，你就陪大哥走這一段了。」

玄奇笑著伏在榻邊：「世有君子，其犟若牛。沒錯兒。」

孝公吩咐黑伯將商鞅請了進來，玄奇紅著臉說了大婚的事，孝公也略顯拘泥地點頭。商鞅高興地連連恭賀，又說：「君上不要擔心，此事我一力籌劃。三日之內，君上與玄奇姑娘大婚！」

消息傳出，朝野動容。國人朝臣無不奮激萬分，感念上蒼對秦公的眷顧，一時間紛紛奔相走告，喜慶氣氛頓時彌漫了咸陽。最高興的要算老太后了，非但病狀全消，且在後宮庭院設置了一個大大的香案，誠心誠意地祭拜日神月神，祈禱日月天地給兒子以悠長的生命。熒玉雖然還不能離榻，卻高興得唏噓不止。她深知二哥的稟性，深知二哥壓抑在內心的深深戀情。對於二哥這種處處克制自己，將一切內心痛苦與情感需求都深藏不露的人，愛的激情也許能創造生命的奇蹟，使二哥的病得以痊癒；秦國需要這樣的國君，熒玉也需要這樣的兄長，願上蒼佑護二哥，佑護秦國。

大婚典禮那一日，下起了入冬第一場雪。一夜之間，紛紛揚揚的大雪覆蓋了關中河山，覆蓋了咸陽都城，整個秦國都陷進了無邊無際的溫柔白色之中。

按照老秦人的傳統，玄奇先一天晚上出宮，住到了自己的家——她和爺爺的小院子。這是遷都咸陽時，秦孝公特意吩咐，按照櫟陽城內百里莊原樣大小建造的，爺爺和她都沒有回過咸陽，這百里莊竟成了一座寂寞老舊的新房子。玄奇謝絕了一切名義的陪伴，一個侍女也不要，她要一個人度過女兒家的最後一夜。

掌燈時分，玄奇走進了爺爺的書房，在爺爺的畫像前久久佇立。她和爺爺都是終年雲遊，相互難得在一起。有一次獨自回家，玄奇驚喜地發現，書房牆上掛著爺爺一張布畫像，書案上有八個大字：「在在不在，有畫如面」。玄奇很佩服爺爺別出心裁的這一著，也在自己的小房間裡畫了一張自己的像掛了起來。她沒有爺爺畫得精細，只是用木炭在白布上勾了一個手捧竹簡打瞌睡的頑皮少女，下面寫了大大的三個字：想爺爺！後來，爺爺的畫像上便有了白髮白眉。玄奇卻懶得像爺爺那樣認真地描畫自己的滄桑，依然是頑皮的瞌睡樣子。

今夜，看著爺爺的飄然白髮，玄奇眼睛潮濕了——爺爺，還在齊國麼？不知道。那你在哪裡啊？不知道。爺爺養育了自己，卻不知道自己就要出嫁了。爺爺啊爺爺，饒恕玄奇的不告之罪吧。爺爺知道，玄奇愛渠梁大哥，玄奇早該嫁給渠梁大哥了。他從來沒有歡暢過舒心過，打仗、變法、國事斡旋，硬是熬乾了心血啊。玄奇原想三五年將墨家大事辦完，再到渠梁大哥身邊，誰想他一病若此啊，玄奇真是疼碎了心。早知如此，玄奇十年前就該與他大婚，玄奇好悔也……爺爺，渠梁大哥二十年沒有大婚，就是在等玄奇啊。玄奇不能拘泥禮儀了，玄奇決意做新娘了，爺爺一定很高興，是麼？是的，爺爺笑了……

玄奇從爺爺的書房出來，鵝毛大雪正漫天而下，院中已是一片潔白了。她走到院中，輕柔的雪花飄到她滾燙的臉上慢慢融化，她的心也慢慢舒展起來，沉浸在從未有過的幸福喜悅之中。在三十多年嚴酷粗糲的墨家生活中，她幾乎沒有時間一個人細細品味女兒家的柔情蜜意，只是每日入睡都抱著他的那把短劍。現下，這個靜靜的雪夜，是真正屬於自己了，她要精心地為自己生命的盛典仔細準備一番。

撥亮了木炭火盆，燒好了一大木盆熱水，玄奇到院中虔誠地對天三拜，然後到屋中細細沐浴。三更時分，她坐在了陌生的銅鏡前，驀然發現鏡中的姑娘竟是那樣美麗，她是自己麼？在動盪無定的墨家行動中，玄奇只能偶然在陳倉河谷和櫟陽百里莊照照銅鏡。墨家節用，總院是沒有女弟子用銅鏡的。更重要的是，玄奇沒有閒情逸致去流淌女兒家最尋常的愛美之心，驀然攬鏡，竟然為自己的美怦然心動了。

玄奇害羞地笑了，開始打扮自己。她要給他一個名副其實的新娘。

天邊一縷曙光在雪天來得特別早，方交寅時，窗戶就亮了。

一輛華貴的青銅軺車將玄奇接走了。她站在六尺傘蓋下，一身大紅絲綢長衣，長髮綰成了高高的髮髻，亭亭玉立，明豔動人，宛若天上仙子，引得早起的國人夾道驚歎，一片「國后萬歲」的歡呼聲響徹了咸陽。

到得咸陽宮前，玄奇遙遙望見一個熟悉的黑色身影踩著大紅地氈走下高高的臺階，向她迎來了，沒錯，分明是她的渠梁大哥。看著他健旺如昔的步態，玄奇一陣驚喜眩暈，頹然倒在了軺車中……秦孝公走到軺車前，將他的新娘輕輕抱下了軺車。

玄奇睜大眼睛，向著紅日驟現的蒼穹深深一躬，拉住了孝公的雙手：「天地合，乃敢與君絕。」

「不移，不易，不離，不棄。」秦孝公肅然回答。一輪豔麗的紅日，一片湛藍的天空。銀裝素裹的咸陽城，正為上天賜給秦國的幸運與喜慶狂歡不已。

老墨子的贈藥真是不可思議。秦孝公居然精神大振，非但離榻走動如常，而且面色紅潤，黧黑如初，談笑風生如常。三日前，商鞅求教扁鵲，老墨子帶來的「上藥」能否服用？扁鵲打開小布包一看一聞，大為驚喜：「此乃六芝草，《神農經》記名的上上之藥。墨子大師真奇人也！」商鞅詳細詢問，扁鵲娓娓道來，「天地生藥，分為三品。上藥養命延壽，中藥養性培心，下藥治病去疾。所謂上藥，乃五石六芝。五石者，丹砂、雄黃、白礬、曾青、慈石也；六芝者，六種靈芝草，即石芝、木芝、草芝、肉芝、菌芝、水芝。五石多被巫師方士用來煉丹，六芝則是醫家極難尋覓的草藥神品，得一靈芝足以救命，況乎六芝也？」

商鞅驚喜異常：「六芝草可使君上痊癒麼？」

扁鵲搖搖頭：「病態可去，痊癒極難。然墨子大師學問淵深，工醫皆精，他既贈藥於秦公，自當一試。」說罷親自將六芝草分為九份，又加了幾味草藥，合成了九劑養神補氣散，煎了其中一份，看著秦孝公服下。

國君大婚與病體康復，朝野之間一片喜慶。只有商鞅絲毫沒有懈怠，和景監、車英、王軾一件接一件地安頓計議好的大事。

十天後，在太廟舉行了嬴駟的加冠典禮。

秦國傳統，男子二十歲或二十一歲加冠。這是一個人的成人大典，對於男子，其意義比婚典更為根本。嬴駟十多歲被公父逐出櫟陽，一直沒有舉行加冠大典，這是在他年過三十歲時的追補儀式，顯得格外的不尋常。秦孝公親自主持了兒子的加冠大典，在嬴氏列祖列宗的靈位前，親手為兒子戴上了布冠、皮冠與最後的一頂黑色玉冠。

又過了十日，在咸陽宮大殿隆重舉行了正式冊封太子的典禮。商鞅向秦國朝野宣示了嬴駟堅忍刻苦的遊學磨練過程，及其錘鍊出的膽識毅力。景監宣讀了國君正式冊封嬴駟為太子的詔書。秦孝公宣布了太子嬴駟與商君共同攝政的書命。大殿一片歡呼。正當此時，商君府領書匆匆趕來稟報：山甲已經將放逐隴西的公孫賈祕密押回了咸陽！商鞅立即對秦孝公低聲道：「臣有一件急務處置。」秦孝公點點頭：「去吧，這裡有我。」商鞅便匆匆走了。

在商君府政事堂，商鞅與景監、車英、王軾四人連夜對犯人進行審訊。當人犯被押進來的時候，商鞅幾乎不敢相信自己的眼睛。這個人滿頭滿臉都是黑白相雜的粗硬鬚髮，幾乎完全淹沒了他的五官，渾身髒污不堪，雙眼發直，活似一個野人。公孫賈一介名士，久為文職，素有潔癖，利落清爽為人所共知。難道放逐服刑竟可以如此徹底地改變一個人的本性？商鞅思忖有頃，走到犯人面前：「公孫右傅，請入座說話。」

犯人一言不發，木呆呆地站立著。

車英輕聲道：「商君，太醫已經看過，犯人服了啞藥，不會說話。」

「看看有無烙印？」

車英上前扒開犯人額角的長髮細看：「商君，有烙印，不假。」

商鞅輕輕搖頭，拿起一束竹簡走到犯人面前：「公孫右傅，且看這是何物？」

犯人木呆呆毫無反應，只是搖頭不停。車英這才驚訝起來：「公孫賈乃秦國博士，如何連特赦書令都不認識？怪哉！」

商鞅看看犯人：「車英，教荊南來。」荊南進來後商鞅吩咐，「荊南，此人口不能言，你能否與他手勢對話？教他知道，只要他不是犯人公孫賈，就放他無罪歸家，不需代人受刑。」

荊南上前很費勁地打著手勢，口中不時噢噢叫幾聲。那人也回以手勢，搖頭搖手，不時尖叫。荊南回身對商鞅搖頭，在木板上寫了「山中獵戶」四個大字。

商鞅道：「問他識字麼？」

荊南與獵戶又一陣手勢，轉身對商鞅搖搖頭。商鞅道：「問他何時做公孫賈替身的？」荊南又與獵戶不斷手勢，獵戶兩指交成「十」字。這次商鞅也看得明白，知道是十年前，又問：「他為何做了公孫賈替身？」

荊南與獵戶一陣費力的手勢喊叫，在木板上寫了「受人之恩，立誓不泄」。

商鞅沉默思忖，看來眼前這個獵戶曾受公孫賈大恩，是自願替公孫賈做替身的。山中老秦人的執拗義氣，商鞅最明白不過，再問他也不會說，想想吩咐道：「上大夫，曉諭隴西郡守，此人與罪犯沆瀣一氣，觸犯秦法，以律罰苦役十年。免他終身不見天日。」

景監立即去行緊急文書。荊南一陣比畫，獵戶嚎叫一聲，向商鞅撲地拜倒，又抬頭對著荊南一通比畫尖叫。荊南會意點頭，在木板上寫了「受人之恩，無以為報，被迫為之」。

商鞅歎息一聲，吩咐將獵戶押回隴西原籍服徭役去了。

商鞅和三位大員商議到夜半，依景監三人的主意，立即圖影緝捕公孫賈，以震懾潛藏的邪惡復辟者。商鞅反覆思忖，沒有採納。一則，他認為公孫賈心思周密，既是有備而為，就未必還在秦國。二則，若公然緝捕，反倒會議論叢生，引起朝野不安。最後商鞅拍案，決定對公孫賈祕密察訪祕密緝拿，一旦捉拿歸案，立即明正典刑。四人一致認為，這件事由荊南去做最為合適。荊南欣然領命，連夜去祕密布置了。

商鞅回到寢室，已經是四更時分，熒玉已經昏昏酣睡了。偌大的燎爐中木炭行將燃盡，屋中已是有了寒氣。商鞅用炭箕加了一些木炭，將火撥得熊熊旺了起來，屋中頓時暖烘烘的。

熒玉不期然醒了過來，見商鞅在撥弄燎爐，雖大感溫暖，心中卻過意不去，笑道：「我不教侍女們晚上進來，想不到卻累了夫君。」商鞅笑道：「這不也好麼？日後退隱山林，我還要為你倆做更多事。」熒玉感慨中來，長吁一聲道：「夫君，熒玉不好，流了骨血……」說著雙淚長流。商鞅笑了起來，走近榻前輕輕為熒玉拭著淚水：「我的公主，別傷心了。要是我，也會那樣做。」熒玉不禁噴笑道：「你也會有身孕麼？真是。」商鞅笑道：「豁達之心，君上第一。這件事你辦得好極，你是沒看見君上大婚時的精氣神，否則你是不會難過的了。等你能走動了，我們去看看他們如何？」熒玉笑道：「好也。羞羞他們。」商鞅大笑一陣，安慰熒玉道：「來日方長，我們日後再生一個還來得及，別上心了。」熒玉點點頭「嗯」了聲問：「如何今日公事完得忒晚？」

商鞅猛然心頭一閃道：「熒玉，你有多久沒去嬴虔府了？」

熒玉想想道：「五六年了。那個小侄女夏天偷著來過一次。哎，如何想起了他？」

商鞅將公孫賈和假犯人的事說了一遍，沉吟道：「你說，公孫賈會找嬴虔麼？」

熒玉道：「不會。我這個異母兄長素來倔強，對公孫賈甘龍很是疏淡。」

商鞅搖頭一歎：「仇恨，會使人變形。公孫賈可是一個大大警鐘也。」

「要不，我明日去走走？」

商鞅笑道：「帶病前去，不是明著告訴人有事麼？好了再說。有人縱想變天，也還遠著。」說著熄了銅燈，上榻安歇了。

熒玉偎著夫君，很快睡著了。商鞅久久不能安眠，片斷的思緒零亂如麻，什麼都在想，什麼也沒想。長夜難眠，對商鞅是極為罕見的。多少年來，他從來都是心無雜念挨枕即睡不知失眠為何物。近日來，他卻總感到一種沉甸甸的東西壓在心頭，不時有一絲不安和警覺閃現出來。這絕不僅僅是秦孝公的病情，對於邦國的正面危難，商鞅從來都是泰山崩於前而色不變的稟性。他的直覺告訴他，這種不安和警覺，是一種朦朧的預感。這種感覺是從崤山遇刺開始的，是今夜發現公孫賈潛逃而明晰起來。猛然，商鞅想起了太子嬴駟的論斷「秦國新法，尚未固本」。嬴駟為何如此斷定？他發現了什麼？警覺了什麼？為何不明確地上書言明……

商鞅驀然坐起，看著燎爐中烘烘的木炭，穿好衣裳，走進了書房。

二、灰色影子與蒙面石刻

滴水成冰的寒夜，咸陽城最是夤夜喧騰的商民區也凝固了。

緊挨著蓬勃興旺商名遠播的南市，咸陽城內的西南角是商民區。這裡住著許多山東六國的商人，也居住著秦國各地來咸陽經商的本國商賈，酒肆客棧最多，是咸陽城人口最為蕪雜流動的區域。這個區域主要是兩條交叉成「十」字的大街，與一片方圓三百多畝的南市。南北走向的大街叫「太白道」，東西走向的大街叫「朱鳳道」。太白是秦國的天界星，太白之下為秦國。朱鳳則是周人秦人的吉祥神鳥，鳳鳴岐山而興周也。以兩者命名商區的兩條大街，意味著秦人對商市的虔誠祝願——順應天道吉祥昌盛。

在兩條大街十字路口的東北角，有一座與周圍店面客棧都不沾連的孤立無鄰的大院落，高大的院牆與兩鄰房屋相隔著一條空蕩蕩的巷子。大門前是廢棄的車馬與拴馬樁，臨街的大門也用大石青磚砌得嚴嚴實實，若不是那座還算高大的門樓門廳，誰也看不出這裡是曾經的大門。在商民市區，這座莊院顯得有些古怪，就像繁華鬧市硬生生插了一座荒涼古堡。從規模看，它既沒有六國大商的豪華氣魄，也不似小商小販人家的緊湊樸實。這樣的怪誕莊園能矗立在金貴的商市街面，自然是咸陽城建起後最早遷來的「老戶」。儘管如此，商人們畢竟見多了乍貧乍賤的人世滄桑，誰也沒有感到奇怪，誰也沒有試圖接近它探查它。大院子一如遷來時的孤立冷清，在這北風料峭呵氣成霜的夜晚，更顯得蕭瑟孤寒。

三更時分，一條灰色影子從高牆外空巷的大樹上飛起，無聲無息地落在院內屋頂。庭院正中的大屋裡，風燈昏暗，一個人在默默打坐。他面上垂著一方厚厚的黑紗，散亂的白髮披在兩肩，就像凝固的石刻一動不動。雖然是滴水成冰的寒夜，這座空蕩蕩的大屋裡卻沒有燎爐火盆，只有那盞昏黃的青銅風燈。

突然，虛掩的屋門在呼嘯的寒風中無聲地開了。

「何方朋友？敢請進屋一敘。」凝固的石刻發出淡漠的聲音。

沒有絲毫的腳步聲，灰色影子已經坐到了石刻對面的長案上，提起案上的陶罐咕咚咚大飲一陣，喘息一陣道：「左傅別來無恙？」

長長的沉默，石刻悠然道：「右傅別來無恙？」

灰色影子道：「二十年天各一方，左傅竟有如此耳力，欽佩之極。」

蒙面石刻道：「君不聞，虎狼穴居，唯恃耳力？」

「左傅公族貴胄，慘狀若行屍走肉，令人心寒。」

「右傅一介書生，竟成高明劍士，倒是教老夫欣慰。」

「造物弄人，左傅寧如此老死乎？」

「禍福皆在人為，老夫從不信怪力亂神。」

「果然如此，左傅何自甘沉淪，白頭穴居？」

石刻淡淡漠漠道：「四野無追，何不守株以待？」

灰色影子猛然撲拜於地：「公子鐵志，大事可成。」

「右傅身負重罪，離刑入國，豈非自彰於官府？」石刻依舊一動不動。

灰色影子慨然一歎：「若有服刑之憂，何敢踏進咸陽半步？」

「莫非右傅殺監逃身？」

灰衣人咯咯一陣笑聲，猶如寒夜梟鳴：「左傅過慮也，秦國永遠也找不到公孫賈這個人了。」

「此話，卻待怎講？自然，你可以不說。」

「既與左傅和衷共濟，豈有不說之理？寒夜漫漫，枯寒故事正耐得消磨。」

於是，在月黑風高的夜晚，灰衣人講了一段鬼神難測的奇遇。

公孫賈被放逐的隴西是一個奇特的地區。這裡有荒涼廣袤的沙漠，有水草豐盛的草原，有險峻奇絕的崇山峻嶺，也有秀美幽靜的河谷。最要緊的是人煙稀少，遠離富庶文明的蠻荒之地。如此窮荒險峻之地，官府的管轄治理自然是疏鬆寬闊。雖然如此，這裡卻是老秦人的原生根基地，是秦國一個遼闊荒僻的後院，比任何邊界山地都安全可靠。公孫賈作為重犯要犯，沒有放逐到南接楚國的商山，也沒有放逐到北連趙國的北地山區，而放逐到了隴西老秦人的根基之地，自然意味著國府對這裡最為放心。

放逐處是荒絕險峻的一片狹窄谷地，四面陡峭高山，唯一的山谷出口恰恰駐守著一個兼管軍馬放牧的百人隊。要想逃走，當真比登天還難。放逐生涯是一種強加於罪犯的苦行歲月。一頂茅屋，一領布衣，一升穀種，一柄鐵鏟，這是官府刑吏交給公孫賈的全部物事。他就要憑這幾樣物事生存下去。只要犯人不逃走，無力生存而死在放逐地，是無人追究的。除了三個月一查生死，官府永遠不會增加一粒糧食一件衣裳。如果沒有特赦書令，犯人大體上都要死在這裡。

公孫賈心懷深仇大恨，如何能無聲無息地死在這荒溝野嶺？第一天晚上，山谷裡秋風嘶鳴，山嶺上虎嘯狼嗥，他被嚇得蛇一樣擠進了岩石縫隙，直到天亮才敢出來。苦思良久，公孫賈撕下長衫下襬，做了一個布袋，拿起那把鐵鏟上了山。他通曉醫道，識得草藥，這是遊學士子的防身求生本領。和所有的博學名士一樣，公孫賈永遠不會忘記青少年時代的這種基本學問。他開始上山採藥了。一來是草藥中有可以直接食用的生補之藥，功效強於五穀，兼有野果補充，大體可解饑餓之苦。二來是藉此踏勘山勢地形，看能否尋覓一條生路。公孫賈明白，他是永遠不可能得到特赦的，要復仇，就先要自己逃得出去。兩三個月過去，他才發現這一片大山荒野得超出了預想。放眼望去，莽莽蒼蒼杳無人煙，山間只有獸道狼跡，別說逃，就是公然出走，也只怕做了出沒無常的猛獸美食。

在公孫賈絕望的時日，一件奇異的事情發生了。

那天暮黑時分，他手執鐵鏟撥打著齊腰深的莽草枯藤，想尋路「回家」，卻盲人瞎馬般闖到了一處高高的懸崖頂上，鬼使神差地一腳踩空，喀啦啦跌落了下去。待他醒來，已經是滿天星斗不知何時了。我沒死麼？他活動了一下手足，慶幸自己果然沒死，便掙扎站起。四面張望，他「啊」的一聲驚叫起來。原來，懸崖下似乎有一點火紅的燈光。揉眼細看，沒錯，是燈光！他精神大振，折下一根樹枝做拐杖，一瘸一拐地向燈光跳奔過去。到得近前，卻發現這是一道陡直山崖下的一幢石頭房子，隱隱可見屋外石坪上有剝下晾曬的獸皮，是獵戶之家，不是官人。公孫賈一陣狂喜，撲上前去篤篤敲門。

粗糙厚重的圓木門吱呀拉開，一個裹著獸皮的精瘦漢子打著一盞獸油風燈站在他面前。公孫賈「啊」了一聲，後退幾步，死死盯住對方。這個男子和他像極了，簡直就是黑白雙胞胎。獸皮漢子卻渾然無覺，抹著眼淚憨憨地一伸手，將他讓了進去，坐在另一間狹小的石頭房子裡。漢子默默端來一大盆燉獸肉和一罐山果酒，便站在旁邊木呆呆抹眼淚。公孫賈是精細之人，聽見隔壁石屋裡有隱隱約約的呻吟，拱手問道：「兄臺何事悲傷？可否見告？」獸皮漢子憨直地抹淚道：「二老好端端牛樣壯，不想開罪了山神，連日大瀉，眼見活不成了，嗚……」說著大哭了起來。

公孫賈聽準了「大瀉」二字，慨然站起道：「在下尚通醫道，敢請一觀。」

十日之中，公孫賈治好了老獵戶夫婦的急性腹瀉，也養好了自己的傷。獵戶一家千恩萬謝，送他獸皮獸肉一大堆，公孫賈都拒絕了。獸皮漢子急得滿臉脹紅，用獵刀在自己手臂上猛然劃出一道血口，用嘴啜一口鮮血噴出，撲拜在地赳赳高聲道：「恩公，有用小人處，萬死不辭！」公孫賈扶起了獸皮漢子：「兄臺高義，只要空閒時日來看看我，足矣。」

半個月後，獸皮漢子憑著獵戶特有的本領，找到了公孫賈的山谷茅屋。

山月當空，公孫賈和獸皮漢子結成了異姓兄弟。漢子問大哥何以犯法？大哥說父母被仇人慘殺，大仇未報，自己卻又被仇家陷害服刑，請兄弟幫他逃出這個地方。漢子慨然允諾，公孫賈便給他臉上刺了字，又給他臉頰烙了印，與漢子互換了衣服，將漢子裝扮成自己，教會了漢子如何應對官府的「季查」。

三日後的晚上，月黑風高，公孫賈與兄弟共飲山酒，在酒中加進了啞藥。兄弟睡熟後，公孫賈順著兄弟指引的獸道，逃出了荒無人煙的大山……

「果真，無毒不丈夫。」蒙面石刻冷笑著。

灰衣人陰沉切齒：「謀大事，不拘小義。」

「雖然如此，你終究難見天日，官府若圖影緝捕，汝將奈何？」

一陣夜梟般長笑，灰衣人道：「左傅自囚二十年，孤陋寡聞了。」

「如此說來，右傅奇遇不斷了。」石刻露出一絲嘲諷。

灰衣人嘿嘿冷笑，又講出了一個驚心動魄的故事。

公孫賈逃出隴西大山，夜行曉宿，一路東行，翻越大散嶺沿南山折轉進入商山，又從丹水谷地潛出武關，逃亡到楚國。他倒不是寄希望於楚國的保護，而是看中了楚國大江上游人跡罕至的連綿群山。為了復仇，公孫賈發誓再造自己，埋頭修鍊劍術。就在他尋覓落腳點的跋涉中，一個晚上撞進了一道神祕的峽谷。

這道峽谷的兩岸青山總是隱隱約約地響著某種奇特的聲音，「撲——呼——」不是風聲，不是雷聲，倒像是大山得了氣喘病。到了深夜，這種奇特的聲音更是清晰，而且岩石縫隙中還閃現出隱隱紅光和均勻而又模糊的「嗵嗵嗵」聲。公孫賈恍若置身夢境，聽了一夜，斷定這道荒險的峽谷隱藏著一個極大的祕密。公孫賈在峽谷和兩岸高山遊蕩踏勘了好幾日，終於在一個漆黑的夜晚突然失去了知覺……

醒來時，公孫賈發現自己躺在冰涼的石板上，眼前紅光一明一滅地不斷閃爍。原來這裡是一個極大的山洞，一個白髮飄拂的老人正站在他面前，盯著他的額角。沒有幾句問答，他便心甘情願地做了老人的苦役。

漸漸地，他知道了這道峽谷是楚國鑄劍名家「風宗」的大本營。那個老人，是繼鑄劍大師歐冶子、干將之後，最負盛名的鑄劍宗師風鬍子！「風宗」在這道峽谷裡有六個鑄劍山洞，每洞一爐，僅直接鑄劍的工師就有二十多個，鐵工、風工、雜工、炊工等，加起來是二百多人的大作坊。「風宗」的規矩是白日備料休憩，夜間鑄劍。所以，白日進入峽谷的人，什麼也發現不了。在苦役生涯中，公孫賈為許多工匠治好了諸多叫不上名字的怪疾，漸漸地得到了風宗上下的好感。

有一天，從不與他照面的風鬍子將他召到一個小山洞裡，冷冷問了兩句話：「子欲修習劍術乎？」「想！」「子欲換副面孔乎？」「想！」公孫賈沒有絲毫猶豫。

老人沒有一句多餘話，一揮手，兩個壯漢抬起他丟進了洞外的水池，又壓上一張石板。公孫賈在水裡不吃不喝地浸泡了三日，奄奄一息地被抬回了山洞。風鬍子冷冷問：「目下要綁起你來，烤火，怕麼？」公孫賈搖頭。風鬍子再沒有說話，枯瘦的大手一揮，兩名壯漢夾持著將他綁縛在一張又高又厚的石板上。石板對面不到一丈處就是熊熊火焰的熔鐵爐，烘烘熱浪迎面撲來，滲透寒濕的肌膚頓感乾爽。半個時辰後，他燥熱難當，背靠的石板也燙了起來。身邊兩人只管定時給石板噴水，對他卻是不聞不問。公孫賈緊緊咬著牙關，一聲不叫，不久就烤得昏迷了過去，一潑水醒來，須臾又昏迷過去。

不知過了多久，公孫賈被架到了洞口，刺骨的寒風使他又猛醒了過來。

風鬍子走了過來，猛然向他臉上噴出一股氣味怪異的綠水，「噗」的一聲，散開了一片紫霧。公孫賈的臉頓時像大麵團般脹了起來，透亮透亮。風鬍子走近端詳，伸出長長的指甲在公孫賈額角輕輕一挑，就從「大麵團」上揭下了一層人皮，黑字與烙印赫然在目。公孫賈又被放到了一個滴水成冰的山洞，凍了一夜，次日早晨被抬到風鬍子的小山洞，臉上已經全部復元了。

風鬍子冷冰冰問：「要美麼？」公孫賈搖頭。風鬍子再不說話，又向公孫賈臉上噴了一口紅色藥水，一陣奇異的感覺立即滲透了公孫賈的四肢百骸。風鬍子伸出枯枝般的大手在他臉上按捏了整整一個時辰，丟下一句話：「記住自己了。水缸在那裡。」說罷倒頭大睡。

公孫賈定定神，站了起來。他原以為歷經如此折磨不死也得癱了，沒想到腳下卻大感輕靈，走到水缸邊一看，卻一聲尖叫，昏了過去……

「如此說來，右傅面相很是不凡了？」蒙面石刻淡漠平板，絲毫沒有驚詫。

「左傅記住了。」灰衣人猛然扯下黑色面紗，蒙面石刻不禁一抖。燈下，一張猙獰可怖的臉驟然現出：一頭紅髮青藍色面孔眼珠黑藍眼白髮黃闊嘴大牙大鬍鬚連鬢而生！與當年清秀儒雅的公孫賈相比，當真一個魔鬼出世。

「雖鬼神洞察，亦不能辨認矣。」蒙面石刻一聲歎息。

「明告左傅，風鬍子收我為學生，贈我一口風宗名劍。公孫賈不敢說縱橫天下，然則復仇足矣。若不是你那口蚩尤天月劍，商鞅早已死在崤山河谷了。」

「你，做刺客了？」

「商鞅仇人多矣。即便他是神仙，也想不到我公孫賈再生。」

「住口。」蒙面石刻低沉的聲音中喘息著絲絲怒氣，好像一隻驟然起身的猛虎。灰衣人不禁一抖。沉默有頃，蒙面石刻冷笑道：「公孫賈，老夫以為你真的浴火重生了，誰想你依舊是個卑劣猥瑣之小人。老夫不殺你，你走。」

「復仇殺敵也算小人？如何才算得大丈夫？」

「公孫賈，你雖精明有餘，卻永遠沒有大器局。老夫問你，我等與商鞅的仇恨，是村小械鬥之仇麼？」

「自然不是。是國事仇恨。」

「且不說你殺不了商鞅，縱然殺了，徒使商鞅做了天下英烈名臣，你自己反倒成了天下恥笑的卑鄙刺客。若這也算復仇，用得著你出手？」

灰衣人默然良久，恭敬拱手：「請教左傅，如何籌劃？」

「商鞅最大的立身功勳，在何處？」

「自然是變法。」

「若國事逆轉，其人治罪？」

「商鞅……身敗名裂！」

「老夫再問你，我等仇恨，是商鞅私刑麼？」

「不是，乃國法明刑。」

蒙面石刻冷笑：「記住，唯使商鞅敗身，將商鞅處以國法明刑，方為大器復仇。」

灰衣人深深揖拜於地：「左傅一言，公孫賈茅塞頓開。」

黎明前最黑暗的時刻，灰色影子又飛上樹梢，落下小巷，驟然消失在茫茫冬夜的咸陽城。

三、蒙面來客與神祕預言

太子嬴駟目下只有一件事，埋頭閱覽秦國的法令典章。

雖說公父明令他與商君共攝國政，但嬴駟心裡十分清楚，這是公父教自己跟著商君熟悉並修習國務。他長期遠離權力中心，對法令、人事、政令推行方式等基本事務都非常陌生，事實上也無從共攝，只能跟商鞅做學生。為了盡快進入狀態，嬴駟主動請求用一個月時間，讀完國藏的全部法令典章以及變法以來的國史記載。商鞅完全贊同嬴駟的想法，認為這是熟悉國務不可或缺的一環，熟悉得越早越好，越徹底越好。商鞅制定了一個進度：每三日從典籍庫給太子府送去一車竹簡，一個月十車，大體可以披閱完全部法令、典章與國史。秦國缺乏文治傳統，往昔素來不注重積累國家資料，國史記載也特別簡略。商鞅執政後大幅度改變了這種狀況，非但對國史進行了全面的重輯編修，而且將所有的法令、典章、人口、賦稅等政務文本都分為正本、副本兩套建館收藏。正本非秦孝公、商君調閱不能出館，副本則供各官署與學士隨時查閱。給太子嬴駟看的自然是正本，所以太史令府吏就格外地緊張忙碌。出館點驗，派兵押送，回收點驗，逐卷歸位，生怕出了差錯。太子嬴駟也分外刻苦，除了每天休憩兩個時辰，其餘時間全部沉浸在書房。

天寒夜長，嬴駟書房的大燎爐幾乎沒有熄滅的時候。木炭燒得再乾淨，也總有絲絲縷縷的白煙與炭氣，天天燻烘，嬴駟的臉微微發黃，還有些輕微的咳嗽。儘管如此，嬴駟依然天天守在案頭，真有些秦孝公年輕即位時的勤奮氣象。

這天已是二更時分，嬴駟正在全神貫注地翻檢披閱，年輕的內侍進來稟報說，一個楚國商人求見。嬴駟驚訝地抬起頭來：「楚國商人與我何干？不見。」

內侍低聲道：「他說受太子故交之託，前來送一件物事。」

嬴駟大為疑惑，如果說他有故交，那就是「放逐」生活中結識的村野交誼，可那些人誰能知道他是太子？又如何能託人找到這裡？思忖有頃，他不動聲色道：「既是故交所託，請在外書房等候，我片刻就來。」內侍走後，嬴駟又沉思一陣，收拾好案頭，輕步走到隔門前打開一個小孔向外端詳。

外書房站著一個身著華貴皮裘者，從一身華麗的黃色看，的確是楚國商人的習慣服飾。但這個人手中空無一物，臉上還垂著一方黑沉沉的面紗，透出幾分不尋常的神祕氣息。

嬴駟拉開門，冷冰冰地盯著這個蒙面者，一句話也不說。

蒙面人深深一躬：「楚國商人辛必功，參見太子。」

嬴駟沉默佇立，依舊一言不發。蒙面人拱手道：「敢問太子，可曾認識一個叫黑矛的山民否？」

嬴駟面無表情，既不搖頭，也不點頭。蒙面人又道：「黑矛委託在下給太子帶來一件薄禮。」嬴駟冷冷道：「請先生摘下面紗，再開口。」蒙面人道：「非是在下不以真面目示人，實是在下天生醜陋，恐驚嚇了太子。」嬴駟冷笑沉默。蒙面人右手一抬，面紗落地，一張紅髮碧眼闊嘴大牙連鬢虬髯的面孔赫然現出，在燈下顯得特別可怖。

嬴駟平淡淡道：「先生如此異相，何自感難堪？」

商人拱手作禮道：「太子膽識過人，在下欽佩之至。」

嬴駟彷彿沒有聽見，淡然道：「黑矛何許人也？本太子素不相識。」

「黑矛言，他與一個叫秦庶的士人交好，找到太子府可找到秦庶先生。」

「秦庶乃我書吏，公差在外。」嬴駟毫無表情地回答。

「如此恕在下魯莽。告辭。」

「且慢。黑矛找秦庶何事？太子府可代為轉達。」

黃衣商人言：「可否容在下遮面？卑相實在有傷大雅。」

嬴駟點點頭。商人撿起黑紗掛好，恭敬道：「稟報太子，三年前在下商旅，路過商山遇大雨阻隔，幸得黑矛兄容留旬日，是以結為好友。從此，來往路過必有盤桓。黑矛兄行走不便，故此委託在下尋覓故交，原無他故。」

嬴駟似乎漫不經心道：「這個黑矛，何以行動不便？」

「稟報太子，黑矛兄從軍次年從馬上摔下，一腿傷殘，但立功心切，堅持留在炊兵營。十載過去，未斬敵首，未得爵位。老兵還鄉，淒涼不堪。」蒙面商人聲音嘶啞，語帶哽咽。

「新法之下，何得淒涼？」嬴駟聽得很認真。

「黑矛兄父親被刑殺，母親自殺，舉村進山自救，唯留黑矛兄一人漂泊乞討。」

「如何……刑殺？自殺？自救？你詳細道來。」嬴駟大為驚訝。

蒙面商人緩緩道：「在下聽黑矛兄言說，黑林溝大旱三年，遭了年饉。商於縣令用官糧賑災，被商君制止，當場斬首了商於縣令和黑矛兄的父親——里正黑九；又派出兵士，威逼舉村老少進山，任其自生自滅。黑矛兄老娘親悲痛過分，跳崖身死。黑矛兄傷殘無依，無力謀生，又怕被官府當作疲民治罪，白日在楚國邊界的山村乞討，晚上趕回老屋落腳……」

嬴駟面色陰沉得可怕，轉過身去良久沉默。

「稟報太子，這是黑矛兄託我轉交秦庶的禮物。」

嬴駟轉身，赫然一塊黑布包裹的物事立在面前。蒙面商人道：「黑矛兄言說，這是秦庶的心。他只教我給秦庶帶一句話：那座墳沒有了，是商君下令挖掉的。」

嬴駟努力平靜自己，淡漠地接過黑布包：「你可走了。」

「秦庶先生若有口信帶給黑矛兄，請他到楚天客棧找我。」

嬴駟默默點頭。蒙面商人深深一躬，大步去了。

回到書房，嬴駟心亂如麻。看著那塊紫黑的枯樹墓刻，他禁不住熱淚盈眶。那個美麗的紅色身影從眼前飄過，那悲愴激越的歌聲縈繞在耳旁，那個姑娘深深地愛著自己，為自己義無反顧殉情死了。那是第一次結結實實撞開嬴駟心扉的火熱戀情。嬴駟在峽谷裡痛不欲生的時候，已經明白，原來自己也深深地愛著這個美麗的村姑。假如他不是被「放逐」，假如他不是秦國太子，他一定會將她帶回來，一定會娶她。他離開黑林溝的時候，心中就立下誓言，有朝一日一定要接她娶她，可是他當時不能說啊。沒有想到，他冷冰冰的拒絕不但沒有使姑娘知難而退，反而使姑娘為他獻身了。多少年來，嬴駟每想起那個美麗的身影，心就疼得滴血，一種深深的屈辱感就折磨得他寢食不安。姑娘留給他的，就只有那一抔黃土一只玉塤，那是他魂牽夢縈的一抔黃土啊。如今，連他親手給姑娘蓋上的這一抔黃土也被剷除了，黑九夫婦也死了，黑矛兄弟也淪為乞丐了，唯一在嬴駟冰涼的少年時代留下的一片淳樸友誼，就這樣被無情地抹去了……上蒼啊上蒼，你何其不公！

嬴駟一夜未眠，木然坐到天亮。宮中內侍來傳宣他時，他剛剛上榻不到一個時辰。嬴駟本來想大睡一覺，清醒清醒，避免自己沿著綿綿思緒滑下去。可是上榻後怎麼也不能入眠，反倒更為清醒了。驀然，他心海一閃，想到那個猙獰可怖的蒙面商人，覺得此人此事大為蹊蹺。那個商人是先問自己是否認識黑矛的，此一問，便可見他知道「秦庶」就是面前的太子。看自己默然不答，他才說黑矛委託他到太子府找「秦庶」的。若黑矛果真淪落為難以求生的乞丐，如何能知道「秦庶」在太子府？美麗山妹殉情於荒山絕谷，黑矛如何能知曉？商君縱然經常出巡，又如何能到得那人跡罕至的地方去毀墓？果真商君認為有人假冒嬴駟損害公室聲譽而毀墓，能不稟報公父？公父能不詢問自己？商君執法固然無情，但卻從來沒有逾越法度雷池半步，他能如此濫殺大名赫赫的造士里正黑九麼？秦國新軍軍法昭彰，軍中傷殘，縱然不斬敵首，亦在退役時賜金安置，如何能淪為乞丐？

心頭一亮，嬴駟想到了自己在荒山絕谷醒來時的奇蹟——斷指接上了，傷口包紮了，身上蓋了一件白布衫，手邊還放了一塊熟肉。仔細想來，當時顯然有人發現了自己，從墓刻上知道了自己的身分，才救了自己，但卻沒有露面。反覆思忖，洩漏身分的可能唯有這一次。知道「秦庶」就是嬴駟的，也只有那個荒山絕谷救過自己的那個神祕人物。這個人是誰？難道……猛然，嬴駟一個激靈，那個人肯定就是昨晚的楚國商人！

嬴駟猛然坐了起來，望著映得窗戶一片淡紅的早霞，嘴角露出一絲冷笑：「來人。請家老前來。」

不消片刻，一個老內侍匆匆走進寢室。嬴駟低聲吩咐了幾句，倒頭便睡，鼾聲大起。

紅日已上半山，宮中內侍來宣。嬴駟雖則只睡了半個時辰，卻一點兒不顯疲憊之色。到得宮中，公父剛剛梳洗完畢，正在前庭緩緩舞劍。嬴駟上前恭敬見禮：「公父康復，兒臣不勝欣喜。」孝公收劍笑道：「駟兒，今日陪我去南山如何？」

「兒臣遵命。」嬴駟欣然領命。

出得宮門，嬴駟見只有十多名甲士和公父的一輛軺車，便知道新母后不去，也不多問，翻身上馬走在軺車旁邊，出了咸陽直奔南山。

這是冬日少有的無風天氣，陽光和煦，蒼松常綠，頗有幾分小陽春光景。到得山下，沿著一條小河進山，蒼松翠柏的谷地中露出一片青磚綠瓦的院落，在蕭疏的冬野倍顯寧靜曠遠。孝公遙指山谷院落問：「駟兒，來過此處麼？」嬴駟知道公父問的是放逐期間是否來過，搖搖頭道：「此處沒有民戶，兒臣尚未來過。」孝公指點道：「你看，這條山水叫田峪川。東南那座山，就是餓死伯夷、叔齊的首陽山。那片院落啊，可是大大有名的一個人物留下來的。」嬴駟恍然大悟：「兒臣想起來了，莫非是老子書館？」

孝公微笑點頭，吩咐車馬慢行，沿著山道向谷地院落而去。

到得谷地，院落反而隱沒在松柏林中無從得見了。穿過小河邊一片松林，面前豁然開朗，一座藍田白玉築起的高大石坊巍然矗立在松林草地，石坊正中四個斗大的黑字——道法天地。進得石坊一箭之地，便見樸實無華的院落大門。孝公吩咐停車駐馬。

車馬方停，嬴駟就見公父的貼身老僕兼內侍總事黑伯從大門匆匆走出。黑伯來到孝公車前，扶孝公下車，拱手稟報道：「按照君上吩咐，一切妥當。」

孝公吩咐道：「黑伯，兩個時辰後，我到上善池。你稍後到繫牛亭找我。」黑伯答應一聲，吩咐車馬侍從隨他從偏門進院去了。

孝公向嬴駟一招手，從正門進入，直向院落深處而去。嬴駟一路留心，發現這座外觀很不起眼的院落，內中竟大有氣象。水流亭臺錯落有致，松林小道迴環周折，地勢緩上成坡，宛若咸陽北阪。這種山坡，任何大雨山洪都停留不住，直湧門外的田峪川。房屋亭臺分明是山石磚瓦粗糙堆砌起來，偏偏卻顯出一種質樸本色與渾然野趣，令人大為悅目。到得半坡一處石亭下，孝公肅然向亭外的一株老柏躬身一拜。嬴駟也連忙跟著一拜。

進得石亭，嬴駟發現石案上已經擺好了茶具山果，便知這是預先安排，公父今日定有大事要對他說，不由神情肅然地為公父斟了一盞熱茶，肅立一旁。孝公飲了一口熱茶，招招手教兒子坐在對面石墩上。

陽光下，秦孝公的面色焦黃憔悴。嬴駟心中湧上一股酸楚道：「兒臣無以為公父分憂，慚愧之至。」秦孝公笑著擺擺手道：「莫說這些。可知今日你我父子到此的原委？」

嬴駟搖搖頭道：「兒臣不知。」

秦孝公喟然一歎：「嬴駟啊，你也算歷經風霜，對世情人事有自己的見識了。無須瞞你，公父的日子，已經不多了，你也一定能看出來。」

「公父……」嬴駟哽咽一聲，撲拜在地。

孝公豁達地笑了：「起來吧。人生壽夭，原在天算，何須傷懷？你我既生於公室之家，國事便是至大。公父對你今日要說的，是一宗國事之密。你大父定的規矩，國君臨死，方可將這祕密傳給繼位者。我就是在你大父臨終時才知道的。可是，公父沒有時日了，清醒時說比糊塗時說要好。」

嬴駟站起來坐在對面石墩上，發現黑伯遠遠站在路口，方才悟到公父今日的周密用心。

秦孝公緩慢地說著，太子嬴駟認真地聽著——

幾千年來，嬴秦部族一直流傳著兩則神祕的預言。一則是部族公開流傳的，一則是在嫡系公族中祕密單傳的。公開流傳的預言，是舜帝當初賜給嬴氏「秦」之封號封地時的一則預言——茲爾秦族，後必大出天下。在立國前的沉浮掙扎中，這則預言是嬴秦部族的精神火把，是嬴秦部族精誠凝聚的紐帶。四百多年前，嬴秦部族成為諸侯國之後，這則預言漸漸成了流傳在老秦人中的古老故事，那像彗星一樣激勵人心的光芒便漸漸消失了。在通常庶民的心目中，一個半農半牧的偏遠部族成為中原諸侯大國，也就算大大的「大出」了，還想如何呢？這則遙遠的預言，便在嬴秦部族貧乏的想像中漸漸乾涸了。

這則預言是國史載明的，嬴駟自然很熟悉，本不是甚祕密。

另一則祕密預言，則發生在嬴秦部族立國四百餘年之後，時日很近，並且要具體得多。但這則預言卻只在嫡系一脈的國君與儲君之間單傳，嚴厲禁止流傳民間。秦孝公要對嬴駟說的，正是這一則預言。

這則預言，是當年西入流沙的老子對秦國國運的推算。

六十多年前，秦獻公即位的第十一年春天，接到一個消息，曾在洛陽周室做過柱下史的老聃要到秦國來了。秦獻公不禁大喜過望。在東方諸侯卑秦，天下士子視秦國為蠻夷之邦而拒絕入秦的年代，一個聲名遠播就連孔子也要向他求教的泰斗人物要到秦國來，豈是等閒小事？秦獻公請出了一個酷愛和學問家交往的人物來接待老子。這個人，就是曾經做過函谷關令的尹喜。尹喜精心準備，周密籌劃，將一切都部署得妥帖之極。

是年四月，不知高年幾許的老聃騎著一頭青牛優哉游哉地進了函谷關。雖然那時候函谷關還被魏國占領著，但尹喜派出的斥候早就發現了這個走遍天下也不會錯認的老人，立即飛馬報回櫟陽。尹喜多與名士交往，知道像老聃這樣的泰山北斗，絕不會刻意到秦國都城歇腳，一定要找山清水秀的勝境獨居，便對秦獻公稟明自己的想法，商議好了對策。

果然，老聃的青牛悠悠地飄過了櫟陽，向著南山去了。進入莽莽蒼蒼的南山北麓，老聃和隨行小童卻被布衣牛車的兩個「士子」攔住，不斷求教學問。老聃頗是喜歡這兩個坦誠質樸的「士子」，在他們的山莊歇息了下來。一連盤桓數天，兩人對老子提出了數不清的難題，老子都一一解疑，談天說地般娓娓道來，胸懷心海間彷彿埋藏著無窮無盡的學問。

一個布衣「士子」整日陪著老子閒步深山，牛走曠野，粗茶淡飯卻又極盡恭敬地侍奉著這位窮通天地的老人。夏夜星空下，這個布衣「士子」提出，請老子寫一卷天地文章給秦人「開塞」。老子大笑一番，終不忍拒絕其虔誠請求，便慢慢地寫了起來。就像那撲嗒撲嗒的青牛腳步，老子寫得慢極了，遠遠趕不上那個布衣「士子」的刻簡。

一月之後，老子終於寫完了五千言的「開塞」大書。那日晚上，另一個布衣「士子」單獨走進了老子的小院。夏夜的一輪明月下，老子正坐在院中高臺上仰望蒼穹，點頭搖頭，兀自歎息感慨。猛然，老子身後響起一個聲音：「敢請前輩教我。」

老子沒有回身，歎息一聲：「秦公何其聰睿，寧誤老聃耶？」

布衣士子撲拜不起：「前輩既知我身，請為嬴師隰解惑。嬴秦日衰，秦人多困，嬴師隰寢食難安。」

老子依然沒有轉身，仰望蒼穹，一陣思忖後喟然歎息：「秦公謹記：老聃之言，只傳儲君，若有洩漏，自罪於天。」

「嬴師隰恪守前輩之言。」

老子緩慢低沉地說出了一段話：「老聃昔年遊宿巫山神女峰，細察天象：秦周同源，均起西陲；秦為諸侯，而秦周分離；離五百年，而大合於秦；合十七年，則霸王出。」

秦獻公請老子拆解，老子卻搖頭不語。

後來，老子留在南山麓收了數十名弟子，教導三年，卻莫名其妙地失蹤了。有人說，老子去了大漠流沙。有人說，老子去了陰山草原。也有人說，老子進南山修身成仙去了……這個神祕老人留給世人的，唯有那一卷五千言的天地文章和那一則神祕久遠的預言（註：預言，即老子預言。《史記・周本紀》與《史記・秦本紀》相同。《史記・老子韓非列傳》記載有異）。

「嬴駟，老子預言不能見諸國史，你記下了？」秦孝公肅然問。

「記下了。」嬴駟正色回答。

「你背一遍，我聽。」

嬴駟一字一頓念道：「秦周同源，均起西陲；秦為諸侯，而秦周分離；離五百年，而大合於秦；合十七年，則霸王出。」

聽嬴駟背得一字不差，秦孝公意味深長地笑了：「你，信不信老子的國運預言？」

嬴駟一時沉吟，不知如何應對。他的第一感覺是驚訝與震撼，老子的預言豈不是給了秦國一個新的精神火把？分五百年而合，現下秦已立國四百二十多年，那豈不是說再有百年上下秦國就將與「周」大合？老子是周王室的史官，他說的這個「周」，自然囊括了天下諸侯，而絕不僅僅是龜縮於三川一隅事實上比尋常小諸侯還要窩囊的「周王城」；直到今日七大戰國，也依然在口頭上承認周王室為「天下共主」。如此說，與「周」合，就是與「天下合」，「大合於秦」，就是秦將代替周統一天下！而百年上下，也就是兩三代人的歲月，相比於舜帝預言實現的兩千多年，何其短也。有了如此輝煌的前程，秦人自然倍加奮發，比國君的任何激勵之書都要有威力。幾千年來，「天」的暗示對於庶民國人是無比神聖的，他們承認服從「受命於天」的大人，心甘情願地為他們流血拚命，成就天命大業。別的不說，舜帝的預言就長期支撐了嬴秦部族的浴血奮戰，能說這種國運預言的威力不大麼？春秋戰國以來，多少新老貴族都在權力爭奪中假託「天命」以聚攏人心，老子的「合秦」預言豈非求之不得的天命之書？既然如此，大父、公父為何都祕而不宣呢？果真是忌諱「洩漏天機」之罪麼？天機若果然不可洩漏，老子何敢明言？

看來，大父、公父一定還有埋藏很深的想法沒有說出。嬴駟的沉吟正在這裡，他正襟危坐，謹慎回道：「公父，兒臣對陰陽天命之學素來陌生，不知從何談起。」

「如此說吧。」秦孝公道，「若是神明占卜，說秦將為天下霸主，子何以待之？」

嬴駟沒有猶豫：「縱然天命所歸，亦需人事努力。兒臣當似有若無。」

「好！」秦孝公拍案而起，「公父要的，就是這『人事努力，似有若無』。」他在亭中緩緩踱步，字字斟酌道，「你大父臨終時說，他之所以沒有將這個預言早日告我，就是怕我恃天命而驕，反倒自絕於天命。駟兒啊，要知道，一個君主，沉溺於天象、占卜、童謠、讖語之類，非但荒唐，而且喪志。往遠說，三皇五帝可算天命攸歸了。然則，舜帝卻囚禁了堯帝而當權，大禹囚禁了舜帝而當權，天命何在？往近說，周室天子哪一代不是聰慧英武？偏偏卻癡信天命，在大爭之世龜縮自保，而今只留下了洛陽城周三四百里，何其淒慘也。如此天命，有同於無。再往近說，楚宣王癡信星象，竟因彗星徑天而亂了陣腳，用土地城池收買魏國齊國，要滅我秦國。最後如何，丟了城池，窮了國家，還沒有結成滅秦同盟。你須牢牢記住，天命星象從來不會垂憐弱者，它永遠都只是強者的光環！」

「公父之言，鞭辟入裡，兒臣永生銘記。」

「嬴駟，秦國縱可一統天下，也要一步一步一代一代地去苦做，去奮爭。萬不可亂了心志，走入歧途啊。」秦孝公語重心長。

「公父，秦國正道，乃堅持公父與商君創立的法制，而不是坐待天命攸歸。兒臣深知，沒有新法，就沒有強秦；沒有新法，就沒有庶民國人的真誠擁戴。秦國前途縱有千難萬險，兒臣亦無所畏懼。」嬴駟慷慨激昂。

「好。」秦孝公拍拍兒子的肩膀，欣然而又親切道，「駟兒，你長成了。有此等精堅心志，公父也就不多說了。走，我們去看太后和姑姑。」

「太后、姑姑也來了？」嬴駟感到驚訝，又立即高興起來。

老太后住在這裡已經幾個月了。她對富麗堂皇的咸陽宮一點兒也不喜歡，倒是對雍城、櫟陽多有留戀，時常念叨。秦孝公突然病倒，老太后莫名其妙地說咸陽宮「空陰」太重，要兒子和她一起搬到櫟陽去養病。秦孝公知道母親老了，喜歡那種抬腳可見的小城堡小庭院。與玄奇大婚後，秦孝公就有意陪母親到南山遊了一趟，老太后見到秦獻公為老子書館立的石坊，睹物思情，便在這裡住了下來。孝公其實正是此意，便將太后寢宮的僕從物事幾乎全部搬了過來，教老太后在這田園書院裡安度暮年。老太后選了上善池邊的一座空閒小院落，在這裡悠然地住了下來。熒玉康復後正想去峭山一趟，親自見見白雪，回來後再去南山陪母親。正在此時，卻接到秦孝公派黑伯送來的一條密簡，便將兩件事顛倒了順序，先到了南山來陪母親了。

秦孝公和嬴駟到來時，熒玉正給老太后彈奏秦箏。箏與琴相似，卻比琴長大粗獷，是秦人的獨創樂器，天下呼之為「秦箏」。這時的秦箏只有八根弦，儘管比後來的秦箏少了幾弦（註：秦始皇時，名將蒙恬將秦箏增加為十弦以上，音色更為豐富。見本書第五部講述的故事），但還是比琴音域廣闊，彈奏起來深沉曠遠蒼涼激越，秦人莫不喜愛有加。熒玉奏的是〈秦風・蒹葭〉，這是一首在秦地廣為流傳百餘年的情歌，熒玉邊奏邊唱，老太后微閉雙目深深沉浸在對往昔年華的追憶中。

秦孝公停下腳步，凝神傾聽，覺得深沉遼遠的箏音中隱隱有一絲憂鬱，使這首美麗的情歌顯得有幾分憂傷，不禁若有所思。箏音一落，秦孝公拍掌笑道：「好啊，彈得好，唱得也好。」嬴駟連忙上前給老太后和姑姑行禮。老太后高興地拉著孫兒說長道短。熒玉吩咐侍女置座上茶，親自扶二哥坐在鋪著綿墊兒的石墩上。

時當正午，山窪谷地向陽無風，小院子暖和得沒有一點兒寒冬蕭瑟之氣。熒玉吩咐上飯，長大石案頓時擺上了一片野味山菜和兩罈清酒。嬴秦嫡系的三代人，就在這簡樸幽靜的黃土小院裡開始了二十多年來的第一次共餐。老太后精神大好，一再教兒子和孫子多飲幾碗清酒。秦孝公飲了一碗，額頭上生出了涔涔虛汗，便不再飲了。熒玉和嬴駟見孝公不飲了，也停了下來品嘗燉得酥爛的山兔野羊。

孝公笑問：「母后，要不要搬回咸陽？」

老太后連連搖頭：「不不不，就南山好。咸陽，太空了。」

「可是，母后一個人住，我如何放心得下？」

「渠梁啊，」老太后歎息一聲，「娘沒事，山清水秀，我滿舒坦，倒是娘放心不下你。秦國勢大了，你也累垮了。要娘說，你不妨將國事交給鞅和駟兒，和玄奇一起住到這兒來，身子自會慢慢康復的了。」

「好。明春一過，我與玄奇搬來。」秦孝公爽快答應，回身道，「駟兒，你想不想陪祖母幾日？」

嬴駟心中詫異，公父不是教自己與商鞅攝政麼，如何卻生出教自己留在南山的意思？一時困惑，沉吟道：「但憑公父安排。」

秦孝公道：「三五日，祖母會讓你長許多見識也。」

嬴駟拱手領命，老太后高興得滿臉笑容。

飯後，太后吩咐嬴駟陪自己在院中轉轉，說有幾個地方還沒去過。院中只留下孝公和熒玉兄妹。秦孝公道：「小妹，隨我進山一趟。」熒玉也不多問，出門上馬，就隨秦孝公飛馳進了南山深處。二人返回時，已經是夕陽將落。簡單的晚飯後，秦孝公與熒玉向太后告辭，登車回了咸陽。

四、嬴虔甘龍的詭祕暴亡

秦孝公處心積慮，要做好最後一件大事。

儲君之事一旦解決，秦孝公心頭頓時輕鬆。作為國君，後繼無人是最大的失敗。而今嬴駟作為不俗，頗有見地，看來堪當大任，加之商君輔佐，秦國將後繼無憂。秦孝公心一定，就想到了一直縈繞心頭的一件大事。再不做，就來不及了。雖然扁鵲的神術、老墨子的奇藥、玄奇的愛心同時遇合，使他的病體出現了不可思議的奇蹟。但秦孝公知道，這絕不意味著他病體的康復。他的時日不多了，他必須盡可能地做好這最後一件大事。

從開始變法，秦孝公就或明或暗地意識到，秦國朝野有一股反對變法的勢力存在。儘管這股勢力隨著變法的節節推進而漸漸萎縮，尤其是庶民國人中的反變法勢力幾乎全部化解。原因只有一個，庶民國人從變法中得到了實實在在的好處。獎勵耕戰、廢除井田、隸農除籍、族里連坐、移風易俗，這些最重要的新法實行三五年後，莫不使國人竭誠擁戴，連那些歷來蔑視官府的「疲民」，也變成了勤耕守法勇於公戰的良民。這是秦國新法不可動搖的根基。

但是，秦國新法卻屢屢傷害了老世族，廢除世襲爵位、廢除世族封地、廢除私家親軍、廢除世族治權、無功不賞、有罪同罰等等，幾乎將世族特權剝奪得一乾二淨。秦國的老族望族幾乎在變法中悉數崩潰了。另一方面，上層權力也在變法中發生了難以預料的變化，舊族權臣幾乎無一例外地被貶黜架空了。一個個做來，雖然並不顯山露水，然則時日一長，資深老世族的全體衰落，卻是誰也看得明白的事實。甘龍、杜摯、公孫賈、孟西白三族大臣以及無數的世族臣工，都是這樣被淹沒的。

更重要的是，變法浪頭還無情地湮滅了一批本來是變法支持者的世族大臣，將他們也變成了與反對變法的舊世族同樣下場的淪落者。少年太子嬴駟、太子左傅兼領上將軍的嬴虔、太子右傅公孫賈的被逐出廟堂，是變法進程中最重要的事變，導致秦國的廟堂權力發生了令人擔憂的傾斜。秦孝公、商鞅、嬴虔組成的「三鐵雲梯」殘缺了，作為國家儲君而起穩定人心作用的太子從權力層消失了，久掌機要而頗具影響力的公孫賈被刑治放逐了。從廟堂權力場的眼光看，當年的太子力量竟然成了秦國變法的最大受害者。這一事變的直接後果，是秦國上層力量的根基大為削弱；更深遠的負面作用，更令人難以預料的是，在變法中受害的老世族將以「太子派」為旗幟。無論太子、嬴虔、公孫賈等對變法的態度與老世族有多大區別，老世族都會將太子力量作為他們的旗幟，而太子力量也會與老世族產生某種惺惺相惜的共鳴，都會對變法及其軸心人物產生出一種仇恨。

與其說秦孝公嗅到了某種氣息，毋寧說秦孝公從一開始便清楚這種後果。

秦孝公是一個極為特出的權力天才。他的雄才大略，不在尋常的文治武功開疆拓土，而在於將一場千古大變不動聲色地從驚濤駭浪中引導出來。他的全部智慧，就在於每次都能將本可能顛倒乾坤的流血事變穩健地消於無形，使秦國大權始終牢牢控制在變法力量的手中，成功地迫使秦國上層老世族勢力在變法中全面「隱退」。在商鞅掌握軸心權力之前，他巧妙地搬開了阻礙商鞅執掌大權的阻力，有步驟地將權力順利集中到商鞅手裡。商鞅掌權開始變法後，充分施展出千古大變的肅殺嚴峻與排山倒海般的威力。這時的秦孝公沒有提醒商鞅謹慎行事，更沒有陷入變法事務，去一釘一鉚地干預訂正，而是淡出局外，全身心注目那些暗中隱藏的危險。他很明白，像商鞅這樣的磐磐大才和冷峻性格，任何督導都無異於畫蛇添足。作為國君，他只要遏制了那些有可能導致國家動亂的勢力，變法就會成功。在「太子事變」前，秦孝公對老世族勢力並不擔心。但在「太子事變」後，秦孝公卻警覺到了某種危險。

雖然如此，秦孝公非但沒有對這些危險勢力斬草除根，甚至連多餘的觸動都沒有。商鞅的唯法是從與秦孝公的後發制人在這裡不謀而合，都對這種有可能合流的危險採取了冷處置——你不跳，我不動。所以如此，是因為秦孝公要讓歲月自然淘汰這些危險者。他相信，仇恨失意鬱悶獨居山野放逐等這些常人難以忍受的折磨，將早早奪去他們的生命。甘龍、嬴虔、公孫賈幾個人一死，全部危險力量的旗幟人物就沒有了，其餘殘存力量，自然也就在朝野大勢中融化了。

誰能想到，上天彷彿遺忘了那些失去價值的生命，竟然不可思議地將厄運降臨在他這個國君身上，盛年之期，行將辭世。這一冷酷事實，迫使秦孝公動了殺機，他要在最後的時日裡剷除這些隱患。

即將成為國君的嬴駟，對商鞅總有一種隱隱約約的疏離，對嬴虔公孫賈則總有一種隱隱約約的歉意。這是秦孝公敏銳的直覺。假若這些危險者消失了，嬴駟會是一個好君主，也有能力保持秦國的穩定。然則，只要這些危險者還在朝局之內，秦國新法和商鞅本人就將面臨極大的風險。要消滅這種隱患，只有他能做到。

秦孝公的謀劃很簡單，也很實用。首先，他避開了商鞅，也避開了嬴駟，不教他們知道這件事，更不教他們參與這件事。商鞅是秦法的象徵，是危險勢力的復仇目標，而剷除隱患的方式卻是「違法」的權力角逐，是旨在保護商鞅的行動。有他參與，隱患反而會更加複雜，反倒可能使保護商鞅的目的適得其反。而嬴駟是儲君，要盡可能地不為他樹敵。單獨地祕密地完成這件大事，是秦孝公最後的心願。

有意將嬴駟留在南山，秦孝公與熒玉迅速回到咸陽。熒玉按照秦孝公的叮囑回府了，秦孝公卻馳往咸陽北阪的狩獵行宮。

這時候的咸陽北阪，還保持著蒼茫荒野的原貌，遠非後來那樣聲威赫赫。所謂狩獵行宮，也就是兩三座儲藏獵具的石屋與臨時休憩的一片庭院。雖然簡樸，卻常駐著一個百人騎士隊，等閒臣民不能進入。秦孝公在這裡祕密召見了國尉車英，計議了大約半個時辰，秦孝公又飛車回到了咸陽宮。

夜半時分，北風呼嘯，滴水成冰。漆黑的原野上，一隊人馬悄無聲息地從北阪的叢林中開出，又悄無聲息地開進了咸陽北門。

就在這月黑風高的夜晚，咸陽南市的那片孤獨院落裡，蒙面石刻般的嬴虔依舊青燈枯坐。突然，「砰」的一聲，一支袖箭扎在面前的長案上！庭院中卻一片寂靜，杳無人跡。嬴虔緩緩拔下袖箭，解開箭身的布片展開，不禁渾身一抖。枯坐良久，他伸手「篤、篤、篤」敲了三下長案。

一個黑衣老僕走來默默一躬，嬴虔對老僕耳語片刻，老僕快疾地轉身走了。

次日清晨，一夜北風颳盡了陰霾，咸陽城紅日高照恍若陽春。咸陽宮南門駛出了一輛又一輛華貴的青銅雙馬軺車，車上特使捧著國君的詔書，抵達一個又一個元老重臣的府前。秦孝公向元老們發出了大宴喜書——國君康復，將在咸陽宮聚宴老臣，大赦前罪，特派使者專車迎接，元老務必奉書前來。

一時間，街中國人翹首觀望，感慨國君的寬宏大量，彌漫出一片喜慶。半個時辰後，以各種形式貶黜而備受冷落的元老們陸續進了咸陽宮，矜持地下了青銅軺車，相互高聲談笑著進了正中大殿，按原先的爵位名號各自就座了。六個大燎爐，木炭燒得通紅，大殿中暖烘烘的。這些白髮蒼蒼的元老們多年來為了自保，已經斷絕了相互來往。今日聚宴宮中，紛紛相互問候試探，寒暄得不亦樂乎。堪堪將近巳時，大殿中只剩下三張空案——正中央的國君位、左手的太師位、右手的太子左傅上將軍位。

巳時一刻，秦孝公輕裘寬帶，神采煥發地走進大殿。

「參見君上！」元老們離座躬身，齊聲高呼。

秦孝公一瞄座位，微微一怔，卻又笑道：「諸位老臣入座，老太師與上將軍一到，立即開宴。」

此時，突聞殿外馬蹄聲疾，一特使大步匆匆走進道：「稟報君上，太師甘龍病故！」

「病故？」秦孝公霍然起身，「何時病故？」

「半個時辰前。臣親自守候榻前，送老太師歸天。」

秦孝公尚在驚詫，又一特使飛馬回報：「稟報君上，左傅公子虔突然病逝！」

「噢……是何因由？」

「突發惡疾，誤用虌藥，吐血而死。」

秦孝公思緒飛轉，斷然下令道：「上大夫景監，主持大宴。國尉車英，隨我去兩府弔唁。」回身對景監低聲叮囑幾句，匆匆登車出宮。

封閉大門二十年的公子虔府終於大開了正門，一片動地哭聲。秦孝公到來時，老得佝僂蹣跚的白髮總管正在門外迎候。孝公下車，眼見昔日聲威赫赫的上將軍府裡外一片荒涼破敗，令人不堪卒睹。進得庭院，正廳階下一張大案上停放著黑布苫蓋的一具屍體，府中男女老幼都在伏地大哭。孝公上前緩緩揭開黑布，一張令人生畏的面孔赫然現在眼前——一頭白髮散亂，被割掉鼻子的一張臉乾縮得瘦骨嶙嶙，沾滿了紫黑色的淤血。昔日偉岸的身材，乾瘦得彷彿冬日的枯樹老枝。

是的，這是嬴虔，這是自己的同父異母兄長。那身材，那面孔，甚至那氣味兒，秦孝公嬴渠梁都太熟悉了，任誰也替代不了。驀然，秦孝公一陣心酸，眼中熱淚奪眶而出，揮手哽咽道：「入殮吧。以公侯禮安葬。我，改日祭奠……」轉身大步走了。

太師府也是舉府披麻帶孝，大放悲聲。

秦孝公對甘龍這位門人故吏遍及朝野的三朝元老，本來便敬而遠之，心中自然無甚傷悲，反倒覺得他死得太蹊蹺幸運了些。來到咸陽新都最顯赫的府邸，秦孝公吩咐車英帶十名甲士跟隨進府，徑直進入正廳。甘龍的長子甘成跪拜迎接，痛哭失聲。秦孝公肅然正色吩咐道：「公子且莫悲傷，帶我向老太師作別。」

甘成帶秦孝公來到寢室，只見帳幔低垂，滿室都是積澱日久的濃郁草藥氣息。甘成上前掛起帳幔，肅立榻側。秦孝公近前，只見偌大臥榻潔淨整齊，中間仰面安臥著一個鬚髮雪白面目枯乾的老人。在秦孝公記憶中，甘龍從來都是童顏鶴髮潔淨整齊，如何十餘年閒居竟枯瘦黝黑？秦孝公略一思忖，湊近死者頭部，右手輕輕撥開耳根髮際，一顆紫黑的大痣赫然在目！

長吁一聲，秦孝公默默向甘龍遺體深深一躬，轉身道：「甘成啊，老太師高年無疾而終，亦算幸事，還須節哀自重。與上將軍同等，以公侯大禮安葬。」甘成涕淚交流，拜倒叩謝。

回宮的路上，秦孝公對車英低聲吩咐幾句，徑直到書房去了。

大殿中的元老們突聞噩耗，一個個心神不定。無論景監如何殷勤勸酒，大宴終是蕭疏落寞。正午時分，國尉車英進殿，說君上心情傷慟，不能前來共飲，請元老們自便。

重臣病逝，雖非國喪，也是大悲不舉樂，國君辭宴，正合禮制。元老們豈能不明白這傳統的規矩？於是紛紛散去，到兩府奔喪弔唁去了。

秦孝公在書房將自己關了半日，反覆權衡，覺得嬴虔、甘龍既死，老世族元老們已經失去了旗幟，很難再掀起何等風浪。至於放逐的那個公孫賈，車英已經稟報了他在刑私逃。這種罪上加罪的重犯，本身不可能具有任何鼓譟力，也不可能對嬴駟產生擾動。再說，公孫賈本人畢竟長期做文職大臣，在重視武職與家世的老秦世族中素來沒有威望，尚不如孟西白三族的將領有根基。只要大勢不亂，這樣的罪犯回到秦國無異於自投羅網。況且，也該給嬴駟和商君他們留一些「開手」的事做，未必要自己都收拾得乾乾淨淨。既然如此，再殺那些元老世族已經沒有甚必要，不如留著，逐漸的化為國人庶民便了。

當夜，秦孝公密令車英取消緊急部署，從咸陽宮撤出了伏兵。

三日後，嬴駟回到咸陽時，秦孝公又發熱了。

嬴駟探視病情時，秦孝公臉泛紅潮虛汗涔涔，彷彿身處盛夏酷暑一般，看著嬴駟喘息不已道：「七國特使，來了，找，商君……」

嬴駟鬱鬱回到太子府，並沒有立即去見商鞅。看來，公父這次不可能再出現神奇的康復了。公父病逝前的這段時日，是最微妙緊張的日子，他不想在這段時日主動過問國事。他想不動聲色地看一看各種人物在這段時日的舉動，好做到胸有成算。大事有商君頂著，絕不會出現混亂。他最擔心的，倒是只有他能嗅到的那股危險氣息。公父這次將他留在南山，他立即敏感到咸陽將要發生重大事端。但是，公父不說，他就決然不問。長期隱名埋姓歷經屈辱磨練出的深沉性格，使他不願輕易暴露自己的真實想法。不該知道的不問，該知道的少問。這就是他回到咸陽宮抱定的主意。從南山回來，他已經意識到那場大事端並沒有發生，唯一的變化，是伯父嬴虔和老太師甘龍突然死了。府中家老給他說完了幾天內咸陽宮的大小事件，他已經隱隱約約地明白了公父想要做的事情和將他留在南山的苦心。

仔細想來，嬴駟認為公父這件事做得不夠高明。一則是手段太陳舊，二則是虎頭蛇尾反倒打草驚蛇。以嬴駟的特殊敏感，立即警覺到了伯父和老太師突然死亡的詭異。但是，這種直感論心之事，豈能對公父說明？公父要除掉的，都是昔日的「太子勢力」，況且自己本身就是昔日的「罪太子」，如何去說這需要努力辯白的話題？

但是，不能說是不能說，並不意味著這件事可以不理睬。自從那個醜陋可怖的楚國商人神祕造訪後，嬴駟就陡然警覺到，有一雙眼睛在盯著自己。他是誰？他的背後是何等人？嬴駟雖有影影綽綽的預感，但是卻不能確定。這雙眼睛與伯父嬴虔、老太師甘龍有沒有關聯？嬴駟也不能確定。

家老輕捷地走進來，輕聲道：「稟報太子，那人動了。」

「方向何處？可有人跟下去？」

「城西方向，有人跟下去了。」

「黑林溝有消息麼？」

「飛鴿傳信，真黑矛已死，假黑矛已經找到，正祕密押來咸陽。」

「好。不得走漏半點風聲。否則，一律斬首！」嬴駟凌厲果斷。

家老正色應命，輕步退了出去。

三更方過，咸陽城西已經燈火全熄了。這裡不是商市區，漆黑的石板街區寂靜得只有嗚嗚的風聲。這是老秦世族的府邸區域，街道不寬，門戶也很稀疏，往往是很長一段高牆才有一座高大門庭，更顯得清冷空曠。

北風呼嘯中，一個灰色影子驟然從街邊大樹上飛起，大鳥一般落到街中一座最高大的門庭上。片刻寧靜，灰色影子又再度飛起，消失在漆黑的院落裡。

這時，一個黑影也從街中大樹飛起，躍上門庭，躍進庭院屋脊。片刻之後，又有一道黑影閃電般劃過門庭，消失在深深庭院。

後園土山的石亭下，佇立著一個佝僂的身影——白髮垂肩，黑衣拖地，仰臉望天，僵滯不動，彷彿一尊石俑。良久，佝僂的石俑發出一聲蒼老沉重的歎息。這時，土山下驟然現出一個灰色身影，也發出一聲沉重的歎息。佝僂石俑依舊僵滯不動，灰色身影又沉重地歎息了一聲。

「何人造訪？」佝僂石俑的聲音蒼老嘶啞。

灰色影子遙遙拱手：「老太師，別來無恙？」

佝僂石俑渾身一抖：「老夫持儒家之學，不信怪力亂神。」

灰色影子笑道：「世有奇異，豈能皆曰怪力亂神？老太師不妨回身一觀。」

佝僂的身影緩緩轉身，「篤、篤、篤」，竹杖點著石階，一步步挪下土山。院中的灰色影子垂著一方黑色面罩佇立著動也不動。丈餘之外，佝僂身影停住腳步道：「敢問，何事相約？」

「老太師，劫後餘生，做何感慨？」

「高朋且記，老太師已經死了。老夫，乃太師府家老，甘——石——風。」

「噢，敢問家老，可知在下何人？」

佝僂老人冷冷一笑：「太子右傅，你好大膽也。」

「家老且記，太子右傅公孫賈已經死了。在下乃楚國商人辛——必——功。」

「辛必功？好。老夫謝過你示警之恩，容當後報。你走，夜長夢多。」

灰色影子冷笑道：「甘家老，既然心如死灰，何須逃避屠戮之禍？」

「閣下處心積慮，意欲何為？」

「復仇雪恨，乾坤復位！」灰色影子咬牙切齒。

佝僂老人搖頭歎息：「閣下不覺腳下無著麼？」

灰色影子深深一躬：「敢請家老教我。」

佝僂老人點點竹杖道：「老夫念你示警有恩，送你十六字：靠定嬴虔，策動新君，密聯舊臣，國喪始動。」

「多謝家老。這筆大買賣，定然成功。」

「卻是未必。做得不好，適得其反。」佝僂老人冷冷一笑，「足下謹記，颶風起於青萍之末，發難之妙，在於策動新君。可解其中三昧？」

「家老機謀淵深，尚請指點。」

佝僂老人一字一頓：「策動之法，奪心為上。第一步，只言誅奸，不涉新法。第二步，只言新法，不涉誅奸。如此新君必隨我行，否則萬難成事。慎之慎之。」

灰色影子深深一躬：「聆聽指教，茅塞頓開。家老保重，在下告辭。」一言落點，陡然消失得無影無蹤。

瞬息之間，門庭屋脊上兩道黑影同時飛起，撲向凌空疾飛的灰色大鳥。

灰色大鳥尖嘯一聲，陡然直撲街巷。待兩個黑影落地，灰色影子早已蹤跡難覓。兩個黑影對峙片刻，突然各自飛身越高，消失在漆黑的夜裡。

嬴駟書房的燈光直亮到五更。聽完追蹤劍士的稟報，嬴駟更加確定了那個隱隱約約的預感。可是，顯然還有一種力量在監視這個「楚國商人」。會是誰？屈指算來，可能的只有公父、商君或者伯父嬴虔。那麼，最有可能的是誰？嬴駟一時想不清楚。但有一點他很清楚，就是絕不能教任何人發現太子府在跟蹤監視這個「楚國商人」。心念及此，他立即召來家老，吩咐撤銷對「楚商」的監視，並且嚴禁府中兩個祕密劍士踏出府門。

帶著理不清的困惑，嬴駟在曙光初上時才沉沉睡去。直到商鞅到來，嬴駟才被內侍喚醒。

五、太子嬴駟乍現鋒芒

嬴駟有些驚訝，商君從未來過太子府，今日登門有何大事？

他立即吩咐家老恭敬接待，便匆匆起來梳洗。片刻之後，來到正廳，嬴駟帶著歉意拱手作禮：「嬴駟怠惰，望商君見諒。」商鞅離座拱手道：「偶有誤時，也是尋常。」嬴駟請商鞅入座，自己坐在對面，必恭必敬道：「嬴駟正要到商君府拜望求教，不意商君親自前來，慚愧之至。」商鞅沒有寒暄，徑直道：「鞅今日前來，有大事相商。」

「嬴駟謹聽教誨。」話一出口，嬴駟就有些懊悔，生氣自己不由自主。從少年時起，嬴駟就有些怕這個冷峻凌厲不苟言笑的權臣。他覺得此人生硬得不近人情，幾乎不和任何人私下交往，除了國事還是國事，除了變法還是變法，在秦國猶如鶴立雞群一般。就連那身永遠不變的白衣，在一片粗黑的秦國殿堂也顯得那樣扎眼。此人身上有一股無形的威懾力，令人敬而遠之。嬴駟少時見了他就怦怦心跳。犯法「放逐」的磨練，雖然使嬴駟對商鞅有了真正理智的評判，對他的雄才大略與扭轉乾坤的功業欽佩得五體投地，但內心深處那份忌憚卻始終不能消除。他也想在商君面前坦然一些自如一些，但總是不由自主地拘謹，不由自主地恭敬，比在公父面前還窩囊，連自己都覺得頗顯彆扭，真教人懊惱。

商鞅渾然沒有察覺，侃侃道：「君上病情已經傳遍天下，中原六大戰國和洛陽周室，陸續派特使前來探視君上病情，目下都住在國賓驛館。太子以為，七國特使來意何在？是真的關心君上病體麼？」

「嬴駟以為，彼等名為探病，實為探國。」

「太子所言極是。」商鞅露出欣然微笑，「探國之本意，卻在何處？」

嬴駟沉吟片刻，謙恭笑道：「敢請商君拆解。」

「自春秋以來，國強一代者屢見不鮮，國強兩代者屈指可數，國強三代者聞所未聞。此所謂，君子之澤，三世而斬。戰國以來，魏國歷文侯、武侯兩代變法，方成天下第一強國。如今，第三代魏王卻日見衰落。這是變法強國三代而弱的明證。殷鑒不遠，在夏后之世。如今我秦國歷經變法二十餘年，已隱隱然成為天下第一強國。中原戰國豈能甘心？彼等所望，秦國新法能在君上之後改弦更張，盼望秦國的強大變成彗星，一閃而逝。而改弦更張之厚望何在？在太子，在儲君。是以，七國特使之本意，不在探秦公之病情，而在探秦國之變數。確切言之，要探清太子之心。」商鞅以他一以貫之的風格，說得明晰透徹。

嬴駟由衷欽佩商君的深徹洞察與犀利言辭，自己覺得不好說清的東西，商君總能三言兩語刀劈斧剁般料理開來，如此才華智慧確實曠古罕見。嬴駟頻頻點頭道：「商君是說，彼等要看嬴駟能否將新法堅持下去？要看嬴駟是否有治國才具？」

「正是如此。」

「商君以為，此事當如何處置？」

「君上病體虛弱，不宜接見特使。以臣之見，當由太子出面，接見七國特使，臣陪同之。太子須得藉機申明，堅持新法國策乃既定決心。否則，君上萬一不測，六國極可能聯合攻秦。」

「商君勿憂，嬴駟能做到。」

咸陽的國賓驛館坐落在宮城外最寬闊的一條大街上。這條大街沒有民居，沒有商市，乾淨整潔，極有氣魄。當初商鞅營造咸陽時，就對秦孝公提出「不拘周禮，營造大城，慮及後世，獨步天下」的建都主張，將咸陽城建得宏大嚴謹，遠遠超過了周室的王城洛陽。

戰國初期，雖然周禮已經崩潰，但在城堡建造方面依然沿襲著《周禮》的基本定制。這種沿襲，雖然已經不再具有必須遵從的「王法」意義，而僅僅作為一種建築傳統被沿用，但也極大地束縛著人們對都會建造的創新。《周禮》中有一篇〈考工記〉，就是專門規定各級都會的建造規模及規劃方式。其中的「匠人營國」一節，詳盡規定了天子都城（王城）與大小諸侯的都城以及卿大夫「采邑」（城堡）的建造規制：

匠人營國，方九里，旁三門。國中九經九緯，經塗九軌。左祖右社，面朝後市。內有九室，九嬪居之。外有九室，九卿朝焉。九分其國，以為九分，九卿治之。

王宮門阿之制五雉，宮隅之制七雉，城隅之制九雉。

經塗九軌，環塗七軌，野塗五軌。

門阿之制，以為都城之制。宮隅之制，以為諸侯之城制。環塗以為諸侯經塗，野塗以為都經塗。

這種都城建造（營國）的「王法」，對都城規模（方九里）、街道數目（九經九緯）、寬窄（王城街道並行九車，環城道路並行七車，野外道路並行五車）、宮城高度（宮門屋脊高五丈，宮殿屋脊高七丈，城牆高九丈）、等級規制（諸侯都城與天子宮城大小同，諸侯都城的幹道與王城的環城道路同，卿大夫的城堡街道與野外道路同）等都做了嚴格限制，不得越雷池半步，否則就是「僭越」之罪。

春秋末期，天下諸侯對這種「王法」已經不屑一顧。齊國丞相管仲公然主張，都會之功能應為「定民之居，成民之事」；都會等級當以占地大小、人口多少來劃分，萬戶之城即可稱為「國」，千戶之城即可稱為「都」。這就是所謂的「萬室之國」與「千室之都」。管仲還對建立國都提出了大違「王法」的自然地勢主張：「凡立國都，非於大山之下，必於廣川之上。高毋近旱，而水用足。下毋近水，而溝防省。」（註：見《管子》中〈乘馬〉、〈小匡〉、〈立政〉等篇。）儘管這在觀念上已經大大破了周禮「王法」，但在實際中卻沒有一個諸侯國實施，包括齊國的臨淄。

作為新建都城，咸陽充分體現了不拘「王法」的創新實踐。

就地理形勢而言，咸陽是廣川在前，大山在後，水用足，溝防省，旱澇無憂。就規模而言，咸陽則大大超出了天子「方九里」的規模，更不用說諸侯都城的三五里城堡。咸陽城牆邊長十里有餘，達到了周長四十餘里的宏偉規模。僅咸陽城南的白玉渭橋，就寬六丈餘，長三百八十步，可並行九車。

咸陽城最特殊的，還是城內布局的創新。創新的根本點是「成民之事」，而不再是「宣王之德」。咸陽城內劃分了宮廷區、官署區、商市區、倉廩區、匠作區、國宅區、編戶區、宗廟區等八個區域，將城內官民的居住部署得井井有條。更重要的是，商鞅對都城治理也極為嚴格，「棄灰於道者，刑」。正因為如此，城中街道寬闊，林木蒼翠，整肅潔淨。車道、馬道、人行道截然分開，井然有序。中原商賈與各國使節，一入咸陽便感到一種嚴整肅穆而又生機勃勃的強國氣象，不由便肅然起敬。

這國賓驛館，便建在國宅區內。所謂國宅區，是大小官員和有爵貴族的府邸區域。這裡街道寬闊，幽靜整潔，車馬長流，既不冷清也不喧鬧，自然是咸陽城內的風華中樞之地。對於使者們，住在這裡，與官員交往大是方便。對於秦國官府來說，既便於保護重要使臣，更便於監視心懷叵測的使者。各得其所，皆大歡喜。

秦孝公病勢沉重的消息傳到中原，六大戰國紛紛派出使臣「撫慰探視」。魏國齊國楚國的使臣還帶來了本國名醫和名貴藥材。這些使臣大部分在咸陽已經住了兩三個月，絲毫沒有走人的意思。他們每隔兩三日便派出飛騎回國報告，對秦孝公的病情起伏很是清楚。這次秦孝公再次病倒，六大戰國和洛陽周室立即派出重要大臣做特使，專程趕來咸陽。這一次，特使們已經不再議論猜測秦公的病情了，相逢一笑，便匆匆地出去奔忙。回到驛館，則三三兩兩地祕密交換傳聞，氣氛大是神祕。

前幾日，七國特使已經分別上書，請求晉見太子與商君，「遞交國書，以釋疑惑」。但卻始終不見回音。特使們紛紛議論猜測，都認為這是個微妙跡象——一向不拖泥帶水的商君府竟無暇顧及各國特使了，可見秦國宮廷的爭奪已經何其緊迫。這天，特使們都沒有出驛館，不約而同地聚到驛館大廳飲茶議論，一片輕鬆笑談。

「太子、商君車駕到！」驛館門庭傳來響亮的報號聲。

特使們你看我我看你，一片驚愕沉默。楚國特使江乙頗有頭腦，悠然一笑道：「好事啦，迎接太子、商君啦。」特使們醒悟過來，紛紛整衣起立，在門廳下站成一排，拱手相迎：「參見太子！參見商君！」

商鞅拱手作禮，微微笑道：「有勞迎候，敢請諸位特使廳中就座。」

進得大廳重新列座。太子嬴駟居中，商鞅左側相陪。七國特使則按照大小國次序坐定，左手（東側）為齊、楚、魏三使，右手（西側）為趙、燕、韓三使。周室王使雖是虛空名位，然有「天子」名分，各國在禮儀交往中素來照顧，坐在了與太子遙遙相對的南面，算是特使首席的名義。待特使們坐定，九名捧盤侍女魚貫而入，每張長案上有了一鼎一爵，鼎中熱氣騰騰，爵中米酒溢香。特使們卻彷彿沒有看見，目光盡都凝聚在太子嬴駟的身上。

迎著特使們炯炯審視的目光，嬴駟坦然笑道：「諸位特使風塵僕僕，前來探視公父病情。秦國向貴國國君、諸位使臣深表謝意。公父病體尚未康復，不便召見諸位使臣。今日由本太子與商君小宴諸公，望諸公痛飲暢言，嬴駟與商君竭誠奉陪。」

「謝過太子！謝過商君！」

嬴駟舉爵道：「嬴駟與商君，代公父為諸公洗塵，乾此一爵。」說完一飲而盡。

「願秦公早日康復！」特使們齊聲祝願，也是一飲而盡。

商鞅笑道：「太子總攝國政，諸公對秦國事，太子盡可決疑。」

此言一出，特使們頗感驚訝。按照常例，國君病危的交接關頭，儲君權臣都盡可能地迴避公開國務，盡可能不給朝野對手留下口實。如何秦國竟反其道而行之？沉默有頃，燕國特使小心翼翼道：「敢問太子，近年列國傳言，秦國權貴元老力圖恢復祖制舊法，不知此說可有根基？」

嬴駟心中冷笑，從容自如地笑道：「商君變法二十餘年，從來就有反對者。然新法已成秦國朝野大勢，任誰也無可阻擋，此乃天下有目共睹。至於居心叵測者散布流言，蠱惑視聽，此乃違法罪行。一經查出，即刻懲治，絕不寬恕。請諸公稟報貴國君主，秦國永遠不會恢復舊制，權貴元老復古之說，亦屬以訛傳訛。」

一番話沉穩精當，特使們不禁暗暗驚訝。

魏國特使笑道：「稟報太子，魏國與秦國相鄰，魏王誠望兩國捐棄前嫌，修好邦交。魏王之意，秦國已經收回河西之地，恢復了穆公疆土。然魏國民眾被秦國裹脅逃亡者，有萬餘戶，計約十餘萬人丁，至今仍居秦國。魏王懇望秦國，遣返我逃民，冰釋前嫌，不使鄰國反目。」此一番話軟中帶硬，頗有威脅意味。

韓國特使立即呼應：「韓國也有數萬民眾逃居秦國，懇望遣返。」

趙國特使也高聲接道：「趙國也有近十萬人丁，被秦國裹脅出逃，秦國當盡快遣返，以安趙國人心。」

嬴駟哈哈大笑，良久方收斂笑容揶揄道：「三晉特使是否名家門下？真乃辯才也。雞三足、馬三耳，盡有說辭矣。嬴駟不才，請教三位：秦本窮弱，三晉之民卻何以逃離祖國本土而入秦國？何謂裹脅？出兵劫持還是四面遊說？何謂冰釋前嫌？魏國奪我河西之地五十餘年，秦國收復，竟要以遣返逃民為回報，這就是冰釋麼？此情此理，真令人拍案驚奇也。」三晉特使一時無言相對，嬴駟卻驟然正色道：「嬴駟正告諸公：天下民眾，從善如流。三晉百萬人丁，是秦國新法吸引而來，絕非裹脅劫持而來。移民居秦，有田可耕，有屋可住，衣食溫飽，有功受爵，三年不納賦，五年不抽丁，他們自然不斷流入。秦國救民於水火之中，若遣返移民，天下公理何存？正道何在？若貴國因此而反目，只怕是秦國要增加更多的土地城池人丁了，又何懼之有？若要貴國君臣安心，大約總要自己明修國政，亡羊補牢了。」

入情入理，軟硬不吃，又給三晉特使一個強硬的警告，當真出色。

商鞅微笑點頭。

三晉特使尷尬得抽搐著嘴角笑不出聲。這時，楚國特使江乙輕蔑地笑了。他覺得三晉特使愚不可及，竟然在這最敏感的時期向秦國施壓，企圖解決多年懸而未決的難題，不是找釘子碰麼？魏國尤其不是好東西，那年出爾反爾，曾經讓江乙顏面喪盡，今日看著魏使出醜，江乙倍感開心。他一臉謙恭的笑容道：「楚國僻處南疆，極少與聞中原之事。然聽說太子當初也曾反對新法，且受到處罰。是以，人言秦公百年之後，秦國將如楚悼王死後一般結局，太子以為如何？」

「楚人預言，若杞人之憂天。」嬴駟微笑道，「本太子少年時不明事理，確曾觸犯新法，然卻不是反對變法。後來，嬴駟在秦國山鄉體察磨練多年，與庶民國人感同身受，深知新法乃秦國強盛、庶民富足之根本。皮之不存，毛將焉附？縱然有誰想做楚悼王身後的復辟逆臣，秦國朝野臣民豈能坐視？諸公須知，楚悼王與吳起變法，只有短短五年。而公父與商君變法，卻是二十餘年。新法根基之差異，列位須仔細斟酌。」說到後邊，嬴駟已經是目光凌厲，冷峻異常。

大廳中的氣氛一時間肅殺起來。周王特使本對此事無關痛癢，周室與秦國素來有「同源」之情，倒是希望秦國強大起來，但又怕秦國強大後覬覦洛陽。這個特使的唯一任務，就是探聽秦國新君有無東擴野心？以秦國儲君目下之心態，當務之急乃國內大政，決然無力東出。他心中有數，舉爵輕鬆笑道：「我說諸公，秦國有儲君若此，何愁不能長治久安？還是我等為秦公康復，為秦國昌盛，乾此一爵。」

特使們恍然醒悟，一齊舉爵：「為秦公康復，為秦國昌盛，乾！」

嬴駟點頭笑道：「商君，我等也為秦國與天下交好，乾此一爵。」

商鞅欣然舉爵，一飲而盡。

六、商君府來了名士說客

回到府中，已是午後。商鞅感到很疲倦，又很輕鬆，想臥榻休憩片刻，卻又不能安枕。

太子嬴駟今日第一次在重大國事場合露面，也是商鞅第一次見到嬴駟處置國務的才幹。雖然他對太子的性格能力有一個基本估價，但的確沒想到他能做得如此出色，沉穩的氣度、恰到好處的措辭、敏銳的反詰辯駁、敦厚之中的爍爍鋒芒，無一不充溢著縱橫捭闔的王者氣象。所有這些，都是拿捏不出來的，也是苦思不出來的。只有久經磨礪的膽識和與生俱來的天賦、本色堅剛的性格，才能融合成這種出類拔萃的應變能力。商鞅的寬慰正在這裡。他和秦公肝膽與共的最初歲月，一個二十三歲，一個二十二歲。可如今的嬴駟，已經是三十歲的人了，身後之事，夫復何愁？看來，只要陪秦公走完這最後一程，他就可以心安理得地辭官歸隱了……

荊南匆匆走了進來，遞給商鞅一幅布畫：一個灰色影子躍上了門額寫著「太師府」的屋脊，屋脊暗處趴著另外一個黑影。

「誰？」商鞅指著那個黑影。

荊南搖搖頭。

「跑了？」商鞅指指灰色影子。

荊南點點頭，又指著黑色影子比畫了幾下。

商鞅踱步沉思。荊南已經弄清楚，那個灰色影子正是逃刑易容並對他行刺的公孫賈。為了釣出公孫賈背後的勢力，商鞅命令荊南對公孫賈「只跟不殺」。可是，還有何等人也在跟蹤公孫賈，並且顯然要殺之後快呢？若非荊南阻攔，公孫賈這條線豈不有可能隨時斷掉？誰？誰要殺公孫賈？嬴虔麼？可嬴虔已經死了。甘龍麼？甘龍也已經死了。可是，既然甘龍死了，公孫賈闖進去有何意圖？……一時間商鞅想不清楚，回身指著布畫道：「繼續跟蹤灰人，查清黑人來路。」

荊南「咳」地答應一聲，出門去了。

家老輕步走進：「稟報商君，門外有一士人求見，自稱雲陽趙良。」

「趙良？」商鞅思忖有頃，恍然笑道，「啊，想起來了。」說著走出書房迎到了門廳。遙見門廊外站著一個中年士子，散髮大袖，黑衣長鬚，面帶微笑，頗顯儒雅灑脫。商鞅在門廳下拱手笑道：「來者可是稷下名士，趙良兄臺？」

「然也。在下正是趙良。」來人矜持的微笑中頗有幾分揶揄，「只是想不到商君竟能垂駕出迎，趙良受寵若驚了。」

商鞅爽朗大笑：「名士無冠，王者尊之，況乎鞅也？請。」

進得書房，商鞅請趙良面東上座，自己主位相陪。僕人上得茶來，掩門退出。商鞅慨然一歎：「趙兄此來，令弟趙亢已不能相見，何其不幸也？望兄節哀。」

趙良微微一笑：「趙亢觸犯法令，趙良唯哀其不幸，怒其不爭。商君不必掛懷，國事私情，孰輕孰重，趙良尚能分得清白。」

「先生胸襟若此，鞅不勝感念。先生從天下第一學宮歸來，堪為良師益友，敢問何以教我？」商鞅覺得趙良話頭有異，想教趙良一抒塊壘。

趙良道：「僕不敢受命。孔丘有言，推賢則賢者進，聚不肖則能者退。僕不肖之輩，焉能與商君做良師益友？」

商鞅淡淡一笑：「儒家之士，以守為攻。先生必有後話，請。」

「人言商君以刑殺為法，小罪重刑。可否允我言之無罪？」

看著趙良貌似輕鬆揶揄卻又透著一絲期期艾艾的緊張，商鞅終於忍不住大笑起來：「名士立言，何懼生死？稷下論戰之風天下聞名，可只有儒家的孟子大師請殺過論戰之士。先生莫非以為，天下士人皆如孟子？」

趙良略顯難堪，咳嗽一聲，進入正題道：「敢問商君，為政自比何人？」

商鞅微微一笑，已知趙良欲去何處，悠然道：「鞅求實求治，不以任何先賢自比。然在秦國，總可超越百里奚之業績也。」

趙良肅然搖頭：「僕則以為，商君可比管仲、李悝、子產、吳起，甚至超越彼等。然則商君最不能比的，正是這百里奚。」

「願聞其詳。」

「百里奚之與商君，乃治國兩途，猶南轅北轍，冰炭不能同器也。一言以蔽之，百里奚乃王道治國，恃德為政。商君乃霸道治國，恃力為政。恃德者昌，恃力者亡，此千古典訓也。豈能相提並論？」

「敢問先生，百里奚何以恃德？鞅何以恃力？」

趙良侃侃而論：「百里奚相秦，不頒法令，唯行仁德。靜則布衣粗食，動則安步當車。居家不使僕役，出行不帶甲兵。夏不張傘蓋，冬不著輕裘。國無重刑，民無訴訟。鄰國有災，秦國救糧。是故功名藏於府庫，德行流於天下。巴蜀致貢，八戎賓服。由余聞之，叩關請見。天下英才，莫不望秦。百里奚死，男女流涕，童子不歌謠，舂者不相杵。此等王道大德，方成就穆公一代大業。然則商君治秦，不思德化，唯恃刑法，小罪重刑，濫施殺戮。庶民國人，連坐傷殘，公室貴族，刑罰加身。民有災禍，不救反殺。恃兵奪地，威逼四鄰。更有甚者，商君出行，鐵騎森嚴，矛戈耀日，行人遠避，旁車下道。《詩》云『得人者興，失人者崩』。君之所為，盡失人心，豈能久長？」一篇說辭，慷慨流利。

商鞅依舊淡淡笑著：「敢問先生，恃力之徒，如之奈何？」

趙良說得氣盛，順勢直下道：「方今秦公垂危，君已危若朝露。朝中貴族包羞忍恥，閉門待機。庶民國人怨恨重重，隱隱欲動。為君謀劃，不若作速歸隱封地，灌園讀書，請新君大赦罪犯，恢復王道，了卻臣民怨恨，或可自安。若恃寵蓄怨，則君之危難，翹首可待也。」

商鞅離席而起，銳利的目光盯著趙良，恍然長歎一聲，突然仰天大笑道：「趙良啊趙良，原來你是替人遊說而來也，用心良苦。難怪先以言之無罪立身，而後大放厥詞。大偽若此，卻居然以王道正義自居，實乃天下奇聞也。可否容我回答幾句，先生帶給背後之人？」

「商君請講。」趙良顯得有些窘迫。

商鞅緩緩踱步，平靜淡漠道：「恃德恃力之說，鞅本不屑批駁。然若先生等一葉障目之士，豈能不彰顯泰山？治國不恃力，安得有國？恃力者，治國之大德也。若無軍隊、牢獄、法令、官吏等根本之力，天下安得有序？強力乃國家之本，德行乃為政之末。若皮之與毛，皮之不存，毛將焉附？禹不恃力，何以立夏？湯不恃力，何以滅夏？文王武王不恃力，何以滅商？周公不恃力，何以翦滅管蔡？何以推行周禮？凡此種種，不在是否恃力，而在恃力所求之目標若何。恃力求治，國強民富，此為天下大德，何錯之有？《詩》云：『忘我大德，思我小怨』，誠先生之謂也。先生人等，不思法治之大德，唯計世族之恩怨，推百里奚為聖賢大道，斥商鞅新法為酷刑惡政。此等陳詞濫調，早已被天下唾棄，先生卻奉若聖明，以此教訓於人，豈不令人噴飯？」商鞅說著，哈哈大笑起來。

「百里奚之德政，流傳千古！」趙良梗著脖子紅著臉。

商鞅道：「百里奚雖賢，然其治國之農夫作派，根本不足效法。小國寡民，猶可為之。千里萬里之大國，百萬千萬之人眾，若安步當車，早亡國崩潰矣！民眾本非弱嬰，若百里奚者，偏以慈母自居，視民眾如嬰幼兒般撫弄，致使民風懦弱，強悍之氣盡消。行事不遵法令，唯賴人治斡旋。此乃治國之惡習痼疾也，行於國則國亡，行於家則家破。百里奚之後，秦國羸弱五代，百年間無力崛起。此種德政，天下有識之士盡皆視作迂腐笑談，先生卻視若珍寶，當真是儒家癡夢也。」

「縱然如此，百里奚名傳後世。商君如何？卻有殺身之禍！」顯然，這是最大法寶，趙良拭著額頭細汗，臉上卻生生溢出緊張的笑容。

「至於個人之生命禍福，鞅早已置之度外了。」商鞅笑道，「春秋以來，多有名士學人以全身自保作為功業最高境地者。否則，先生豈能充當說客而躊躇滿志？然則先生有所不知，世間亦有極心無二慮，盡公不顧私者，從來不依個人生死做進退依據。你們儒家不是也講殺身成仁、捨生取義麼？國家要強大，就要付出血的代價。民眾的血，大臣的血，王公貴族的血，戰場的血，刑場的血，壯烈的血，冤屈的血。國家若大樹，國人敢於以鮮血澆灌，方能茁壯參天。一個懼怕流血的國家，一個懼怕做犧牲上祭壇的執政家，永遠都不會放開手腳治理國家。此中，何嘗不包括鞅之鮮血？大德恢恢，此心昭昭。商之個人生命，將與新法同在，豈有他哉！」

趙良癡癡地望著商鞅，鬍子翹了起來，卻又久久地沉默著。

七、秦孝公夢斷關河

春耕大典時，秦孝公病勢更加沉重了。

人們都以為熬過了冬天，國君的病情自然會減輕許多。可誰也沒想到，恰恰在這春暖花開的時節，秦公進入了垂危之際。太子嬴駟主持了啟耕大典，卻全然沒有往年的歡騰景象，朝臣國人都沉甸甸地笑不出來。就在這天晚上，秦孝公拉住守在榻前的商鞅的手，說了一句：「明日，去，函谷關。」便頹然昏睡了過去。太子驚訝困惑地望著商鞅，不敢說話。商鞅眼中含淚，握著孝公雙手，哽咽點頭。

嬴駟低聲道：「商君，能行麼？」

商鞅喟然一歎：「自收復河西，君上尚未親臨函谷關。這是最後心願……」

次日清晨，國尉車英親自率領一千鐵騎，護送著一列車隊開出了咸陽東門。中間一輛車特別寬大，四面垂著厚厚的黑色布簾，車輪用皮革包裹了三層，四匹馬均勻碎步，走得平穩異常。這正是商鞅親自監督，為秦孝公連夜改裝的座車。商鞅、嬴駟各自乘馬與孝公座車並行，上大夫景監率領其他臣僚殿後。

暮春時節，渭水平原草長鶯飛耕牛遍野。寬闊的夯土官道上垂柳依依，柳絮如飛雪飄舞，原野上麥苗已經泛出了茫茫青綠，村落炊煙裊裊升起，雞鳴狗吠依稀可聞，一片寧靜安樂的大好春光。不消一個時辰，古老櫟陽的黑色箭樓遙遙在望。商鞅向座車一看，秦孝公已經教玄奇打開了綿布簾，依著厚厚的棉被靠在車廂板上，凝神望著櫟陽，眼中閃著晶瑩淚光。

嬴駟揚鞭遙指道：「公父，櫟陽已經更名為櫟邑。她的使命完成了。」

秦孝公喃喃自語：「雍城，櫟陽，咸陽。這段路，秦人走了四百餘年啊。」

櫟陽向東不遠，渭水兩岸白茫茫鹽鹼灘無邊無際，蓑草蓬蒿中的一片片水灘泛著粼粼白光。春風掠過，捲起遍野白色塵霧，變成了呼嘯飛旋的白毛風。玄奇要將車簾放下來，秦孝公拉住了她的手，一任白毛風從臉上掠過。

商鞅上前揚鞭遙指道：「君上，秦川東西八百里，這鹽鹼地恰在腹心地帶。從咸陽西一直延伸到下邽，將近洛水方止，占地數百萬畝。要使這鹽鹼灘變成良田沃野，就要大修溝渠，引水澆灌。若秦川人口達到三百萬上下，就有能力開數百里大渠了。那時候，秦川將富甲天下，變成天府之國！」

秦孝公殷殷地望著太子。嬴駟高聲道：「兒臣銘記在心！」

越過華山百餘里，車馬鐵騎開進了桃林高地。人們說，夸父逐日便是渴死在這裡的。夸父的手杖化成了千萬株桃樹，這片山原便叫作「桃林」。每逢春日，這裡的山原溝壑開遍了姹紫嫣紅的各種桃花，裝點在萬綠叢中，使這莽莽蒼蒼的山原平添了幾分柔媚。實際上，桃林高地是一片廣闊的山原，北抵大河，南至洛水（註：洛水有兩條，秦國境內的洛水經今日陝北流入渭水，南洛水則經洛陽流入黃河。這裡是南洛水），溝壑縱橫，極其閉塞。函谷關其所以險要，就是因了它是桃林高地的出入口。函谷關卡在峽谷東邊入口，本來就已經是難以逾越的形勝要塞了。然而進了函谷關，還要穿越桃林高地僅有的一條數十里長的峽谷險道，才能進入關中平川的東頭。這就是函谷關之所以成為天下第一要塞的根本所在。秦孝公久歷軍旅，卻只有一次登臨過夢縈魂牽的函谷關。收復河西後，本當前來巡視登臨，卻又騰不出整段時日，便一拖再拖了下來。直至病體垂危，他才意識到這是多麼大的一個缺憾。

車馬轔轔，穿行在桃林高地的峽谷。秦孝公興奮地靠在車廂上，命內侍揭掉車頂篷布，打開四面車簾。放眼四望，頭頂一線藍天，兩岸青山夾峙，鐵騎僅能成雙，車輛唯有單行。他的座車已經卸去了兩馬，還要小心翼翼地避開觸手可及的岩石枯樹。秦孝公望著兩岸高山，不禁笑道：「商君啊，敵軍即或進了函谷關，這高山峽谷之上只要有數千兵馬，也足可當得十萬大軍！」

「有此天險，秦川便是金城湯池。」商鞅在車後也笑了。

「看！函谷關城！」嬴駟驚喜地揚鞭指向谷口。

此時峽谷稍寬，遙望谷口，但見一座卡在兩山之間的城堡巍然矗立，黑色的「秦」字戰旗迎風獵獵，城樓兵士衣甲鮮明矛戈如林，嗚嗚的牛角號悠長地響徹山谷。片刻之間，馬蹄如雨，一隊騎士飛馳而來，滾鞍下馬：「函谷關守將司馬錯，率副將參見君上！參見國后！參見太子！參見商君！」一員甲胄鮮明的青年將領報號作禮。

秦孝公扶著車廂奮力站了起來：「諸位將軍請起。來，上函谷關。」孝公知道，像這樣的關城，無論是輜車還是駿馬都不能到達城上。雖然是病體支離，他還是要親自登臨函谷關。

「君上且慢。」司馬錯一招手，身後疾步走來一隊抬著一張木榻的步卒，「君上請上榻。」說著親自來扶。

秦孝公搖搖手，臉上泛著興奮的紅光：「不用。我自己走上函谷關！」

商鞅向司馬錯擺擺手。司馬錯略一思忖，一揮手，士卒在道邊兩列肅立，一副應急姿態。玄奇知道孝公稟性，笑道：「諸位自走，我來照應便是。」說著給秦孝公披上了一件黑色皮裘，輕輕扶著他走向函谷關的高高石梯。

登上函谷關，正是斜陽倚山霞光漫天的傍晚時分。函谷關正在山原之巔，極目四望，蒼茫遠山被殘陽染得如血似火，東邊的滔滔大河橫亙在無際的原野，縷縷炊煙織成的村疇暮靄恍若漂浮不定的茫茫大海，天地間壯闊遼遠，深邃無垠。

秦孝公扶著垛口女牆，驟然間熱淚盈眶，眼前浮現出壯闊無比的畫卷：十萬鐵騎踏出函谷關，黑色旌旗所指，大軍潮水般漫過原野；一日之間八百里，一舉席捲周室洛陽、韓國新鄭、魏國大梁；越過淮水，楚國郢都指日可下；北上河內，一支偏師奇襲趙燕，勢如破竹；大軍東進，三千里之外決戰齊國，一鼓可定中原天下……

秦孝公深重地歎息一聲，上天啊上天，假使再給我二十年歲月，嬴渠梁當金戈鐵馬定中原，結束這兵連禍結的無邊災難，還天下蒼生以安居樂業。何天不假年，竟使嬴渠梁併吞八荒囊括四海包舉宇內席捲天下之雄心，化作了東流之水？上天啊上天，你何其不公也……

「君上！」商鞅猛然聽得秦孝公呼吸粗重，覺得有異。

話音方落，秦孝公猛然噴出一股鮮血，身體軟軟後倒。

玄奇驚叫一聲，攬住孝公，緊緊抱在懷中，坐到地上。

秦孝公睜開眼睛，伸手拉住商鞅，粗重地喘息著：「商君，生死相扶……我，卻要先去了。不能，與君共圖大業，何其憾也……」

「君上……」商鞅淚如泉湧，泣不成聲。

「駟兒，」秦孝公又拉過太子的手放到商鞅手中，「商君，天下為重。嬴駟可扶，則扶。不可扶，君可自，自為秦王。切切……」

「君上！」商鞅驚悲交加，不禁伏地痛哭，「太子一代明君，君上寬心……」

秦孝公掙扎喘息著：「玄奇，記住，我的話……墨子，大師……」

「大哥，我記住了，記住了……」玄奇將孝公攬在懷中，突然放聲痛哭。

秦孝公慢慢鬆開了雙手，頹然倒在玄奇懷中，兩眼卻睜得大大地「看」著嬴駟。

「公父！」嬴駟渾身一抖，哭叫一聲，顫抖著雙手向公父的眼睛上輕輕抹去……

周圍臣工和函谷關將士一齊肅然跪倒。

城頭兩排長長的號角面對蒼山落日，低沉地嗚咽著，嘶鳴著。

西元前三三八年，壯志未酬的秦孝公嬴渠梁逝世了，時年四十六歲。

商鞅霍然站起：「諸位臣工將士，目下非常時期，不能發喪，不能舉哀。一切如常，不許有絲毫洩漏。」景監一揮手，城頭悲聲驟然停止。

商鞅巡視眾人一眼，立即開始下令：「國尉車英，即刻帶五百鐵騎，護送太子晝夜兼程回咸陽，與咸陽令王軾會同，密切戒備都城動靜。但有騷亂，立即捕拿！」

「遵命！」車英大步下城。

「函谷關守將司馬錯，立即封鎖函谷關，不許六國使臣商人出關！」

「遵命！」司馬錯轉身一聲令下，函谷關城門隆隆關閉。

「上大夫景監，帶領隨行臣工、內侍並五百鐵騎，護衛君上，常速返回咸陽！」

「遵命！」景監大步轉身，立即部署去了。

商鞅回身對嬴駟叮囑道：「太子，你且先行回到咸陽，做好鎮國事宜。我護送君上後行，回到咸陽即可發喪。」

嬴駟深深一躬：「多勞商君了。」轉身向孝公遺體撲地一拜，揮淚而去。

三天後，秦都咸陽隆重發喪，向國人宣告了國君不幸逝世的噩耗。

咸陽城頓時陷入無邊的悲傷嗚咽。四門箭樓插滿了白旗，垂下了巨大的白幡。面向孝公陵園的北門懸掛起幾乎要掩蓋半個城牆的白布橫幅——痛哉秦公千古高風。

出喪那日，國人民眾無不身穿麻衣頭裹孝布，在通向北阪的大道兩邊夾道祭奠。痛哭之聲，響徹山野。秦人對這位給了他們富庶榮耀尊嚴強盛的國君，有著神聖的崇敬。無論婦孺老小，幾乎人人都能講出國君勤政愛民宵衣旰食的幾個故事，對國君的盛年早逝，秦人有著發自內心的悲痛。沒有人發動，沒有人號令，秦人也素來不太懂得繁冗的禮儀，他們只以自己特有的質樸敦厚送行著他們的國君。大道兩旁，排列著各縣民眾自發抬來的各種祭品，牛頭羊頭豬頭，都用紅布紮束著整齊地擺在道邊石板上。麵人、麵獸、麵餅、乾果、乾肉，連綿不斷。咸陽北門到陵園的十多里官道上，祭品擺成了一道長河。每隔一段，就有老人們圈坐草席上，手持陶塤、竹篪、木梆、瓦片，吹奏著悲情激越的〈秦風〉殤樂，令人不忍卒聽……這一切，倒是應了孔子對葬禮的一句感慨：「與其哀不足而禮有餘也，不若禮不足而哀有餘也。」（註：《禮記・檀弓上》，子路引語。）

日上山巔，隆重簡樸的送葬行列出了咸陽北門。最前方陣是一個白衣白甲高舉白幡的步兵千人隊，之後是六列並行的公室子弟的哭喪孝子。秦孝公的靈車覆蓋著黑色大布，由四匹白色的戰馬拉著緩緩行進。太子嬴駟披麻帶孝，手扶棺槨前進。玄奇和熒玉在靈車後左右扶棺痛哭。四名紅衣巫師散髮持劍，低沉悠揚地反覆長呼：「公歸來兮，安我大秦！」「公已去兮，魂魄安息！」巫師後面是四輛滿載陶俑的兵車（人殉廢除後，陶俑便成為跟隨王公貴族到幽冥地府的僕人內侍）。俑車之後，是白衣白馬的商鞅，之後是各國使節和步行送葬的百官隊伍。最後的白色方陣，是車英率領的三千鐵騎。他們高舉著白桿長矛，恍若一片白色的槍林。

送葬長龍堪堪行進到北阪塬下，突然之間，晴朗的天空烏雲四合，雷聲隆隆，沙沙雨幕頃刻間籠罩了咸陽原野。北阪官道又長又陡，瓷實的夯土路面頓時油滑明亮。探道騎士的馬蹄一滑數尺，連續跌倒了五六匹戰馬。雨大路滑，靈車如何上得這六里長坡？太子嬴駟與送葬大臣束手無策，在雨中跪倒一片，乞求上蒼開顏。列國使臣則無動於衷地站在道邊作壁上觀。

按照古老的習俗，出喪大雨，乃上蒼落淚，本身倒不是「破喪」。然則，若因此阻擋了或擾亂了葬禮照常進行，則是大大的「破喪」，往往會招來無休無止的非議。列國使臣們期盼的正是這一點，他們希望天下因此而將秦孝公看成一個「遭受天譴」的暴君。

此等情形商鞅豈能不知？他策馬上前，親自來到最前面查看，希望想出一個辦法來。

正在此時，雨幕中衝來數百名白髮蒼蒼的老人，身後是一大片整肅排列的赤膊壯漢。他們當道跪成一片，為首一個老人嘶聲高呼：「天降大雨，上蒼哀傷！我等子民，請抬秦公靈車上山！」

商鞅大為驚訝，下馬一看，卻是郿縣白氏老族長。他顧不上多說，含淚問道：「敢問老人家，靈車龐大，天雨路滑，這卻如何抬法？」

老人霍然站起，轉身高喊：「父老們，閃開！」

老人們譁然閃開，道中赫然現出一個粗大圓木縱橫交結成的巨大木架。老人又一揮手，十多名赤膊壯漢嘩啦啦一陣響動，又給木架鋪上了一層厚厚的木板。

老人回身跪倒：「商君，請國君靈車！」

商鞅淚眼矇矓，嘶聲下令：「靈車上架！」

黑色靈車隆隆駛上了木架，馭手利落地卸去了馬匹。

老人從懷中摸出一面白色小旗，高喊一聲：「郿縣後生聽了！前行三十人，挖腳坑！第一抬，九十九人，上！」

只聽赤膊方陣中「嗨」的一聲，四排手持大杠粗繩的壯漢肅然出列，迅速站到木架四面，「喀！喀！喀！」三聲大響，整齊畫一地甩下了大繩，結緊了木架，大杠插進了繩套。連環動作，整齊利落，不愧是久有軍旅傳統的老秦人。

雨幕無邊，天地肅穆。白氏老族長向靈車深深一躬，舉起令旗，猛然一腳跺下，嘶聲哭喊：「老秦人喲！」

「送國君喲！」壯漢們一聲哭吼，木架靈車穩穩地升起。

「好國君喲！」一聲號子，老淚縱橫。

「去得早喲！」齊聲呼應，萬眾痛哭。

「日子好喲！」雨霧蕭蕭，天地變色。

「公何在喲！」婦孺挽手，童子噤聲。

……

大雨滂沱，漫山遍野湧動著白色的人群，漫山遍野呼應著激昂痛楚的號子。

六里長的漫漫北阪，在老秦人撕心裂肺的號子聲和遍野痛哭中，靈車走了整整一個時辰。

當靈車被萬千民眾簇擁著抬上莽莽蒼蒼的北阪時，風吹雲散，紅日高照。

山東列國的使臣們簡直驚呆了。誰見過如此葬禮？誰見過如此民心？在他們的記憶中，戰國以來，趙肅侯的葬禮要算最隆重的了：六大戰國各派出了一萬鐵騎組成護葬大方陣，邯鄲城外的十里原野上，旌旗蔽日白幡招展，雄壯極了。然事後想來，那都是「禮有餘而哀不足」的排場而已，如何比得這萬千鄉野匹夫為國君義勇抬靈，竟在大雨中抬上了六里北阪？如何比得這舉國震顫的哀痛？如何比得這無邊無際的洶湧哭聲？

秦人若此，天下何安？

第十五章 萬古國殤

一、沉沉夜幕　重重宮闈

商鞅終於開始忙自己的事了。

從墓地回來，商鞅心裡空蕩蕩的。他第一次感到了失意與沮喪，將自己關在書房裡默默流淚。孝公盛年病逝，對他的心靈是重重一擊。除了那天下難覓的君臣情誼，除了那同心同德的默契，最令人痛心的，是他們攜手相扶的大業半途而廢。秦孝公在函谷關遠望的憤激與遺恨，正是商鞅最為痛心的傷口。若再有二十年，他們的功業將何其輝煌？只有那時，才可以說，商鞅的法家學說獲得了徹底的勝利……如今秦公去了，商鞅才驟然感到了獨木難支，感到了秦孝公作為他背後的支柱是何等重要。以他冷峻凌厲的性格，無與倫比的才華，只有秦孝公這樣的國君才能讓他放手施展。堅實厚重的秦孝公，從來不怕商鞅的光芒淹沒了自己，從來都是義無反顧苦心周旋，為他掃清所有障礙。即或是有人風言：「秦國民眾唯知商君之『令』，而不知國君之『書』。」秦孝公也是微微一笑，不予理睬。而今秦公去了，自己還能遇到如此罕見的國君麼？不能了，永遠不能了。自古以來，明君強臣之間便是可遇不可求的。

更深人靜，商鞅平靜了下來。他寫好了辭官書，準備新君明日即位後鄭重呈送。即位大典的事，他已經交給了景監車英，不用親自操持了。他要做的是盡快善後，整理準備交接的官文，集中屬於自己的典籍書卷，以備辭官後治學。也就是說，他所有的事都集中在書房，書房之外的善後完全用不著他操心。熒玉卻覺得他未免太急，侄子剛剛即位，他這位姑父商君就要辭官，總有點兒不妥。商鞅只是笑笑，也不多說，只顧在書房裡忙。

商鞅不好對熒玉明說的，是自己的那種異常感覺。

從嬴駟回到咸陽，商鞅就感到了這位太子和自己的疏離與陌生，儘管太子非常尊重自己，見了自己恭敬得甚至超過了尋常官員。但正是這種「敬」，使商鞅感到了內心的「遠」。商鞅雖不善從小處處人，但卻善於從大處處人。譬如對待太子，商鞅在二十多年中，竟一直無從彌合他和少年嬴駟之間的傷口。按照常理，小嬴駟犯法理虧，商鞅只要多接觸多開導，稍稍給「放逐」中的嬴駟一些照料撫慰，依嬴駟的悟性自悔，這種傷口當不難彌合。但商鞅卻從來沒有想過這樣去做。他的嚴厲、他的自尊、他的注意力、他的盡公無私，都不允許他這樣做。在商鞅看來，一個做錯事的人若再去計較處罰他的人，那是不可思議的。一個志存高遠的法家名士，如果再存心回頭撫慰依法處置的罪人，同樣是不可思議的。即使這個「罪人」具有最特殊的身分，他也不可能改變自己的本色。二十多年後，當商鞅敏銳覺察到這種「敬而遠之」時，這種傷口已經成了難以填補的鴻溝。

對人心人情人事的洞察，商鞅又是無與倫比的，這種溝壑看得很清楚。商鞅的過人處，正在於他不會在大局上迷失自己。留在國中，與新君貌合神離，上下不同心，豈能再創大業？況且，新君嬴駟已經完全成熟，自己這個「震主」權臣留在國中，反倒多有不便。更重要的是秦孝公臨終前的囑託：嬴駟能扶則扶，不能扶則商君自立為秦公，使商鞅處於一種微妙的難堪地位。這個囑託是當眾說的，大臣們都知道，商鞅也認為這是秦孝公的肺腑之言。論能力，論實力，論威望，論民意，商鞅都可以做到廢嬴駟而自立。按商鞅的本色品格，也絕不會顧忌天下非議與舊貴族的罵聲。假若嬴駟真的不堪重任，商鞅是會那樣做的，而且毫不猶豫，做得乾淨利落。

然則，如今的嬴駟完全可擔大任，且對新法一力維護，自己如何能因嬴駟與自己「不和」而發難？如果商鞅是一個以權力為第一生命者，也許恰恰這個「不和」，便是發難的最大理由。但是，商鞅畢生追求的恰恰是功業，而不是權力。功業完成之後，僅僅為了保持權力而傾軋，何談頂天立地之名士？既然認可了嬴駟，就應當為他開道，讓他放開手腳去做。一朝天子一朝臣，是明君豈怕找不到良才輔佐？留在國中，嬴駟坐立不安，非議也會紛至沓來，對自己不利事小，引起裂痕內亂事大。

商鞅辭官，還有一個因素，就是想引出那些神祕的影子。

除了祕密活動的公孫賈，商鞅對嬴虔和甘龍的死始終感到蹊蹺。尤其在知道了秦孝公那次「元老宴」的真實意圖之後，商鞅更是疑慮重重。假如這些「該死」者都沒有死，他們顯然是將希望寄託在嬴駟身上。這些人發現了何等跡象，篤定嬴駟會支持他們？如果是這樣，商鞅倒想看看他們究竟要做何圖謀。自己辭官，無疑會引得他們早日出來，若有不測，自己也來得及收拾。

次日清晨，剛剛舉行完嬴駟的即位大典，商鞅就將辭官書交給了國府長史。

大典一結束，嬴駟沒有接見任何大臣，逕自回到了書房。他不急於和任何人共商國是，他要看看動靜，因為他嗅到了一股異常的味道——昨天夜裡，他書案上突然出現了一卷沒有具名的請舉逸民書。方才，長史又呈來了商君的辭官書。他覺得應當好好想想，絕不能輕舉妄動。

宮中很空曠很冷落。公父的一撥舊人，嬴駟一個都沒有用。黑伯那樣的老人，嬴駟覺得不放心，他們對公父的舊情太深了。黑伯在公父葬禮之後驟然衰老了，白髮如霜，佝僂成一團，失魂落魄地在宮中到處轉，被嬴駟派人送到南山老太后那裡去了。其餘舊人一律集中在公父的那座宮室裡，等候重新分派。嬴駟從太子府帶來的十幾個內侍僕從，散布在這偌大宮中無聲無息。好在嬴駟習慣了寂寞冷清，覺得這樣沒甚不好，要得整順，那要慢慢調理，急躁只能壞事。

暮春初夏，白日雖然長了許多，但天還是不知不覺地黑了下來。嬴駟理清了自己的思緒，坐在燈下打開了那卷神祕的匿名上書，卷首赫然五個大字「請舉逸民書」。

臣等昔日獲罪者上奏國公：一國之本，在於世族。臣等本老秦舊士，歷代追隨秦公，浴血沙場，馬革裹屍，烈士累累，忠臣諤諤，實乃老秦國脈所繫。先君變法，臣等未嘗懈怠。然商鞅主政，視臣等為腹心之患，羅織小罪，貶黜殺戮，責之細行，酷刑凌辱。秦國世族蒙冤含恨，子孫凋零，一蹶不振！世族衰微，國脈不存，國公何得安枕？當此之時，商鞅權傾朝野，野心彌彰，必欲殺王自立而後快！臣等孤存忠心，請我王興滅繼絕，大舉逸民，倚喋血世族克難靖國，護秦國新法重振大業。耿耿此心，唯天可表。

嬴駟字斟句酌，細細品味，看出了這篇痛心疾首的文字實則是煞費苦心敲打出來。文卷只提商鞅刑殺，卻迴避商鞅變法，將天下皆知的商鞅變法說成「先君變法」，非但為他們不觸動新法找了一個很妙的臺階，而且表明了世族力量志在復出而並不想推翻新法的意圖。目的單一，就容易獲得他的共鳴首肯。當然，這個謀略的背後，顯然是認為嬴駟也對商鞅有著仇恨與戒懼。匿名文卷還隱隱透露出對他的脅迫，「國脈不存，國公何得安枕？」當真是用心良苦。更特異的是，他們匿名不具，竟然採取了刺客游俠式的祕密呈送，分明是在做初步試探，萬一失算，使他這個新君也無法急切問罪。

思忖良久，嬴駟沒有將這卷特異的「上書」歸入公文卷宗，而收進了只有自己能打開的鐵箱。他覺得還是要靜觀，情勢不明朗，他絕不會輕易決斷。踱步有頃，驀然想起長史交來的商君上書，立即坐在燈前打開，卷首題目教他心頭一跳：請辭官治學書——

臣衛鞅啟奏君上：鞅不得志時，聞先君求賢令離魏入秦。嘗遇先君求變圖強之際，多方考量，論政明志，委臣以治國重任。臣主政二十餘載，惕厲自勉，推行變法，未嘗懈怠。鞅本布衣之士，得遇先君生死相知，一展所學，此生足矣！今先君已逝，臣痛悲無以自拔，飄忽恍若大夢，悠悠此心，不勝倦怠，自感老之將至，無從專精國事。況新君明銳，才堪大任，胸有成算。臣懵懂在位，於國無益，於事有損。懇請允准臣辭官退隱，治學山林。如此則國家興盛，臣心亦安。

嬴駟歎息一聲，心中微微一陣顫抖。

在嬴駟的心目中，商鞅就像高山之巔的岩石，永遠都是冷冰冰的。今日看這辭官書，卻是催人淚下，嬴駟幾乎難以相信這出自冷冰冰的商君筆下。揣情度理，嬴駟相信商君之言是真實的。他眼前又一次閃過黑伯那失魂落魄的佝僂身影，這些老臣舊人和公父的情誼太深了。公父一死，他們簡直如喪考妣。上大夫景監病了，國尉車英在喪禮那天竟哭得昏死在公父墓前，還有那個咸陽令王軾，捶胸頓足地要給公父守陵。更不說一大片趕來的郡守縣令，一個個都哭得死去活來，硬是讓葬禮磨蹭到了天黑。熒玉姑母與玄奇新母后的悲傷，甚至庶民國人的悲傷，嬴駟都完全理會。唯有這些舊臣老人的深徹悲傷，教嬴駟覺得很是茫然。公父並沒有給這些人特異的利益和權力，如何都覺得公父死了就天塌了一般？細細想來，嬴駟覺得公父真是不可思議，竟能如此深徹地將人心聚攏在自己身上。難怪他從來沒有覺得商鞅的「威脅」。自己能麼？能得到如此深徹的人心麼？嬴駟真是心中無底……

如今商君要辭官，也是如此理由，「痛悲無以自拔，飄忽恍若大夢，悠悠此心，不勝倦怠，自感老之將至，無從專精國事」。嬴駟很明白，這是商君的肺腑之言，絕非虛假。可是，商君能走麼？當然不能。公父遺囑，國事情勢，朝野人心，都不允許。然而奇怪的是——想到商君要走，嬴駟就從心底滲出一種莫名其妙的輕鬆。何以如此？嬴駟自己也說不清楚……茲事體大，還是想清楚再說。

旬日之間，咸陽宮沒有任何動靜。

新君即位，十數日不見大臣，不理國事，非但在秦國聞所未聞，只怕在天下也是絕無僅有。平靜沉默的咸陽巷閭之間，漸漸飄出了種種神祕的流言，說商君與新君不和，祕密到商於去了；舊臣稱病不起，向新君示威，等等。儘管秦國新法嚴禁傳播流言，流言還是彌漫開來了。

這天，嬴駟接到密報，商君去了商於封地。

嬴駟感到驚訝，辭官書並沒有准下，肯定不會是私自辭官離國，商鞅也不是那種有失坦蕩之人。那麼是國事？也不可能，以商鞅辭官書所述，商鞅何有心情處置國事？縱然當真處置國務，當此時刻，也會稟報出行，如何不告而行？私不能，公不能，究竟何事？嬴駟當真感到吃不準了。

月上柳梢，咸陽宮靜謐空曠，波光粼粼的南池映出四面秦樓，樓上傳來時斷時續的簫聲，使層層疊疊的宮城飄忽著峽谷般的清幽神祕。嬴駟正在南池邊漫步，遙聞簫聲嗚咽，不禁仰頭望月，輕輕一歎。

「稟報國公，太廟令杜摯求見。」

杜摯？嬴駟心中一動，終於有人忍不住了。他記得，這個杜摯當年是中大夫，甘龍的學生，後來明升暗降做了太廟令，便再也不過問國事了。在所有的貶黜舊臣中，他成了唯一的合法在任者，也是唯一可為匿名文卷做試探的人。嬴駟微微一笑：「請太廟令進來。」

一個身材高大略顯駝背的人赳赳走來。從步態看，嬴駟覺得他還年輕，然走近一看，卻已經是鬚髮灰白的老人了。

「罪臣杜摯，參見國公。」來人撲地拜倒。

「太廟令安然居官，何罪之有也？」

「老臣幾近二十年荒疏國事，深感愧疚，請國公治罪！」杜摯放聲痛哭。

嬴駟淡淡漠漠道：「太廟令縱有委屈，何至於此？請起來講話。」

杜摯哽咽著站起來：「老臣之傷悲，非為一己，而為國公，為秦國。」

「國有何事，令太廟令傷悲若此？」

「啟奏國公，國有危難，朝夕將至。老臣故而傷悲。」

嬴駟微微冷笑：「太廟令不怕流言罪麼？」

杜摯亢聲道：「老臣但知效忠國公，何懼奸人陷害！商鞅未曾離職而歸封地，國公可知他意欲何為？」見嬴駟默然不答，杜摯低聲道，「老臣友人方從商於歸來，親見商鞅進入祕密谷地調動軍馬。老臣不勝憂慮矣。」

「太廟令偏有如此友人，巧得很，在哪裡？」嬴駟冷冷揶揄。

不想杜摯霍然轉身，雙手「啪」地一拍：「請老友自己道來。」

話音落點，一個蒙面人頓時站在面前，彷彿從地下冒出來一般。

嬴駟沒有絲毫驚慌，反冷冷一笑：「足下不是楚國商人、黑矛之友麼？」

蒙面人深深一躬：「秦公慧眼無差，在下商旅無定，也是太廟令故交。」

嬴駟不想在這裡追究蒙面人的底細，淡然問：「何事偏教你巧遇了？」

「稟報秦公，在下運貨夜過商山無名谷，發現商君入谷。小人原本以為富商隱匿財寶，便尾隨探查，想將來劫財盜寶。不料跟隨到谷中，發現竟是祕密軍營。在下連忙逃回。在下本不以為意，奈何太廟令說此乃國難，硬將在下帶來作證。」蒙面人講話倒真像個貪財未遂的商人語氣，一驚一乍，活靈活現。

「你？識得商君？」

「在下見過商君多次，皆在刑場光天化日之下，永難忘記。」

「你記得那道山谷？」

「商山之道，在下瞭若指掌。」

「來人。」嬴駟肅然下令，「派兩名特使，隨這位先生即刻赴商山探查。無論有無情事，不許走了此人！」

「謹遵王命！」新由太子府家老升任的內侍大臣，帶著蒙面人疾步去了。

「太廟令請回。」嬴駟冷冷一句，轉身走了。

半個時辰後，一輛四面垂簾的篷車急速駛出宮城。

篷車來到咸陽商市空闊地帶的那座孤獨院落前，沒有在正門前的車馬場停留，而是輕快地駛到了隱蔽的後院門前。車馬剛剛停穩，厚重的包鐵木門無聲地開了。一個白髮老人盯著篷車上下來的黑衣人，深深一躬，一言未發，將來人讓進，隨即關上了大門。

白髮老人領著黑衣人穿過幾道門廳，進了一座荒蕪的園林。園中荒草及腰，假山水池也是草樹參差荒涼清冷。月光下，隱隱可見山頂石亭下一個黑影，彷彿一根石柱立在那裡凝固不動。白髮老人指指石亭，默默走了。

「侄兒嬴駟，參見公伯。」黑衣人走近土山，在荒草中遙遙一拜。

亭中黑影驀然回身，卻是良久沉默，只有粗重的喘息。黑衣人走上石亭，在亭廊下又是一躬：

「公伯，別來無恙？」

亭中黑影沉重地歎息一聲：「國公，如何知我沒有死？」

「一支神祕的袖箭告訴我，疑難不解可找公伯。想必也有人告訴公伯我要來。」嬴駟走進了石亭。

「嬴虔戴罪，與世隔絕，心志枯竭，安得謀國？」

「公伯堅忍不拔，斷不會一刑喪志。封門絕世，不過是公伯在躲避風暴。如今風浪平息，何拒侄兒於千里之外？」

嬴虔長吁一聲：「駟兒，沒有白白磨練，不愧嬴氏子孫。你且說來，難在何處？」

「其一，那個神祕人物的真實身分？」

「此人乃當年的太子右傅，公孫賈。逃刑離國，屢有奇遇。」

「其二，這些元老舊臣，世族逸民，究竟想走到哪一步？」

嬴虔略有沉吟：「自公孫賈露面，我就精心揣摩其圖謀。看來，彼等有兩個目標，一是復仇，二是復辟。」

「他們隻字不提復辟，反信誓旦旦維護秦國新法。孰真孰假？」

嬴虔冷笑道：「陰謀，策略，而已。第一步，唯言復仇；第二步，唯言復辟。此乃步步為營，用心何其險惡。」

「公孫賈有此謀略，也算重生了。」

「公孫賈有學無識，豈有此等謀劃？此乃老甘龍謀劃無疑。只有這隻老梟有此見識。」

「甘龍？」嬴駟大為驚訝，「那個風燭殘年的昏聵老人？」

嬴虔冷冷一笑：「駟兒，你只聽甘龍講過一次書，後即少年出走，何能看透這隻老梟？此人機謀善變，深藏不露，狡猾若千年老狐，陰毒如山林老梟。只有他，才是世族逸民的靈魂。你公父當初第一個防備的就是他。平心而論，甘龍生不逢時，偏偏遇上了你公父與商鞅這樣的英主強臣，否則，他在任何國家都可倒海翻江。我已派人查清，當年使你闖下大禍的背後黑手，正是這隻老梟。」

「啊！」嬴駟不禁一陣顫抖。

多少年了，那個噩夢始終縈繞著他——好端端的封地世族，為什麼會送沙礫石子羞辱他？為了解開這個噩夢，他固執地在郿縣白村住了三年，結識了當年被他殺死的白氏族人的後代，得知了他們的冤情，也知道了他們在尋覓追查這隻黑手。自此，嬴駟徹底明白了自己對封地庶民的罪責，噩夢解開了一半。也就是從那時候起，他心中暗暗發誓，一定要查出這隻黑手，食其肉寢其皮。少年仇恨已經積成了冰山，但卻從來沒有融化，沒有流失。此時聽得伯父一言，他的衝動幾乎要難以抑制地爆發出來，但他還是頑強地克制了自己。既然這隻老梟已經出現在面前，就慢慢消受，一刀一刀剮他。他深深地出了一口粗氣，頹然坐在石凳上。

嬴虔慢慢講述了甘龍當年的陰謀：甘龍的長子甘成，祕密挑選了十幾個本族農夫，去白里親戚家幫忙，白日打場，晚上看場。就在農人鼾睡的夏夜，他們偷換了已經封好的賦糧。天一亮，牛車上路，他們便各自告辭，離開了白里……後來，這十幾個農夫都在三五年裡莫名其妙地死了。

「很平易，是麼？」嬴虔淡然道，「然則卻最難覺察。甘龍很高明，第一，他選準了陰謀對象，你和白里，這是成功的一大半。其次，他的手段很平易，遠遠地離開了國府權力的視野。再看看結果，這個陰謀一舉改變了秦國的廟堂權力。非但裂權弱君，而且埋下了日後復仇復辟的種子，迫使所有被變法淘汰的怨臣舊族，包括我等，都與他站在一起，何其老辣矣！」

嬴駟已經冷靜下來，非常欽佩這個昔日的太子傅上將軍。他的堅忍，他的洞察，他的縝密，他的冷靜，他的智慧，都足以與甘龍抗衡。而且，他有甘龍不具備的優勢，他是王族血統、曾經統率六軍的秦國名將。最重要的是，他曾經是商鞅變法的強大後盾，而不是復辟的舊派世族。這一切，都決定了他將成為自己穩定大局的支柱。

心念及此，嬴駟問：「伯父以為當如何應對？」

「兩刃一面，將計就計。」嬴虔不假思索。

「兩刃一面？將計就計？」嬴駟雖然一下不能解透嬴虔潛心思慮的謀略，但也大體悟到了其中堂奧，不禁微微一抖。

「嬴駟，」嬴虔的聲音平淡得像池中死水，「有商鞅在，你就無所作為。有世族逸民在，你亦無所作為。何去何從，你自決斷。」

嬴駟深深一躬：「公伯，請允准華妹隨我一段時日。」

嬴虔沉吟有頃：「教她去吧，但你要嚴加管束，不能魯莽。」

「我自明白。」嬴駟走出石亭，大步穿過荒草去了。

片刻之後，兩個黑衣人出了後門，閃身鑽進篷車。一陣輕微的車輪聲，篷車已經隱沒在四更夜幕之中。

二、流火落葉公器心

曙光初上，赴商山的密使飛馬疾報：商山無名谷確有軍馬駐紮，商君尚在谷中未出。

嬴駟不再猶豫，即刻命宮門右將帶領三千鐵騎飛馳商山要道，務必「請回」商君。又迅速召來國尉車英，查詢商山軍馬係何人調遣。

片刻之後，車英進宮，出示了兵符公書，說明這一萬鐵騎乃先君下令祕密駐紮在商山，是為了防備楚國北進的駐軍。嬴駟鬆了一口氣問：「國尉可知，商君到商山軍營，所為何事啊？」車英答道：「臣不知商君赴商山軍營。縱然前往，自是國事所需，國公何慮之有？」嬴駟微笑：「楚國未犯，國中無亂，有何國事國君尚且不知？」車英默然有頃，肅然拱手道：「臣啟國公，商君胸襟坦蕩，盡公無私。先君在日，常未及稟報而處置急務，未嘗有絲毫差錯。臣以身家性命擔保，商君歸來時自會向國公稟報。」

嬴駟笑了：「商君乃國家棟梁，本公豈能不知？然則公父新喪，人心易動。商君此舉，似有不妥。國尉以為然否？」

「臣可前往，查明此事，與商君同來稟報。」

「不須如此。」嬴駟平平淡淡，「當此非常之時，請國尉調出商山軍馬另行駐紮，以免國人對商君頗有微詞。國尉以為然否？」一副商議的口吻。

車英臉泛紅潮，赳赳高聲：「此兵馬本與商君無關，調動與否，但憑國公！」

「如此，國尉便去處置。」嬴駟倒是絲毫不以為忤，淡漠如常。

車英大步出宮，飛身上馬，帶領衛隊鐵騎向商山疾馳而去。

商山峽谷的出口，三千鐵騎列成了一個方陣守在當道，等候商鞅出山。

眼見時將正午，谷中卻沒有動靜。正在此時，只聽山谷中一陣隆隆雷聲，高山上的斥候遊騎飛馬來報：「谷中大軍，拔營而出！」宮門右將大為緊張，回身與隱蔽在大纛旗下的一個身影商議了幾句，拔劍傳令：「列開陣勢，準備衝殺！」三名千夫長揮動令旗，鐵騎分做三個方陣迅速展開，一排牛角號「嗚——」地響了起來，這是發動衝鋒前的第一次預備命令。六面大鼓在谷口山頭一字排開，只待第二遍號聲戰鼓，便將催動狂飆般的衝鋒。

「停！」隨著一聲長長的吼聲，一隊騎士閃電般從來路山頭衝下，當先斗篷飛動者赫然是國尉車英。

右將出列，高聲稟報：「報國尉，谷中叛軍衝出，末將奉命堵截！」

車英面色鐵青，厲聲斥責：「何來叛軍？收起陣形！」

三千鐵騎剛剛收攏，谷中大軍隆隆開出，遙遙可見當先大旗下一領紅色斗篷，竟是公主熒玉。旁邊的領軍大將是精瘦的山甲，誰也沒有看到商君。右將本想上前攔截，但有國尉車英在此，只好悻悻地向身後旗下看了一眼，勒馬觀望。

出谷大軍見鐵騎方陣堵在谷口，國尉車英立馬陣前，自然勒馬停騎。熒玉尚在驚訝，車英已單騎出列高聲問道：「敢問公主，商君何在？」

「車英，你率鐵騎堵在谷口，意欲何為？」熒玉沉著臉問道。

車英道：「稟報公主，國君命我調出商山兵馬，並無他事。」

右將也單騎上前：「稟報公主，末將奉國公之令，務必請回商君。請公主見告，商君現在何處？」

熒玉冷笑：「請回商君？用得著麼？退下！山甲，向國尉稟明軍情。」

山甲道：「稟報國尉，商君已命令我軍開出商山，向國尉請示駐紮地點。」

「好。大軍北上，駐紮咸陽東南灞水北岸。」車英說完，命令谷口騎兵閃開道路，谷中大軍隆隆開出。車英走馬熒玉身旁，低語幾句，熒玉頓時面色脹紅：「車英，我先回咸陽。」打馬一鞭，疾馳北去。

車英回身向愣怔的右將厲聲命令：「回軍咸陽！」

這宮門右將雖不屬國尉管轄，然車英畢竟是新軍統帥，身邊又正有商山開出的新軍一萬騎兵，縱想滯留，也怕禍及自身，只好下令撤回咸陽。

熒玉回到咸陽，馬不停蹄地直入宮中。車英說的情勢令她震驚莫名，如何嬴駟驟然間就要「請回」商鞅？這個侄兒的變化竟如此之快？難怪那天晚上無論她怎麼說，商鞅都堅持調出商山兵馬。要是按照她的主意，這支軍馬還不成了商鞅謀反的證據？真真的豈有此理！

剛剛掌燈，嬴駟正在書房瀏覽近日商君批閱過的公文，一陣急促的腳步夾著內侍的驚叫，熒玉風風火火地衝了進來。嬴駟抬起頭一看，訓斥內侍：「公主進宮，有何驚慌？下去！」又起身作禮，請姑母入座。熒玉不顧滿頭大汗，厲聲問：「嬴駟，商鞅何罪？要派兵馬緝拿！」

嬴駟先笑了：「姑母何出此言？商君進入商山軍營，國中流言紛紛。侄兒派人請商君回來，以正視聽，何來緝拿之說？」

「嬴駟，你可知商君為何要進商山軍營？」

「如若知曉，何須問之。」嬴駟搖搖頭。

熒玉從大袖拿出一支亮晶晶的銅管：「打開看看，這是何物？」

嬴駟接過，擰開銅帽，抽出細細一卷絹帛打開，赫然便見公父手跡：「一萬鐵騎，長駐商山，不聽兵符，唯聽商君號令！秦公嬴渠梁二十四年三月。」嬴駟看得清楚，立即明白這是公父臨終前留下的祕密手令，心中暗暗驚訝，臉上卻是平靜如常：「那，商君是勞軍去了？」

「嬴駟啊嬴駟，你機心何其多也！」熒玉對這個侄兒素來呵護，卻想不到他離開十多年竟有如此大的變化，心中又氣又急，滿面脹紅道：「我來告訴你：這道密令是二哥留給我的，言明只要國中有變，密令即交商君之手。你當明白，你公父的用心何在？若你向世族屈膝妥協，這支兵馬便是商君平亂靖難、維護新法的鐵軍！也是廢黜你嬴駟的鐵軍！因了商君執意辭官，我拿出了這道手令，想勸他多留兩年，輔佐於你，也可震懾世族力量。可商君堅持認為，你一定能維護新法，留下這支軍隊只會增加君臣猜忌，竭力要調出商山大軍。我被他說服，就與他一起去了商山調出兵馬。你說，你疑惑何來？你公父在日，商君多少次不及面君而緊急外出，你公父可有疑惑過一絲一毫？」熒玉憤激感慨，淚水盈眶。

「果真如此，嬴駟負荊請罪。」嬴駟深深一躬。

正在這時，車英匆匆進宮，將商山軍馬駐紮灞上的處置稟報明瞭，便辭別出宮，似乎一刻也不想在宮中逗留。

嬴駟真有幾分尷尬了，賠笑道：「敢問姑母，商君何以沒有一起回來？」

「商君謀反去了！」眼見嬴駟沒有絲毫悔悟，還是追問商鞅，熒玉大怒，拂袖而去。

嬴駟拿起案上那道密令端詳良久，一股涼意湧上心頭。

公父真的匪夷所思，相信商鞅竟超過了相信自己。縱有君臣情誼，何至交給商鞅如此顛倒乾坤的權力？嬴駟是眼看著公父叮囑商鞅的：「嬴駟能扶則扶，不能扶，則商君自立為秦公。」雖然驚訝，但嬴駟並沒有認真對待這件事。他以為，公父如此遺囑，不過是打消商鞅有可能滋生的野心，讓商鞅更加忠誠地輔佐自己，權謀而已，何須當真？今日看來，絕非如此。公父當真是徹底地相信商鞅，認為只有商鞅的鐵腕意志能維護新法，能穩定地推進秦國大業。嬴駟有些悲涼——公父終究是沒有完全相信自己，這一點，甚至連商鞅對自己的信任也不如。對於公父的想法做法，嬴駟沒有指責的權力，他畢竟離開公父的時間太長，又沒有軍旅磨練，公父對自己的擔心也算情有可原。可是，經受了幾乎半生的苦行磨練，以及還都後表現出的見識能力，難道還不足以消除公父對自己少年犯法所留下的陰影麼？

從祕密手令看來，果真如此。驟然間，嬴駟對公父有了一種冰冷的憎恨，他從來不關心自己，從來不相信自己，從來沒有給過自己一絲溫暖與關懷。有的只是淡漠與疏遠、冰冷與訓誡、嚴厲與苛責。嬴駟在「放逐」中不止一次地冒出一個想法：公父要是再有一個兒子，可能自己就永遠地沉淪了。目下，這個念頭又一次奇異地閃現出來。公父假若不是自感衰竭，絕不會主動去接回自己。公父對自己若還有幾分親情與信任，就絕不會給商鞅「自立秦公」的權力與顛倒乾坤的一萬鐵騎。公父看重的，是他與商鞅共同創立的秦國變法基業，血親繼承不過是公父功業棋盤上的一枚棋子，能兼顧則兼顧，不能兼顧則犧牲，這就是他和公父關係的全部本相。

公父啊公父，你未免太多慮了，難道嬴駟就沒有建功立業的勃勃雄心？

嬴駟很清楚，權衡利弊的長遠基點，應該是自己的功業宏圖，而不是其他。但在目下，卻必須先將自己的權力真正穩固下來。這種穩固，不是滿足於在公父留下的舊權力框架內與舊臣和睦相處，在表面上維護新法；而是有一套自己的權力人馬，全副身心地推行自己的權力意志。至於公父的情感意志與遺命，與自己有利者則行，與自己鞏固權力不利者則不行，絕不能拘泥於公父留下的權力格局與善後成命。只有權力徹底真正地轉移到自己手裡，才有資格說功業，否則，一切都是受制於人的。

想到這裡，嬴駟心中一閃——公父還有沒有其他祕密手令牽制自己？真說不準。寧信其有，不信其無。立足於有，動作就要快，在這些密令持有者還猝不及防的時刻，就要剝奪他們的權力，將要害大權牢牢掌握在自己手裡，然後再來對付那些世族。公父啊公父，不要說嬴駟不相信你的那些老臣，實在是他們對你太過崇拜太過迷戀，用你的作為絲絲入扣地苛責於我，連姑母都是如此。縱然有成，天下人也只說嬴駟靠了公父這班老臣。如果那樣，嬴駟的功業何在？難道嬴駟忍辱磨練出的膽識謀略，就要湮沒在公父的影子和你這班舊臣手裡？

豈有此理？嬴駟要走自己的路。

嬴駟不再猶豫，命內侍總事立即喚來堂妹嬴華。片刻之後，一個面白如雪的黑裙少女來了。沒有絲毫的腳步之聲，直是飄了進來一般。這是公伯嬴虔的小女兒，生在公伯與世隔絕的歲月，話語極少而又身懷驚人本領。嬴駟知道公伯的祕密，他的全部藝業都教給了這個小妹妹，那是公伯消遣歲月的唯一出路。嬴駟在這種非常時期要來這個堂妹，為的就是要做一些尋常人無法做的機密事宜。

黑裙少女嫣然一笑，默默地看著嬴駟。

嬴駟也只點點頭，上前一陣低聲叮囑。

嬴華又是一笑，悄然無聲地飄出了書房，一扭身蹤跡皆無了。

接著，嬴駟又對奉命前來的長史連續口述三道公書，命令立即起草繕寫。

咸陽令王軾大喝悶酒，自斟自飲，唏噓歎嗟。

前天，聞聽商君與公主出城，王軾得到消息飛馬追趕，終於在藍田塬下截住了商君夫婦。王軾力勸商鞅，說流言紛飛國事蹊蹺，在此關鍵時候絕不能離開咸陽。商君卻是若無其事，反倒勸他毋得多心。王軾被逼無奈，便將只有他這個咸陽令才掌握的密情和盤托出，告訴商君，落魄世族出動了，意在復出尋仇，國君曖昧，大勢不明。

豈料商鞅卻笑了：「王軾教我，何以處之？」

王軾慨然道：「秦公遺命，朝野皆知，何須王軾提醒？」

商鞅又笑了：「王軾，你是要我刑治世族，廢黜自立？」

王軾高聲道：「天下為公，有何不可？」

「不在可不可，而在當不當。王軾啊，你我都是心懷變法強秦之志入秦，而今變法有成，秦國強大，秦公卻驟然病逝。當此之時，何謂朝野第一大局？」

「自然是維護新法，穩定朝局。」

商鞅肅然道：「既然如此，我若發兵廢立，將會給秦國帶來何種後果？世族唯恐天下不亂，我等卻引出大亂之由。其時內有部族紛起，西有戎狄反水，東有六國壓境；內亂外患，新法崩潰，我等變法壯志付諸東流，秦公畢生奮爭亦成泡影。當與不當，君自思之。」

王軾大笑道：「商君何其危言聳聽也！平亂廢立，護法撫民，以商君之能，雷霆萬鈞，豈容四面危機？」

「王軾差矣！」商鞅揚鞭遙指道，「秦國千里河山，郡縣四十三，部族三十六，世族根基極深，戎狄歸化尚淺，唯四百年之嬴秦部族可聚攏全局。倘廢黜嬴氏，世族與戎狄必然先亂，一旦進入大漠草原深山峽谷，何來雷霆萬鈞？」

「然則，新君昏昧，世族蠢蠢，豈不照樣大亂？」

「君又差矣！」商鞅歎息一聲，「新君護法之志毋庸置疑，此乃我長期反覆查勘。假如沒有成算，商鞅豈能等到今日再來理論？況且，將鎮壓世族這件大功留給新君，有何不好？」

「商君！」王軾熱淚奪眶而出，「如此你將面臨深淵，難道束手待斃麼？」

商鞅坦然自若地微笑著：「王軾啊，如果需要，我們誰都會在所不辭的。護法需要力量，你等在，我也就放心了。你回去吧。」

商鞅走了，趕上了遠遠等候的公主，縱馬消失在藍田塬的沉沉暮靄中。

王軾回來，覺得胸中鬱悶，關起門來誰都不見，只是飲酒歎息。他想不通，為何一個人明明看見了即將來臨的巨大危險，還要置若罔聞？連孔夫子都說危邦不居，商君這個大法家竟硬是不動聲色，真真的無從度量。王軾始終以為，秦國世族的力量在二十多年的變法風暴中，已經萎縮到了可以忽略不計，隴西戎狄部族在上次平亂後也已經沒有了叛亂能力，關中老秦人更是竭誠擁戴新法。商君一呼，萬眾響應，會有誰來反對？然而商君卻將國情評判得那麼脆弱，彷彿四面八方都潛藏著危機，這是王軾不能接受的。明明可以轟轟烈烈往前走，為什麼偏偏要隱忍犧牲，將不朽功業拱手讓給別人？況且，商君一人之進退，牽扯到整個一層變法大臣。若有不測變故，莫說他這個咸陽令岌岌可危，就是上大夫景監、國尉車英，以及數十名郡守縣令也都成了砧板魚肉。當此危境，豈能不竭力奮爭？

商君啊商君，甘做犧牲固然令人敬佩，然則真的有價值麼？

「稟報大人，國君使臣到。」僕人匆匆走進。

王軾醉眼矇矓地站了起來，走到大廳問：「何事之有啊？」

黑衣內侍右手舉起一面銅牌：「國君宣咸陽令，即刻進宮議事。」

王軾猛然清醒了。此時天色已晚，有何緊急國事？本當想問清楚，想想又作罷了，內侍奉命行事，能知曉個甚？整整衣裝，匆匆登車隨內侍去了。

進得宮中但見燈火明亮，卻又越來越黑，感覺根本不是正殿方向。難道新君要在那座偏殿召見他？曲曲折折地走了片刻，來到一座僻靜的宮中小院落前，內侍下馬請王軾下車。王軾暗暗驚訝，新君竟然住在如此僻靜的宮院？此時院中走出一個老內侍，身後還有一個掌著風燈的小內侍，躬身一禮，將王軾讓進小院。

一座高大的石屋孤零零地矗立在院中。小內侍推開沉重的石門，老內侍恭謹躬身：「大人請進。」王軾走進屋中，只見四面石牆圍滿了粗簡的書架，各種竹簡帛書雜亂無章地堆放著，中間一張長長的白木書案，筆墨刻刀俱全，就像一個窮書吏的作坊。

「咸陽令，可知這是何處？」

王軾揶揄反詰：「我如何知曉？難道會是國君書房不成？」

老內侍微笑：「大人聰敏之極。這是太子府最重要的書房，每隔三日，新君就要回這間書房用功一夜。大人莫感委屈也。」

王軾大為驚訝間，老內侍長聲宣道：「咸陽令王軾，聽君書——」

王軾木然地看著老內侍展開竹簡，嘶啞尖銳的聲音不斷顫抖著：「咸陽令王軾，才具敏捷，屢出佳策。今秦國地廣人稀，耕戰乏力，本公苦無良策。著王軾脫職一月，潛心謀劃增長秦國人丁改變秦川鹽鹼荒灘之良策。策成之日，本公親迎功臣。大秦公元年。」

怔怔地看著老內侍，王軾突然仰天大笑了。

「妙啊！好快！開始了！啊哈哈……」

夏夜長街上，一隊鐵甲騎士風馳電掣般飛到咸陽令官署大門。暴風驟雨般的馬蹄聲恍如沉雷滾過，確實使安定了多年的國人大驚失色。

官署門廊下的護衛軍兵尚未問話，鐵甲騎士已經將他們團團圈了起來。一個身著黑色斗篷頭戴黑色面罩的將軍翻身下馬，長劍一指：「鐵騎守門！護衛百人隊隨我進府。」

這是嬴虔親自出面了。他手執金令箭，帶著百名銳士闖進咸陽令官署，收繳了兵符印信，親自接掌了咸陽城防。咸陽令官署的吏員將士們驟然見到這位白髮蒼蒼黑紗垂面的老將軍全副甲冑殺氣騰騰，無不膽戰心驚，凜然遵命。

這時的咸陽宮中，嬴駟正與上大夫景監對弈。連下兩局，嬴駟皆輸，不禁一歎：「棋道亦需天分，嬴駟終究愚鈍也。」

「君上行棋，輕靈飄逸，然力度不足，根基欠穩。若能兼顧根本，君上當成大器也。」

「上大夫棋力強勁，可有對手？」

「臣行棋一生，唯服商君棋道，當真天馬行空。我與商君每年只下一局，二十五年，我無一制勝也。」景監大為感慨。

嬴駟心念一閃，又是商君，臉上卻微笑著：「商君算力精深，常人難及也。」

景監搖頭：「若論算力，商君未必超過君上與臣。商君棋道，在於大局大勢審度得當，從不因小失大。」

嬴駟默然了，很不想沿著這個話題說下去。請景監前來弈棋，本來就是意不在棋，只是景監柔和恭謹極有分寸，一時倒覺得不好急轉直下。景監卻站了起來，深深一躬道：「臣啟國公，臣欲歸隱，寫一部《棋經》，將我與商君對弈之局，一一圖解評點，給後來者留下一份典籍，也一抒我胸中塊壘。懇望國公允准。」

「如何？上大夫要棄國而去？」嬴駟的確感到了意外。

景監歎息一聲：「君上，垂暮之臣，不可治國。歷代強國大政，無不出於英年勃發之君臣。戰國之世，更是如此。景監輔助先公、商君二十餘年，晝夜伏身書案，耗盡精力，一身疾病，兩鬢染霜。雖不到天命之年，卻已是如燈將枯，不思進取，為政必自取其辱也。」嬴駟略一思忖道：「上大夫請回府養息診病，康復後隱退不遲。」轉身命內侍召來太醫令，吩咐派一名醫術精深的太醫長住景監府診治守護。

太醫陪同，車馬護送，景監默默地回去了。

車馬方去，國尉車英夜半奉書，緊急來到宮中。新君說北地郡快馬急報，陰山林胡部族大舉南下，劫掠北地郡牛羊馬匹近萬頭、男女人口兩千餘人；北地守軍只有三千，無力抵擋，請求緊急救援。車英身為國尉，自然知道北地郡這北方大門的重要，沒有絲毫猶豫，立即請命北上。嬴駟卻沒有讓車英帶走灞上一萬精兵，而是讓他從河西大營和離石要塞就近調兵。車英覺得也有道理，連夜北上，直赴河西去了。

次日清晨，嬴駟親自來到商君府，一來向姑母熒玉謝罪，二來說要為老太后在南山一帶相一塊墓地建造陵園，請姑母「大駕」前去督責三位堪輿大師。這件事本是秦孝公臨終遺命，也是熒玉心頭之事，自然沒有推諉，爽快地帶著嬴駟派出的二百護送騎兵，和堪輿大師進了南山。

這天夜裡，一輛篷車駛出了秦孝公生前居住的宮院，直出咸陽南門，駛向了千山萬壑的蒼茫南山。

三、消弭風暴的哲人溘然長逝

向南翻過藍田塬，玄奇將篷車存放在一家道邊客棧裡，跨上陰山雪向西南方向的連綿大山飛去。一夜之間，到了神農山下的墨家據點。安頓好陰山雪，玄奇沒有片刻休息，立即動身進山。

玄奇太焦急了。秦孝公在最後的那些日子，曾交給她一宗密件，鄭重叮囑她，若咸陽有變，立即持此件進神農山，請墨子大師出山斡旋。直到孝公在函谷關吐血長逝時，孝公還拉著她的手叮囑這件事，足見秦孝公對墨家寄託的巨大希望。玄奇知道孝公的苦心，想將方方面面能想到的漏洞都補上。最擔心與最需要防止的，則是嬴駟與商鞅不和而生變生亂。這種變亂，國中大臣無人可以制止，因為他們必然的要站在一邊介入變亂，個別保持中立者卻又毫無力量。只有老墨子出面，才有可能化解危機。

墨家有實力，有正氣，非但在國與國間調停斡旋反對弱肉強食，而且輔助好幾個國家化解過危機內亂。墨家的斡旋調停其所以功效顯著，根本原因是不做和事老，而是堅定地以自己的實力支持他們所判定的正義一方。

玄奇還記得墨家最壯烈的那個故事：

楚悼王臨終時，舊貴族密謀殺死吳起，楚國形勢動盪大亂在即。陽成君將自己的封地交給了墨家名士孟勝以及他率領的一百八十三名墨家子弟，陽成君自己則要火急趕赴郢都，力圖消弭內亂，挽救楚國變法。臨行前，陽成君將一塊半圓形的玉器（璜）碎成兩段，當作「璜符」，與孟勝相約「若有傳令，須持璜符，符合則聽」。

待陽成君趕到郢都，楚悼王剛剛死去。舊貴族在靈堂發動叛亂，將吳起亂箭射死在楚悼王的屍體上。陽成君被叛亂勢力追捕，乘亂在夜間逃到越國去了。楚國新君懲治舊貴族，偏又錯將陽成君也當成了「箭傷王屍」的亂黨，派特使要收回陽成君封地。因無「璜符」，孟勝堅持不肯交出封地，決意死戰守地。孟勝的學生徐弱勸說：「死而有益陽成君，死之可矣。今死之無益，徒絕墨家子弟，不可為也。」

孟勝慷慨歎息：「若不死難，自今以後，世求嚴師不必於墨家，求賢友不必於墨家，求義士不必於墨家，求良臣不必於墨家矣！死之所以必行，墨家大義所在也。」徐弱大悟，率先死戰，又率先戰死。孟勝與一百八十三名墨家子弟，最後也全部戰死了。

將近百年中，墨子大師與墨家子弟，就是憑著這種大義凜然的「義死」精神，樹起了公理正義的豐碑。秦孝公對墨家素來欽佩，與墨子大師更是英雄相惜深有共鳴，幾成忘年神交，將如此重大的靖國大事託於墨子，可謂思慮深遠。再說，玄奇又是秦孝公的摯友愛妻、墨子大師的愛徒、秦國聖賢百里奚的後裔，於情於理，都更加有助於墨家協助秦國。

孝公逝世後，玄奇對咸陽的變化已經看得很清楚，她覺得不能再等了。墨家唯有此時介入，才能及早穩定秦國，免得商鞅與嬴駟兩敗俱傷。雖然老師年高不出，二三十年來已經不再親自處置這種行動性事務，但玄奇還是充滿了信心，相信老師一定會為秦國做最大的努力，甚至是最後的努力。就墨家力量而論，現下正是實力最為集中的時日，分散在各個國家的骨幹弟子，在老師去年開始「善後」時幾乎都撤回了總院。

目下的最大擔心，就是老師還能不能行動？

神農山的棧道關隘，對於玄奇來說是輕車熟路。日過正午，她就進了最後一道關隘，來到了總院前那塊熟悉的平坦山地，聳立在半山腰的總院箭樓已經遙遙可見。

突然，她覺得有些不對，揉揉眼睛細看，總院城堡的城牆上、箭樓上竟然結滿了隱隱約約的白花，城堡出口的山道兩旁，也插滿了白花。

玄奇一陣目眩頭暈，驚得心頭狂跳，莫非老師……她不及細想，踉踉蹌蹌騰雲駕霧般飛向總院，突然又愣怔地釘在了當地，眼睛直直地瞪著——

那座熟悉的古堡門口，湧出了一隊身裹麻衣的墨家弟子，悠揚哀傷的樂聲在山谷飄盪著。當先一幅白布大幛橫展開三丈有餘——我師不朽。漆黑的大字讓人心驚肉跳。兩隊身穿白衣頭戴白花的少年女弟子，臂挎花籃，不斷將籃中的白色花瓣撒向空中。中間一隊精壯弟子，抬著一張白布苫蓋的巨大木榻，禽滑釐等四名大弟子兩前兩後護衛著木榻。數十名墨家樂手排成一個方隊，跟隨著木榻，吹奏著低沉肅穆的哀樂。最後是數百人的大隊，每人頭上頂著一捆砍削光潔的木柴，隨著哀樂的節拍，踏著整齊沉重的步伐……

「老師！」玄奇終於哭喊一聲，昏倒在地。

兩名少年女弟子跑過來扶起了玄奇，跟著送葬隊伍緩緩地走上了城堡東面最高的山峰。

這是一片高高的山坳，綠樹蔥蘢，山花盛開。頂著薪柴的弟子們繞著中間的草地轉了三圈，整齊有序地架起了一座方方的木山。禽滑釐等四大弟子在木榻四角站定，奮力托起了木榻。十多名骨幹弟子迅速將十多條粗大的麻繩結在木榻四邊的圓孔上。大繩伸展，墨家弟子井然有序地分成十幾隊，每隊一繩，木榻穩穩地懸在了空中。

少年弟子繞木榻一周，將花束圍滿了白布遮蓋的老師。

「我師登山！」相里勤一聲號子，所有大繩倏忽間同時伸展——山花包裹的巨大木榻穩穩地高高地升起，又穩穩地輕輕地落在了木山正中。

「列隊——為我師送行！」禽滑釐哭聲嘶喊，墨家弟子八百多人繞木山緩行一周，將木山圍在了中央。

禽滑釐走到始終跪在地上泣不成聲的玄奇面前：「玄奇師妹，你是我師生前親授書劍的最後一個弟子，也是我師最鍾愛的學生。師妹，為我師點燃歸天的聖火吧……」

玄奇默默站起，走到火壇前，雙手顫抖著執起粗大的油松木伸向火壇，轟然一聲，火把騰起了一團火焰。玄奇雙手將火把高高地舉過頭頂，肅穆地向高高的木山走去，短短幾步，她竟覺萬里迢迢，雙腿痠軟得直要癱倒。一把聖火，慈父般的老師就要永遠地離開她去了。一腔痛楚，她真想放聲痛哭……

禽滑釐肅穆莊嚴地高誦：「恭送我師！」

烈火熊熊燃起，墨家弟子挽手相連，繞著火山踏步高歌：

我師我師　亙古高風
兼愛四海　大音希聲
任艱任險　非戰非攻
育我本色　書劍勤耕
大智之巔　布衣之聖
我師我師　萬古永生

烈火在歌聲中燃燒著。

墨家弟子沒有哭嚎，沒有跪拜，肅穆挽手，踏歌聲聲，群山迴盪著久遠的聲音：布衣之聖，萬古永生……

那日晚上，墨家四大弟子特邀玄奇召開了最重要的尚同會議。一番微妙的磋商，議決由禽滑釐暫時執掌墨家總院，「鉅子」人選待後再定。幾番思忖，玄奇終於沒有說出秦國的事情。會商結束後，她找到了當初一起整理老師文稿的幾個實誠弟子，片刻商議之後，收拾了老師竹樓中零散的竹簡帛書，一起匆匆出山了。

玄奇又回到了陳倉河谷。這片已經塵封日久的小小莊園，是唯一能夠給她以平靜的地方。老師去了，唯一能夠消弭秦國內亂的長劍哲人溘然長逝了。沒有了老師的輝煌光焰，墨家還能成為天下正義與愛心的大旗麼？墨家還能擔當消弭秦國內亂的重任麼？不行了，不行了。玄奇一想到「四大弟子」，心中就冰涼得哆嗦。她為老師傷心，為墨家團體傷心，為秦國去路傷心，一時間，玄奇當真不知自己該如何處置了。

誰能想到，河谷莊園剛剛收拾就緒，就傳來一個驚人消息：商鞅謀反，被秦公緝拿！

玄奇沒有片刻猶豫，連夜飛馬趕到咸陽，卻一時目瞪口呆了。

四、瀕臨危難　理亂除奸

商鞅是日夜兼程趕到商於的。

秦孝公留給熒玉的密令，使商鞅猛然想到了一件事，秦公會不會對商於郡守也有特異遺命？以秦孝公的思慮周密，這是完全可能的。反覆思忖，商鞅決意到商於封地弄個明白，安頓好這最後一個可能生亂的隱患之地。商鞅明白，咸陽局勢正在微妙混濁的當口，他隨時都有可能陷入危境，必須在有限的時間裡盡快處置好這件事。因為有了這個念頭，在商山峽谷安頓好軍營大事後，商鞅對熒玉祕密叮囑了一番，便帶著荊南向商於封地飛馬兼程去了。

商山地區的十餘縣，在商鞅變法之前統稱為商於之地。商鞅變法開始設置郡縣，商於之地便成為一郡，郡守治所設在丹水上游谷地的一座城堡。自商於之地成為自己的封地，商鞅只來過一次。在他的心目中，這個「商君」只是個爵位封號，封地僅僅是個象徵而已。新法規定的三成賦稅、一座封邑城堡、名義上的領地巡視權，他都一概放棄。不收賦稅，不建封邑，不要絲毫治權。所有這些，他上次來都交代得清清楚楚。正因為這塊「封地」上沒有自己的封邑城堡，他就像在任何郡縣處置公務一樣，直截了當地進了郡守府。

天色剛剛過午，商於郡守驚喜地擦拭著汗水迎了出來：「商於郡守樗里疾，參見商君！」商鞅笑道：「樗里疾啊，一頭汗水，剛巡視回來麼？」樗里疾生得又黑又矮，胖乎乎一團，興匆匆道：「正要稟報商君，在下剛剛從封邑回來，造得很好，想必商君已經去過了。稍時為商君洗塵之後，樗里疾再陪商君去封邑歇息。不遠，二三十里，放馬就到……」

商鞅覺得不對味兒，眉頭一擰：「停停停，你說的是何封邑？」

樗里疾驚訝笑道：「商君的封邑啊！商於乃商君封地，豈有別個封邑？」

商鞅面色陡變：「本君封邑？何人所建？」

「我，樗里疾，親自監造。商君，不滿意？」樗里疾大是緊張，額頭滾下豆大的汗珠。

商鞅啼笑皆非：「我問你，誰讓你建造封邑？你自己主意麼？」

樗里疾頓時明白了過來，長吁一口氣，躬身道：「商君且入座，上茶！樗里疾取一樣物事給商君看。」說罷鴨子一般搖擺著跑向後庭院，片刻後雙手捧著一個鐵匣子出來，恭恭敬敬地放在商鞅案頭，又恭恭敬敬地用一支長長的鑰匙打開鐵匣，取出一支銅管，擰開管帽兒，抽出一卷帛書，雙手捧到商鞅面前。

商鞅看著樗里疾煞有介事的樣子，又氣又笑，接過布書展開一瞄，不禁愣怔——

著商於郡守樗里疾立即建造商君封邑。無論商君為官為民，此封邑與商於封地均屬商君恆產，無論何人不得剝奪。此君書由商於郡守執存，證於後代君主。秦公嬴渠梁二十四年

「這君書，何時頒發於你？」

「稟報商君，先君巡視函谷關時派特使飛馬急送，其時下官正在外縣，特使趕到外縣，親自交到

樛里疾手中。」

「縣令們知曉麼？」

「事涉封地各縣，樛里疾當作密件宣諭縣令，嚴令不得洩漏。」

商鞅沉思有頃斷然道：「立即飛馬下令，各縣令務必於今夜子時前，趕到郡守府。」

「商君有所不知，」樛里疾皺著眉頭，「山路崎嶇，不能放馬，往日再緊急的公事，縣令們都得兩日會齊……好，樛里疾遵命。」說罷急急搖擺著鴨步布置去了。

匆匆用過了「午飯」，已經是太陽偏西。中夜之前縣令們肯定到不齊了，左右半日空閒，商鞅教樛里疾領著自己去看封邑城堡。出得城池放馬一陣，不消半個時辰便到了丹水河谷最險要的一片山地。這片山地很奇特，山峰雖不是險峻奇絕，也沒有隴西那種莽莽蒼蒼的大峽谷，但卻是山山相連，一道道連接山峰的「山梁」構成了比山峰還要驚險的奇觀。

商君封邑就建在最寬的一道山梁上。遠遠看去，一座四面高牆的府邸孤懸兩山之間，山梁兩頭各有一座小寨防，還真是一個小小的金城湯池。再看四周，左手山峰飛瀑流泉，右手山峰溪流淙淙，山間林木蔥蘢，谷風習習，白雲悠悠。置身其中，當真令人物我兩忘。不說山水景色，單從實用處看，取水方便，柴薪不愁，也確實是一處極佳的居處。

商鞅卻大皺眉頭道：「這座封邑，花去了多少錢財？」

「商於府庫的一半賦稅。商於官民都說建造得太小了。」

商鞅四面打量：「樛里疾，這座封邑扼守要衝，改成兵營要塞，倒是適得其所。」

「差矣差矣，」樛里疾連連搖頭，黑面團臉做肅然正色，「稟商君，樛里疾不才，亦有耿耿襟懷，豈可將先君護賢之心做了流水？」

商鞅看著樛里疾的黑臉通紅，不禁噗地笑了出來：「先君護賢？你這黑子想得出！」

「山野庶民都能嗅出味兒來，商君又何須自蔽？」樗里疾不避忌諱。

商鞅看看樗里疾，知道這個鴨步黑胖子極有才具，生性正直詼諧，是郡守縣令中難得的人才。聽他話音，他一定覺察到了甚，商於官民可能也有諸多議論。商鞅本想問明，也想斥責樗里疾一番，嚴令他安定商於。然沉吟之間，開口卻變成了沉重的自責：「一個人功勞再大，能有國家安定、庶民康寧要緊？你說，新法廢除了舊式封地，我豈能坐擁封邑，率先亂法，失信於天下？」

「商君之意，不要，這，封邑了？」樗里疾驚訝得結巴起來。

「非但不要封邑，我還要將先君密令收回去。」

「差矣差矣，商君萬萬不可。這，這不是自絕後路麼……」

「不要說了！」商鞅驟然變色，「樗里疾，新君有大義，秦國不會出亂子！」

樗里疾愣怔著鼓了鼓嘴巴，想說什麼又生生憋了回去……

突聞馬蹄如雨，郡將疾馳而來，滾鞍下馬，緊張地在樗里疾耳邊匆匆低語。樗里疾臉色陡變，將郡將拉到一邊低聲詢問。

商鞅笑道：「樗里疾，有緊急公務麼？」

樗里疾臉色脹紅，驟然間大汗淋漓，拜倒在地：「商君……」

商鞅覺得樗里疾神色有異，微微一笑：「是否國君召我？」

樗里疾哽咽了：「商君，國君密令，要緝拿於你……」

商鞅哈哈大笑：「樗里疾也樗里疾，你也算能臣幹員，如何忒般死板？拿。見了國君我自會辯白清楚，莫要擔心。」

樗里疾霍然起身：「不。樗里疾若做此事，莫說自己良心不依，商於百姓若是知曉，非生吃了我不可。商君，走，我有辦法！」

商鞅厲聲道：「樗里疾，少安毋躁！」

正在這時，幾名縣令飛馬趕到，見了商鞅一齊拜倒，神色分外緊張。樗里疾高聲問：「你等是否也接到了密令？」縣令們紛紛說是。正說話間，商城方向火把連天，老百姓們蜂擁而來！不知是誰走漏了消息，商於民眾憤怒了。山民特有的執著悍勇使他們忘記了一切顧忌，趕來保護他們的「恩公」。在商於百姓心目中，商於屬於商君，商君也屬於商於，商君在自己的地盤出事，還有天理良心麼？山梁川道湧動著火把的河流：「商君不能走！」「打死狗官！」「誰敢動商君，剝了誰的皮！」連綿不斷的怒吼聲山鳴谷應。

樗里疾嘿嘿嘿笑了：「商君，你說這樣子，我等能拿你麼？」

片刻之間，火把湧到了封邑前的山梁上，頃刻圍住了郡守縣令們。十幾位白髮蒼蒼的老人嘶聲喊道：「誰？誰要拿商君？說！」

樗里疾連忙拱手笑道：「父老兄弟們，我等也是保護商君。商君在這裡！」

人們聽說商君在此安然無恙，不禁一陣狂喜歡呼。老人們率先跪倒：「商於子民參見商君！」火把海洋也呼啦啦跪倒，赤膊壯漢們高喊：「國君壞良心！商於人反了！」人海呼應怒吼著：「昏君害恩公！跟商君反了！」「商於人只做商君子民！」

站在火把海洋中，商鞅眉頭緊皺，熱淚盈眶。他一個一個地扶起了各鄉的老人，向他們深深一躬，對最前邊一位老人高聲道：「老人家，我給大家說幾句話。」

老人舉手高呼：「噤聲！聽商君訓示——」

呼嘯紛亂的火把海洋漸漸平息下來。商鞅走上了一座土丘，向民眾拱手環禮一周高聲道：「父老兄弟姊妹們，商鞅永生銘感商於民眾的相知大恩。日月昭昭，民心如鑒，商鞅此生足矣！但請父老兄弟姊妹們，務必聽我一言。商鞅當年入秦變法，為了民眾富庶，秦國強盛。秦國變法短短二十餘年，溫飽足矣，富庶尚遠。當此之時，國脈脆弱，經不起動盪生亂。商鞅若留在商於苟安一世，或與父老們反叛，秦國都必然大亂！商鞅一人，死不足惜，然商於十餘縣的生計出路，都必將毀於一旦！不知多少人要流血，多少家園要毀滅？整個秦國，也會在動盪中被山東六國吞滅！父老兄弟姊妹們，秦國人的血，要流在殺敵戰場上，不能流在自相殘殺的內亂中！再說，我回到咸陽，一定會辯說明白，成為無罪之身。那時候，商鞅就回到商於來隱居，永遠住在這片大山裡，死在這塊土地上……懇請父老兄弟姊妹們，回家去，商鞅不會有事。我要即刻回咸陽面君，不要為我擔心。」

商於的老百姓哭了，無邊無際的大山林海在秋風中嗚咽。

老人們跪倒了，火把海洋跪倒了：「商君大恩大德，商於子民永世不忘……」

商鞅生平第一次肅然跪地，淚水奪眶而出：「父老們，商鞅縱死，靈魂也會回到商於來的……」

火把海洋艱難地緩慢地，終於散去了。

樗里疾和縣令們要送商鞅出山，商鞅斷然地回絕了。

三更時分，商鞅和荊南飛馬出山，一個時辰便到了嶢關外的大道。這裡有兩條官道，東南沿丹水河谷直達武關，西北沿灞水下行，直達秦川。商鞅在岔道口勒馬，揮鞭遙指東南官道：「荊南啊，你不要跟我回咸陽了，到崤山去。」荊南哇哇大叫，拚命搖頭，鏘然拔劍擱在了脖頸上——誓死不從！商鞅歎息一聲：「荊南，你乃忠義之士，我豈不知？要你去崤山，是為我辦最要緊的一件大事：告訴白雪他們，千萬不要來咸陽，教他們趕快離開崤山，到齊國去，將兒子最好送到墨子大師那裡。咸陽事了，我會來找她的……荊南，去吧。」

「噢」一聲，荊南大哭，下馬向商鞅深深一拜，翻身上馬，揚鞭絕塵而去。粗重的哭聲在風中隱隱傳來，商鞅的心不禁猛烈地一抖。

這裡到咸陽不過三百里左右，快馬疾馳，五更天可到咸陽。然商鞅大事已了，心中鬆弛，想到人困馬乏地緊趕到咸陽，也未必能立即見到新君嬴駟，不若找個客棧，歇息到天亮再上路。思謀定了，感到一陣倦意襲了上來，打了個粗重的呵欠，走馬向關城外風燈高挑的客棧而來。到得門前，商鞅下馬嘭嘭拍門。

大門拉開，一個著黑色長衫者走了出來：「客官，投宿？」

商鞅默默點頭。

「客官，請出具照身帖一觀。」黑長衫邊說邊打著呵欠。

商鞅笑了：「照身帖？甚物事？」

黑長衫驟然來神，瞪大眼睛侃侃起來：「嘿嘿嘿，看模樣你倒像個官人，如何連照身帖都不曉得？聽好了，一方竹板，黏一方皮紙，畫著你的頭像，寫著你的職事，蓋著官府方方的大印。明白了？秦國新法，沒有照身帖，不能住店！」

商鞅恍然，他從來沒有過私事獨行，哪裡準備得照身帖？不禁笑道：「忒嚴苛了，但住一晚，天亮啟程，又有何妨？」

「嚴苛？」黑長衫冷笑，「你是個山東士子，懂甚來？我大秦國，道不拾遺夜不閉戶，憑甚來？奸人壞人沒處躲藏！不嚴苛，國能治好麼？虧你還是個士子，先到官府辦好照身帖，再出來遊學。」

商鞅倒是欽佩這個店東的認真，著實道：「我是商君。隨身沒帶照身帖。」

黑長衫驟然一驚，瞪大眼睛繞著這個白長衫轉了一圈，上下反覆打量，陡然指著他的鼻子道：「看你倒滿氣派，如何是個失心瘋？這商君，也假冒得麼？有朝一日啊，等你真做了商君，我再想想教你住不讓？只怕那時啊，還是不行！啊哈哈……走吧走吧，我看你是有病，走夜路去，好在我大秦國路上沒有強盜。」說罷，黑長衫瞥了他一眼，走進門去咣噹將大門關了。

商鞅愣怔半日，苦笑搖頭，索性在官道上漫步緩行，邊走邊想，突然間仰天大笑不能遏止。是也，為何不笑呢？新法如此深入庶民之心，也不枉了二十多年心血。自己制定的法令，自己都要受制，真乃作法自斃也。然則，縱然自斃，他心裡踏實——法令能超越權力，意味著這種法令有無上的權威和深厚的根基。要想廢除新法，便等於要將秦國的民心根基與民生框架徹底粉碎。誰有此等倒行逆施的膽量？

猛然，商鞅想起了老師，想起了王屋山裡那個白髮皓首慈和嚴厲的老人。老師啊老師，學生遵守了約定，使法家學說立下了一塊無比堅實的根基。可是，你老人家的名字，卻永遠地隱在了學生的身影背後。假若商鞅隱退了，一定來拜望那座簡樸的山洞與小小的茅屋，與老師長長的盤桓，一起在永無邊際的學問大海裡徜徉……

漫漫長路在紛飛的思緒中出奇地短暫，倏忽之間，天已經亮了。

秋天的太陽紅彤彤地爬上了東方的山塬，蔥蘢的秦川原野掛著薄薄的晨霜，清新極了。主政以來，商鞅從來沒有時日一個人在曠野裡體味「大清早」的曙光、空曠、寂靜與遼遠。今日孤身漫步在秦川原野迎來第一縷朝霞，依稀回到了少年時代的晨練時光，商鞅感到分外的輕鬆舒暢。

突然，原本跟在他身後嗒嗒遊蕩的赤風駒仰天嘶鳴，衝到商鞅面前人立而起。商鞅拍拍馬頸道：「赤風駒啊，如此清晨美景，你卻急得何來？」赤風駒蹭著商鞅，兀自長鳴不已。驀然，商鞅聽到一陣隱隱雷聲，分明是有馬隊疾馳而來。商鞅笑道：「好，走，看看何人來了？」翻身上馬，赤風駒長嘶一聲，大展四蹄飛向咸陽。

片刻之間，前方塵土大起，黑旗招展，顯然是大軍上道。赤風駒奮力飛馳，作勢要越過大軍側翼。商鞅卻緊急勒韁，赤風駒奮力長嘶，在大道中間人立起來，硬生生停住。幾乎同時，迎面馬隊也在一陣淒厲的號聲中驟然勒馬，停在了五六丈之外。當先卻是宮門右將與一個面具人。

宮門右將遙遙拱手：「稟報商君，末將奉命行事，實有難言之隱，容我說明……」

旁邊黑紗蒙面者大喝道：「無須多言！奉國君手令緝拿罪犯，商鞅下馬受縛！」

商鞅哈哈大笑，揚鞭直指：「公孫賈麼？只可惜你不配拿我。」

公孫賈咬牙切齒道：「商鞅國賊，人人得而誅之，公孫賈何以不配？」

「公孫賈，你逃刑殘民，流言惑國，多年未得明正典刑。今日竟公然露面，在本君面前褻瀆秦國法令，算你正刑之日到了也。」商鞅勒馬當道，白衣飄飄，將士們看得一片肅然。

公孫賈嘶聲大笑，一把扯下面具。那張醜陋可怖的臉使右將與騎士們一陣驚訝騷動，馬隊不由自主地沓沓後退幾步，將公孫賈一個人撂在了商鞅對面。公孫賈全然不覺，搖著面具冷笑道：「商鞅，看看這張臉，就知道公孫賈的仇恨何其深也。我恨不能殺你一萬次！商鞅唯知刑治於人，最終卻要被刑治，敢問商君作何感慨？」

「青史有鑒，刑刑不一。公孫賈犯法處刑，遺臭萬年。商鞅為國赴死，千古不朽。不知燕雀鴻鵠之高下，公孫賈枉稱飽學之士，端的無恥之尤！」

公孫賈大喝一聲：「來人！將你送到牢獄，再與你理論不遲。拿下商鞅！」

三千馬隊的方陣一片肅靜，無一人應聲。公孫賈正在驚恐尷尬之際，商鞅突然間從高大神駿的赤風駒上飛身躍起，好似一隻白色大鵬從天而降，將公孫賈從馬上提起，向空中驟然推出。公孫賈身體方在空中展開，一道炫目的劍光已在空中繞成巨大的光環，只聽一聲慘叫，公孫賈的人頭從空中滾落到右將馬前。

商鞅平穩落地道：「請右將軍將人犯首級交廷尉府，驗明結案。」

馬隊方陣一片低聲喝采，哄嗡騷動。

商鞅轉身，雙手背後道：「將軍，來。」

五、渭城白露秋蕭蕭

白雪見到深夜上山的荊南，什麼都明白了。

荊南憤激地比畫著吼叫著。白雪平靜得出奇，沒有問一句話，也沒有說一句話。梅姑急得直哭，白雪卻彷彿沒有看見。最後，白雪揮揮手教梅姑領著荊南歇息去了，她自己關上了門，再也沒有出來。她沒有點燈，對著灑進屋中的月光，一直坐到東方發白。當她拉開房門的時候，平靜的臉上甚至帶著一絲微笑。可是，當她看見在院子裡顯然也站了一個晚上的荊南、梅姑和兒子時，彷彿感到了秋天的寒意，不禁一陣顫抖。她走下臺階輕輕摟住兒子問：「子嶺，你知道了？」兒子輕輕點頭，莊重得大人一般：「母親，我們一起去找父親。」白雪輕撫著兒子的長髮道：「傻話，娘自有安排。來，荊南、梅姑，你們過來，聽我吩咐。」

在院中涼棚下四人坐定，白雪道：「我們只有半日時間。荊南、梅姑，你倆準備一番，立即帶子嶺到神農大山墨家總院去。這一點，他說得對。」

「子嶺不去墨家！子嶺要跟娘去找父親！」兒子赳赳站起。

白雪微微一笑：「子嶺，你也快長成大人了，再過幾年就該行加冠大禮了，如何這般倔強？父親和娘早就準備送你去墨家了，也非今日提及之事。父親出點兒小事，就沒有定力了？娘去安邑一趟，回頭就來找你們，啊。」

子嶺沉默了好一陣，終於點了點頭。

「梅姑、荊南，先吃點飯，就收拾。」

梅姑拚命咬住顫抖的嘴唇跑開了。荊南拉起子嶺比畫了幾下，兩人也一起走了。白雪喚來兩個僕人，吩咐他們立即準備馬匹、收拾中飯，便回房收拾自己的行囊了。一個時辰後，白雪吩咐在院中擺上酒菜，四人聚飲。

「荊南、梅姑、子嶺，我為你們三人餞行。來，乾了。」白雪一飲而盡。

荊南舉起沉甸甸的青銅酒爵，「咳」的一聲，慨然飲乾。

子嶺望著母親，彷彿一下子長大了：「娘，兒第一次飲酒，不想竟是為娘餞行。娘，一定回來找我，別忘了。」一壯士般豪爽地飲乾了一爵。

白雪猛然轉過了身去……良久回身笑道：「子嶺，娘會來找你的，不會忘記的，啊。梅姑，好妹妹，你也飲了。」

梅姑顫抖著雙手舉起酒爵：「姊姊，我，飲了……」一猛然乾盡，卻撲倒在地連連叩頭放聲大哭，「好姊姊，梅姑知道你，你，你不能去啊，不能……」

白雪摟住梅姑，拍著她的肩膀：「好妹妹，你是經過大事的，如何哭了？」

梅姑止住哭聲，斷然道：「姊姊，荊南護送子嶺足矣。梅姑要跟著姊姊！」

白雪笑了：「好妹妹，莫小孩子一般，你還有許多事。看，我給你開了一個單，一件件辦。我會回來的，啊。荊南，我知道你對梅姑的心意，本來上次你隨他來，我就要說開的，惜乎錯過了。你要好好待梅姑，記住了？」

荊南「咳」的一聲，撲倒在地叩頭不止……白雪又將梅姑拉到一邊，低聲叮囑了一陣，梅姑終於點了點頭。

飯後，白雪將三人送到山口，拿出一個包袱對子嶺道：「好兒子，這是父親和娘給你的。先由梅姨保管，到時候她會給你的，啊。」

「娘……」子嶺鄭重地跪在地上叩了三個頭，「倘若能見父親，告訴他，兒子以為父親是天下第一等英雄……」

「子嶺，好兒子！」白雪緊緊抱住兒子。

回到山莊，白雪吩咐兩個僕人守住莊園，等候侯嬴前來。又做了一番細緻的準備，暮色降臨，她跨上那匹早已準備好的塞外駿馬，出了崤山向安邑飛馳而去。

安邑雖然不再是魏國國都，但商事傳統依舊，晝夜不關城門。白雪四更時分到得安邑，進了城直奔白氏老府。侯嬴剛剛盤點完本月收支，準備休息，忽見白雪風塵僕僕而來，知道必有大事，連忙將白雪請到密室說話。白雪飲了兩盅茶，一時不知從何說起，想想侯嬴也是商鞅好友故交，開門見山道：「侯兄，鞅出事了。」侯嬴大驚：「何事？」白雪平靜地將荊南到崤山的事說了一遍：「侯兄，我要去咸陽。靜遠山莊交給你了。」

對這位既是女主人又是好朋友的性情，侯嬴知之甚深，對白雪與商鞅的情意更是一清二楚，她越平靜，內心的悲痛就越深，主意也就越堅定，勸告是沒有用的。侯嬴略一思忖斷然道：「靜遠山莊先放下，我與你一起去咸陽。」白雪搖搖頭。侯嬴慨然道：「衛鞅也是我的好友，將我侯嬴當義士。朋友有難，豈可袖手旁觀？姑娘莫得多言，我去準備。」說完大步出去了。

不消半個時辰，侯嬴備得一輛輕便的雙馬軺車前來，說白雪騎馬時間太長了，執意要她乘車。白雪無暇爭執，跳上軺車一試，果然輕靈自如，便不再說話。匆匆用過一餐，天亮時分，白雪輕車，侯嬴快馬，出了安邑。行至城外岔道，白雪拱手道：「侯兄請先行一步，我要到靈山一趟。」侯嬴看看晨霧籠罩的靈山，明白了白雪的心意，打馬一鞭，飛馳而去。

靈山在安邑之南涑水河谷的北岸，是巫咸十峰中最為秀美的一座小山。松柏蒼翠，山泉淙淙，終年長青，幽靜異常。白雪將軺車停在山下石亭，步行登上了山腰。轉過一個大彎，一座陵園赫然坐落在一片平坦的谷地裡。

走進高大的石坊，一座大墓依山而立，墓石大字清晰可見——大魏丞相白圭夫妻合墓。白雪走到墓前跪倒，從隨身皮囊中拿出一個精美的銅樽，樽蓋彈開，將一樽清酒緩緩灑到墓前，深深九叩，泣不成聲道：「父親母親，這是女兒最後一次祭奠你們。歲月長長，秋風年年，女兒再也不能為父母掃墓祭拜了……女兒，要去找自己的歸宿了。若人有生死輪迴，女兒來生再侍奉父母了……父親母親，你們安息，女兒去了……」

倏忽間，一陣清風在墓前打著旋兒，繞著白雪依依不捨……白雪忍不住滿腔痛楚，張開雙手攬風撲倒，放聲痛哭。

太陽爬上山巔，靈山的晨霧秋霜散了，灑滿了柔柔的陽光。

白雪終於依依起身，頭也不回地去了。

這時的咸陽，彌漫著一種莫名其妙的異常氣氛。

嬴駟聽了宮門右將的稟報，看了公孫賈的頭顱，半天沒有說話——商於郡守縣令無一執行祕密君令，竟還發生了百姓聚眾擁戴商鞅作亂；商鞅既逃，卻又自動就縛，絲毫沒有面見自己陳述冤情的請求；三千騎士在商鞅殺公孫賈時非但無動於衷，竟還喝采慶幸……所有這些，都使嬴駟感到了非同尋常的壓力，覺得對商鞅一定要謹慎處置，絕不能造次。

宣來長史，嬴駟連下三道緊急密令：第一，即刻將商鞅交廷尉府，祕密押送到雲陽國獄，嚴禁私下刑訊。第二，不許對任何同情商鞅的臣民問罪，尤其是商於吏民。第三，公孫賈被殺事祕而不宣，立即將「公孫賈」交廷尉府以逃刑論罪「正法」，並通告朝野。這三道密令只宣到相關官署，不許通告國人。

嬴駟要穩住局面，只有先穩住局面，才能談得上如何處置商鞅。否則，國獄裡的商鞅還得放出來。而穩住局面的要害，就是絕不能觸動對商鞅抱有同情的官員百姓，若以秦國新法的「連坐」論罪，無異於火上澆油，激起天怒人怨。只要官員百姓的同情不走到公然作亂的地步，就只能佯裝不知。

但是，這三道密令一下，咸陽的世族元老卻大為不滿。他們為公孫賈被殺一片憤怒，更為不對「同謀叛逆」的商於官民治罪憤憤然。杜摯與甘龍密商一夜，同時開始了兩方面動作。一是將商鞅被緝拿的消息廣為散布，誘發亂勢，使國君不得不依靠世族舊臣；二是聯絡世族元老聚會朝堂，請將商鞅及其黨羽斬草除根。

商鞅被緝拿的消息一傳開，立即激起了軒然大波。

在南山的熒玉聽得驚訊，頓時昏了過去。悠悠醒來，本想告知母后與她同回咸陽救出商鞅，又恐母后憤激傷情撐持不住……愣怔良久，拋下幾個堪輿方士，孤身連夜趕回了咸陽。

熒玉直衝深宮，卻被宮門右將帶一排甲士攔住。

「如何？連我也要殺了麼？」熒玉冷笑。

「稟報公主，國君嚴令，唯獨不許公主進宮。」右將攔在當道。

熒玉憤然大叫：「嬴駟！你如此卑鄙，何以為君？」瘋了般突然奪過右將手中長劍，揮劍向裡衝去。右將一聲尖吼，挺胸擋在中央。訓練有素的一排甲士迅疾地鏘然伸出長矛，架在右將與熒玉之間。熒玉本來在流產後身體尚未完全康復，此刻悲憤難抑，大叫一聲，噴出一口鮮血，一頭栽倒在白玉階上，頭上冒出汩汩鮮血……

甲士驚慌大亂，右將連忙抱起公主登上軺車，直駛太醫院。太醫連忙搶救。熒玉醒來睜開眼睛，卻奮力站起，踉踉蹌蹌地衝了出去。太醫令嚇得大叫：「車！快！車！」

一名甲士迅速趕來一輛軺車，將熒玉扶上車：「公主去哪裡？我來駕車！」

熒玉伸手一指：「走！嬴虔府……」

嬴虔正在荒蕪的後園山亭下獨自飲酒，默默沉思。多年閉門不出，他已經習慣了每天在這荒草叢生的院子裡枯坐，許多時候能從天黑坐到天亮，天亮坐到天黑，有時思緒紛飛，有時甚也不想，就那樣木然枯坐，猶如一座黑色石雕。秦孝公的病逝，終於使他結束了漫長的等待，看到了冷酷無情的商鞅下獄。按照他的預想，他不準備出面，只準備隱藏在背後謀劃。因為他的目標很簡單——公開處死薄情寡義的商鞅，一雪心頭屈辱仇恨。其餘的事，隨遇而安，想不了那麼多了。

可是，新君嬴駟突然間祕密造訪，使嬴虔一下子看到了更為深遠的東西，潛藏在心底深處的另一套謀劃不可遏止地湧流出來。以此謀劃既給了嬴駟強有力的支撐，也使他有了補償自己命運的希望——與嬴駟結盟，除掉商鞅，剷除世族，稱霸天下，完成秦國第二步大業。

嬴虔本是雄心勃勃的國家棟梁，當年與孝公商鞅同心變法，大刀闊斧地為商鞅掃清道路，毫無怨言地將左庶長大權與兵權一起讓給了商鞅。在嬴虔內心，他也要做秦國強大的功臣，願以老秦人特有的忠誠熱血，輔助自己的弟弟與商鞅。他在軍隊與公族中的威望，與他出類拔萃的猛將天賦，都使他成為秦國不可或缺的基石人物。他萬萬沒有想到，商鞅會對他施加屈辱的酷刑——割掉了他的鼻子，使他成為永遠垂著面紗的怪物。他冷靜沉思了多年，始終對商鞅的做法不能理解，不能原諒，不能饒恕。雖然他是首席的太子左傅，但誰都知道那是為了讓出左庶長位置而給他的「清爵」。更重要的是，他對甘龍公孫賈的蔑視遏制甚或是威懾，更是商鞅與朝野清楚的。太子犯法，處置公孫賈天經地義，因為他是名副其實的太子老師，而且確實是給太子灌輸復古王道的世族老朽。將嬴虔從「太子事件」中排除，幾乎是任何人皆無可非議的。只要商鞅出面講清楚，國人無怨，新法無損，弟弟嬴渠梁更不會異想天開地堅持刑治於他。然則商鞅偏偏以穩定國人、刑名相合為理由，堅持將他與公孫賈這樣的佞臣並列，使他蒙受了終生無法消解的奇恥大辱。

以嬴虔的暴烈稟性與雄猛武功，加上對他忠心無二的一批老秦死士，暗殺商鞅絕非難事。然則，嬴虔畢竟是個看重大局的人，他知道秦國變法是不可逆轉的潮流，自己縱然有滿腔冤仇，也不能在秦國最需要商鞅的時候尋仇生亂。他是公族嫡系，秦國的興衰榮辱，就是嬴氏的興衰榮辱，他如何能做嬴秦公族的千古罪人？

如今，孝公死了，秦國的變法成就了，秦國的根基穩固了，商鞅的使命也完成了，該清算的仇恨也到時候了。可是，要將三大難題即除掉商鞅、剷除世族、推進霸業全部圓滿解決，需要十分的謹慎，需要高明的謀略。在這方面，他極讚賞嬴駟，做得很到火候。最近這三道密令就穩妥周密之極，與他的想法完全暗合。這幾日，世族元老沉不住氣了，出來走動了，散布消息，聯絡貴胄，一片興奮忙碌。嬴虔相信這個侄兒心中是清楚的，這時一定要穩住心神，將計就計——世族元老的憤然躁動，對民眾同情商鞅是一種制衡；民眾的憤然怒火，又是將來剷除世族的理由；利用世族元老層的壓力除掉商鞅，再用民眾的壓力剷除世族。這就是嬴虔與嬴駟胸有勝算的奧妙所在。

紛至沓來的思緒，在黑色石雕般的心海中洶湧澎湃……

突然，前院傳來急迫的腳步聲與憤激的喊聲：「誰敢攔我，劍下立死！」

女人聲音？誰有如此膽量？對了，熒玉。

僕人跌跌撞撞跑進來：「公子，不好了！公主闖進來了，攔，攔不住！」

「誰教你等攔了？公主是我妹妹，不知道麼？」嬴虔冷冷訓斥。

話音落點，頭上包紮著白布的熒玉，發瘋一般地衝了進來，手中長劍直指山上石亭：「大哥！我，我現下還可以叫你大哥。你說，你們為何抓了商君？為何？」

嬴虔沒有說話，走下石亭站在荒草叢中：「小妹，應該由國君來回答你。」

「嬴駟？他不敢見我！」熒玉聲色俱厲。

「那麼我告訴你，有人具名告發商鞅，蠱惑庶民，謀逆作亂。」

「一派胡言！商鞅謀反，還有你等的今天？一不要自立，二不要大軍，三不要封邑，四還要退隱，這樣人如何謀逆？鬼話，騙得了何人！」熒玉氣憤得嘴唇發紫，渾身哆嗦。

嬴虔沉默良久：「小妹，你生於公室，當知一句老話：斯人無罪，懷璧其罪。不要鬧了，沒用。」

「好！你說得好。斯人無罪，懷璧其罪？啊哈哈……」熒玉大笑間猛然咬牙切齒，「嬴虔，我知道你是後盾。沒有你，嬴駟不敢顛倒乾坤！對麼？你說！」

嬴虔像一尊石雕，死死地沉默著。

熒玉大步上前，猛然一把扯下他的面紗——二十年來，嬴虔那張被割掉鼻子的猙獰變形的臉第一次顯露出來：「教世人看看，你的心和臉一般邪惡！」

嬴虔紋絲未動，冷冷道：「這張臉，就是你要的答案。」

「啪——」熒玉猛然揚手，狠狠打了嬴虔一個響亮的耳光。

嬴虔依舊默默站著，石雕般木然。

熒玉眼中湧出兩行清淚，一聲尖叫，轉身頭也不回地跑了。

又聞腳步匆匆，卻是家老來到後園稟報：國君派內侍傳命，請嬴虔立即進宮。

嬴虔未及多想，登上內侍的垂簾篷車就走了。到得宮中，方知是六國特使不約而同地趕到了咸陽，強烈敦促秦國殺掉商鞅以泄天下公憤。嬴駟感到受制於六國而為，未免屈辱，徵詢伯父，此事當如何處置？嬴虔略一思忖，敏銳捕捉到了其中價值，與嬴駟一陣低語。嬴駟恍然大悟，立即下書，明日舉行朝會，公議緊急大事。

次日清晨，咸陽宮的正殿舉行嬴駟即位以來的第一次朝會。幾乎所有有資格走進這座大殿的文武臣僚都來了，最顯眼的是世族元老和公室旁支大臣也都來了。老太師甘龍、太廟令杜摰、咸陽孟坼、白縉、西乞弧等多年稱病不朝的老臣，整整齊齊全到了。唯有真正的元老重臣嬴虔沒有來，傳出的消息說是病了。在權力結構中舉足輕重的郡守縣令，也是一個未到，就連位置最重要的咸陽令王軾也沒能出來。明眼人一看就知道，商鞅的力量幾乎全部被排除了。另外一個引人注目處，在黑色的秦國臣子群中，陸續夾雜了幾位錦衣華服趾高氣揚的外國人，他們就是緊急趕赴秦國的六國特使。秦國傳統，向來不在朝臣議事時會見使者。今日朝會，六國特使竟一下子全來了，不能不說是一樁怪異之事，一時間惹來議論紛紛。

正在內侍高宣秦公駕到，群臣噤聲的時刻，殿外疾步匆匆，國尉車英戎裝甲冑大步進殿，逕自昂然坐在了武臣首位。殿中大員不禁側目，驚訝這遠在北地郡的車英如何恰恰在此時趕回？他一來，孟西白等將軍的分量豈不頓時減弱？誰知參拜大禮剛剛行完，兩名護衛軍吏竟然抬著一張竹榻進了大殿，眾人一看，又是上大夫景監來了。他奮然下榻，坐到了僅僅在老太師甘龍之下的第二位。

嬴駟平靜如常，關切笑道：「上大夫，病體康復了？」

「臣病體事小，秦國命運事大。臣，不敢不來。」景監面色蒼白地喘息著。

「國尉，何時還都？」嬴駟同樣的微笑。

「臣方才趕回。北地郡戰事，臣已安排妥當。」車英沒有說破北地郡本無戰事。

嬴駟沒有再問，肅然正色道：「本公即位，尚未朝會。今日首朝，一則與諸位臣工相見，二則接受六國特使國書。因郡守縣令未到咸陽，今日朝會不議國事。」

司禮大臣高宣：「六國特使遞交國書，魏國——」

紅色官服的魏國特使站起上前，深深一躬：「外臣惠施，參見秦公！」將一卷國書交到司禮大臣手中，轉遞到嬴駟案頭。

嬴駟笑道：「惠施乃名家大師，今入秦國，何以教本公？」

惠施高聲道：「一則，本使代魏王恭賀秦公即位大喜。二則，本使代轉魏王之言，魏國朝野請秦國殺商鞅以謝天下！否則，六國結盟，秦國將自食其果。」

其他五國使者異口同聲：「我國皆然！殺商鞅以謝天下！」

嬴駟臉色陰沉，尚未開口，國尉車英霍然站起戟指怒斥：「六國使者何其猖狂？竟敢公然干我國政！還當今日秦國做二十年前之秦國麼？老秦人一腔熱血，十萬銳士，怕甚六國結盟！請國公下令，趕出六國使者！」

太廟令杜摯卻站了出來：「臣啟國公，六國之言，大可不睬。然則商鞅之罪，不可不論。日前商鞅服法之際，尚大逆無道，竟在軍前公然誅殺元老大臣公孫賈。此等淫威，千古罕見！領軍將官縱容首逆，三千騎士坐視濫殺，實為情理難容。臣請論商鞅斬刑。領軍將官並旁觀騎士一體連坐！」

此言一出，另開話題，殿中頓時譁然。白縉站起高聲道：「商鞅謀逆作亂於商於，濫殺世族於變法，開千古暴政之先河。不殺商鞅，天理何在！」

老態龍鍾的甘龍顫巍巍站了起來，大有劫後餘生的悲憤之相，他艱難地躬身作禮，突然放聲痛哭，嘶啞蒼老的嗓子在殿中淒慘地飄盪著。嬴駟不悅道：「老太師有話便說，何以如此失態？」甘龍驟然收住哭聲道：「臣啟國公，商鞅有十大不赦之罪，當處極刑也！」

「請老太師昭告天下！」元老大臣一片呼喊。

甘龍感慨唏噓，字斟句酌，分外莊重：「其一，謀逆作亂；其二，蠱惑民心；其三，玷污王道；其四，暴政虐民；其五，刑及公室貴族，動搖國脈根基；其六，無視先君，欺凌國公；其七，任用私人，結黨亂政；其八，軍前私刑，蔑視國法；其九，私調大軍，威脅咸陽；其十，重婚公主，玷污王室。有此十惡不赦，豈容此等人於天地間招搖過市！」

殿中一片沉寂。這些匪夷所思的罪名將所有人都驚呆了，連世族元老也是驚駭莫名。他們將商鞅恨得咬牙切齒，偏是找不出商鞅罪名，一個「謀逆」也是硬睜眼睛生生咬下去的，連他們自己也覺得經不起認真追究。可是，素來以「大儒」自詡的老甘龍竟然一口氣數出商鞅的「十大罪狀」，除了「謀逆作亂」一條在意料中外，其餘罪狀竟還真像那麼回事兒，從施政到治學，從變法到用人，從公務到私情，無一遺漏的都是不赦之罪。最令人匪夷所思的是「重婚公主，玷污王室」一條，一下子就將商鞅打入了卑鄙齷齪的宵小之徒，竟還真是似無若有，令人心驚肉跳。

此等羅織之能當真是老辣，大殿中所有人的脊梁骨都頓時感到一陣冰涼。

魏國特使惠施原本是名家（註：名家，戰國學派之一，循名求實，以詭辯著名，對中國哲學頗有貢獻；不是「著名學派」之意）名士，頗具書生氣，遇上能將「白」說成「黑」的能士，就不由自主地興味盎然，要和對方較勁。當初惠施說「馬有三耳」，能者大譁，惠施竟和這些人論戰了三天三夜。「白馬非馬」、「雞三足」的命題也一氣被激發了出來。今日做特使來到秦國，竟然在朝會上遇見了如此特異老能，頓時興致勃發，竟忘記了自己的使命，跨步上前拱手道：「請教前輩，在下以為，重婚非婚，不當做罪。何也？婚為一，重婚為另一，重婚與婚，婚與重婚，本為兩端，名實相異。故重婚非婚，有婚非重，重則非婚。前輩以為然否？」

甘龍正在沉迷地品嘗「十大罪狀」的驚人效果，自感塊壘稍消，通身舒坦得難以言喻。不想眼前突然冒出一個紅衫胖子，滿口繞辭使人茫然如墮煙霧。甘龍講究儒家正道，素來不苟言笑，眼見此人伶牙俐齒，語速飛快，一連串的拗口突兀之辭，直如市井之徒，不由怒氣攻心，憤然大喝：「豎子何許人也？竟敢攪鬧國事！」

「前輩差矣。豎子非人，人非豎子，豎子與人，焉能並稱？如同國事非事，事非國事。亦如前輩非人，人非前輩。名實不清，焉得論理？然否？」惠施認真應對，全然不以為忤，與甘龍的憤激恰成滑稽對照。

肅殺的殿堂突然爆發出哄然大笑，深居簡出的元老笑得最為暢快。甘龍氣得渾身哆嗦，悶哼一聲，噴出一口鮮血，頹然倒在了太師席上。

殿堂頓時騷動。有人擁上去呼喊拍打老太師，有人高喊太醫，有人怒斥惠施，有人笑猶未盡連連咳嗽……唯有嬴駟平靜淡漠得沒有看見一般，大袖一揮：「散去朝會。」起身逕自去了。車英走到景監面前低語幾句，扶起景監出了大殿，登車直駛商君府。

昔日車馬穿梭的商君府一片清冷蕭瑟，門前空曠無人，院中黃葉飄零，秋風吹過，倍顯淒傷。走進第三進，景監車英二人頓時愣怔——庭院中跪滿了僕人侍女，人人飲泣，個個憔悴。

「家老，緣何如此？」景監急問。

「上大夫！國尉……」老總管一見二人，悲從中來，老淚縱橫，泣不成聲。

車英忙問熒玉的貼身侍女。侍女哭訴說，公主將自己關在寢室已經兩夜三天了，不許任何人進去……車英大急，疾步上前拍門：「公主，我乃車英，快開門！」

屋中悄無聲息。

「車英，撞門！」景監話音落點，車英肩膀猛力一撞，門閂咣噹斷開。

兩人衝進寢室，頓時驚得目瞪口呆——一個白髮如雪的紅衣女子石人一般跪坐著，面前牆上掛著一幅大大的商君的木炭畫像。

「公主……」車英哭喊一聲，跪到熒玉面前。美麗的熒玉公主已經枯瘦如柴，空洞乾枯的眼睛大大地睜著，雪白的散髮覆蓋著蒼白的面容，氣息奄奄，行將自歿……車英猛然抱起公主向外就走。景監急道：「車英，去我家！」

到得景監家中，明朗善良的令狐一見熒玉的慘烈之相，頓時悲聲大放。景監忙吩咐十餘歲的女兒給熒玉燉了一鼎濃濃的羊羹。令狐強忍悲傷，親自給熒玉一勺一勺餵下，又守在榻前看著熒玉昏昏睡去。景監和車英淚眼相對，商議如何安置熒玉？車英說，送到南山老太后那裡去養息。景監說那不行，非但要送了老太后的命，連公主也保不住。最後，兩人商定相機探監，徵詢商君主意。

次日清晨，熒玉終於醒來了，第一句話就是：「雲陽國獄……我，要見他……」

景監二話沒說，教車英和妻子令狐守著公主，自己匆匆到宮中去了。嬴駟沒有阻攔，而且教景監給商君帶去了兩罈他最喜歡的趙酒，同時命景監責令獄吏善待商君，否則殺無赦。景監回到府中，和車英準備了一番，便要出發。令狐卻堅持要親自看護熒玉，景監想了想，便教妻子和熒玉同坐了那輛垂簾篷車。車英見景監病體衰弱，堅持教景監乘坐軺車，他自己帶領二十名騎士護衛。

出得咸陽北門，上了高高的咸陽北阪，向西北官道行得百餘里，進入了涇水中游的山地，便見遙遙青山下一座奇特的城堡。這就是天下聞名的雲陽國獄。

這裡有一條小河流，從東北深山流來，曲曲折折飄若柔雲，老百姓叫它雲溪。雲溪在中山流入涇水，與涇水形成一個夾角地帶，水草豐茂，林木蔥蘢。夾角雲溪的北岸有一個老秦人的農牧部族，官府命名此地為雲陽（註：秦雲陽在今陝西淳化山區，始皇置雲陽縣。北魏後的雲陽縣在今陝西涇陽，該縣有雲陽鎮）。秦獻公時，都城櫟陽太小，不宜建造牢獄，秦人的半個關中又面臨魏國強大的軍事壓力，關押罪犯也有危險。建造在隴西後方倒是安全，卻又距離都城太遠，給執法帶來很大不便。幾經查勘，堪輿家選中了距離櫟陽二百多里的涇水山區。這裡距離關中平原很近，雖非南山那樣的崇山峻嶺，卻也是黃土地帶罕見的一片岩石山區，地形險要，易於看守關押。堪輿家們說，雲陽山勢威峻，水流凜冽，暗合法刑肅殺之秋德，宜於建造牢獄。於是，三年之後這裡有了一座遠離人煙的小城堡，又有了一座小軍營。那時，犯人大都罰為各種苦役（包括軍隊中的苦力和官署中的低等僕役），需要關押的很少，大都是官員、世族、國人、士子等有身分地位的罪犯。牢獄本身不需要很大，卻要求堅固險峻，能夠有效防止劫獄。所以，秦國只有這一座監獄——雲陽國獄。除了管理牢獄的一百多名獄吏獄卒，牢獄外的峽谷出口，還有一個千夫長率領的五百名甲士經年駐守。這支軍馬很特異，名義隸屬廷尉府，但卻只聽國君號令。沒有國君令箭，任何人都不能進入國獄，甚至包括了法政大臣廷尉。

車英前行，到得小軍營前向千夫長出示了嬴駟的令箭。一行車馬便穿過營地中間的車道，駛到了城堡門前。這座城堡沒有任何標誌，箭樓極高而窄小異常，城牆全部用青色岩石砌成，閃著青森森的石光。門前沒有任何崗哨守護，石門緊緊關閉，就像一座廢棄的古堡。

軍營千夫長已經隨後趕到，向高高的小箭樓「嗖」地射上一支響箭。

小箭樓的望孔中探出一個半身人頭，高喝：「出示令箭——」

車英舉起黑色令箭，一揚手「嗖」地飛向瞭望孔。半身人準確地一把抓住。有頃，厚重的城門軋軋啟動，只開了僅容一人側身通行的一道細縫。景監吩咐令狐背起公主，三名衛士拿了酒罈，車英抱了一只木箱，一行人小心翼翼地通過了狹窄的門縫。

剛剛進去，身後碩大的石門就軋軋關閉了。

城堡中沒有陽光，幽暗一片。一個獄吏迎了上來，恭謹地問了各人官職姓名與探視何人等。聽說是探視商君，立即命兩名獄卒用軟架抬了公主，將三人曲曲折折地領到城堡最深處的一座獨立石屋前。打開門進去，一股潮濕的霉味撲鼻衝來，景監嗆得連連咳嗽。又走過長長的幽暗甬道，才依稀看見粗大的鐵柵欄。

「景監！」鐵柵欄中傳來熟悉的聲音和一陣噹啷啷的鐵鏈聲。

「商君！」景監車英喊出一聲，頓時淚如泉湧。

獄吏打開鐵柵欄，向眾人一躬，悄悄地出去了。

短短一個月，商鞅的鬍鬚已經連鬢而起，瘦削蒼白，除了那雙銳利明亮的眼睛，教人簡直不敢相認。商鞅看見被抬進來的白髮妻子，俯身端詳，驚得半天說不出話來，眼中淚水只是撲簌簌地湧流……此情此景，無須解釋，屋中人盡皆抽泣哽咽。

昏迷的熒玉睜開了眼睛，看著眼前熟悉而陌生的臉龐，伸出顫抖的雙手輕輕撫著商鞅的面頰：「夫君……苦，苦了你啊！熒玉無能，生為公主，連自己的夫君，都救不了……」一口氣噎住，又昏了過去。

商鞅大急，鐵鏈一揚，「鏘」的一聲將一只酒罈的脖頸齊齊切斷，雙手抱起酒罈咕咚咚猛喝一陣，頓時面色脹紅。他將熒玉的身體平放在草席上，輕聲道：「你等在門外稍待，我要救她，不能分神。」景監三人退到門外甬道，卻都緊張地望著牢房內不敢出聲。

幽暗之中，依稀可見商鞅輕輕鬆開熒玉的裙帶，盤坐在三尺開外，兩手平推而出，一片隱隱白氣便覆蓋了熒玉全身。白氣漸漸變濃，熒玉臉上變紅泛出細汗。商鞅又將熒玉兩腳擱在自己腿上，兩掌貼住她的兩隻腳心。片刻之間，熒玉頭上冒出一股隱隱可見的黑氣，漸漸地越來越淡……商鞅頭上大汗淋漓，顧不得擦拭，又退出兩三尺外，長吁一聲，平靜地遙遙撫摩熒玉全身。彷彿有一種輕柔超然而又具有滲透性的物事進入熒玉體內，她面色漸漸紅潤了，臉上猶如嬰兒般恬淡，顯然是深深地睡去了。

商鞅閉目喘息，臉上紅潮退盡，蒼白得虛脫了一般，片刻養神後，向門外輕聲道：「進來吧。」三人小心翼翼地走了進來，關切地看著地上的熒玉。商鞅疲憊地笑了：「沒事了。她是急愁苦哀攻心，方才已經快要瘋了……我用老師的昏眠祕術，總算將她救了過來。她大約一個月後才能完全清醒……令狐妹妹，你現下將她抬到院中，找塊太陽地讓她暖睡。」

令狐哽咽著答應一聲，叫來兩名獄卒用軟架抬出熒玉。獄吏將她們領到唯一的一塊陽光角落，還拿來一床乾淨的絲棉被。令狐給熒玉蓋上，守在旁邊哭得淚人一般。

牢房內車英問：「商君，公主該當到何處養息？」

商鞅道：「熒玉之根本是養息心神，淡出悲傷。唯有玄奇能幫助熒玉養心。想辦法送到玄奇那裡去。日後轉告熒玉：不要自責，鞅很高興自己的生命徹底融進了秦國；如果她是我，她也會如此的。」

車英、景監粗重地一聲歎息，只有含淚點頭。

「景監、車英，我們三人從變法開始就是一體，情逾同胞手足。你倆謹記，至少兩年內不能辭官。維護新法，新君還要借重你們。」商鞅分外清醒，似乎方才什麼事情也沒有發生。

景監面色更加蒼白了：「商君被拿之日，景監已經心灰意冷，決意退隱。然商君如此叮囑，景監自當為維護新法撐持下去。」

車英憤憤然道：「為拿商君，國君煞費苦心。軟禁王軾，支開公主，困住上大夫，虛假軍情調我離都。前日朝會，又裝聾作啞，縱容六國特使。凡此種種，令人寒心，車英實在無心做官……商君此情此景，尚全力維護新法大局，車英亦當與上大夫共同撐持！」

見商鞅目詢，景監將前日朝會的情景說了一番。商鞅思忖點頭道：「新君有他的成算預謀。他是有意教六國特使施加壓力，便於對我處置。將來一旦騰出手來，他就會以『六國合謀，逼殺商鞅』為由，對東方師出有名。莫得擔心，國君對山東六國絕不會手軟，對世族元老也絕不會留情。他要的，只是我的生命而已，豈有他哉！」

景監道：「……甘龍被惠施氣得吐血，他竟不聞不問。」

車英道：「雖則如此，也忒過陰險歹毒，難成大器。」

商鞅笑了：「車英啊，權力功業如戰場，歷來不以德行操守論人。我也說過，大仁不仁。只要他堅持新法、剷除世族、使秦大出，就有大德大操。」

景監慨然歎息：「商君胸襟，河海浩浩，慷慨赴難，天下何堪？」

「別如此說了。」商鞅自嘲地笑了，「鞅也是為了名節大業。設若新法失敗，鞅還有幾多價值？老甘龍肯定要惡狠狠說，以身沽名，心逆而險。」商鞅不禁一陣大笑。

景監車英也禁不住笑了起來。

商鞅恍然道：「車英啊，我等在河西收回的那把蚩尤天月劍，荊南不用了，還在我府中。熒玉醒來後你取將出來，還給嬴虔，那劍對他還是有大用場。」

「好。」車英答應了。

景監肅然拱手道：「商君，有件事瞞了你十餘年，今日景監直言，望能首肯。」

商鞅釋然笑道：「瞞便瞞了，何須每件事都教我知曉？」

景監道：「二十三年前，自我任商君領書，便與書吏們輯錄商君治國言論，整理成篇，分類抄寫。至去年共得二十四章，分五十卷謄清在羊皮紙上。今日帶來，請商君瀏覽斧正，以使商君之學流傳後世。」說罷，打開帶來的木箱，拿出一卷卷捆紮整齊的羊皮大書。

商鞅一陣驚愕，又深深感動了。要知道，自辭官不成大難不免，商鞅最感痛心的憾事，就是無法繼續完成只寫了三五篇的法家大著。聽景監一說，連忙打開景監遞過的目錄卷，一眼看去，整整齊齊二十四章：

更法第一　墾令第二　去強第三　說民第四

算地第五　開塞第六　壹言第七　錯法第八

戰法第九　立本第十　兵守十一　靳令十二

修權十三　徠民十四　刑約十五　畫策十六
境內十七　弱民十八　禦盜十九　外內二十
君臣二一　禁使二二　慎法二三　定分二四

商鞅深深一躬：「景兄苦心大德，了卻鞅一大心志，鞅此生無憾矣！」

景監連忙扶住商鞅：「分內之事。還請商君過目斧正。」

商鞅笑道：「很好了。再加上我寫的那幾篇，農戰、賞刑、六法，就是二十七章。那幾章熒玉收藏著，找她拿出來補上吧……我可能沒有時間逐一訂正了，景兄相機斟酌吧。」

景監含淚道：「此書就叫《商君書》，商君以為如何？」

商鞅點頭微笑：「來，我三人共乾一碗，以示慶賀！」

車英提起酒罈斟滿三個大陶碗，三人舉碗相碰，一飲而盡。

天色將晚，景監車英方才依依不捨地含淚離開。出得國獄，與令狐商量，公主不能再回咸陽，否則觸景生情，她會再次發生危險。於是議定由車英帶領十名衛士，直接護送公主去陳倉河谷找玄奇。令狐堅持要護持公主同去，車英卻擔心景監病體，再三勸住令狐。兩隊人馬在暮色中分道揚鑣，景監夫婦向了東南，車英一隊向了西南。

這天，咸陽城發生了驚人的事件，國人聚眾數萬，在咸陽宮廣場為商君請命。關中百姓也陸續湧來咸陽，請命人海不斷擴大，官府束手無策。

入夜，嬴駟來到咸陽宮最高的望樓上向廣場瞭望。但見矇矓月色中，萬千人頭湧動，哄哄嗡嗡的人聲猶如隱隱海潮。請命的白色大布彷彿黑色人海中一片片白帆，招搖飛動。時而有人憤激地高聲陳情，不斷引來陣陣高呼，「為商君請命！」「還我商君！」「變法無罪！」的呼聲此起彼伏……如此聲勢的庶民請命，在戰國以來還從未有過。嬴駟倒沒有驚慌恐懼，但卻實實在在地感到了棘手。原先的三道密令，為的就是穩住民心，誰想還是引來了如此聲勢浩浩的國人請命，真有些不可思議。嬴駟相信，除了商君功業威望的感召，這裡一定還有一種力量在蓄意煽動推波助瀾。這種力量不是別的，一定是世族元老和六國間人，他們明裡堅請殺商鞅以謝天下，暗裡卻傳播流言，鼓動庶民請命，希望秦國徹底大亂。六國企盼秦國大亂進而瓜分之，世族企圖藉此證實新法易於威脅公室，進而一舉恢復舊制。民眾力量，只不過是他們的一枚棋子而已。這就是國政戰場。嬴駟公室、世族元老、六國外力，三方角逐，就看誰能踏穩民眾這塊基石。

嬴駟公室將來要借助民眾壓力，徹底剷除世族根基，就絕不能直接開罪於老秦國人。然則，目前卻因要處置商鞅，卻與自己的長遠基石——民眾發生齟齬；同樣因要除掉商鞅，又不得不與自己的兩大死敵——世族元老和六國外力結成暫時同盟。一個商鞅橫在中間，利害衝突頓時複雜起來。當此之時，動用鐵騎甲士對付庶民請命，是最愚蠢的，也是山東六國與秦國世族最希望看到的。那樣一來，無疑會使秦國崩潰。老秦人樸實憨猛，極重恩義。儘管商鞅也刑殺了許多庶民，但商鞅變法給了他們實實在在的豐厚好處，民眾就死心塌地地擁戴他，甚至不惜跟著他造反。如此國人民心，要用流血威脅他們，無異於抱薪救火。民不畏死，奈何以死懼之？嬴駟對這一點看得很清楚，壓根兒就沒有下硬手的打算。可是，對這種聲勢的請命聽之任之，則同樣不可收拾。

投鼠而忌器。事情的棘手正在這裡。

觀望思忖良久，嬴駟猛然心頭一亮，匆匆下得瞭望樓，乘坐密簾篷車從後門出宮，直駛學人名士居住的東區。

中夜時分，一輛軺車轔轔駛進宮前廣場。請命百姓以為來了國君特使，頓時從朦朧中醒來，一片譁然鼓譟，大片火把圍了過來。卻見軺車上走下一個布衣竹冠三綹長鬚的士子，他隻身登上大殿前高高的白玉臺階，向廣場民眾高聲道：「父老兄弟姊妹們，聽我說幾句實在話……」

「你是何人？」火把下有人高聲喊問。

布衣長鬚者高聲回答：「我乃雲陽趙良，剛剛從齊國稷下學宮歸來。」

「你是奉命來的麼？」又有火把搖晃。

「父老兄弟姊妹們，盡人皆知，秦趙同宗，我趙良是老秦人！我並非奉國君之命而來，我是剛剛從臨淄歸來，驚聞國人舉動，特意來說一番自己的心裡話。父老們教說則說，不教說我則不說。」趙良極為誠懇。

「請先生說！」「對！趙氏兄弟是秦國名士，有見識！」兩個老人高聲答應。

眾人晃動著火把呼應：「先生請說。」

趙良向臺下人海遙遙拱手：「父老們，兄弟們，姊妹們，商君蒙難，舉國痛心，此情此理，朝野盡知。為商君請命，也是我老秦國人之良知。然則，父老兄弟姊妹們須得明白，商君之難，天命所繫，實非人力所能挽回。商君變法，使秦國富強而六國震恐。我在齊國已經知道，六國於先君新逝之際，以聯兵攻秦為脅迫，請殺商君。以秦國之力，目下尚不足以戰勝六國聯軍。當此之時，商君主動請獄，國君不得已而為之！趙良聽得消息，唯恐國人魯莽請命，國中生亂，使六國有可乘之機，忙日夜兼程趕回，不想果然遭遇此等亂事。幸得秦公英明，知我國人赤心，沒有派兵刑治。趙良勸父老們回去，成全商君苦心，全力耕戰，奉行新法。他日秦國強大時發兵山東，為商君復仇！昭昭此心，人神共鑒……」趙良慷慨唏噓，說得痛心疾首。

一番話入情入理，廣場上頓時默然沉寂。

老秦人生性寬厚憨直，覺得此人不像誆騙，相互觀望著，希望聽到有見識者評判的聲音。一個人高聲道：「就說嘛，國君豈能忘恩負義？」「有道理。不過還是不能殺商君。」又有人高喊。「不對！」一個中年人高聲道，「趙良兄弟趙亢被商君處死，焉知他不是誆騙國人？」「對！有理！趙良，你做何說？」一片呼喊之聲。

趙良雙手一拱慷慨激昂道：「父老兄弟姊妹們，問得好！趙良胞弟的確被商君處死。然則，那是趙亢身為縣令觸犯新法所致，趙良若記恨於商君，豈非枉為天下名士？此點商君亦曾問過趙良，趙良之回答與今日一般無二！父老們謂予不信，請與我同赴國獄，請商君作證如何？」

又是全場默然。一個白髮老人高聲道：「老夫之見，先生乃真心實言，國人當三思而行。眾位以為如何？」

「有理！聚在這裡使國君難堪，我等回家！」有人呼應。

「回家！誰要殺商君，回來與他們拚了！」

……

漸漸地，一片汪洋人海消退了，火把像小溪一樣流向街巷，流出城外。

宮中望樓上的嬴駟長長地鬆了一口氣。

六、本色極身唯憂國

國人請命的怒潮退去了，趙良被嬴駟拜為客卿。

客卿，是戰國時任用名士的傳統序曲。客卿本身無執掌，爵位也是中等，但其彈性卻很大，實際上是一種試用方式。商鞅入秦初期也做過客卿。趙良明白這一點，心中很是滿意。秦國正在微妙處，這時候若讓他執掌重任，他還真有些拿捏不定，做客卿正好，既無實際職責，又有展示斡旋才幹的天地。

趙良自己沒有想到的是，他的宮前遊說驟然升為客卿，已經引起了各方的密切關注，尤其是世族元老大感興趣。甘龍本以「儒家大師」自詡，知道趙良也是儒家名士，自然引為同道。凡是儒家，都是法家的對手，這一點沒有人不知道。國君在危難之時起用了儒家名士，這本身就是一個信號，世族元老大為興奮。誰說儒家無用？這不是解決了最為棘手的難題麼？秦國將來的事情，還得世族元老與儒家來解決。

甘龍立即派杜摯出面，約請趙良到太廟官署「賜教點惑」。

趙良聞言，心中說不出的欣慰，連甘龍杜摯這樣的世族望家都要請他「賜教點惑」，足以說明他已經在秦國一舉成名了。舉目四望，秦國已是人才凋敝，世族元老氣息奄奄，商鞅法家流水落花，理國棟梁，捨我其誰？當此之時，不能冷落了這些世族老臣，他們的支持也是很要緊也。商鞅不正是因為開罪於世族，才落得如此下場麼？此乃前車之鑒。心念及此，趙良欣然答應。

初更時分，趙良嶄新的青銅軺車駛到了太廟石坊前的松柏林中。杜摯已經在石坊前恭候了。這太廟本不是尋常官吏能隨意來的，杜摯之所以將會面選在這裡，一則是甘龍指定；二則是太廟前院是他處置公務的官署，不是供奉重地，確實有小宴議事的地方；三則也藉以顯示這次會面的神聖。

趙良被杜摯熱情恭謹地領進石坊時，不由對莊嚴肅穆的太廟大殿深深一躬。

兩人剛剛坐定，老太師甘龍被兩個素衣侍女攙扶了進來，龍鍾喘息之態，使趙良大感風燭殘年的淒涼，同時也深為驚訝——這個看起來一陣大風都能吹倒的老人，白髮皓首，步履蹣跚，卻竟能屢經大難而不死，當真令人不可思議。那天當殿吐血昏迷，連太醫救護都沒有，臣僚們都以為老太師要壽終正寢了，可他依然挺了過來，彷彿永遠死不了一般。

「雲陽趙良，參見老太師。」趙良必恭必敬。

甘龍喘息著：「請，客卿入座。閣下，英年有為，可喜可賀也。」

「趙良晚生後輩，何敢當老太師讚譽。」

「非也，非也。」甘龍搖頭笑道，「客卿大才槃槃，國之大幸也。太廟令，你我今日，可是要請客卿賜教點惑了也。」

杜摯已經趁此安排好酒菜，將大門關上，轉過身來剛剛入座，聞言拱手笑道：「老太師之言甚是，我等當聆聽客卿高論。老太師，你我先敬客卿一爵。」

「甚是。」甘龍舉爵小飲一口，「老夫，很想聆聽，客卿對當今國事之高論。」

杜摯卻是一飲而盡：「老太師之言甚是。杜摯亦想聆聽高論。」

趙良受到兩位世族元老的恭維，意氣風發，大飲一爵，慨然拱手道：「多蒙老太師、太廟令獎掖，趙良愧不敢當。要說秦國大勢，趙良亦是管中窺豹，一斑之見也。趙良以為，如何處置商鞅，乃目下國政之焦點。國君既有除掉商鞅之意，又有恐懼國人之心。良雖說退庶民請命，然卻不能安國君之心。良竊以為，目下之要，在於安定君心，促使國君斷然除掉商鞅，而後方能言他！唯其如此，世族元老不宜在國人中攪和，而應竭盡全力促使國君決意定策。不積跬步，無以致千里。遠圖必得有章。不知兩位前輩以為然否？」

「好！有見識，與老太師不謀而合！」杜摯拍案激賞。

甘龍搖頭嘎嘎長笑：「老夫何有此等見識？太廟令休得掠人之美也。另則，世族元老本來也無人攪和國人請命，客卿，卻是過慮了。」

趙良一怔，恍然笑道：「啊——對，沒有攪和，決然沒有攪和！」

三人不約而同地放聲大笑……笑聲未落，三人的笑容卻戛然僵在臉上。

一領白色斗篷，一張黑色面具，一支寒光閃爍的長劍——一個陰冷的身影悄無聲息地站在三人身後。

「刺……」杜摯一個「刺客」尚未出口，劍光一閃，噗噗兩聲，兩隻耳朵便掉在面前。趙良霍然躍起，腰身尚未伸展，兩隻耳朵也掉在地上。甘龍驚愕地張大了嘴巴，如同夢魘般出不了聲。長劍冰冷地貼上他的面頰一滑，高聳的鼻頭已經落在酒爵之中。心想慘叫，兩隻耳朵又噗噗落下……三人頓時泥雕木塑般僵坐，任憑鮮血順著臉頰流進口中，流進脖頸。

來人冷笑一聲：「三位皆大奸大惡，謀人有術，死有餘辜也。本使今日略施懲戒，若有不滿，本使割下三顆白頭也就是了。」

杜摯略有軍旅生涯，稍有些硬氣，粗重喘息著：「有事，便說，何得有辱斯文？」

「斯文？」白衣黑面具大笑道，「爾等空有人面，竟有臉說出斯文二字？」

甘龍嘶聲道：「劍士，有話但講，我等，絕無推諉。」

「好。算你這老梟明白。」來人隔著面具，聲音聽來空洞怪異，「聽好了！一則，商君須得服善刑。二則，不許干預國人收屍。三則，不許掘墓揚屍。如若不然，隨時有人取爾等狗命！明白了？」

三人忙不迭點頭，趙良疼痛惶恐，咬牙皺眉道：「商君未必就死，何須……」

話音未落，明晃晃劍身飛來，「啪」地打了趙良一個鐵耳光，一道血紅的印痕頓時烙在臉上：「枉為名士，何其虛偽！方才誰在說，要促使國君早除商鞅？說！」

趙良嚇得渾身顫抖，雞啄米般只是叩頭。

面具人從斗篷中拿出一只黑絲袋，往案上一擲，木案「喀嚓」折斷，黃燦燦的金餅滾落在厚厚的地氈上騰騰騰一陣悶響。三人又一次驚訝得不知所措，卻聽面具後怪異的聲音道：「記住，這是兩萬金，是讓爾等收買同道的，不是給爾等的。若敢私吞，十天後殺爾等全家！」

話音方落，面具人倏忽不見。

杜摯尖叫一聲：「來人！護衛死了麼？」半晌卻無人應聲……

杜摯拉開門一看，院中甲士全都呼呼酣睡，一時間驚怔得說不出話來。

甘龍咬牙切齒喘息著：「我等，自己收拾。記住，再不能，吃這種暗虧。」

三人相互包紮住傷處，掙扎起身，喚醒衛士，匆匆如驚弓之鳥，各自回府去了。

時當中夜，月黑風高，萬籟俱寂。咸陽南市邊上的那座庭院的一點燈光在閃爍。

嬴虔正在昏暗的燭光下翻閱一卷竹簡，背後的書房門悄無聲息地開了——一個白衣面具人站在了嬴虔身後，一支長劍冰冷地貼上了黑面罩下的脖頸。

嬴虔猛然一抖，迅速平靜下來道：「劍士，要取嬴虔性命？」

「你承認我能取你性命？」

「嬴虔也是刀叢劍樹過來之人，卻覺察不到你進門出劍，如此身手，自然能取我性命……然則，嬴虔沒有想到，劍士是個女子。」

面具人收回長劍道：「嬴虔，你已被私仇恨欲淹沒，喪失了空靈的心田，已經遲鈍了。我今日不殺你，只是想告訴你，為何不殺你。」

嬴虔轉身，只見一領白色斗篷一張黑色面具佇立在昏暗的燭光下，神祕高貴而又令人恐怖。連嬴虔這個在黑屋中自我封閉了近二十年的鐵石人，也感到了一絲寒意：「女公子絕非常人。能否告我，你是何人？」

來人卸下那張精巧的青銅面具，露出如雲的長髮與明朗得有如秋月般的臉龐。嬴虔也算公室嫡系權臣，生平見過的美女不知幾多，但還是被眼前這個白衣女子深深震撼了。沒有哪個女人有如此高貴的氣度，沒有哪個女人有如此冰冷的眼睛，更沒有哪個女人有如此濃郁的書卷氣息。儘管她手中有一支非比尋常的名劍利器，卻絲毫不能掩蓋她的高雅與滲透在高雅中的冷峻。嬴虔知道，僅僅憑她能在復仇中保持節制這一點，這個女子就是大家器局。

「敢問女公子，可是商君之友？」

「我是商鞅戀人，也是商鞅事實上的妻子。」

嬴虔默然點頭，輕輕一歎：「明白也。你為何不殺我？商君知道嬴虔仇恨他，但卻擁戴新法。商君對我期望甚高，託車英國尉將蚩尤劍還給了我。嬴虔豈能不知，商君寄希望於嬴虔維護新法，剷除世族。你深解商君之心，本想殺我，但最終還是成全了商君心願……一個女子，不被仇恨淹沒，深明大義，不愧商君知音髮妻。當日若知，何能使你與商君分開？」

「我沒有後悔。你不必為此介懷。」

嬴虔深重地歎息道：「嬴虔與世隔絕，商君在明處，嬴虔在暗處。我看得很清楚，商君唯公無私。可是，他太無私，太正直，太嚴厲，太公平，像一尊神，人人恐懼……恕嬴虔直言，想殺他的人，決然不比擁戴他的人少。皎皎者易污，嶢嶢者易折。至剛至公，是不能長久的。人心，本來就是凶險。」

「你有才能，有心志，但卻沒有胸襟，最終流於凡品。」

「嬴虔是個無法忘記仇恨的人……請看這張臉。」嬴虔猛然扯下面紗，赫然露出那張猙獰變形的扁平面孔。

女子卻意外地冷笑著：「你不過失去了一隻鼻子，竟如此耿耿於懷？秦公失去了多少？商君失去了多少？若依你記恨之心，商君該當如何？」

「嬴虔不是商君。嬴虔就是嬴虔。」

女子淡淡道：「我恨權貴層的冷酷，我愛至剛至公的蕩蕩襟懷，我鄙視你的狹隘殘烈。但我還是要說，教他光明正大地走，士可殺，不可辱。」

嬴虔點頭：「我還得感謝他，殺了公孫賈。」

「恩怨情仇，隨風去也。」白衣女子戴上面具，倏忽消失了。

嬴虔思忖有頃，猛然站起，登車前往宮中，與嬴駟仔細商議了一個時辰方才回府。次日，宮中傳出君書，命老太師甘龍與上大夫景監共同召集朝臣，對商鞅論罪定刑；因老太后驟然患病朝夕難保，國君並公子虔前往南山探視，不能主持朝會。這道君書使世族元老大為興奮，認定這是大好機會，相互密議，打好腹稿，準備與「商君派」一較量。

第三日清晨，世族元老陸續來到宮前。奇怪的是，每個人都乘坐著嘎吱咣噹的牛車，都穿著簡樸的布衣，彷彿一群老農夫來趕大市。宮門右將大皺眉頭，趕緊命令軍士找來一車麥草，鋪在一大片藍田玉地磚上，教牛車停放。這牛憨厚邋遢，不像馬矜持自尊，想拉就拉，想尿就尿，誰也拿它沒轍。秦國新法，村口道邊尚且嚴禁棄灰堆物，何況宮前廣場？要在尋常之日，這破爛牛車是決然不許駛進宮前車馬場的。因為秦國官員坐牛車的日子早已過去了，除卻商旅貨車，想在咸陽城的官署找一輛牛車，還真得費點兒工夫。可是這些世族元老非但人人一輛牛車，而且還都破爛不堪，都由一頭有氣無力的老牛拉著，貨真價實的老牛破車。也真難為他們一番搜尋工夫了。

如此特異之舉，顯然是有備而來，宮門右將如何敢去攔擋？

趕得卯時，世族元老居然齊刷刷準點來到。怪異的是，老太師甘龍非但包裹得嚴嚴實實，兩隻護耳，一方面紗，還有數十名重甲武士護衛在牛車四周。隨後的太廟令杜摯、客卿趙良，也是兩隻大大的護耳，一隊簇擁的衛士。如此奇觀，非但令宮門守軍大為驚訝，連世族老臣也議論紛紛。宮門右將連忙上前，恭敬地申明，私家衛士不能停留在宮前廣場，必須開到廣場外的大街上。杜摯卻紅著臉吼叫：「咸陽刺客橫行！衛士走了，你能保我等安然無恙？」右將拱手道：「太廟令差矣。國有律法，宮有成規，守軍重重，何來刺客？」杜摯惱怒：「守軍重重？頂鳥用！你看看！」一把扯下護耳，赫然露出沒有耳朵的圓柱頭，「還有老太師！還有客卿！都沒了耳朵鼻子！商鞅刺客橫行不法，你的守軍哪裡去了！」

一通吼叫，世族元老盡皆大驚失色，面面相覷，人人眼中閃出困惑驚懼。右將不再多說，只好教三人的衛隊停在大殿外十餘丈處，方才罷了。

正在此時，恰逢國尉車英的軺車趕到，見狀高聲問：「宮前廣場，何來私家衛士？」右將大步上前，將情形簡略稟報一遍，車英驟然變色道：「朗朗乾坤，誰敢公然蔑視大秦國法？全數趕出廣場！否則，立殺不赦！」右將本來就對此事惱火，現下有國尉命令，膽氣頓生，一聲大喝：「繳下兵器！趕出廣場！」殿外三百甲士一聲雷鳴般呼應，包圍了三人的小馬隊，不由分說收下了馬隊兵器。

杜摯目瞪口呆，趙良面色蒼白，甘龍揮揮手道：「走吧走吧。」衛隊便灰溜溜地出了廣場。

景監是最後一個進殿的。他一進來，就引起哄嗡一片議論——原來他身後竟跟著咸陽令王軾。世族元老這一驚非同小可，王軾本來已經被軟禁，雖未削職，卻已經被嬴虔舊人掌了城防，咸陽民治已由客卿趙良兼領過問，他如何能解禁？此人乃商鞅死黨，耿直激烈，國君放他出來何意？

眾人哄嗡中，甘龍只是暗自冷笑。他知道，這定是景監死請，國君不得已放出王軾的。新君貌似公允，落得「兩方共同論罪定刑」的名義罷了，沒甚大不了。越是如此，越說明新君殺商鞅之心已定，這只是最後一場掩人耳目的博戲罷了，無關大局。

甘龍心思已定，站起來向景監一拱手：「上大夫，奉國君之命，你我共主朝會，當可開始也。」只是臉上戴著面紗，耳朵裹著棉套，聲音嘶啞咕噥，沒人聽得清楚。

景監淡然道：「可也。老太師開宗明義。」

「諸位同僚，」甘龍的身子和聲音一起顫抖著，樣子頗為滑稽，有人便竊竊發笑。甘龍不理不睬，逕自高聲訴說，「商鞅大罪下獄，我等奉國君之命，論罪定刑。有罪無刑，朝野不安。請諸公放言，老夫與上大夫，當如實稟報。」

不待景監開口，杜摯搶出班外，憤然高聲道：「商鞅乃竊國殘民之大盜，欺祖改制之元凶，專權謀逆之首惡，亂國亂俗之魔障！老太師日前當殿指控商鞅十大罪惡，字字入骨，當為論罪定刑之根本！此謂死有餘辜也。」

一陣哈哈大笑，鬚髮散亂的王軾從座中霍然站起，戟指杜摯怒斥道：「太廟令信口雌黃，不怕嬴秦列祖列宗取汝狗命麼！所謂十大罪惡，分明是字字污穢，句句羅織，竟公然以神明天道自詡，以為民請命招搖，諸公真不知厚顏無恥為何物乎！天人皆知，人神共鑒，商君乃變法強秦之元勳，定國立制之柱石，移風易俗之導師，洗刷國恥之功臣！皇皇功績，荊越之竹難書。今至論罪定刑，荒誕不經！」

「大膽王軾！」甘龍嘶聲訓斥，「論罪定刑，乃國君之命，爾竟指為荒誕不經，何其狂悖！再有此等欺君謬論，下獄論罪！」

王軾勃然大怒，怒吼一聲：「甘龍老賊梟，陰鷙歹毒，談何綱常！此等亂國大奸，留在廟堂何用？」猛力衝去，要將甘龍頂在大殿石柱之上撞死。

不想白縉正在甘龍身後，見王軾凶猛衝來，急速將甘龍猛力一扯。甘龍向後跌倒，後顱卻撞在通向國君大座的白玉臺階上，一聲慘叫，昏了過去……王軾心知商君必死，早已悲慟欲絕，今日已懷必死之心，要與甘龍老梟同歸於盡，這一衝自是勇猛絕倫，不想變生偶然，猛力撞在了白玉大柱上，一聲悶響，鮮血腦漿迸裂四濺。

變起倉促，大殿中死一般沉寂，又驟然間亂成一團。

車英出殿，向宮門右將大吼一聲：「甲士進殿守護！」

右將雖來自新軍，是車英老部下，但宮門禁軍不屬國尉管轄，除了國君，不能聽從任何人調遣號令。但自商君蒙難，人心惶惶，變異忒多。宮門將士皆山鄉子弟，對世族元老早就恨意不平，敢怒不敢言罷了。今見老國尉與世族元老憤然抗衡，豈有猶豫？右將一招手，親率一個百人隊鏘鏘開到大殿平臺，列隊守住殿口，矛戈齊舉，一片肅殺。

杜摯變色道：「車、英？你、你、意欲何為？」

車英高聲道：「諸公聽了，繼續朝會。誰敢再滋生事端，立殺不赦！」

世族元老頓時驚愕，滋生事端的王軾已經死了，被突然襲擊的甘龍生死未卜，此時不說救人，卻要繼續朝會，車英居心何在？白縉正抱著甘龍，西乞弧在包紮甘龍傷口，一聞此言，異口同聲道：「老太師須得急救！送太醫院！」世族大臣一片憤憤然呼應。

車英厲聲道：「朝會乃國君之令，誰敢以私亂公，本國尉立即執法！」

世族元老駭然。這不是公然要甘龍的老命麼？風燭殘年的甘龍，已經被刺客割去了耳朵鼻子，比嬴虔受劓刑還慘，如今又遭此重傷，再不許救治，必送命無疑。趙良已經是心驚肉跳，不明白這些商鞅死黨何以個個都不怕死……正在亂紛紛之際，老甘龍卻醒了過來，費力地睜開渾濁的老眼，顫聲道：「不，不能受人，脅迫……商鞅，車裂之刑，車、裂！」頭一甩，又昏死過去。

老甘龍生不畏死的老硬骨頭，大長了世族元老的志氣，一致憤怒高喊：「車裂商鞅！車裂！」

景監冷笑：「爾等喪心病狂也。刑皆有典，何謂車裂？出自何典何法？」

元老一時愣然，誰也不曉得老甘龍說的「車裂」為何典何刑？

趙良突然覺得了自己的重要，挺身而出道：「車裂乃天地古刑，即五牛分屍也。非萬惡之人，不施此刑。此刑出於禹帝誅殺共工。共工罪大惡極，身長無以斬其首，故以五牛之車裂其軀體，復斬其首。此刑，春秋五百年未嘗見於人世，刑於商鞅，正可息天人之怒。」

此言一出，元老們驚歎紛紛：「禹帝古刑，安得無典？好！太師客卿大學問！」

景監憤然指著趙良道：「爾儒家名士，何來魯莽滅裂之怪論？越地昔年掘出長大骨架，無人能識。求教孔子，孔子考訂為共工軀幹之骨。若車裂共工，何來完好軀幹？爾等欺聖滅智，玷污刑典，不畏天道昭昭乎！」

趙良面色脹紅：「車裂共工，乃孟子大師所考，豈有荒誕之理？」

杜摯高叫：「商鞅罪行，發九州四海之水，無以洗之！此千古不赦之罪，自當受千古奇刑！上大夫說沒有出典，難道禹帝之時有你麼！」

車英怒喝：「杜摯！難道禹帝時有你麼？再膽敢蔑視大臣，本國尉殺了你！」

杜摯嚇得頓時噤聲……甘龍卻又醒轉，嘶聲喘息道：「處商鞅，極刑，以戒後世欺聖滅祖之……元凶巨惡……我等，縱然命喪商鞅……餘黨，亦在所不惜……」

「車裂商鞅！在所不惜！」世族元老一片呼喊。

……

次日嬴駟回宮後，案頭已經赫然擺上了七卷公文。除了甘龍領銜的朝會報文「請車裂商鞅書」，六國各有一卷請極刑殺商鞅的國書。嬴駟瀏覽一遍，見六國國書頗多威懾之辭，微微冷笑，吩咐長史將這六卷國書妥為密藏，以備日後大用。然後拿起朝會報文，一路看下去，脊骨陣陣發涼。車裂商鞅？簡直匪夷所思！所列舉的商鞅罪行與用詞之刻毒，也令他心悸。思忖良久，他將這卷報文親自收藏在了密室。

時當午後，嬴駟命令準備密簾篷車出行。

片刻之後，他登上篷車，在一隊鐵騎銳士護衛下出了咸陽北門，翻越北阪，直上雲陽官道。傍晚時分，篷車馬隊抵達雲溪河谷的城堡國獄。當年，嬴駟只在「放逐流浪」中遠遠瞭望過這座城堡，從來沒有走近過它。那時候，他多少有些憎恨這座差點兒將自己關進去的城堡，如同多少有點兒憎恨新法與憎恨商鞅一般。倏忽二十多年，少年時代的情感體察都變成了淡淡飄忽的思緒。這次以國君之身親臨，真正走近了這座黑沉沉的城堡，卻實實在在地感覺到了它是一種神奇的力量。沒有這堅固險峻的城堡牢獄，沒有能征慣戰的軍旅，國君將變得蒼白無力，權力將變得索然無味。有了牢獄，有了軍隊，權力可以翻雲覆雨，可以顛倒黑白，可以將功臣說成罪人，可以將所有威脅自己的敵人連根剷除，可以將自己的功業欲望淋漓盡致地展現出來。一個人做了國君很苦惱很孤獨很辛苦很壓抑，上天對他的補償，就是給了他權力的神兵魔杖，讓他盡情地復仇報恩，讓他盡情地建功立業。身為國君者，哪怕是最為齷齪的內心欲望，也可以堂而皇之地滿足……

想到這裡，嬴駟猛然覺得有些臉紅，心中響起另一個聲音：「不，嬴駟不是滿足私欲。嬴駟是掃除建功立業的阻力。未來的功業，定然可以彌補這種愧疚，定然可以告慰含冤死去的高貴靈魂……」

打開牢獄鐵門，嬴駟被撲鼻而來的霉腐氣味嗆得咳嗽了幾聲。

走進長長的甬道，這種氣息益加濃厚，幾隻碩大的老鼠公然對著他吱吱尖叫。嬴駟原本以為，既然是關押世族官員的國獄，想來也不會很差，況且自己又兩次下令善待商鞅，至少應該是窗明几淨的房間了，如何弄得洞穴一般？他驟然止步，沉聲問國獄令：「這是國獄最好的牢房麼？」國獄令恭敬答道：「稟報大人，這是最好的牢房。」嬴駟再沒有說話，向隨身兩名衛士目光示意。衛士鏗鏘卡住甬道出入口，只留國獄令一人帶嬴駟進去了。

一燈如豆，商鞅正在燈下安然靜坐，凝神端詳著面前的一幅木炭地圖，時而用木炭條在圖上畫出各種記號。自上次熒玉、景監、車英、令狐來過後，他心情大為好轉。熒玉有了妥善安置，《商君書》使他消失了最大的遺憾。至於白雪，他倒並不擔心。白雪是個奇女子，她的天賦智慧與對他深徹的了解，都不會使她像熒玉那樣身心崩潰。無論她如何安排兒子和她自己，商鞅都充分地相信，那肯定是當時最有利的選擇。他只要教她知道了可能發生的事情，她的安排與選擇就用不著憂慮擔心。這是無數大事小事都證實了的。景監他們走後，商鞅剃掉了雜亂的鬍鬚，又將寬大的石屋收拾了一番，向獄吏要了筆墨和幾張皮紙，每日飲兩碗趙酒，寫幾行想到的事情，竟然又像慣常那樣利落講究起來。依稀之間，他常常覺得這裡就是少年時修習的山洞。噢，那個山洞還沒有如此寬敞。

從昨天起，他想到了一件重要事情，一直在畫這幅地圖，一直在對著地圖深思。

猛然，商鞅聽見一陣腳步聲和粗重的喘息聲。驀然抬頭，一個戴著黑色面紗的黑衣人站在鐵欄外，彷彿一柱黑色岩石。獄令打開鐵欄就走了。黑色岩石卻站在牢房門口，默默打量著肅然端坐的商鞅。

商鞅笑了：「可是嬴虔將軍？別來無恙？」

黑色岩石緩慢地跨進了牢房：「商君，嬴駟來了。」說著扯下面紗，輕輕跪地，又深深一叩，「商君，嬴駟是來請罪的。」

商鞅的驚訝一閃而逝，扶住了嬴駟道：「國公何出此言？世間事多有始料不及，談何罪責過失？國公若以個人生死計較，鞅可真正的心有不快了。」

嬴駟沉重地歎息一聲：「商君胸襟似海，嬴駟汗顏不已。事已至此，勢成騎虎。若嬴駟問政，商君肯教我否？」

商鞅慨然一笑：「鞅若對國公沒有信心，何須自請囹圄？國公對鞅沒有信心，何須涉險激亂？你我心志相通，些小恩怨，何足掛齒？」

「嬴駟一問，商君之後，世族將借重何方力量作亂？」

「國公慮及世族作亂，鞅大為快慰。歷來世族復古，內力不足必借外力。今秦國大勢穩定，世族已無國人根基，唯有外力一途。此外力非在別處，就在此地。」將面前皮紙一推，「國公請看，這是甘龍與孟西白三族的老根所在。」

皮紙題頭大書四字——義渠衝要。嬴駟一驚：「義渠？何地何族？」

「但將此圖交於嬴虔、車英可也。國公只需提醒他們，除惡務盡。」

嬴駟收起地圖道：「嬴駟二問，商君之後，將相何在？」

「鞅已多日思慮此事。嬴虔、景監、車英他們，已經是昨日英華了。平定世族之亂後，彼等精華亦當耗盡，不堪東出大任了。臣曾留心查勘，國公有兩人可用：文治乃商於郡守樗里疾，兵事乃函谷關守將司馬錯。樗里疾外圓內方，才氣過人。司馬錯乃兵家大師司馬穰苴後裔，有將略之才。丞相人選，鞅尚無成才可薦，國公自可留心察之。若有山東名士入秦，亦望國公明察善待，莫要外之。」

「嬴駟三問，商君之後，當如何待公伯嬴虔？」

商鞅微微一笑，心中卻為嬴駟的周密深遠感到驚訝，沉吟片刻答道：「嬴虔大節明而胸襟窄，以毋傷情義為要。實際論之，當使其身居高位，常參決策，而毋得執掌實權。另則，可輕父重子，重用其子女，可保嬴虔無事。」

嬴駟深深一躬道：「商君教誨，嬴駟銘記心懷。不知商君可否有託嬴駟之事？」

商鞅爽朗大笑道：「生前身後，了無一事也！」

嬴駟默然良久，沉吟道：「若處商君極刑，也是情境所迫，望商君恕罪。」

「處鞅以極刑，實則大彰世族與六國之惡，國公日後便可藉機發難。鞅死尚能於國有益，何罪於國公？」商鞅發自內心的豁達明朗。

嬴駟輕輕一歎，親自斟滿兩碗趙酒，雙手捧給商君一碗，自己端起一碗：「人言商君極身無二慮，盡公不顧私。誠如斯言，嬴駟感佩之至。商君，嬴駟為你送行了……」仰起頭來，咕咚咚一氣飲盡。

商鞅平靜安詳地舉起酒碗，一飲而盡。嬴駟深深一躬，出門去了。

國獄院中，嬴駟對國獄令正色吩咐：「立即將商君遷到你的山頂官署，取掉腳鐐，餐餐酒肉，要教他看得見青山綠水。若有延誤，嚴懲無赦！」

「謹遵特使之命！下官即刻辦理。」國獄令答應得特別痛快。

朦朧月色下，嬴駟的篷車馬隊轔轔南下了。

深秋時節，山風寒涼，眼看就要進入老秦人的窩冬期，嬴駟覺得不能再等待了。

七、冬雷暴雪

立冬那天，咸陽城傳出一則驚人消息：渭水草灘正在修造大刑場，要對商君處刑！

消息不脛而走，傳遍秦國山野，老百姓被深深震撼了。

這是秦孝公二十四年，又是新君嬴駟元年。按照當時流行的曆法，這一年是甲申年。陰陽家說，甲申年物性躁動，有猴性，天下多事不安。國人以為，甲申凶兆應在了秦孝公病逝這件事上。不想新君即位後，商君下獄，世族復出，朝野流言紛紛，說要恢復祖制廢除新法，當真是人心惶惶躁動不安。然則只要商君在，人們還是相信不會變天。如今竟然要殺商君，國人庶民一下子便驚慌起來。幾個月來，各縣百姓已經聽了官府吏員的許多宣慰，說六國要聯兵攻秦殺商君，商君為了秦國安危而自請下獄，國公為了國家安危而不得不殺商君。說歸說，人們畢竟沒有完全當真。老秦人幾時怕過打仗？幾時怕過聯兵攻秦？獻公時候打得只剩下了一半國土，不還在死打？當今秦國如此強大，莫非國公還真的怕了六國不成？國人百姓堅信，國公無論如何都是不願殺商君的。上次國人請命，那個趙良說得在理，六國害怕商君，硬逼著國公殺商君的。

而今聽到消息，人們從四郡八縣紛紛湧向咸陽。遠處的騎馬乘車，近處的大步匆匆。人們都很恐慌，心亂如麻，說不清要來祭奠商君，還是要來為商君請命？還是要向六國示威？抑或要打聽一個實在消息，新法究竟會不會廢除？只有一點是清楚的，商君是秦人的大恩公，恩公赴死，捨命也要來送恩公一程，見恩公一面。

渭水北岸的廣闊灘頭，向著咸陽南門的方向呈上坡狀展開，形成天然的堤壩。從咸陽南門到碧波滾滾的河道，足足有三四里之寬。春日伊始，這裡是草長鶯飛的踏青之地。盛夏到來，這裡又是牧童牛羊撒歡與少男少女們幽會的樂土。秋霜始降，這裡的枯草蘆葦便成了四野農夫與咸陽國人收割柴草的好地方。一片渭水草灘，飄出過多少激越悲情的秦風歌謠，生出過多少美麗動人的故事？老人們說，孔夫子編的《詩》裡的那首〈秦風・蒹葭〉，就是這段渭水河灘裡的老歌兒。長長的渭水，茫茫的草灘，她們是老秦人說不完的「古經」，做不完的噩夢。

這裡也是官府的刑場，每年秋決，都要在渭水草灘殺人。商君變法的頭三年殺人最多，有一年一次殺了七百餘人，渭水都被鮮血染紅了。可是，那都是在櫟陽的渭水草灘與郿縣的渭水草灘上。咸陽城南的渭水草灘還沒有做過刑場，還是乾淨的。

誰能想到，第一次在這裡開刑場，殺的竟然是商君？

一年四季，唯獨冬天的渭水草灘空曠遼遠，清冷孤寂。長長厚厚的草海早已被打割淨盡，枯黃的草根頑強地鋪成一片無邊無際的草毯，為蒼黃的土地做出淒涼的裝扮和最後的護持，以免呼嘯的北風吹走自己賴以生存的土地。立冬開始，進入河灘的只有寥寥無幾的獵戶和破冰打魚的官役。渭水草灘已經習慣了冬日的空曠寂涼。

今年冬日，渭水草灘卻被湧動的人潮驚醒了。

河灘四野，人群茫茫，卻沒有哄哄嗡嗡的人潮之聲，彷彿是無數失魂落魄的夢遊人的會聚。人群木然地湧動著，沒有激情，沒有議論，連村野百姓好看熱鬧的新鮮感也絲毫沒有。唯有刑場內獵獵翻飛的黑旗與呼嘯的北風有些許響動，遼遠的河灘更顯空曠，彷彿一片人跡罕至的深深幽谷。

將近巳時，一輛輛華貴的青銅軺車在森嚴護衛下陸續駛進了刑場。

這是世族元老的軺車，他們無一遺漏地出動了。昨晚，國公嬴駟下了君書，因老太后病危，國公緊急趕往南山，著太師甘龍為行刑大臣，公子嬴虔為監刑大臣，孟西白三將為護刑將軍，即日對商鞅決刑。君書一出，世族元老大為振奮，連夜在太師府密議，做好了各種準備。次日巳時，他們按照約定，一個個高車駟馬氣宇軒昂地開進了刑場。數日前乘坐破爛牛車身穿舊時布衣的裝扮被徹底拋開了。

他們苦苦等了二十三年，黑髮人熬成了白髮人，一朝復仇，大是神采飛揚。可是，當他們高車駟馬地進入刑場時，卻發現黑色的人海鐵一樣的沉默著，雖然隔著兩層夾道護衛的鐵甲騎士，依然能感到那無邊無際的幽幽眼睛裡閃爍出的冰冷，依然能感受到那夢魘般的沉默中透出的漠視。沒有期待的歡呼，甚至連一絲驚訝也沒有，茫茫人海凝固成了黑色的冰山。不由自主地，世族元老的燦爛笑容收斂了，相互競賽車技的呼喝興致沒有了，疾馳歡騰的馬蹄也莫名其妙地變成了沓沓走馬。自己做作出的些許歡騰，竟被無邊無際的冰冷人海吸納得無蹤無影。這一切彷彿在無聲宣告，任何人都沒有力量消解這凝固的肅穆的沉默。

這是一個不見任何經傳的特異刑場。

它很大。數千名鐵甲騎士圍出了一個方圓半里地的圈子，唯有面臨渭水河道的一面敞開著。黑色人海蔓延在三面高地上，將刑場圍成了一個盆地。盆地刑場的北面是一道五六尺高的土臺，臺上擺開了一字十六張長案，全部坐著白髮蒼蒼的世族元老。中間突前的兩張大案，坐著面垂黑紗的老甘龍和嬴虔。後面的高坡上，三百名重甲步卒護衛著一座高高聳立的望樓，樓裡正是「已經去了南山」的嬴駟。

刑場中央，是事先打造好的行刑臺。它是一座邊長約丈、高約六尺的白木臺。臺上立著一張又寬又厚的黑色大木板，一個人伸開四肢恰恰能夠及邊。刑臺下，紅衣赤膊的行刑手分成黑、白、紅、黃、綠五對，每兩人一對，頭戴猙獰面具，牽一頭「刑牛」圍著刑臺的五個方位站定。牛很怪異，直直的長角上套著紅綾，頭上戴著碩大的青銅面具，身上披著色彩斑斕的獸皮，牛脖上架著粗大的紅色繩套和跟頭鞍具。

誰也沒有見過如此刑場，誰也不知曉將對商君何以處刑？很少見過世面的山野庶民本有看熱鬧新鮮的本性，尋常時日早已騷動吶喊起來。世族元老預想的期待的，也正是如此場面——商鞅處死，萬民歡呼。老人們說，百年前秦穆公令三賢殉葬，國人心懷悲傷，但還是在三賢走進墓門時驚訝地呼喝喊叫起來。然而今日卻沒有絲毫聲息，無邊無際的黑色人海依然是一座冰山，唯聞夾在呼嘯北風中的沉重喘息。

「將到午時。」甘龍對旁邊的嬴虔說了一聲，嬴虔點點頭。

甘龍舉起令箭：「押進人犯！」

擔任掌刑官的是杜摯，他一揮手中黑色令旗，嘶聲高喊：「押進人犯！」

車聲轔轔，西乞弧率領一隊騎士押著一輛青銅軺車駛進了刑場。誰都知道，這是商君的專用軺車，車上坐的也正是商君。依舊是白玉高冠，依舊是白色斗篷，依舊是整潔講究，依舊是自信威嚴。

當那輛軺車轔轔駛進的時候，老秦人竟覺得這是馬隊護衛著神聖的商君前來視察了。四野人海突然歡呼起來：「商君萬歲！」「新法萬歲！」

聲浪如同山呼海嘯，滾滾驚雷，在渭水川道猛烈激盪著。

甘龍生平第一次感到了恐懼驚慌。四面高坡上的洶湧聲浪就像要凌空壓下來捲走他吞噬他的黑色怒潮。他用力拍打著長案吼叫：「如此做法，禮法何存？誰的命令？」

嬴虔淡漠的聲音：「老太師久經滄桑，何其如此恐慌？」

「將人犯押上刑臺！」杜摯大聲吼叫，生怕西乞弧聽不見他的號令。

將近刑臺，商鞅從容下車，從容登臺，在大板前氣定神閒地坐了下來。

「宣國君書！」甘龍聲嘶力竭，卻一點兒聽不見自己的聲音。

杜摯捧起一卷竹簡高聲念道：「逆臣衛鞅，圖謀不軌，聚眾謀反，欺君罔上，擅殺大臣。凡此種種，罪惡昭彰，為昭國法，為泄民憤，議將衛鞅處車裂大刑！」

甘龍顫巍巍起身：「衛鞅，遭此極刑，乃天道恢恢，你，還有何話說？」

商鞅笑了：「甘龍，商鞅雖死猶生，爾等卻雖生猶死。青史之上，商鞅千古不朽，爾等卻萬劫不復。老太師以為然否？」

甘龍臉色發青，被噎得說不上話來，只是抖個不停……

嬴虔淡然笑道：「老太師，何其不知趣也？杜摯，許民活祭。」

杜摯高聲宣布：「傳令場外，凡有活祭商鞅者入場。」

一場曠古罕見的活祭開始了。

四野民眾彷彿早有準備，一縣一撥，由各族老人抬著祭品走進刑場，不斷在刑臺前擺上一案一案的三牲祭品，一束一束的松柏綠枝，灑下一罈一罈的清酒。人潮湧動，默然無聲。片時之間，祭品如山，松柏成蔭，濃郁的酒氣彌漫了刑場。

輪到商於十三縣活祭時，萬千人眾屏息了。一百多名老人在郡守樗里疾和十三位縣令帶領下，抬著祭品，拿著樂器，默默走到刑臺前跪成一圈，吹起了陶塤竹篪，激越悲傷的山歌頓時傳遍刑場——

商君商君　法聖天神
忠魂不滅　佑我萬民
商君商君　三生為神
萬古不朽　刻石我心

令世族元老目瞪口呆的，與其說是百姓的山歌，毋寧說是商於十三縣的官員。他們竟敢公然率領百姓活祭商鞅，當真不可思議。

然而緊接著出場的更令他們震驚。上大夫景監、國尉車英率領各自府邸與商君府原有吏員三百餘人，麻衣白孝，抬著一幅白綾包裹的大刻木和祭品祭酒走進了刑場。擺好祭品，灑酒祭奠，國尉車英拉開白綾，刻木銅字赫然在目——萬古法聖！

鬚髮灰白的上大夫景監捧起了一卷竹簡，高聲宣讀祭文——

嗚呼！哭我商君，萬古強臣。昭昭大德，磐磐大才。維新法制，強國富民。獎勵耕戰，怠惰無存。郡縣統制，國權歸一。度量一統，工商無欺。刑上大夫，禮下庶人。唯法是從，極身無慮。移風易俗，文明開塞。收復河西，雪我國恥。立制立言，千秋可依。皇皇法聖，青史永垂。嗚呼哀哉！商君蒙冤，天地混沌。哭我商君，何堪我心？嗚呼哀哉，人神共憤，山河同悲！

隨著景監悲憤的祭文，四野民眾肅靜得死寂一般。淚水掛滿了每個人的臉龐，卻沒有一個人號啕痛哭。那令人窒息的沉默，比哭聲更加令人驚心動魄。

倏忽之間，天空烏雲四合，鵝毛大雪密匝匝漫天飄落。

一個火紅色斗篷的女子飄然走進了刑場，像一團火焰，飄舞的雪花遠遠地融化在她的四面八方。她身後跟著兩名抬著長案的白衣壯士，一個赫然便是侯嬴。火焰飄到刑臺之下，女子露出燦爛的笑容道：「夫君，白雪來了。」

商鞅笑了，沒有絲毫的驚訝：「小妹，我正在等你，來。」

侯嬴兩人將長案送上刑臺，向商鞅深深一躬：「鞅兄，走好……」

「侯兄，來生聚飲，還是苦菜烈酒，如何？」

「好……」侯嬴淚如雨下，哽咽答應一聲，縱身下臺去了。

白雪輕盈地飛身縱上刑臺，大紅斗篷隨風飄曳，就像漫天大雪中一隻火紅的鳳凰。商鞅張開雙臂抱住了白雪：「我們終於永遠在一起了。」白雪偎在他胸前甜蜜地笑了：「夫君，一切都安排好了。我們的兒子，我們的墳墓，還有熒玉妹妹……我們可以了無牽掛地走了。」商鞅輕撫著她的如雲秀髮，仰臉向天，一任冰涼的雪花落在臉上：「小妹，上天賜福我們，讓我們雙雙歸去。人生若此，夫復何憾？」

白雪明亮輕柔地笑了：「夫君，我們共飲一爵。」

她從容地揭開長案酒罈的罈口紅布，利落地剝去泥封，向兩個銅爵斟滿了清亮的烈酒，將一爵雙手舉到商鞅面前：「夫君，這是白雪自釀的女兒酒。二十四年前，當白雪第一次結識夫君，就釀下了這罈酒，就等著這一天……」

商鞅爽朗大笑：「好！就叫它三生雪酒！」

「好也。」白雪舉爵，「三生相聚，白雪足矣。」兩爵相碰，一飲而盡。

白雪走到案前坐定：「我來撫琴，夫君一歌，如何？」

「大雪伴行，壯士長歌。大是快事！」商鞅爽朗大笑。

大雪飄飄，曠谷般寂靜的刑場飄出悠揚的琴音。商鞅的歌聲彌漫在天地之間：

天地蒼茫　育我生命
一抔黃土　擁我魂靈
有情同去　遨遊蒼穹
千秋功罪　但與人評

歌聲止息了。白雪停琴，細細地撫摸著琴身，低頭深深一吻，霍然起身，將那無比名貴的古琴鏘然摔碎在刑臺上……她又斟了一爵：「夫君，為我們三生相聚，此爵你我共飲。」說著將酒爵捧到商鞅口邊，商鞅大飲一口，白雪將半爵一飲而盡。

「夫君，白雪先去了，等你。」她從長案下悠然抽出一把短劍，在火紅的斗篷上擦拭明亮，猛然緊緊抱住商鞅，深深地向他吻去……轉過身來，白雪跪倒在地，雙手挺劍，猛然刺向腹中……汩汩鮮血流在白玉般的積雪上，又流下了刑臺，流到了地面。

商鞅將白雪的身體輕輕放平，將火紅的斗篷蓋在了她身上。

漫天暴雪，驟然間掩蓋了那美麗的身體，銀裝玉砌的身形頃刻間在刑臺隆起。商鞅從白雪身旁緩緩站起，整整衣衫，仰天大笑：「行刑！」四肢貼著大黑板站定，微笑地看著咣啷啷的鐵環套上了他的雙腳、雙手與脖頸。

臺下五頭怪牛被無聲地驅趕出來，鐵索慢慢繃緊。

杜摯聲嘶力竭地高喊：「分——屍——行——刑——」

驟然間天地迸裂，天空中炸雷滾滾，暴雪白茫茫連天湧下。五頭怪牛吼叫連連，奮力狂奔，厚厚的雪地上灑下了猩紅的熱血。冬雷炸響，一道電光裂破長空，接著一聲巨響，怪誕的刑臺燃起了熊熊大火！

刑場陷入茫茫雪霧之中……

國家圖書館出版品預行編目資料

大秦帝國．第一部，黑色裂變／孫皓暉著．
-- 初版．-- 臺北市：麥田出版：家庭傳媒
城邦分公司發行，2013.02
冊；　公分．--（歷史小說；42-43）

ISBN 978-986-173-850-5(上冊：平裝)
ISBN 978-986-173-851-2(下冊：平裝)

857.7　　　101025373

歷史小說 43

大秦帝國　第一部 黑色裂變（下）

作　　者／孫皓暉
責任編輯／黃暐勝　吳惠貞　林怡君
校　　對／呂佳真

副總編輯／林秀梅
編輯總監／劉麗真
總 經 理／陳逸瑛
發 行 人／凃玉雲
出　　版／麥田出版
104 台北市中山區民生東路二段 141 號 5 樓
電話：(886)2-2500-7696　傳真：(886)2-2500-1966；2500-1967
部落格：http://blog.pixnet.net/ryefield
發　　行／英屬蓋曼群島商家庭傳媒股份有限公司城邦分公司
104 台北市民生東路二段 141 號 2 樓
書虫客服服務專線：(886)2-2500-7718；2500-7719
24 小時傳真服務：(886)2-2500-1990；2500-1991
服務時間：週一至週五 09:30-12:00・13:30-17:00
郵撥帳號：19863813　戶名：書虫股份有限公司
讀者服務信箱 E-mail：service@readingclub.com.tw
歡迎光臨城邦讀書花園　網址：www.cite.com.tw
香港發行所／城邦（香港）出版集團有限公司
香港灣仔駱克道 193 號東超商業中心 1 樓
電話：(852) 2508-6231　傳真：(852) 2578-9337
E-mail：hkcite@biznetvigator.com
馬新發行所／城邦（馬新）出版集團【Cite(M)Sdn. Bhd.】
41, Jalan Radin Anum, Bandar Baru Sri Petaling,
57000 Kuala Lumpur, Malaysia.
電話：(603) 9057-8822　傳真：(603) 9057-6622

封面設計／小子設計
印　　刷／一展彩色製版有限公司

■ 2013 年 2 月 1 日　初版一刷　　Printed in Taiwan.

定價／ 450 元

ISBN 978-986-173-851-2